Sigrid Bekmeier-Feuerhahn, Karen van den Berg, Steffen Höhne,
Rolf Keller, Birgit Mandel, Martin Tröndle, Tasos Zembylas (Hg.)
Zukunft Publikum

Jahrbuch für Kulturmanagement | Band 4

Das Jahrbuch für Kulturmanagement initiiert und fördert einen übergreifenden Diskurs im Kulturmanagement im Hinblick auf eine methodologische und theoretische Fundierung des Faches. Als referiertes Journal positioniert es das Fach »Kulturmanagement« innerhalb übergreifender akademischer Debatten. Dabei werden insbesondere Problemstellungen im deutschsprachigen Raum fokussiert und mit internationalen Beiträgen und Fragestellungen verknüpft. Darüber hinaus fördert das Jahrbuch den Austausch zwischen Wissenschaft und Praxis.

Die Reihe wird herausgegeben vom Fachverband für Kulturmanagement.

Sigrid Bekmeier-Feuerhahn, Karen van den Berg, Steffen Höhne,
Rolf Keller, Birgit Mandel, Martin Tröndle, Tasos Zembylas (Hg.)

Zukunft Publikum
Jahrbuch für Kulturmanagement 2012

(herausgegeben im Auftrag des
FACHVERBANDES FÜR KULTURMANAGEMENT)

[transcript]

Bibliografische Information der Deutschen Nationalbibliothek
Die Deutsche Nationalbibliothek verzeichnet diese Publikation in der Deutschen Nationalbibliografie; detaillierte bibliografische Daten sind im Internet über http://dnb.d-nb.de abrufbar.

© 2012 transcript Verlag, Bielefeld

Die Verwertung der Texte und Bilder ist ohne Zustimmung des Verlages urheberrechtswidrig und strafbar. Das gilt auch für Vervielfältigungen, Übersetzungen, Mikroverfilmungen und für die Verarbeitung mit elektronischen Systemen.

Umschlaggestaltung: Hans-Dirk Hotzel
Innenlayout: Hans-Dirk Hotzel
Lektorat & Satz: Carsten Wernicke
Druck: Majuskel Medienproduktion GmbH, Wetzlar
ISBN 978-3-8376-2285-0

Gedruckt auf alterungsbeständigem Papier mit chlorfrei gebleichtem Zellstoff.

Besuchen Sie uns im Internet: *http://www.transcript-verlag.de*

Bitte fordern Sie unser Gesamtverzeichnis und andere Broschüren an unter: *info@transcript-verlag.de*

Inhalt

Zur Einführung in das Jahrbuch für
Kulturmanagement 2012
STEFFEN HÖHNE, SIGRID BEKMEIER-FEUERHAHN   11

SCHWERPUNKT: ZUKUNFT PUBLIKUM

**Audience Development als Aufgabe
von Kulturmanagementforschung**
BIRGIT MANDEL   15

Das Theaterpublikum
Veränderungen von der Aufklärung bis in die Gegenwart
STEFFEN HÖHNE   29

**Die Figur des Dritten, die Taktik des
Zuschauers und der Kulturbetrieb**
VERENA TEISSL, GERNOT WOLFRAM   53

Ein Museum für das 21. Jahrhundert
Wie Sozialität die Kunstrezeption beeinflusst und
welche Herausforderungen dies für die
kuratorische Praxis mit sich bringt
MARTIN TRÖNDLE, STÉPHANIE WINTZERITH,
ROLAND WÄSPE, WOLFGANG TSCHACHER   75

**Die spezifische Wahrnehmung musealer
Präsentation durch Besuchertypen**
Ein Mehrmethodenansatz
VANESSA SCHRÖDER   107

Kann ich hier mitmachen?
Kulturproduktion und -rezeption im Kontext
von Erwerbsarbeitswelt
CORINNA VOSSE, DIETER HASELBACH   139

Mixed Methods and Mixed Theories
Theorie und Methodik einer geplanten
Bevölkerungsbefragung in Deutschland
zur Kultur(-nicht-)partizipation
VOLKER KIRCHBERG, ROBIN KUCHAR 153

**Von der Kunst, das Publikum standardisiert
zu erforschen**
Ein Beitrag zur Entwicklung der Methodik in der
empirischen Kulturnutzerforschung
THOMAS RENZ 171

**Empirische Ansätze zur Typisierung von
Besuchern und Fastbesuchern
von Kulturinstitutionen**
Forschungsergebnisse, praktische Ansätze und Methoden
ASTRID KURZEJA-CHRISTINCK, JUTTA SCHMIDT,
PETER SCHMIDT 199

**Kulturelle Partizipation
im Langzeitvergleich**
Eine empirische Analyse am Beispiel der Stadt Köln
KARL-HEINZ REUBAND 229

Sind Besucherbefragungen vertrauenswürdig?
Der Implizite Assoziationstest
in der Kulturnutzerforschung
SIGRID BEKMEIER-FEUERHAHN 265

Neue Beteiligungsformen im Kulturmarketing
HELGE KAUL 295

**Erfolgsfaktoren von Brand Communities
im Kultursektor**
Wie lassen sich aus Freundeskreisen
Gemeinschaften von Freunden bilden?
CARSTEN BAUMGARTH, MARINA KALUZA 309

BERICHTE/DOKUMENTATIONEN

Musikwirtschaft 2.0: Perspektiven für die Musik
2. Wissenschaftliche Tagung zur Kultur- und
Kreativwirtschaft in Weimar (13.-15.10.2011)
ANDREAS LANGE, WOLF-GEORG ZADDACH   343

Zukunft Publikum
Neue Beteiligungsformen und interaktive
Kulturwahrnehmung. 6. Jahrestagung des
Fachverbands für Kulturmanagement
an der Universität Lüneburg
(12.-14. Januar 2012)
NICOLA BÜNSCH   349

Auf dem Weg zum Publikum der Zukunft
Die neue mobile Ausstellung des
Jüdischen Museums Berlin
MICHAELA CONEN   357

Der Sonic Chair – ein neuer Weg zum anspruchsvollen Hörerlebnis
MICHAEL THEEDE   361

Nachruf auf Dr. Bernd Wagner
Birgit Mandel   371

REZENSIONEN

Institut für Interkulturelle
Innovationsforschung (Hg.):
Innovation aus Tradition. Festschrift
Hermann Rauhe zum 80. Geburtstag
LUTZ LESLE   375

Andrea Hausmann: Kunst- und Kulturmanagement.
Kompaktwissen für Studium und Praxis
TASOS ZEMBYLAS   378

Meg Brindle, Constance DeVereaux (Hgg.):
The Arts Management Handbook. New
Directions for Students
and Practitioners
ROLF KELLER   381

Armin Klein (Hg.): Kompendium
Kulturmarketing. Handbuch
für Studium und Praxis
ROBERT PEPER   383

Shannon Jackson: Social Works:
Performing Art, Supporting Publics
MONIKA MOKRE   388

Nina Simon: The Participatory Museum
BIRGIT MANDEL   391

Wolfgang Schneider (Hg.): Theater und
Migration. Herausforderungen für
Kulturpolitik und Theaterpraxis
STEFFEN HÖHNE   392

Florian Beck: Transformation und
Strategieentwicklung im Musikmarkt.
Musik und Gemeinschaft in der
digitalen Mediamorphose
WOLF-GEORG ZADDACH   395

Pierre-Michel Menger: Le travail créateur –
S'accomplir dans l'incertain
Laila Huber: Kunst der Intervention –
Die Rolle Kunstschaffender im
gesellschaftlichen Wandel
VOLKMAR MÜHLEIS   398

Andreas Reckwitz: Die Erfindung der
Kreativität. Zum Prozess
gesellschaftlicher Ästhetisierung
STEFFEN HÖHNE   401

Patrick S. Föhl, Patrick Glogner-Pilz,
Markus Lutz, Yvonne Pröbstle (Hgg.):
Nachhaltige Entwicklung in
Kulturmanagement und Kulturpolitik
MARTINA DILLMANN   405

Gesa Birnkraut: Evaluationen
im Kulturbetrieb
THOMAS RENZ   408

Verzeichnis der Adressen   413

CfP: Beiträge für das Jahrbuch 2013   419

Peer-Review-Verfahren   421

Technisches   423

Zur Einführung in das Jahrbuch für Kulturmanagement 2012
STEFFEN HÖHNE, SIGRID BEKMEIER-FEUERHAHN

Das aktuelle *Jahrbuch für Kulturmanagement* nimmt die Zukunft des Publikums in den Blick. Vorgestellt und diskutiert werden neue Beteiligungsformen und interaktive Kulturwahrnehmungen: Wie sehen die Kulturangebote der Zukunft aus? Wer sind die Besucher von morgen, wer die Kulturschaffenden? Wie äußern sich Überschneidungen zwischen Kulturnutzung, Kulturproduktion und Kulturgestaltung?

Bei der Kulturnutzung ist grob zwischen (realem) Publikum und potenziellem Publikum zu unterscheiden. Das reale Publikum nimmt Kultur bereits heute wahr und nutzt mehr oder weniger selektiv das Angebot der Kulturinstitutionen; dieses wollen sich die Kulturanbieter gern erhalten. Das potenzielle Publikum kann und muss von den Kulturanbietern durch innovative Angebote neu angesprochen werden. Dabei ist zu beachten, dass sich in den letzten Jahren zunehmende gesellschaftliche Veränderungen auf das reale wie potenzielle Kulturpublikum ausgewirkt haben. Unser Alltag ist bspw. zunehmend geprägt durch die steigende Nutzung sozialer Vernetzung, schnelle und ständig mögliche Kommunikation, einfach realisierbare Möglichkeiten der öffentlichen Selbstdarstellung sowie Mitsprache auf *Facebook*, Blogs, Foren etc. Entsprechend erwartet das Publikum auch im Kulturbereich nicht mehr nur den gewohnten Bildungs- und Unterhaltungswert, sondern zunehmend Möglichkeiten, sich einzumischen, mitzusprechen, sich aktiv beteiligen zu können.

Doch auch die Kulturschaffenden und Kulturinstitutionen wandeln sich und reagieren teilweise bereits auf gesellschaftliche Entwicklungen, die bspw. mit den Schlagworten Demografischer Wandel, Erlebnisorientierung, Eventkultur und Kulturtourismus umrissen werden können. Manche Kulturinstitutionen positionieren sich und ihr Angebot als mögliche Gestaltung von Freizeit, während umgekehrt die Anbieter von Freizeitgestaltung Kulturangebote in ihr Leistungsportfolio integrieren.

Sowohl in der Praxis wie auch in der wissenschaftlichen Besucherforschung verlangt dies nach neuen Denkweisen und Ansätzen. Ziel ist es, Erklärungen, Strategien und Instrumente zu finden, um kulturelles Schaffen zukunftsgerichtet zu gestalten.

Das aktuelle Jahrbuch widmet sich dieser handlungskonkreten und anwendungsorientierten Thematik mit einer kritischen Auseinandersetzung mit Theorien und deren Anwendungsfeldern.

Die Beiträge befassen sich aus theoretisch-historischer (Beiträge Mandel, Höhne, Wolfram/Teissl), aus empirischer (Beiträge Tröndle et al., Schröder, Vosse/Haselbach, Kirchberg/Kuchar, Renz, Kurzeja-Christinck/Schmidt/Schmidt, Reuband, Bekmeier-Feuerhahn) und aus einer Management-Perspektive (Beiträge Kaul, Baumgarth/Kaluza) mit dem Phänomen Publikum.

Im Zentrum der Beiträge stehen zunächst Ziele und neue Strategien kultureller Beteiligung und damit Aspekte und neue Anforderungen des Kulturpublikums sowie Transformationsprozesse im Kultursektor, die nach neuen Konzepten für die Beziehung zwischen Kulturproduzenten und Publikum verlangen. Häufig wird dem Publikum eine interaktive Rolle zugeschrieben. Welche Zielgedanken verbergen sich dahinter? Wie bilden sich daraus Marketingstrategien und wie wird das kulturelle Angebot davon beeinflusst? Wie nehmen Kulturschaffende diese Prozesse wahr und wie reagieren sie darauf? Welche neuen Akteure entwickeln sich auf dem Kulturmarkt mit welchen Angeboten?

Ferner geht es um die (empirische) Erfassung der Kulturnutzer bzw. Kulturnichtnutzer. Gesellschaftliche Veränderungen führen vielfach zu neuen Nutzerpräferenzen für kulturelle Angebote. Wie lassen sich aktuelle Typen von Kulturnutzern sowie Kulturnichtnutzern beschreiben? Welche Forschungsansätze und Methoden existieren, mit deren Hilfe der Kulturnutzer und der bislang noch wenig erforschte Nichtnutzer in den Blick genommen werden können? Hieraus lassen sich wichtige Erkenntnisse für die Entwicklung von Kulturangeboten und Marketingmaßnahmen ableiten. Schließlich werden Paradigmen von Kultur und Publikum untersucht. Gesellschaftliche Entwicklungen werden häufig von Paradigmenwechseln in institutionellen und politischen Feldern begleitet. In den 70er-Jahren entstand das Paradigma einer Kultur für alle im gesellschaftspolitischen Diskurs und beeinflusste nachhaltig Institutionen und Kulturpolitik. Welche Paradigmen bzw. Leitideen definieren heute die Rolle von Kultur und Publikum? Wie hängen diese mit aktuellen gesellschaftlichen und politischen Entwicklungen zusammen?

Das aktuelle Jahrbuch greift damit auch die Themenschwerpunkte der diesjährigen Jahrestagung mit dem Titel *Zukunft Publikum. Neue Beteiligungsformen und interaktive Kulturwahrnehmung* wieder auf und ermöglicht zudem eine Diskussion der erörterten Fragen und erarbeiteten Erkenntnisse über die Grenzen des Fachverbands hinaus.

SCHWERPUNKT:
ZUKUNFT PUBLIKUM

Audience Development als Aufgabe von Kulturmanagementforschung
BIRGIT MANDEL

1. Einführung

Das Publikum wird im deutschen Kulturbetrieb traditionell mit Ambivalenz betrachtet. Es wird benutzt als Legitimationsfaktor für öffentliche Kulturförderung, gefeiert als Quotenbringer, gefürchtet für seine zunehmende Unberechenbarkeit, verachtetet für seine banalen Unterhaltungsbedürfnisse und seinen schlechten Geschmack, teilweise ignoriert, oft verkannt und unterschätzt. Für manche ist das Publikum in seiner traditionellen Rezeptionsweise sogar ein Auslaufmodell im Zeitalter des Social Web, das stattdessen den mitgestaltenden Prosumenten hervorbringe. Auch in den Fachdiskursen des Kulturmanagements gibt es mehrere Sichtweisen auf das Publikum: das Publikum als Nachfrager und Konsument, als nachvollziehender und das Kunstwerk erst vollendender Rezipient, als auf das Produkt Einfluss nehmender Prosument, als kritischer Bürger, der das kulturelle Leben mitgestaltet (INSTITUT FÜR KULTURPOLITIK 2005).

Aktuell wird das Publikum in Deutschland stärker denn je umworben. Nahezu jede Kultureinrichtung steht inzwischen vor dem Problem, ihr Stammpublikum gehalten und insbesondere neues Publikum hinzuzugewonnen werden muss. Es ist deshalb nicht verwunderlich, dass Strategien des Audience-Development derzeit die vermutlich am stärksten nachgefragte Wissensressource der Kulturmanagementwissenschaft sind.

Der Begriff Audience Development wurde Mitte der 90er-Jahre in angelsächsischen Ländern eingeführt als Bezeichnung für die strategische Gewinnung und Bindung neuen Publikums für Kultureinrichtungen (MAITLAND et al. 2000). Als Handlungskonzept der kulturbetrieblichen Praxis verbinden Strategien des Audience Development Ansätze von Kulturmarketing, Public Relations und Kulturvermittlung im engeren Sinne auf der Basis von mehr oder weniger systematisch gewonnenen Erkenntnissen zum derzeitigen und potenziellen Publikum. Aus theoretischer Sicht basiert Audience Development auf mehreren Teildisziplinen der Interdisziplin Kulturmanagement (MANDEL 2008): dem

Kulturmarketing, das sich betriebswirtschaftlicher Ansätze bedient; der PR, die sich zur Steuerung von öffentlicher Aufmerksamkeit auf die Kommunikationswissenschaften stützt; die Kulturvermittlung und kulturelle Bildung, die sich sowohl auf Konzepte der Kunstwissenschaften, der Sozialwissenschaften und der Bildungsforschung, häufig auf der Basis kulturpolitischer Überlegungen beziehen; die Kulturnutzerforschung, die vor allem mit Methoden der empirischen Sozialforschung arbeitet. Darüber hinaus müssen sich Forschungsprojekte zum Audience Development immer auch mit der Frage beschäftigen, wie die verschiedenen theoretischen Konzepte und Forschungsmethoden der Einzelwissenschaften konstruktiv verbunden werden können.

Kulturnutzerforschung ist die zentrale empirische Grundlage für die Entwicklung von Strategien des Audience Development. Sie ist als Marktforschung zum einen wesentliche Basis von Kulturmarketing auf der kulturbetrieblichen Ebene. Sie ist als Struktur- und Wirkungsforschung aber auch als Grundlage von Kulturpolitik eine wichtige Bezugsgröße für Kulturmanagement in Ländern wie Deutschland, wo der Staat in hohem Maße für das Kulturleben zuständig ist.

2. Gründe für das wachsende Interesse an Strategien des Audience Development in Deutschland

Das seit einigen Jahren wachsende Interesse an Audience Development in deutschen Kulturinstitutionen dürfte auf das Zusammenwirken einer Reihe von Entwicklungen zurückzuführen sein.

Internationalisierung. Im Zuge der immer stärkeren Internationalisierung des Kultursektors haben sich auch in Deutschland neue Perspektiven auf das Publikum verbreitet. Prominentes Beispiel ist Simon Rattle, der mit Beginn seiner Berufung als Chefdirigent der Berliner Philharmoniker, darauf bestand, eine Personalstelle für Education und Audience Development einzurichten und damit für viele andere öffentliche Kultureinrichtungen beispielgebend wirkte.

Wachsender Konsens über die zentrale Bedeutung kultureller Bildung. Nicht nur der politische Diskurs, auch verschiedene Bevölkerungsbefragungen der letzten Jahre belegen, dass ein Großteil der Menschen in Deutschland der kulturellen Bildung in Zusammenarbeit von Kultureinrichtungen und Schulen eine sehr hohe Bedeutung beimisst (MANDEL/TIMMERBERG 2008; ZENTRUM FÜR KULTURFORSCHUNG/ KEUCHEL 2012). Auch dadurch sind in den letzten fünf Jahren in vielen öffentlichen Kultureinrichtungen über die Positionen für Marketing hinaus Vermittlungsstellen geschaffen worden (ZENTRUM FÜR KULTURFORSCHUNG 2010).

Konkurrenz durch das Internet als neuer Kulturraum. Das Internet als alternativer Kulturraum, in dem viele Menschen viel Zeit verbringen, und in dem sie Konsument und Produzent gleichzeitig agieren können, hat sich nicht zur zum Konkurrenten für traditionelle Kulturorte entwickelt, sondern verändert auch den Umgang mit Kultur. Im Web 2.0 gibt es die traditionellen Gatekeeper nur noch bedingt. Neue kulturelle Angebote etablieren sich dort mit direkter Unterstützung und direktem Feedback ihrer Nutzer. Die im Internet praktizierten Formen einer nicht hierarchischen kulturellen Kommunikation und einer Kultur des Mitmachens und kollektiven Ausprobierens und Gestaltens verändern Erwartungen auch an die Nutzung kultureller Einrichtungen.

Das Kulturangebot übersteigt die Nachfrage. Das Kulturangebot in Deutschland ist in den letzten 30 Jahren stark gewachsen, die Nachfrage ist hingegen gleich geblieben bzw. in bestimmten Sparten sogar zurückgegangen (GLOGNER/FÖHL 2011: 14). Dementsprechend hat sich der Konkurrenzkampf um das Publikum intensiviert.

Demografischer Wandel und Migration. Durch einen Rückgang des traditionellen bildungsbürgerlichen Stammpublikums öffentlich geförderter Kultureinrichtungen, einem tendenziell nachlassenden Interesse bei jüngeren Generationen und gleichzeitiger Zunahme von Menschen mit Migrationshintergrund sind Kultureinrichtungen gezwungen, ein anderes Verhältnis zum Publikum zu entwickeln. Menschen aus anderen Herkunftsländern bringen einen anderen Kulturbegriff und andere Rezeptionsweisen von Kunst und Kultur mit. Und sie haben, so zeigen erste Studien, noch weniger Interesse an traditionellen Hochkulturangeboten als der Durchschnitt der Bevölkerung (ZENTRUM FÜR KULTURFORSCHUNG/KEUCHEL 2012).

Konsens über traditionelle Hochkultur als Leitkultur schwindet. Gehörten Besuche von Hochkultureinrichtungen früher selbstverständlich zu einem gehobenen Lebensstil, so ist dies bei nachwachsenden Generationen offensichtlich auch dann nicht mehr der Fall, wenn sie älter werden (REUBAND 2009).

Wachsender Legitimationsdruck der öffentlichen Kulturfinanzierung. Angesichts der hohen Verschuldung der öffentlichen Haushalte in Deutschland stehen auch die Kulturausgaben verstärkt auf dem Prüfstand. Auslastungszahlen sind für Kultureinrichtungen ein zentrales Argument bei der Beantragung öffentlicher Fördergelder.

3. Paradigmen zum Kulturpublikum und Strategien des Audience Development

Im internationalen Vergleich wird deutlich, dass die Ausgangskonstellationen für Audience Development durch jeweils spezifische nationale gesellschaftliche und politische Rahmenbedingungen geprägt sind und damit sehr unterschiedlich sein können.

In den USA entwickelten sich professionelle Audience-Development-Strategien Anfang der 90er-Jahre vorwiegend aufgrund der marktwirtschaftlichen Notwendigkeit, Einnahmen aus Ticketverkäufen zu erzielen, was nachweislich sehr viel leichter zu erreichen ist, wenn es gelingt, Publikum nachhaltig zu binden und sich gleichzeitig langfristig um Nachwuchspublikum zu bemühen.

In Großbritannien wurde Audience Development wesentlich durch kultur- und gesellschaftspolitischer Ziele unter New Labour in den 90er-Jahren angestoßen, die an öffentlich geförderte Kultureinrichtungen den Anspruch stellten, für alle Bevölkerungsgruppen, vor allem auch für sozial benachteiligte Gruppen Angebote zu entwickeln und für diese eine Brücke zu bauen, sich stärker in das kulturelle und gesellschaftliche Leben zu integrieren (KAWASHIMA 2000; ARTS COUNCIL ENGLAND et al. 2004).

In Deutschland war die Nachfragerseite bzw. das Kulturpublikum traditionell von untergeordneter Bedeutung bei der Gestaltung des Kulturangebots. Dies hat vor allem mit dem kulturpolitischen Grundverständnis zu tun, dass die Autonomie der Künste ein hohes Gut ist und diese weder durch marktwirtschaftliche Zwänge noch durch Publikumswünsche eingeschränkt werden dürfe (MANDEL 2008). Dementsprechend werden insbesondere hochkulturelle Angebote weitreichend öffentlich gefördert.

Die Sichtweise auf das Kulturpublikum durch Kulturanbieter und Kulturpolitik verändert sich jedoch auch in Deutschland seit einigen Jahren. In der Tendenz lässt sich eine Fokusverschiebung von der traditionellen Angebotsorientierung zur einer nachhaltigen Nutzer-/Nachfragerorientierung erkennen.

Produzentenparadigma (Angebotsorientierung). Die bis in die 1990er Jahre vorherrschende Angebotsorientierung könnte man auch als Produzentenparadigma bezeichnen: Das Kulturangebot soll aus kunstimmanenten Motiven entstehen, weitgehend unbeeinflusst von Nachfragerpräferenzen und politischer Einflussnahme. Kunst soll keinerlei Nützlichkeitsmotiven und Verwertungsinteressen unterliegen. Historisch ist dieses Paradigma zum einen durch eine deutliche Abgrenzung zum Nationalsozialismus erklärbar, zum anderen hängt es mit dem in der deutschen Klassik geprägten bildungsbürgerlichen Kulturbegriff zusammen, der Kunst zum Guten, Wahren, Schönen und Feiertäglichen erklärte in deutlicher Abgrenzung zu Alltag, Politik und banalen Unterhaltungsbedürfnissen von Adel und einfachem Volk.

Das Produzenten- bzw. Angebotsparadigma ging und geht einher mit einer durch Produzenten- und Institutionen-Lobbyismus geprägten Wachstumslogik, wonach es nie genug künstlerisch-kulturelle Produktionen geben kann.

Manche Hochkultureinrichtungen scheinen auch heute noch durch das Produzentenparadigma geprägt zu sein. Ihr Marketing ist vor allem auf die Ansprache des eingeweihten Stammpublikums ausgerichtet. Das traditionelle Produzentenparadigma, das Intendanten unter dem Argument der Kunstfreiheit unbegrenzte Macht gibt, wird in Deutschland nach wie vor gestützt durch das kulturelle Macht- und Distinktionspotenzial einer bildungsbürgerlichen Elite und eines konservativen Feuilletons.

Kundenparadigma (Konsumentenorientierung). Allerdings hat sich inzwischen auch in Teilen des öffentlich geförderten Kulturbereichs eine neue Sichtweise auf das Publikum durchgesetzt, die bei privatwirtschaftlichen Kulturunternehmen ohnehin Existenzvoraussetzung ist. Diese könnte man als Kundenparadigma bezeichnen. Auslöser waren insbesondere knapper werdende öffentliche Ressourcen und nicht zuletzt auch die Verbreitung eines betriebswirtschaftlich orientierten Kulturmanagements seit den 90er-Jahren (MANDEL 2009a) sowie die Ausweitung privatwirtschaftlicher Kulturangebote. Es gewann die Vorstellung an Raum, dass die Interessen des Publikums bei der Gestaltung des Kulturangebots stärker berücksichtigt werden müssten, vor allem, wenn man neues Publikum über die traditionellen Kulturbürger hinaus gewinnen will. Blockbuster-Ausstellungen mit Werken klassischer Moderne in Museen, bekannte Musicalproduktionen in den öffentlichen Theatern sind Anzeichen für diese Umorientierung. Auch das Kundenparadigma ist durch eine Wachstumslogik geprägt, die jedoch marktwirtschaftlich gesteuert ist. Unter dem Kundenparadigma kann Marketing darauf ausgerichtet sein, ein möglichst breites Publikum mit möglichst massenkompatiblen Angeboten zu erreichen, die aufgrund von Marktforschung ermittelt wurden, oder darauf, ganz gezielt diejenigen prinzipiell Kulturinteressierten zu erreichen, die bislang die Einrichtung noch nicht besucht haben, oder aber darauf, den Nachfragermarkt zu erweitern und bislang nicht kulturinteressierte Bevölkerungsgruppen mit geschickten Anreizstrategien von Angeboten zu überzeugen.

Kulturgesellschaftsparadigma (Bürgerorientierung). Bereits in den 1970er-Jahren kam mit der sog. Neuen Kulturpolitik (SIEVERS/WAGNER 1994) die Vorstellung auf, dass das Kulturangebot auch gesellschaftspolitischen Zielen dienen müsse und zwar nicht nur in Bezug auf die künstlerische Produktion, sondern auch in Bezug auf die Rezeptionsseite. Die Formel einer *Kultur für alle* blieb aber damals ohne nachhaltige Wirkung. Seit einigen Jahren gewinnt die Forderung wieder an Bedeutung, dass das gesellschaftliche Kulturangebot auch zur Lösung gesellschaftlicher Probleme beitragen sollte. Dies gilt vor allem für den Bereich der Bildung und aktuell auch sehr stark für den Umgang mit Migration. Kunst und Kultur sollen in diesem Kontext eine interkulturelle Brückenfunktion einnehmen, um dem Auseinanderdriften verschiedener gesellschaftlicher Gruppen mit verschiedenen Herkünften entgegenzuwirken. Im Vordergrund steht dabei häufig das Ziel, die Teilhabegerechtigkeit zu erhöhen, also bei bislang noch nicht kunstaffinen Nutzergruppen Interesse an Kunst und Kultur zu initiieren, Zugänge zu schaffen, das Bildungspotenzial von Kunst und Kultur stärker auszuschöpfen. Das Publikum wird dabei in seiner Rolle als zu bildendes Subjekt und als Bürger angesprochen.

Welche Leitorientierung die Arbeit mit dem Publikum in der Praxis prägt, hängt stark auch davon ab, welchem Sektor eine Kultureinrichtung angehört.

Privatwirtschaftliche Einrichtungen müssen kundenorientiert sein, um ausreichend Absatz zu schaffen: Aus kostenökonomischen Gründen werden sie dabei möglichst effizient vorgehen, das heißt, diejenigen potenziellen Publikumsgruppen ansprechen, die am einfachsten zu erreichen sind. Mit einem Engagement privatwirtschaftlicher Kulturunternehmen für gesellschaftspolitische Ziele kann man nur rechnen, wenn diese sich davon zumindest auf mittlere Sicht auch wirtschaftliche Vorteile versprechen.

Öffentlich geförderte Kultureinrichtungen haben hingegen, neben dem Auftrag künstlerische Exzellenz zu ermöglichen, auch die Aufgabe, möglichst vielen einen Zugang zu Kunst und Kultur zu den aus Steuermitteln finanzierten Angeboten zu schaffen und Angebote zu vermitteln. Gesellschaftspolitisches Engagement von öffentlichen Kultureinrichtungen bleibt jedoch bislang weitgehend eine freiwillige Aufgabe, da entsprechende Zielvereinbarungen zwischen Staat und Kultureinrichtung in Deutschland aktuell eher selten sind. So sind es derzeit vor allem Institutionen des gemeinnützigen Sektors, die explizit bürgerorientiert arbeiten.

4. Stand der Kulturnutzerforschung und zukünftige Forschungsfragen

Das Interesse an Erkenntnissen über die Nutzer von Kulturangeboten, aber auch über diejenigen, die Kulturangebote nicht wahrnehmen, hat in jüngerer Zeit vor dem Hintergrund der oben dargestellten gesellschaftlichen Entwicklungen ebenso deutlich zugenommen wie das Interesse an Konzepten des Audience Development. Nach dem Ergebnis einer repräsentativen Studie des *Zentrums für Audience Development* (2007) der FU Berlin haben 2007 gut die Hälfte der von ihnen befragten öffentlichen Theater und Museen in Deutschland eine Besucherbefragung durchgeführt. Dabei zeigten sich Unterschiede zwischen den Sparten: Öffentliche Theater führten weitaus seltener Befragungen durch als Museen. Dies könnte als weiteres Indiz für das Fortwirken des Produzentenparadigmas in diesen Einrichtungen gedeutet werden.

Die Erkenntnisinteressen der Kulturnutzerforschung und die Interpretation der gewonnenen Daten werden wesentlich beeinflusst durch das jeweils zugrundeliegende Paradigma über die Bedeutung des Publikums sowie durch den jeweiligen Kulturbegriff, der in der Regel nicht explizit thematisiert wird.

Die Fragestellungen der Kulturnutzerforschung werden bestimmt vom Verwendungszusammenhang. Hier ist zu unterscheiden zwischen dem Erkenntnisbedarf von Kulturinstitutionen und dem Erkenntnisbedarf der Kulturpolitik.

Erkenntnisbedarf von Kulturinstitutionen. Bei Kulturinstitutionen stehen Probleme von Marketing, PR und Vermittlung im Fokus. Darum sind Erkenntnisse von besonderem Interesse, die sich auf konkrete Anreizstrategien zur Gewinnung und Bindung von Publikum beziehen:

- Informationsverhalten im Kontext mit Kulturangeboten;
- Beurteilung des Images einer Institution;
- Nutzungsverhalten;
- Beurteilung von Serviceangeboten und Rahmenbedingungen der Kulturnutzung;
- Beurteilung von Formaten und Programmen;
- Soziodemografische Merkmale und Milieus verschiedener Nutzergruppen als Basis eines Customer Relationship Management.

Meiner Einschätzung nach wurden diese marketingorientierten Erkenntnisse bisher noch nicht systematisch durch die Kulturmanagementforschung erschlossen und theoretisch reflektiert. Es liegen vielfältige Einzelergebnisse vor, die sich aufgrund ihres unterschiedlichen methodischen Zugriffs und der unterschiedlichen Fragestellungen jedoch oft nur schwer vergleichen lassen. Hinzu kommt, dass sich aus den z. T. mit großem Aufwand durchgeführten Besucherbefragungen häufig nur begrenzt umsetzbare Erkenntnisse für Marketing und Vermittlung ergeben. Die Ursachen hierfür liegen vor allem in einer unklaren Fragestellung oder in einer unzureichenden inhaltlichen und methodischen Anlage wie auch in fehlendem Hintergrundwissen für eine weiterführenden Interpretationen der Daten.

Erkenntnisbedarf für ein an kulturpolitischen Fragestellungen orientiertes Kulturmanagement. Geht es um Erkenntnisinteressen im Sinne eines kulturpolitisch orientierten Umgangs mit dem Publikum als Bürger einer Kulturgesellschaft sind Fragen des Zusammenhangs von Kulturnutzung, Milieu und Bildung relevant, und es interessieren vor allem diejenigen Bevölkerungsgruppen, die noch keine (öffentlich geförderten) Kulturangebote nutzen. Von Interesse sind:

- Häufigkeit und Art der Kulturnutzung;
- Einstellungen zu Kunst und Kultur, Image von Kultur, Kulturbegriff;

- Motive für Kulturnutzung sowie damit verknüpfte Erwartungen und Interessen;
- Wirkungen von Kulturnutzung auf Prozesse kultureller Bildung;
- Kulturelle Interessen;
- Barrieren bei Nichtbesuchern.

Allgemeine Erkenntnisse über Kulturnutzung, Kulturinteresse und Kulturimage in der Bevölkerung in Deutschland. Aus den wenigen bislang vorliegenden Bevölkerungsbefragungen zu kulturellen Interessen und Images von Kultur und Kulturnutzung, so etwa die vom *Zentrum für Kulturforschung* durchgeführten *Kulturbarometer* oder die ARD/ZDF-Medienstudien, lassen sich stark vereinfacht folgende Erkenntnisse festhalten: Nur ein kleiner Teil der Bevölkerung nutzt regelmäßig kulturelle Angebote. Bei diesen Stammkulturnutzern handelt es sich fast ausschließlich um Personen mit höherer Bildung, zumeist Akademiker. Mehr Frauen als Männer sind an kulturellen Angeboten interessiert. Diejenigen, die zu den Stammkulturnutzern gehören, sind an vielen verschiedenen Sparten gleichzeitig interessiert.

Im langjährigen Vergleich der Kulturnutzer in Deutschland wird deutlich, dass das Bildungsniveau als Einflussfaktor auf kulturelle Partizipation an Bedeutung gewonnen hat.

Es besteht ein enger Zusammenhang von sozialer Herkunft und kultureller Inklusion bzw. Exklusion. Das Elternhaus ist der wichtigste Einflussfaktor, noch weit vor der Schule, um Menschen für Kultur zu gewinnen oder zu verlieren (ZENTRUM FÜR KULTURFORSCHUNG et al. 2006, 2005, 2003; ARD/ZDF/FRANK 1991).

Die bei quantitativen Befragungen am häufigsten genannten Barrieren der Nutzung kultureller Angebote sind ‚zu wenig Geld' und ‚zu wenig Zeit'. Erste qualitative Studien zeigen, dass es vor allem soziale Barrieren sind, die Nichtkulturnutzer abhalten: die Annahme, dass Kunst langweilig ist; die Annahme, dass Kunst anstrengend ist und die Angst, sie nicht zu verstehen; die Annahme, dass Kunst nicht zum eigenen Leben und Lebensstil passt; die Angst, nicht über die richtigen Formen im Umgang mit kulturellen Angeboten zu verfügen (MANDEL/RENZ 2010; DEUTSCHER BÜHNENVEREIN 2003; KIRCHBERG 1996). Obwohl Kunst und Kultur in der breiten Bevölkerung ein positives Image haben, werden kulturelle Angebote von einem Großteil als nicht relevant für ihr eigenes Leben betrachtet: „Kultur ist wichtig, hat aber nichts mit meinem eigenen Leben zu tun." (MANDEL/INSTITUT FÜR KULTURPOLITIK 2005; MANDEL/TIMMERBERG 2008).

Das Image von Kultur wird vor allem durch die Hochkultur geprägt, also von dem, was von den traditionellen Kultureinrichtungen, den Theatern, Opern, Konzerthäusern und Museen angeboten wird. Angebote im Bereich Populärkultur, die viele gerne wahrnehmen, werden nicht unter Kultur subsumiert (ALLENSBACH et al. 1991; ZENTRUM FÜR KULTURFORSCHUNG et al. 2006). Bei Menschen mit Migrationshintergrund ist ein breiterer Kulturbegriff erkennbar und eine weniger starke, typisch deutsche Trennung von E- und U-Kultur (ZENTRUM FÜR KULTURFORSCHUNG/KEUCHEL 2012).

Zukünftige Fragen der Kulturnutzerforschung. Betrachtet man die bisherigen Ergebnisse zu Kulturnutzung und Kulturimage in Deutschland sowie aktuelle kulturpolitische Herausforderungen, dann werden aus meiner Sicht für die Kulturnutzerforschung aus einer gesamtgesellschaftlichen Perspektive vor allem folgende Forschungsfragen relevant:

- Was sind kulturelle Interessen unterschiedlicher gesellschaftlicher Milieus?
- Welche neuen, interaktiven und interkulturellen Kulturformen, welche neuen Formen kultureller Partizipation entwickeln sich derzeit außerhalb von Kultureinrichtungen für wen und mit welcher Reichweite?
- Wie lassen sich die verschiedenen gesellschaftliche Gruppen dafür gewinnen, sich aktiv am Kulturleben zu beteiligen und ihre Interessen einzubringen?
- Wie müssen sich Kultureinrichtungen verändern, um für neue Nutzergruppen attraktiv und relevant zu sein?

5. Interkulturelles Audience Development als Perspektive für neue Herausforderungen im Kulturmanagement

Vor dem Hintergrund der zunehmenden Ausdifferenzierung der Gesellschaft, wird sich die Aufgabe des Audience Developoment immer mehr zu einem interkulturellen Audience Development entwickeln (MANDEL 2011).

Der Begriff der interkulturellen Kommunikation zeigt, dass verschiedene Kulturen bzw. verschiedene Verständnisse von Kunst und Kultur, verschiedene ästhetische Präferenzen, verschiedene Formen Kunst zu rezipieren und zu produzieren zusammen gebracht werden, um daraus etwas Neues zu entwickeln (TERKESSIDES 2010). Interkulturelles Audience Development würde dem entsprechend beinhalten: nicht nur Kommunikation, Vertrieb, Service und Vermittlung, sondern auch die Programme und die Unternehmenskultur einer Kultureinrichtung im Dialog mit neuen Zielgruppen zu verändern und etwas gemeinsames Drittes zu entwickeln, was sowohl den künstlerisch-kulturellen Interessen der Institution wie den Interessen, Ideen, Fragen neuer Zielgruppen entspricht. Das heißt nicht, dass kulturelle Angebote entsprechend dem Markt gestaltet werden oder sogar Kunst in ihrer inneren Autonomie bedroht wäre, wohl aber, dass neue Nutzergruppen ihre inhaltlichen Interessen einbringen können, dass in interkulturellen Prozessen mit neuen Nutzergruppen neue Programme entwickelt werden.

Ein zentrales Ergebnis der New Audience-Development-Programme in Großbritannien war, dass sich die intensive Auseinandersetzung mit neuen Nutzergruppen auch auf die künstlerische Arbeit sehr positiv auswirkte (ARTS COUNCIL et al. 2004) und keineswegs zu einer Verflachung künstlerischer Programme führte, wie von Kulturschaffenden in Deutschland oft befürchtet. Neue Nutzer bringen neue Themen und Ideen und neue ästhetische Impulse in die künstlerische Arbeit ein. Kunstschaffen ist in besonderer Weise auf Vielfalt angewiesen, Kunst lebt davon, dass verschiedene Perspektiven auf die Welt gezeigt werden, dass traditionelle Sichtweisen und Ästhetik immer wieder hinterfragt werden, ansonsten entwickeln sich Monokulturen bzw. wird nur noch traditionelles kulturelles Erbe gepflegt. Interkulturelles Audience Development beinhaltet also auch die Loslösung von einem normativen Kulturbegriff, der bestimmte Kulturformen a priori für qualitativ höher stehend erklärt und andere als populär oder kommerziell abwertet. Es beinhaltet damit auch interkulturelle Change-Management-Prozesse in einer Institution.

6. Konsequenzen für Kulturmanagement

Die Kulturmanagementpraxis steht aktuell vor der Herausforderung, die notwendigen Veränderungsprozesse im Kulturbetrieb zu moderieren und mitzugestalten, um sehr viel mehr Gruppen in der Gesellschaft mit ihren Interessen, Ideen und ihrer Kreativität in das Kulturleben einzubringen. Kulturmanagementforschung muss dafür nicht nur die richtigen Fragen stellen, sondern auch neue Strategien entwickeln, erproben und evaluieren, wie sich in der Praxis Zugänge zu diversen Bevölkerungsgruppen finden lassen. Dafür bedarf es auch neuer methodischer Ansätze in der Kulturnutzerforschung, um die ganz verschiedenen Gruppen, die bislang nicht zu den Nutzern öffentlich geförderter Kulturangebote gehörten, zu ihren kulturellen Interessen und Ideen zu befragen.

Literatur

ARD/ZDF Medienkommission/FRANK, Bernward (Hgg.) (1991): *Kultur und Medien. Angebote, Interesse, Verhalten.* Baden-Baden: Nomos.

ARTS COUNCIL ENGLAND/JOHNSON, Gill (2004): *New Audiences for the Arts: The New Audiences Programme 1998-2003.* London: Arts Council. <http://www.audiences.uk.org>.

DEUTSCHER BÜHNENVEREIN (Hg.) (2003): *Auswertung und Analyse der repräsentativen Befragung von Nichtbesuchern deutscher Theater. Eine Studie im Auftrag des Deutschen Bühnenvereins.* Köln: Dt. Bühnenverein.

GLOGNER, Patrick/FÖHL, Patrick (Hgg.) (²2011): *Das Kulturpublikum. Fragestellungen und Befunde der empirischen Forschung.* Wiesbaden: VS.

INSTITUT FÜR KULTURPOLITIK DER KULTURPOLITISCHEN GESELLSCHAFT (Hg.) (2005): *Kulturpublikum. Jahrbuch für Kulturpolitik.* Essen: Klartext.

KAWASHIMA, Nobuko (2000): *Beyond the Division of Attenders and Non-Attenders: a Study into Audience Development in Policy and Practise. Centre for Cultural Policy Studies.* Warwick: Univ. of Warwick.

KIRCHBERG, Volker (1996): Besucher und Nichtbesucher von Museen in Deutschland. – In: *Museumskunde* 61, 151-162.

MAITLAND, Heather/ARTS COUNCIL ENGLAND (2000): *A Guide to Audience Development.* London: Arts Council of England.

MANDEL, Birgit (Hg.) (2008): *Audience Development, Kulturmanagement, Kulturelle Bildung. Konzeptionen und Handlungsfelder der Kulturvermittlung.* München: kopaed.

MANDEL, Birgit (2009a): Kulturmanagementforschung. Ziele, Fragestellungen, Forschungsstrategien. – In: *Jahrbuch für Kulturmanagement* 1 (Forschen im Kulturmanagement), 13-29.

MANDEL, BIRGIT (2009b): Gestaltungsspielräume des Kulturmanagers. Zur Genese und Zukunft des Feldes und der Disziplin des Kulturmanagements. – In: Birnkraut, Gesa/Wolf, Karin (Hgg.), *Kulturmanagement konkret/Institut für Kulturkonzepte.* Bd. 3: An Anatomy of Arts Management. Hamburg: Institut Für Kulturkonzepte.

MANDEL, Birgit (2011): Interkulturelles Audience Development? Barrieren der Nutzung öffentlicher Kulturangebote und Strategien für kulturelle Teilhabe und kulturelle Vielfalt. – In: Schneider, Wolfgang (Hg.), *Theater und Migration. Herausforderungen für Kulturpolitik und Theaterpraxis.* Bielefeld: transcript, 111-122.

MANDEL, Birgit/INSTITUT FÜR KULTURPOLITIK (2005): *Einstellungen zu Kunst und Kultur, Kulturimage und Kulturbegriff. Ergebnisse einer Bevölkerungsumfrage in Hildesheim, durchgeführt von Studierenden des Studiengangs Kulturwissenschaften und ästhetische Praxis der Universität Hildesheim.* Hildesheim <http://www.uni-hildesheim.de/kulturpolitik.htm>.

MANDEL, Birgit/RENZ, Thomas (2010): *Barrieren der Nutzung kultureller Einrichtungen. Eine qualitative Annäherung an Nicht-Besucher.* Hildesheim: Univ. Hildesheim, Inst. f. Kulturpolitik. <http://www.kulturvermittlung-online.de>.

MANDEL, Birgit/TIMMERBERG, Vera (2008): *Kulturelle Partizipation im Ruhrgebiet in Zeiten des Strukturwandels.* Universität Hildesheim in Kooperation mit Ruhr.2010. Hildesheim, Essen. <http://www.kulturvermittlung-online.de>.

REUBAND, Karl-Heinz (2009): Die Institution Oper in der Krise? Generationsbedingte Änderungen des Opernbesuchs im Langzeitvergleich. – In: *Newsletter kulturmanagement*.net 2009/38 (Dezember).

SIEVERS, Norbert/WAGNER, Bernd (Hgg.) (1994): *Blick zurück nach vorn. 20 Jahre Neue Kulturpolitik.* Essen: Klartext.

TERKESSIDES, Mark (2010): *Interkultur.* Berlin: Suhrkamp.

ZENTRUM FÜR AUDIENCE DEVELOPMENT (2007): *Besucherforschung in öffentlichen Kulturinstitutionen.* Berlin.

ZENTRUM FÜR KULTURFORSCHUNG (2010): *Lernorte oder Kulturtempel. Infrastrukturerhebung: Bildungsangebote in klassischen Kultureinrichtungen.* Köln.

ZENTRUM FÜR KULTURFORSCHUNG/KEUCHEL, Susanne (Hgg.) (2003): *7. Kulturbarometer. Bundesweite Bevölkerungsbefragung.* Bonn: Zentrum für Kulturforschung.

ZENTRUM FÜR KULTURFORSCHUNG/KEUCHEL, Susanne (Hgg.) (2005): *8. Kulturbarometer. Bundesweite Bevölkerungsumfrage.* Bonn: Zentrum für Kulturforschung.

ZENTRUM FÜR KULTURFORSCHUNG/KEUCHEL, Susanne/WIESAND, Andreas (2006): *1. Jugendkulturbarometer.* Bonn: Zentrum für Kulturforschung.

ZENTRUM FÜR KULTURFORSCHUNG/KEUCHEL, Susanne (2012): Erste vorläufige Ergebnisse und Empfehlungen des Interkulturbarometer. Bonn: Zentrum für Kulturforschung.

Das Theaterpublikum
Veränderungen von der Aufklärung
bis in die Gegenwart
STEFFEN HÖHNE

1. Vorbemerkungen

Im Zentrum des diesjährigen Jahrbuches steht das gegenwärtige Kulturpublikum und mit ihm verbundene Vorstellungen bzgl. der Rolle, die insbesondere das Hochkulturpublikum im Prozess kultureller Produktion einzunehmen hat. Publikum, als ein soziales Konstrukt betrachtet, impliziert somit immer auch bestimmte Erwartungen bzgl. der Zusammensetzung sowie der Verhaltens- und Wahrnehmungsweisen im Kontext kultureller Angebote. Betrachtet man nun einschlägige Reflexionen über Kultur, insbesondere über Hochkultur seit dem 18. Jahrhundert, also dem Zeitraum, in dem sich eine bürgerliche Kultur durchzusetzen beginnt, dann fällt die fast durchgängige Absenz des Publikums auf, das seinen Historiographen offenkundig noch nicht gefunden hat. Somit stellt sich die Frage nach der Genese der Vorstellungen von einem spezifischen Publikum und der daran geknüpften Erwartungen und Vorstellungen. Diese Genese und die Transformation des Publikums in eine hochkulturaffine Gruppe soll am Beispiel des deutschsprachigen Theaterdiskurses untersucht werden.

Im Rahmen der Etablierung und Aufwertung des bürgerlichen Theaters als eine Institution der Hochkultur im Verlauf des 18. Jahrhunderts scheinen sich die kulturpolitischen und theaterästhetischen Debatten vor allem auf die künstlerischen Akteure, die Theaterleiter (Prinzipale), die Theaterautoren, die Schauspieler und die Regisseure zu orientieren, während die Zuschauer vom Beginn des bürgerlichen Theaterdiskurses an zum Objekt werden,[1] das sozial zu disziplinieren und ästhetisch zu bilden ist, dem aber eine Mitwirkung jenseits des bloß kontemplativen Zuschauens zunehmend verwehrt bleibt. Gegen eine derart idealtypische Vorstellung wäre einzuwenden, dass Zuschauerschaft weder eine ausschließlich homogene, passive und manipulierbare Masse ist, noch

---

1 Ungeachtet der schwierigen Quellenlage liegen einzelne historisch orientierte Publikumsanalysen bereits vor, s. insbesondere die Fallstudien zu Berlin (GERLACH 2009) und Wien (GROSSEGGER 1976).

als aktives Publikum fungiert, das phänomenologisch durch intentionale Handlungen, semiotisch durch Konstitution von Bedeutungen, informationstheoretisch durch Senden und Empfangen von Nachrichten (LAZAROWICZ/BALME 1991: 27) bestimmt werden kann, sondern die immer als elementarer Teil der Inszenierung im jeweiligen historischen Kontext verstanden und beschrieben werden muss. Ungeachtet dieser Einwände geht der vorliegende Beitrag nicht von einem historisch verankerten Zuschauerverhalten aus, sondern von einem sozial erwünschten, welches sich über einen langen Zeitraum entwickelte und offenbar durchsetzte. Das sozial erwünschte Publikumsverhalten lässt sich zum einen aus theatertheoretischen und -praktischen Texten rekonstruieren, zum anderen aus verhaltensregulierenden Anweisungen, wie sie insbesondere – aber nicht ausschließlich – in Anstands- und Manierenbüchern zu finden sind.

Methodisch ist man damit auf Theorieansätze der historischen Diskursanalyse verwiesen,[2] wobei unter Diskurs ein Corpus von Texten verstanden wird, in dem sich Aussagen und Einstellungen „zu einem bestimmten Thema systematisch organisieren und regulieren und damit die Möglichkeitsbedingungen des Denk- und Sagbaren bestimmen" lassen (EDER 2006: 13). Mithilfe der kritischen Diskursanalyse lassen sich über eine Analyse der zugrundeliegenden Argumentationsstrategien (Metaphern, Topoi, etc.) historische Veränderungen von Wahrnehmungskategorien, Bedeutungskonstruktionen und Identitätsstiftungen rekonstruieren und Bestandteil einer nach kollektiven Bedeutungszusammenhängen fragenden Kulturgeschichte verstehen. In Abgrenzung zu Habermas oder der *discourse analysis* verweist historische Diskursanalyse damit auf die epistemischen Tiefenströmungen, welche „die Verortung eines Textes oder Textversatzstücks in einem Netz von diskurshistorischen Bedeutungsverleihungen bewirken" (BUSSE 1997: 17).

Der Beitrag greift somit auf Texte zurück, in denen eine explizite Thematisierung des Publikums, seines Stellenwertes bzw. seiner Rolle in Bezug auf die Institution Theater und die damit verknüpften normativen Erwartungen bzgl. richtigen Verhaltens vorliegt.[3]

---

2   Zur historischen Diskursanalyse s. LANDWEHR (2001; 2008); EDER (2006); mit Bezug auf den Foucaultschen Ansatz SARASIN (2003); zur historischen Semantik BUSSE u. a. (2005); einführend mit Überlegungen zur Corpuserstellung BUSSE/TEUBERT (1994).
3   Historische Publikumsforschung bildet bisher ein Randthema in den Kulturwissenschaften. Gleichwohl findet man eine Ankündigung einer neuen Schriftenreihe *Proszenium. Beiträge zur historischen Theaterpublikumsforschung* im Verlag Winter, Heidelberg, mit dem Ziel, Forschungsimpulse zu bündeln sowie unterschiedliche Quellen

2. Zum Theaterpublikum im 18. Jahrhundert

Noch im 18. und im frühen 19. Jahrhundert scheint das Theaterpublikum, traut man den zeitgenössischen Berichten vor allem der Theaterreformer und den vereinzelten Theatergeschichten, die explizit auf das Publikum eingehen, weder seine affektiven noch kommunikativen Bedürfnisse unter Kontrolle gehabt zu haben. 1778 berichtet Wolfgang Amadeus Mozart seinem Vater von einer Aufführung:

> da haben sie schon die 2 ersten actricen Mad:^me Toscani und Mad:^me Urban ausgepfiffen, und war so ein lerm, daß sich <graf seau>, nachdemme er einigen officiren sagte, sollten doch kein so lerm machen, der <Churfürst> sehe es nicht gerne, zur anwort bekamm: - sie <seyen um ihr baar geld> da und <hätte ihnen kein mensch zu befehlen> [...]. (MOZART 1962: 505)

Nimmt man dieses und zahlreiche leicht zu findende weitere Beispiele aus der einschlägigen biographischen Literatur und kontrastiert sie mit dem Ablauf heutiger Theateraufführungen, so scheint – unabhängig von einer gewissen Informalisierungstendenz der vergangenen Jahrzehnte – ein fundamentaler Disziplinierungsprozess erfolgt zu sein. Zur Theaterrealität außerhalb des Hoftheaters des 18. und frühen 19. Jahrhundert gehörten offenbar das Schwätzen mit den Nachbarn und das Glücksspiel genau so zur Vorstellung wie der Bierausschank und der Tabakqualm. Kinder und Hunde wurden mit in die Vorstellung genommen. Laute Pfeifkonzerte während der Aufführungen waren genauso üblich wie der Blick oder Gang hinter die Kulissen. Noch im 19. Jahrhundert kämpften anscheinend „die Gastronomen und die Prostituierten [...] um ihr Gewerberecht mitten im Theatersaale." (DRESSLER 1993: 8) Das Publikum nahm sein Recht auf Mitsprache, was Engagements und Rollenbesetzung angeht, in Anspruch, was bei Missachtung seitens der Theaterleitung mitunter zu regelrechten Theaterkrawallen führte, von denen selbst der Direktor des Weimarer Hoftheaters, Johann Wolfgang von Goethe berichtete.[4] Und auch in Weimar gab es zur Zeit Goethes uni-

---

zum Verhalten des Publikums in der Schaubühne zu dokumentieren und Einzelstudien zur Theaterrezeption seit 1500 zu veröffentlichen. Für den Herbst ist ein erster Band zur Thematik dieses Beitrags angekündigt, der in der Ausarbeitung leider nicht mehr berücksichtigt werden konnte.

4   Auch wenn es sich bei Goethes Romanen, insbesondere *Wilhelm Meisters Theatralischer Sendung*, um eine Poetisierung der Institution Theater handelt, so verweisen die entsprechenden Passagen doch auf Theatererfahrungen, die der Autor und Intendant Goethe mit dem Theateralltag machen musste. In *Wilhelm Meisters Theatralischer Sendung* verweist Goethe auf das Unruhepotential der Zuschauer: „die Zuschauer werden unbändig, das Parterre verlangt das Stück und pocht und tobt, die gedrückte Gale-

formierte Theaterwachen, die vom Militär abgestellt waren – eben zur Verhütung von Publikumskrawallen und Bränden.[5] Allerdings verhielt sich das Publikum nicht disziplinierter als die Akteure einer im 18. Jahrhundert doch eher dubiosen Institution. Der Schauspieler Ekhof, einer der ersten Stars der Bühne, berichtet von

> herumziehenden Gauklertruppen, die durch ganz Deutschland von einem Jahrmarkt zum anderen laufen [und] den Pöbel durch niederträchtige Possen [belustigen]. Der Hauptfehler des deutschen Theaters war der Mangel an guten Stücken; die, welche man aufführte, waren gleich lächerlich vor dem Plane als nach der Darstellung. [...] Eine schlechte bretterne Bude diente zum Komödienhause; die Verzierungen darin waren jämmerlich; die Akteure, die in Lumpen gehüllt waren und confiszierte alte Perücken aufhatten, sahen aus wie in Helden verkleidete Mietkutscher; mit einem Worte, die Komödie war ein Vergnügen nur für den Pöbel. (zit. n. REDEN-ESBECK 1881: 37f.)

Aus Platzgründen kann der komplexe Prozess der Aufwertung der Bühne, eine Transformation aus einer trivialkulturellen in eine hochkulturelle Sphäre nicht ausführlicher vorgestellt werden,[6] in dessen Rahmen

---

rie kracht vom Unfug, ein Teil fordert sein Geld, die Logen drohen nach ihren Kutschen zu schicken, die Musik spielt indessen, was sie kann, um den Sturm nur einigermaßen zu besänftigen." (GOETHE 1958: 159) Angesichts unprofessioneller schauspielerischer Leistungen steigert sich die Unruhe bis zum Krawall: „Das Pochen, Pfeifen, Zischen, Klatschen und Bravorufen ward allgemein. Gift und Galle, die in ihm kochten, brachen aus, er vergaß, wo und wer er war, trat bis ganz hervor an die Lampen, rief und schimpfte auf ein solches Betragen und forderte einen jeden heraus, der sich gegen ihn so impertinent bewies. Kaum hatte er ausgeredet, als eine Pomeranze geflogen kam und ihn mit solcher Gewalt auf die Brust traf, daß er einige Schritte zurückwich; gleich darauf noch eine, und als er sich bückte, die aufzuheben, ein Apfel, der ihm die Nase quetschte, daß ihm ein Strom von Blut dem Gesichte herunterlief. Außer sich vor Wut, schleuderte der den einen Apfel, den er aufgerafft hatte, in das Parterre zurück. Er mochte jemand hart getroffen haben, denn es entstand gleich darauf ein allgemeiner Aufruhr." (GOETHE 1958: 175) Zu Theaterkrawallen s. PAUL (1969).

5   S. den Brief Goethes an das fürstliche Hofmarschallamt vom 09.07.1797, in dem er angesichts von Unruhen durch Jenaer Studenten während einer Aufführung Maßnahmen vorschlägt: „Man stelle auf die rechte Seite die bisher gar keine Wache gehabt hat, einen, und wenn man es für nötig hält, zwei Husaren, [...]. Sollte irgend einer anfangen Lärm zu machen, so muß er gewarnt und, wenn er fortfahren sollte, hinausgeschleppt werden, [...]." (GOETHE 1988: 275). In vergleichbarer Weise äußert sich Goethe in einem Brief an Franz Kirms vom 24.02.1798 (GOETHE 1988: 592) — Goethe, der „sich ermächtigt [sah], in die Interaktion zwischen Akteuren und Zuschauern sozusagen als dritte Instanz einzugreifen und die Zuschauer zu einem Verhalten zu zwingen, das seiner Meinung nach dem auf der Bühne Dargebotenen angemessen war" (Fischer-Lichte 2009: 58) betrachtete das Theater als ästhetischen, weniger als sozialen Raum.

6   Zur Entwicklung von der Cabotinage (Schmiere) zur Schauspielkunst s. die Kontroverse um eine totale bzw. emotionale Identifikation mit der Rolle (Rémond de Sainte-Albine) gegenüber einer selbstkritisch distanzierten Rollendarstellung (Anti-Emotionalisierung), wie sie von Francesco Riccoboni (*Der Ausdruck*, 1750), Denis Diderot

auch eine idealtypische Bestimmung des Publikums erfolgte. Seit dem frühen 18. Jahrhundert ist das „räsonierende" Theaterpublikum Gegenstand theoretischer Reflexion wie normativer Festlegung bei Johann Christoph Gottsched,[7] Gotthold Ephraim Lessing, Friedrich Schiller und anderen. Das als ideal vorgestellte Publikum wird den Ansprüchen einer moralischen Funktionalisierung (Schiller) unterworfen[8] bzw. müsse überhaupt erzogen werden und wird somit Teil einer erst zu erschaffenden Institution: „Wir haben kein Theater. Wir haben keine Schauspieler. Wir haben keine Zuhörer", so klagt bekanntlich Lessing (1955: 356) im *81. Literaturbrief*:

> Der Franzose hat doch wenigstens noch eine Bühne; da der Deutsche kaum Buden hat. Die Bühne des Franzosen ist doch wenigstens das Vergnügen einer ganzen großen Hauptstadt; da in den Hauptstädten des Deutschen, die Bude der Spott des Pöbels ist. Der Franzose kann sich doch wenigstens rühmen, oft seinen Monarchen, einen ganzen prächtigen Hof, die größten und würdigsten Männer des Reichs, die feinste Welt zu unterhalten; da der Deutsche sehr zufrieden sein muß, wenn ihm ein Paar Dutzend ehrliche Privatleute, die sich schüchtern nach der Bude geschlichen, zuhören wollen. (LESSING 1955: 357).

Vereinfacht formuliert war der Theaterdiskurs des 18. und frühen 19. Jahrhunderts somit von der Etablierung stehender Häuser mit festen Spielplänen, hochwertigen oder überhaupt brauchbaren Texten[9] bzw. Angeboten und professionellen Aufführungen mit ausgebildeten

---

(*Das Paradox über den Schauspieler*, 1769), Gotthold Ephraim Lessing (*Hamburgische Dramaturgie*, 1767-69), Friedrich Hildebrand von Einsiedel (*Grundlinien zu einer Theorie der Schauspielkunst*, 1797), Johann Wolfgang von Goethe (*Frauenrollen auf dem römischen Theater durch Männer gespielt*, 1788; *Regeln für Schauspieler* [1816 (1982b)]), August Wilhelm Ifflands Regelwerk für Schauspieler im *Almanach fürs Theater* 1807 (GERLACH 2009) u. a. erhoben wurde. — Zur Professionalisierung des Theaters im Hinblick auf Schauspieler und Schauspielkunst s. BENDER (1992), EBERT (1991), GERLACH (2009), HABIG (2010), MÖHRMANN (2000), SCHMITT (1990).

7 Gottscheds Theaterreform war auf die Schauspieler gerichtet, deren soziale und künstlerische Rolle aufgewertet wurde, ferner auf die Autoren, die zu einer neuen Form von Dramatik angeleitet werden sollten, sowie auf das Publikum, welches sich nicht nur vergnügen, sondern auch belehren lassen sollte. Gottsched ging es um die soziale Aufwertung der Institution und um inhaltliche Erneuerung. Die *Critische Dichtkunst* (1730), eine normative Regelpoetik, umfasst Regeln zur Produktion von Dramen, zur Vermittlung von Urteilskriterien für Schauspieler und auch für das Publikum. Zu Gottsched s. MEYER (1980).

8 Diese funktionale Bestimmung des Zuschauers, die für den frühen Schiller der *Schaubühne als moralische Anstalt* (1784) charakteristisch ist, entfällt mit der Zweckfreiheitsbestimmung der Kunst insgesamt, wie sie sich in der klassischen Periode durchsetzt.

9 S. z. B. die Bemühungen Gottscheds, eine Anthologie spielbarer Texte bereitzustellen sowie das Musterdrama *Der sterbende Cato* (UA 1731) zu konzipieren.

Schauspielern,[10] aber auch von der Wunschvorstellung nach einem idealen Publikum geprägt, das der Botschaft auf der Bühne zu lauschen habe und sich in eine kontemplative poetische Welt entrücken ließe. Für Berlin lässt sich eine derartige Verbürgerlichung des Theaters mit einer markanten Veränderung des Publikumsgeschmacks für die Zeit um 1800 konstatieren (GERLACH 2009: 10).

Ohne den Transfer bildungsbürgerlicher und kunstästhetischer Normen der Aufklärung und des Idealismus auf den theaterpraktischen Gebrauch zu betrachten, ist ausgehend von der erwähnten Disziplinierungsthese und mit Norbert Elias ein Zivilisationsprozess nachzuzeichnen, der eine spezifische Interaktion zwischen Zuschauern und Darstellern prägte, der Normen und Gewohnheiten zugrunde liegen, die sich seit dem 19. Jahrhundert durchgesetzt haben. Norbert Elias (2002) betrachtet Gesellschaft als Figurationen interdependenter Individuen, wobei sich die Frage danach stellt, wie die Dispositionen den Einzelnen prägen, die ihrerseits die Figurationen verändern. Die seit der Aufklärung sich entwickelnde Disziplinierung, eine immer engere Einfassung der Scham- und Peinlichkeitsschwellen, so Elias (1976), unterwarf sowohl durch staatliche Reglementierung als über die Interessen der Theaterleiter, -regisseure, -dramaturgen und -autoren auch das Theaterwesen einer Disziplinierung. So erfolgreich, dass ein Modell des 18. Jahrhunderts „zweihundert Jahre später zum gesellschaftlichen Wahrnehmungsrahmen geronnen" war (DRESSLER 1993: 9). Die Frage, die sich damit stellt, lautet mit Norbert Elias (1976), der die Umformung von Fremdzwängen in Selbstzwänge als gesellschaftliche Konfiguration erkennt, in der bestimmte Verhaltensformen erst entstehen: Wie verlaufen Prozesse der Durchsetzung bestimmter Verhaltensformen bzw. wie werden Grundmuster der Wahrnehmung und des Handelns über Generationen tradiert. Wie bildet sich ein spezifischer Habitus der involvierten Akteure, in diesem Fall des Publikums, im Sinne einer Verstetigung von

---

10 In *Wilhelm Meisters Lehrjahren* setzt sich Goethe insbesondere mit der fragilen sozialen Stellung der Schauspieler auseinander, als Abhilfe wird eine künstlerische Professionalisierung propagiert, wozu u. a. die adäquate Wiedergabe des Theatertextes gehört, die über das reine Memorieren hinausgehen müsse, so Wilhelm: „Wie man von jedem Musikus verlange, daß er bis auf einen gewissen Grad vom Blatte spielen könne, so solle auch jeder Schauspieler, ja jeder wohlerzogene Mensch sich üben, vom Blatte zu lesen, einem Drama, einem Gedicht, einer Erzählung sogleich ihren Charakter abzugewinnen und sie mit Fertigkeit vorzutragen. Alles Memorieren helfe nichts, wenn der Schauspieler nicht vorher in den Geist und Sinn des guten Schriftstellers eingedrungen sei; der Buchstabe könne nichts wirken." (GOETHE 1982a: 308f.)

Interaktions- und Wahrnehmungsmustern bzw. Mustern des Denkens, Fühlens, Handelns und Wahrnehmens über Generationen heraus?[11]

3. Von der Erziehung zur Normierung des Publikums

Kann man nach den bisher vorgestellten theatertheoretischen Positionen von einem Prozess der Disziplinierung sprechen und kommt es zu Interdependenzen zwischen Sozio- und Psychogenese? Um eine derartige Entwicklung zu rekonstruieren, sollen Texte untersucht werden, die – seit dem 18. Jh. – explizit das Thema Theaterpublikum deskriptiv und explikativ thematisieren.[12] Zur ersteren gehören in erster Linie Lexika und Handbücher sowie wissenschaftliche Abhandlungen, aus ihnen lassen sich Etymologie sowie Semantik des Begriffs Theaterpublikum ableiten. Man kann aus ihnen erfahren, dass der Begriff Publikum im Sinne von Kunst- oder Kulturpublikum als Rezipientengruppe eines bestimmten Kulturereignisses unter der Bezeichnung Zuschauer erst um die Mitte des 18. Jahrhunderts (KLEINSCHMIDT 2007) Eingang in den Sprachgebrauch fand wie in *Zedlers Universal-Lexikon*:[13]

> Zuschauer, lat. Spectator, zeigt nach der gemeinen Bedeutung einen Menschen an, der eine Sache genau und in der Nähe siehet. Diese Art der Zuschauer nimmt sich unter allen übrigen am meissten aus; [...]. Daher ist dieses der gewöhnlichste und bekannteste Begriff, welchen man wie dem Wort Zuschauer verbindet. (ZEDLER 1740/29: Sp. 751)

---

11 Der Beitrag geht von der Zivilisationstheorie Norbert Elias' aus, andere Ansätze der Disziplinierung, so das Konzept der Sozialdisziplinierung bei Gerhard Oesterreich in Anlehnung an Max Weber oder das Konzept der Disziplinierungsgesellschaft und Disziplinierungsmacht nach Michel Foucault können aus Platzgründen hier nicht berücksichtigt werden.

12 Zu den inhaltlichen Kriterien der Corpus-Erstellung s. die methodischen Überlegungen bei BUSSE/TEUBERT (1994). Ein Corpus umfasst ausgehend von einem als Forschungsgegenstand gewählten Thema die Texte, die in einem gemeinsamen Aussage-, Kommunikations-, Funktions- oder Zweckzusammenhang stehen, die sich im vorliegenden Fall also mit der Frage des Publikums befassen. Ferner werden Eingrenzungen vorgenommen im Hinblick auf den Zeitraum (18.-20. Jahrhundert), das Areal (der deutschsprachige Raum), den Gesellschaftsausschnitt (die bürgerlichen Schichten, die als Publikum adressiert werden), den Kommunikationsbereich (z. B. Texte wie Anstandsbücher, die direkt auf die Verhaltensregulierung orientiert sind). Und schließlich werden explizite und implizite Verweisungen (intertextuelle Beziehungen) berücksichtigt, die sich text- oder kontextsemantisch erschließen lassen.

13 Zu den differierenden Bedeutungsangaben und zur Bedeutungsverschiebung von Publikum im 18. Jahrhundert s. einführend SCHIEWE (2004: 34-44).

In der zweiten Hälfte des 18. Jahrhunderts verfestigt sich der Begriff in seiner speziellen Bedeutung von Theater-, Literatur- oder Kunstpublikum vor allem durch die programmatischen Schriften von Gottsched und Lessing sowie – auf institutioneller Ebene durch die Etablierung von der Öffentlichkeit zugänglichen Hoftheatern (DANIEL 1995). Ohne auf die mit der Industrialisierung einsetzenden Effekte des sozioökonomischen Wandels, deren disziplinierende Wirkung im Taylorismus einen Höhepunkt erreicht, oder ideologische, auf die Kunst bezogene Konzepte wie Öffnung und Demokratisierung von Kunst bzw. Konzepten bürgerlicher Öffentlichkeit in Verbindung mit der Idee des Nationaltheaters einzugehen, erscheinen im Hinblick auf die Elias'sche Disziplinierungsthese neben den theatertheoretischen vor allem die gebrauchstheoretischen Texte von Interesse, wenden diese sich doch unmittelbar an das Publikum, das sich erst im Theatersaal performativ konstituiert, reflektieren dessen Rolle und entwickeln Standards für angemessenes Verhalten. Diesen Texten lassen sich somit verdichtete normative Werte über ‚richtige' soziale Interaktions- und Verhaltensformen entnehmen, die zwar nicht mit realen Entwicklungen und Verhaltensweisen gleichgesetzt werden dürfen, in denen es aber zu einer Konzentration von verfügbarem Wissen über angemessenes Verhalten kommt. Neben theatertheoretischen und erinnerungskulturellen Texten[14] liefern daher vor allem Anstands- und Manierenbücher, die sich an ein idealtypisches Publikum wenden, Aufschluss über die konstatierte Disziplinierung. Dabei handelt es sich um schriftlich fixierte Normensammlungen und Schilderungen sozial erwarteten und erzwungenen Verhaltens, die als Grundlage für Betrachtungen langfristiger Strukturentwicklungen von Standards sozialen Verhaltens dienen können. In diesen Texten findet man Thematisierungen von sozial erwünschtem Handeln, von Normen und Sanktionen, von erwarteten Rollen, von sozialer Kontrolle, Verhalten, Interaktion etc.

Die jeweilige Thematisierung erfolgt zum einen über eine Präsentation idealtypischer Verhaltensformen und Verhaltensnormen zur Orientierung, zum anderen dient sie als Anleitung für den sozialen Aufstieg bzw. als sozialer Katechismus zur Selbstdarstellung und Identitätsab-

---

14 Eine weitere Textsorte, um Einstellungen gegenüber dem Theater und den Status der Institution zu rekonstruieren sind die sogenannten Kameralschriften, aus denen die Position der Ordnungsbehörden ersichtlich wird. In seiner Auswertung konnte Wolfgang Martens (1981) zeigen, dass das Theater unter Aspekten wie a) Aufrechterhaltung der Ordnung auch im Sinne einer Bewahrung von bürgerlicher Ruhe, Ordnung und Sittlichkeit, b) ökonomische Interessen und c) Notwendigkeit bzw. Unvermeidlichkeit von Vergnügungen seitens der Obrigkeit betrachtet wurde.

sicherung einer bestimmten sozialen Formation, weshalb Idealisierungen und Stilisierungen sowie eine gewisse bewahrende oder restaurative Tendenz bei der Analyse einzukalkulieren sind. Zudem besitzt diese Textsorte immer auch den Status des Fragwürdigen; schließlich geht es um das nicht mehr oder noch nicht für alle Selbstverständliche, um Normen und Konventionen, die einem bestimmten Zielpublikum noch unbekannt, deren Einhaltung nicht gesichert sind und deren Gültigkeit begründet werden muss (LINKE 1996). Die Anstandsbücher dokumentieren daher im Idealfall eine tiefer liegende Disziplinierungs- oder Zivilisierungsstrategie, die weitgehend unbeeinflusst auch von zeitgebundenen Ideologien verläuft.

3.1 Das Publikum in Anstands- und Manierenbüchern

Zugrunde gelegt wurden bisher 46 Anstandsbücher, erschienen zwischen 1788 und 2008, in denen eine explizite Thematisierung des Verhaltens beim Theater- oder Konzertbesuch erfolgt.[15] Mit Hilfe der historischen Diskursanalyse können zentrale Argumentationsmuster identifiziert und analysiert werden, aus denen sich Rückschlüsse auf bestimmte Typen sozialer Beziehung ableiten lassen (KRUMREY 1984: 196). Zusammengefasst verweisen die Anstandsbücher erstens auf das zivilisationsgebundene Spannungsverhältnis, in dem sich Individuen befinden und für das spezifische Verhaltensstandards entwickelt werden: Diese umfassen die Regulierung von Affekten, Gefühlen, Empfindungen sowie die Regulierung von verbalem, para-, non- und extraverbalem Verhalten. Eine Übersicht der Texte ist dem Anhang zu entnehmen, wobei sich die einzelnen Topoi durch die Texte des gesamten 19. und 20. Jahrhunderts ziehen. In den unterschiedlichen Texten findet man ferner Hinweise auf Interdependenz- und Spannungsverhältnisse zwischen den Individuen, und zwar zwischen älteren und jüngeren, zwischen männlichen und weiblichen, zwischen höher und niedriger stehenden sowie zwischen einander näher und ferner stehenden bzw. – in Einzelfällen – zwischen stigmatisierten und nicht stigmatisierten Individuen (s. Tab. 3). Diese

---

15 Gesichtet wurden bisher 55 Anstandsbücher, wobei in einigen überhaupt kein Verweis auf Theater oder auch Hochkultur erfolgt. Die Erstellung eines Textcorpus erweist sich dabei als äußerst schwierig, da Anstands- und Manierenbücher in der Regel von den wissenschaftlichen Bibliotheken nicht gesammelt werden, von den nichtwissenschaftlichen normalerweise nur die jeweils aktuelle Auflage, wodurch diachrone Analysen der zwischen den Auflagen vorhandenen Unterschiede erschwert werden.

Interdependenzen sind in der Regel an komplexe Rollen bzw. Interaktionsabläufe gebunden, z. B. Regelungen für Grußsequenzen, aber auch Handlungsweisungen für die Verhaltensdifferenzierung zwischen Saal und Foyer, für anschließende Gespräche über das Dargebotene, sogenannte Kunsturteile, oder für das Verhalten an der Garderobe. Sehr divergent sind die Vorschläge für die Regelung von Applaus und Zugaben, bei denen Normierungen von Verboten bis zur Affektunterdrückung gehen können (DRESSLER 1993: 406). Hier ein Beispiel zur Beifallsregulierung:

> Auch andächtige Zuschauer begehen, ‚oft auch unbewußt', Verstöße gegen den guten Ton, indem sie zum Beispiel, erregt von dem Gehörten, laute Beifallsbezeugungen mitten im Spiel äußern oder gar, was noch störender wirkt, laute Zeichen des Mißfallens geben. (NOSKA 1912: 236)

Ein weiteres Beispiel verweist auf die Gestaltung der Zugaben:

> Die Sinnlosigkeit des Dakapo-Spielens, [...] ein Künstler, der ein Stück wiederholt, kennzeichnet sich dadurch als äußerst geschmacklos, die Zuhörer, die ein Dakapo-Spielen verlangen, dokumentieren dadurch, daß ihnen völlig jeder Sinn für Musik abgeht. [...] Künstler und Zuhörer müssen dadurch verblöden. [...] Große Künstler empfinden den Wunsch nach Zugaben als Belästigung; [...]. (NOSKA 1912: 240)

Eine zeitlich übergreifende Verhaltensregulierung belegen ferner die Thematisierungen bzgl. des Opernglases, dessen Zeckentfremdung durch Verletzung der Intimsphäre immer wieder thematisiert wird.

Abb. 1: *Das Publikums-Interesse. Altwiener Karikatur* (SCHIDROWITZ 1927: nach 192)

Geht man davon aus, dass in Anstandsbüchern insbesondere individuelle Verhaltensregulierungen formuliert werden, so lässt sich eine Differenzierung nach unterschiedlichen kommunikativen Ebenen vornehmen. Reglementiert werden das verbale, das para- und das nonverbale Verhalten, letzteres mit dem Sonderfall der Affekt- und Gefühlskontrolle. Hinzu kommen Empfehlungen, die sich dem Bereich des extraverbalen Verhaltens zuordnen lassen. Systematisiert man diese Verhaltensempfehlungen nach Funktion und Handlungsmuster, so lässt sich eine Übersicht erstellen, aus der die wesentlichen Normierungen ersichtlich werden:[16]

Funktion	Handlungsmuster	Beispiele
verbales/ paraverbales Verhalten	Sprechen	„man rede während der Vorstellung nicht [...] man trällere die Melodieen [sic!] [...] nicht zwischen den Zähnen nach" (FRESNE 1859)
	Interaktion	Keine „Begrüßungen zwischen dem Zuschauerraume und der Bühne" (EBHARDT 1878: 514); „wechselseitige strenge Zurückhaltung zwischen Zuschauern und Darstellern" (BERGER 1929: 150)
nonverbales Verhalten	Mimik, Gestik, Körperbewegung/ -haltung	kein „übertriebenes Mienenspiel" (HOFFMANN 1827); „Ernst und geräuschlos bewege man sich durch die Räume", „Auf seinem Platze verhalte man sich recht ruhig. Hin- und Herwürgen, Gestikulieren u. dgl. stört die Nachbarn" (SCHRAMM 1895: 251, 253); „keine Taktschlägerbewegungen mit dem Kopfe oder Fuß", „man hüte sich, im Theater einzuschlafen" (BAUDISSIN/BAUDISSIN 1901)
Regelung von Affekten, Gefühlen, Empfindungen	emotionale Äußerungen und Applaus	„Lache und weine nicht in auffälliger und übertriebener Weise" (BAUDISSIN/BAUDISSIN 1901); nicht „laut schallend in die Hände zu schlagen" (EBHARDT 1878: 510); „Im Theater zu weinen, findet nur bei sehr jungen Leuten Nachsicht. Von älteren Personen erwartet man, daß ihre Selbstbeherrschung größer als ihre Rührung sei." (FRANKEN 1894: 97); „mäßiges Händeklatschen" (ROEDER 1929); „standing ovations bei besonderen Aufführungen. Wem's nicht gefällt, der schreit nicht lautstark ‚Buhh!', sondern hält den Mund und wohl auch seine Hände beim Applaudieren im Zaum. Auf keinen Fall geklatscht wird zwischen den einzelnen Sätzen von Symphonien, bei Passionsspielen und bei Messen." (SCHÄFER-ELMAYER 1991)

---

16 Verweise auf Anstandsbücher ohne Seitenangaben beziehen sich auf die Sammlung der *Digitalen Bibliothek* 108 (Gutes Benehmen. Anstandsbücher von Knigge bis heute).

Funktion	Handlungsmuster	Beispiele
extraverbales Verhalten	Pünktlichkeit	„Hauptsächlich möchten wir hier die Besucher eines Opernhauses darauf aufmerksam machen, daß die Oper nicht mit dem Aufgehen des Vorhanges, sondern mit dem ersten Tone, welcher aus dem Orchester den Beginn der Ouvertüre ankündigt, anfängt" (EBHARDT 1896: 527)
	Kleiderordnung	keine „turmhohe Haarfrisuren und Hüte" (EBHARDT 1878: 511)
	Körperäußerungen	„verschiedene oder strenge Wohlgerüche" (EBHARDT 1878: 514); keine „starken Parfums" (NOSKA 1912: 239)
	Territorialverhalten, räumliche Differenzierung	„Man richte sein Opernglas nicht auffallend auf die Damen" (FRESNE 1859); „Wem gehört eigentlich die Lehne? Von Nachbar zur Nachbar wird hier oft ein stiller Kampf im Dunkeln geführt" (DIENER 1951: 174)
	Nahrungsaufnahme	„Wer leibliche Bedürfnisse zu befriedigen hat, möge dies während des Zwischenaktes thun" (FELS 1887: 104)

Tab. 1 (S. 39f.): *Funktionale Perspektive*

Zeitgebundene Normierungen scheinen dagegen eher eine Ausnahme zu bilden. So findet man in den Anstandsbüchern aus der Zeit des Dritten Reiches und der DDR zwar kontextuelle Verweise auf ‚richtiges kollektives Verhalten', die konkreten Handlungsempfehlungen unterschieden sich jedoch in fast keiner Weise von den bürgerlichen. 1936 lautet eine entsprechende Formulierung, dass es „im höchsten Maße unschicklich [sei], durch ein zu spätes Einnehmen seines Platzes die übrigen Volksgenossen zu stören." (HÖFLICH 1936: 7) Im gleichen Jahr verweist allerdings ein weiteres Anstandsbuch neben Kleiderordnung, Pünktlichkeit, Ruhegebot, Opernglasgebrauch, Beifall, Essen sowie den Kampf um Garderobe – also bürgerlichen Verhaltensempfehlungen – auch auf „das richtige Benehmen der Volksgenossen [um], die Bildung und die Vertiefung unserer Volksgemeinschaft zu fördern." (LEDER 1936: 9) Entsprechend enthält dieser Text ein eigenes Kapitel *Wir und die Juden* (LEDER 1936: 132f.)![17]

In den DDR-Anstandsbüchern kommt er zwar zu einer grundsätzlichen Reflexion der Textsorte Anstandsbuch:

---

[17] Keine Hinweise auf Verhalten im Theater geben Curt Elwenspoeck (⁷1937): *Mensch, benimm Dich! Eine Fibel des persönlichen Verkehrs*. Leipzig: Hesse & Becker und Curt von Weißenfeld (1941): *Der moderne Knigge. Über den Umgang mit Menschen*. Oranienburg: Wilhelm Möller.

Sie waren immer nur für die geschrieben und aufgestellt, die auch sonst den Ton angaben: für die Sklavenhalter, für die Feudalherren, für das besitzende Bürgertum, nicht aber für das ‚einfache' Volk. (SMOLKA 1957: 7)

Unabhängig von diesem postulierten sozialen Paradigmenwechsel[18] greift man auf bürgerliche Verhaltensempfehlungen zurück, auf die Kenntnisse des guten Tons, die auf andere soziale Schichten übertragen werden. Und hierzu gehören eben auch Hinweise auf das Zuspätkommen (nicht mit dem letzten Klingelzeichen – bei Mittelplätzen – auf seinen Platz zu gehen), den Gebrauch des Opernglases (nicht vom „Rang aus die Dekolletés der Damen zu bewundern"; SMOLKA 1957: 213), auf das Ruhegebot während der Aufführung sowie die richtige Dosierung des Applauses. Einen Hinweis auf die neue soziale Zusammensetzung des Publikums verrät indirekt ein Hinweis zur Kleiderordnung, wenn „Auffälligkeit in der Kleidung" zu vermeiden sei, man also

weder aufgedonnert noch salopp, sondern unauffällig festlich [sich kleide]. Das Theater ist weder eine Modenschau noch eine Werkhalle. (KLEINSCHMIDT 1961: 208)

Die ff. Tabelle verzeichnet einige normative Empfehlungen, die auf einen bestimmten historischen Kontext verweisen:

zeitlicher Rahmen	Kontext	Beispiele
nach 1870/71	Patriotismus/ Nationalismus	„junge Mädchen nicht in Stücke voll französischer Zweideutigkeit zu führen" (WEDELL 1871: 319)
nach 1880	ästhetische Innovation/ Naturalismus	„junge Damen sollen sich keine Stücke zweifelhaften Inhaltes ansehen", „In Museen[...] müssen es junge Damen vermeiden, anstößige Gruppen oder Bilder in Herrengesellschaften zu betrachten" (KALLMANN 1891: 52, 46)
III. Reich	Gesundheits-diskurs der Volksgemeinschaft	„Bist du mit störenden Erkrankungen behaftet (Schnupfen, Husten usw.), so vermeide lieber den Besuch, ehe du dich lästig machst" (HÖFLICH 1936: 8); „Wer morgens nicht aus den Federn finden kann, wird oft zu spät an seine Arbeitsstätte, mittags verspätet zum Essen und abends zu spät ins Theater kommen. Da hilft nur energische und zielbewußte Selbsterziehung" (VOLKLAND 1941)

---

18 „Im Arbeiter-und-Bauern-Staat, in unserer Deutschen Demokratischen Republik, gibt erstmals in Deutschland das werktätige Volk den Ton an. Was man ihm so lange vorenthielt, kann es sich jetzt aneignen: Bildung, Kenntnisse – auch Kenntnisse in den Regeln des guten Tons, die das Zusammenleben der Menschen untereinander mit bestimmen helfen." (SMOLKA 1957: 7f.)

zeitlicher Rahmen	Kontext	Beispiele
DDR	Wertegemeinschaft der Werktätigen	Applaus: „Darunter verstehen wir das Klatschen in die Hände; Pfeifen und Johlen mag in Amerika Sitte geworden sein. In Europa ist es schlimmstenfalls Zeichen des Protestes, obwohl ein kultivierter Mensch, wenn ihm eine Theateraufführung nicht gefallen hat, auch das nicht mit zwei Fingern im Mund, sondern mit Schweigen oder sogar Verlassen der Vorstellung quittiert." (SMOLKA 1957: 214)
BRD nach 1949	Zivilisierung, reiner Kunstgenuss nach dem Krieg	„Der Besuch einer künstlerischen Veranstaltung setzt eine gewisse innere und äußere Bereitschaft voraus. Ohne innere Bereitschaft sind Freude und Genuß nur oberflächlich. Die äußere Bereitschaft, die sich in der passenden Kleidung dokumentiert, gibt ihr den festlichen Rahmen." (GRAUDENZ/PAPPRITZ 1956: 280) „in Theater und Konzert geht man nicht im Straßen- oder Sportgewand." (NENNSTIL 1949: 39); auf ein Opernglas verzichten, „weil man sonst den Eindruck eines Menschen macht, der auch im Konzert mehr auf das Schauen als auf das Hören Wert legt." (KAMPTZ-BORKEN 1951: 83)
BRD nach 1970	Informalisierung	„Toleranz aber ist ein Kind der Phantasie. Wenn es mir gelingt, mich in den anderen Menschen hineinzuversetzen und seine Gefühle und Überlegungen nachzuvollziehen, dann werde ich ihn verstehen, dann bin ich zur Toleranz bereit." (LEISI 1993) „In allen Etablissements sind Jeans, Pullover und Straßenkleid längst erlaubt. Vorbei die Zeiten, da die Logenschließer in der Wiener Oper fragten, ob man sich kein Sakko leisten könne." Empfehlung: „Es gibt keinen ersichtlichen Grund, jenen Zuschauern den Abend zu vermiesen, für die der Theaterbesuch ein Fest ist. Noch immer. Selbst dann, wenn Frank Castorf wütet oder Peter Sellars trickst." (SUCHER 1996: 315)

Tab. 2 (S. 41f.): *Diachrone Perspektive*

Aus einer weiteren Perspektive lässt sich die Regelung sozialer Beziehungen, ihrer Interdependenzen und Spannungsverhältnisse anhand der Empfehlungen aus den Anstands- und Manierenbüchern ablesen.

Interdependenz- und Spannungsverhältnis zwischen	
älteren und jüngeren Individuen	„Ein prononciertes Urteil führt, wenn die anderen nicht gänzlich einverstanden sind, meist zu Diskussionen. Dabei geraten oft die verschiedenen Generationen aneinander. Manche jungen Leute mögen eine mit vielen Gags angereicherte Shakespeare-Aufführung voll genießen, auf die die älteren entsetzt reagieren – andererseits mögen sie das, was die älteren voll genießen (zum Beispiel ein Stück mit ‚lieben' Menschen und glücklichem Ausgang), kitschig oder eine verlogene ‚heile Welt' nennen." (LEISI/LEISI 1993)
männlichen und weiblichen Individuen	„In den Logen überläßt man den Damen die Vorderplätze, selbst fremden Damen, und auch in dem Falle, wenn man dadurch der Unannehmlichkeit ausgesetzt werden sollte, weniger gut sehen oder hören zu können", „man richte sein Opernglas nicht auffallend auf die Damen" (FRESNE 1859)
höher und niedriger stehenden Individuen	„Die wenigsten Schauspieler besitzen einen feinen geselligen Ton. Dieß kömmt daher, daß ihr gewöhnlicher Umgang nicht der der feineren Gesellschaft ist und daß sie sich im Verkehre unter sich zu sehr gehen lassen." (FRESNE 1859)
einander näher und ferner stehenden Individuen	„man rufe nicht zu Bekannten laut hinüber, nach den Logen hinauf, oder von diesen in das Parterre hinab" (FRESNE 1859)
stigmatisierten und nicht stigmatisierten Individuen	„das richtige Benehmen den Volksgenossen gegenüber soll dazu beitragen, die Bildung und die Vertiefung unserer Volksgemeinschaft zu fördern." (LEDER 1936: 9)

Tab. 3: *Soziale Perspektive*

Natürlich lässt sich der hier nur in Auszügen geschilderte Disziplinierungsprozess nicht ausschließlich über normative Anforderungen an die Zuschauer erklären. Neben Thematisierungen auf einer diskursiven Ebene findet man auch institutionelle, z. B. den Übergang von der Simultan- zur Sukzessionsbühne (Frontal- oder Rundbühne), mit der eine wachsende Distanz des Publikums vom Geschehen sowie eine bestimmte axiale Blickrichtung erreicht wird, oder die Verlagerung sozialer Aktivitäten in neue Zeit- und Raumzonen, die Pause und das Foyer, das baulich erst nach 1800 eingerichtet wird. Eine feste Bestuhlung nebst Sitzplatzzwang über Nummerierung unterbindet die Interaktion, das Umherlaufen. Die Preisgestaltung nebst Einlasskontrollen und Bühnenverbot erlauben Kontrolle und Hierarchisierung, die Verdunklung des Zuschauerraumes führt zur Anonymisierung des – wohl erzogenen, dabei aber passiven und schweigsamen bzw. andächtig schauenden – Publikums. Tatsächlich ist ein zentrales Ziel im Theaterdiskurs sei dem 18. Jahrhundert das ergriffen schweigende Publikum, das konzentriert den wahren Gehalt des Werks auf der Bühne erfassen und seine Affekte zugleich unter Kontrolle halten konnte. Eine Reaktion wie diejenige auf die

Uraufführung von Lessings *Sara Sampson* am 10. Juli 1755 in Frankfurt (Oder), von der Karl Wilhelm Ramler in einem Brief vom 25. Juli 1755 an Johann Ludwig Gleim berichtet, wird in den diversen Anstandsbüchern (FRANKEN 1894: 97; BAUDISSIN/BAUDISSIN 1901) durchweg untersagt:

> Herr Leßing hat seine Tragödie in Franckfurt spielen sehen und die Zuschauer haben drey und eine halbe Stunde zugehört, stille geseßen wie Statuen und geweint. (zit. n. RICHEL 1994: 42)

Die Entwicklung des Publikums lässt sich seitdem als ein Affekttransfer betrachten, in dessen Folge ein Wechsel von der realen, affektiven Teilnahme zu einer imaginären Teilnahme erfolgt (ROTHE 2005: 169). Im Ergebnis zeigt sich ein weitgehender Ausschluss des Publikums vom Geschehen, das nur noch beobachtete und einer Handlung folgte.

> Der Zuschauer erlebt nur passiv, was von der Bühne kommt. Jene Grenze zwischen Zuschauer und Schauspieler wurde gezogen, die heute als Rampe das Theater in zwei einander fremde Welten teilt: die nur handelnde und die nur aufnehmende – es gibt keine Andern, die diese beiden getrennten Körper zu einem gemeinsamen Kreislauf verbinden. Die Orchestra brachte den Zuschauer der Bühne nahe. Die Rampe entstand dort, wo sich die Orchestra befand, und sie trennte den Zuschauer von der Bühne. (Meyerhold; zit. n. FISCHER-LICHTE 1991: 31)

An die Stelle der Präsentation von Empfindung trat der Ausdruck, der Schauspieler erschuf die Figur vor den Augen des Publikums und präsentierte diese nicht nur.

> Im Gegensatz zur Präsentation von Empfindungen musste ihr Ausdruck ohne Aufschub aus der Disposition der Figur hervorgehen. Mimik, Sprache, Geste, Haltung, Gang etc. mussten als unmittelbare Äußerungen eines inneren Zustandes wahrgenommen werden können und auf diesen Zustand schließen lassen. Die Darstellung des Ausdrucks hatte also das abgesteckte Repertoire der rhetorischen Mittel nahezu zwangsläufig zu unterlaufen. Die Individualität des Spiels wurde zum zentralen Kriterium. (ROTHE 2005: 177f.)

Diese äußere Passivität der Zuschauer ist wohl die auffälligste Hinterlassenschaft der Theaterentwicklung, die ein Bühnenerneuerer wie Brecht ironisch zur Kenntnis nahm:

> ziemlich reglose Gestalten in einem eigentümlichen Zustand: sie scheinen in einer starken Anstrengung alle Muskeln anzuspannen, wo diese nicht erschlafft sind in einer starken Erschöpfung. Untereinander verkehren sie kaum, ihr Beisammensein ist wie das von lauter Schlafenden [...]. Sie haben freilich ihre Augen offen, aber sie schauen nicht, sie stieren, wie sie auch nicht hören, sondern lauschen. Sie sehen wie gebannt auf die Bühne. [...] Schauen und Hören sind Tätigkeiten, mitunter vergnügliche, aber diese Leute scheinen von jeder Tätigkeit entbunden und wie solche, mit denen etwas gemacht wird. Der Zustand der Entrückung, in dem sie unbestimmten, aber starken Empfindungen hingegeben scheinen, ist desto tiefer, je besser die Schauspieler arbeiten [...]. (BRECHT 1977: 435)

Allerdings bildete diese Disziplinierung erst die Voraussetzung für eine „Verfeinerung der theatralen Darstellung", die eben den „Spielraum für offenen und öffentlich erlebbaren Austausch untereinander" (DREßLER 1993: 151), also während der Aufführung, unterband. Daneben spielen auch Autoritätsgewinne der Künstler gerade im Kontext des an Bedeutung gewinnenden Autonomiekonzeptes eine wichtige Rolle. Die künstlerische Entscheidungsbefugnis verlagerte sich zum Regisseur bzw. Intendanten,[19] die schauspielerische Tätigkeit gewann Prestige (Starwesen),[20] hinzu kamen die Verbürgerlichung der Schauspieler, eine Umorientierung der Schauspielkunst zur Menschendarstellung, die Einrichtung des Spielraums und die Kostüme folgten dem Stück, Doppelbesetzungen wurden vermieden, Tanz- und Gesangseinlagen in den Zwischenakten entfielen. Im Ergebnis entstand im Idealfall eine ununterbrochene Illusion durch Aufmerksamkeitsakkumulation, bei der der Eigensinn des Publikums ausgeschaltet werden musste. Autonomieästhetik und Allianz von Kunsttheorie und Theaterpraxis – Brecht nannte bekanntlich die ästhetischen Wende, die sich paradigmatisch im Briefwechsel Goethe-Schiller ankündigte, „eine hochgesinnte Verschwörung gegen das Publikum" – führte in der Folge dazu, dass „das Publikum [...] einem Kunstwerk passiv gegenüberzustehen [hat] – ihm ausgeliefert, zu ihm emporschauend, seinen inneren Reichtum nur näherungsweise begreifend, zu seinem Genuß gezwungen." (DRESSLER 1993: 179) Die sich darin abzeichnende Valorisierung des Theaters wird auch diskursiv vorbereitet und tradiert, die Hochschätzung von Kultur und Bildung avanciert zu einem zentralen Deutungsmuster auch im Theater (BOLLENBECK 1994):

> Der Besuch einer künstlerischen Veranstaltung setzt eine gewisse innere und äußere Bereitschaft voraus. Ohne innere Bereitschaft sind Freude und Genuß nur oberflächlich. Die äußere Bereitschaft, die sich in der passenden Kleidung dokumentiert, gibt ihr den festlichen Rahmen. (GRAUDENZ/PAPPRITZ 1956: 280)

---

19 Eine Aufwertung des Regisseurs zum Stellvertreter des Autors in Fragen der Bühnenrealisation erfolgt vor allem mit Edward Gordon Craig (*Die Kunst des Theaters*, 1905); das Autormodell des Regisseurs und damit die Gleichrangigkeit von Regie und Text lässt sich auf Wsewolod Meyerhold (*Die Kunst des Regisseurs*, 1927) zurückführen.
20 S. hier vor allem SIMMEL (1921). Zum Starwesen s. GROTJAHN et al. (2011); HÄUSERMANN (2001)

3.2 Neubestimmung der Publikumsposition in der Moderne?

Seit dem ausgehenden 18. Jahrhundert lag das Interesse auf den Akteuren der Bühne und ihrer internen Kommunikation. Mit der Moderne verlagert sich die Perspektive allerdings auf das Verhältnis Bühne-Zuschauer und damit auf die externe Kommunikation (FISCHER-LICHTE 1991: 13). Das resümierende Publikum fungiert in der neuen Wahrnehmung als Vermittler zwischen Kunst und gesamter Gesellschaft (MUKAŘOVSKÝ 1991), der Zuschauer wird gar (neben Autor, Schauspieler, Regisseur) zum vierten Schöpfer (MEYERHOLD 1991), womit zumindest in den theatertheoretischen Schriften eine Revision des Topos bürgerlicher Passivität erfolgt. Mit dem neuen Modell des Dreieck-Theaters[21] avanciert der passive Zuschauer zum aktiven, der, so schon Richard Wagner (1887, 1888), nicht nur „organisch mitwirkender Zeuge", sondern „notwendiger Mitschöpfer des Kunstwerks" sein müsse. Eine Fortsetzung findet diese Integration der Zuschauer außer bei Meyerhold u. a. bei Platon Keržencev (*Das schöpferische Theater*, 1918) sowie in Form einer ironisch überspitzten Radikalisierung im Futurismus:

> Man muß die Überraschung und die Notwendigkeit zu handeln unter die Zuschauer des Parketts, der Logen und der Galerie tragen. Hier nur ein paar Vorschläge: auf ein paar Sessel wird Leim geschmiert, damit die Zuschauer – Herr oder Dame – kleben bleiben und so die allgemeine Heiterkeit erregen [...]. Ein und derselbe Platz wird an zehn Personen verkauft, was Gedrängel, Gezänk und Streit zur Folge hat. – Herren und Damen, von denen man weiß, daß sie leicht verrückt, reizbar oder exzentrisch sind, erhalten kostenlose Plätze, damit sie mit obszönen Gesten, Kneifen der Damen oder anderem Unfug Durcheinander verursachen. – Die Sessel werden mit Juck-, Niespulver usw. bestreut. [...] Man muß auf der Bühne systematisch die gesamte klassische Kunst prostituieren, indem man zum Beispiel an einem Abend

---

21 Von Lazarowicz (1977) stammt das Konzept der theatralen, arbeitsteiligen Co-Produktion über die Anerkennung von Spielregeln durch Autor, Schauspieler und Zuschauer. Es müsse somit nicht um Entmündigung durch Belehrung, Manipulation, Indoktrination, sondern um die Stimulierung der Produktivkräfte des Publikums gehen, was einen Verzicht auf die Einbildungskraft der Zuschauer ermüdende Mittel und Techniken der szenischen Penetranz (das Ausdrückliche, das Eindeutige, das Weitschweifige) erfordere. Die Leistung der Zuschauer bestehe in der Wahrnehmung der szenischen Informationen und deren apperzipierender Strukturierung über Verstehen, Auslegung, Erleben des ästhetischen Erfahrungsschatzes einzuverleiben, er wird so Mitbegründer einer autonomen, zweiten gespielten Welt. Theater konstituiert sich damit über sensuelle, imaginative und rationale Zuschauakte in Form einer triadischen Kollusion. Die Theorie der theatralen Co-Produktion versteht sich dabei nicht als Produktions- oder Rezeptionsästhetik, da sie im Zuschauer weder das Objekt einer Bevormundung oder Lenkung durch den Theatermacher noch den Konsumenten sieht, sondern den potentiellen Mitgestalter einer Aufführung.

sämtliche griechischen, französischen und italienischen Tragödien in Kurzform oder in einer komischen Mischung aufführt. (MARINETTI 2009: 322)

Neben den theatertheoretischen Überlegungen gibt es selbstverständlich auch theaterpraktische Konzeptionen, die das Publikum explizit in den Blick nehmen. Hier wäre an Brechts episches Theater und die Technik der Verfremdung zu denken mit der Aufforderung an den Zuschauer zur kritischen Mitarbeit an szenischen Vorgängen; ferner an Stanislawskis realistisches und Meyerholds stilistisches Theater, um nur einige zu nennen. Und es gibt die Handkesche *Publikumsbeschimpfung* (1965) u. a. mehr. Aber dies sind alles Reformversuche über die Produzentenseite, wobei man den Verdacht nicht los wird, dass auch die alternativen Theaterkonzepte eine Fortwirkung des Verhaltens- und Wahrnehmungsparadigmas belegen. Zumindest ließe sich die Hypothese formulieren, dass innovative Tendenzen auf dem Theater eher in der Kunstproduktion, eher konservative dagegen auf der Seite der Rezipienten, also des Publikums zu finden sind.

4. Fazit

Der vorliegende Beitrag kann selbstverständlich nicht den gesamten Theaterdiskurs reflektieren, sondern nur einige wichtige Transformationen im Hinblick auf die Position der Akteure, in diesem Fall das Publikum, skizzieren. Durch Professionalisierung, Zentralisierung und Hierarchisierung im Theater (ausgehend von der Intendanz) kam es zur Verlängerung von Handlungsketten und zur Verdichtung des Interdependenzgeflechtes, wodurch das jeweilige individuelle Handeln stärker aufeinander abgestimmt werden musste. Durch einen dahinter erkennbaren normierenden Prozess, der seine Funktion in Orientierung, Schutz, Selbsterziehung, Harmonisierung und schließlich Konservierung fand, wurde das Publikum einer zivilisatorischen Affekt- und Interaktionskontrolle unterzogen bei wachsender interpersonaler Distanz (Bühne-Publikum), der Verpflichtung auf einen standardisierten Ablauf der Vorstellung inklusive Regeln des Zuspätkommens sowie des andächtigen Zuhörens und Zuschauens. In der Folge trat die Selbstkontrolle der Individuen an die Stelle der von außen wirksamen Zwänge. Eine Theaterwache wie zur Zeit Goethes in Weimar wird irgendwann nicht mehr benötigt.

Zieht man ein erstes Fazit aus der Analyse der Texte, so wurden die Zuschauer im bürgerlichen Theater offensichtlich zum Schweigen gebracht und entmündigt, aus einer städtischen, zum Teil anrüchigen

Unterhaltungsinstitution wurde allmählich die Abenduniversität der Bürger (DRESSLER 1993: 9) bzw. die Sittenschule der Nation, Ergebnis eines bis heute wirksamen Disziplinierungsvorgangs, der aber auch eine Entmündigung im Sinne passiver Zeugenschaft des Publikums bedeutet.

Die Kenntnis der Genese und Transformation des zunehmend disziplinierten Kulturpublikums sollte zweifellos Berücksichtigung in aktuelle Überlegungen zu Konzepten wie Audience Development finden, ermöglicht doch erst das Wissen um die jeweilige historische Situationsgebundenheit und Variabilität des Konstruktes Kulturpublikum verlässliche Aussagen über aktuelle Vorstellungen und Erwartungen und damit auch über künftige Entwicklungen.

Literatur

Texte

BAUDISSIN, Wolf Graf v./BAUDISSIN, Eva Gräfin v. (1901): *Spemanns goldenes Buch der Sitte. Eine Hauskunde für Jedermann*. Berlin, Stuttgart: W. Spemann.

BERGER, Otto [1929]: *Der gute Ton. Das Buch des Anstandes und der guten Sitte*. Neu bearb., erw. Ausg. v. Kurt Martin. Reutlingen: Enßlin & Laiblin.

DIENER, L. (1951): *Für jeden ist es wichtig: benimm Dich richtig. Ein moderner Ratgeber für Beruf, Gesellschaft und Familie*. Berlin, Hamburg: Praktisches Wissen.

EBHARDT, Franz (Hg.) (^{3}1878 [^{12}1892; ^{13}1896]): *Der gute Ton in allen Lebenslagen. Ein Handbuch für den Verkehr in der Familie, in der Gesellschaft und im öffentlichen Leben*. Leipzig, Berlin: Klinkhardt.

FELS, Arthur v. [1887]: *Der Gute Ton: Ein Führer in gesellschaftlichen Leben*. Oberhausen: Ad. Spaarmann.

FRANKEN, Constanze v. (^{9}1894): *Katechismus des guten Tones und der feinen Sitte*. Leipzig: Max Hesse.

FRESNE, Baronesse de (1859): *Maximen der wahren Eleganz und Noblesse in Haus, Gesellschaft und Welt. Belehrungen über Tact, Ton, Tournüre, Gewohnheiten und Manieren der heutigen feinen Gesellschaft, zur Erlangung des savoir vivre im Umgange mit der großen Welt*. Weimar: Voigt.

GRAUDENZ, Karlheinz/PAPPRITZ, Erica (1956): *Das Buch der Etikette*. Marbach: Perlen.

HÖFLICH, E. (1936): *Wie benehme ich mich? Der gute Ton daheim und draußen*. Bonn: Stollfuß.

HOFFMANN, Karl August Heinrich (1827): *Unentbehrliches Galanterie-Büchlein für angehende Elegants. Oder Deutliche Anleitung über Alles, was bei einem junge Manne nöthig ist, um sich bei den Damen beliebt zu machen*. Mannheim: Tobias Löffler.

KALLMANN, Emma (1891): *Der gute Ton. Handbuch der feinen Lebensart und guten Sitte. Nach den neuesten Anstandsregeln bearbeitet*. Berlin: Hugo Steinitz.

KAMPTZ-BORKEN, Walther v. (1951): *Der gute Ton von heute. Gesellschaftlicher Ratgeber für alle Lebenslagen.* Wien: Andreas.

KLEINSCHMIDT, Karl (1961): *Keine Angst vor guten Sitten. Ein Buch über die Art miteinander umzugehen.* NA der Ausgabe von 1957. Berlin (Ost): das Neue Berlin.

LEDER, Heinz (1936): *Du und Deine Volksgenossen. Ein Wegweiser zu neuzeitlichen Umgangsformen.* Minden: Wilhelm Köhler.

LEISI, Ilse/LEISI, Ernst (1993): *Sprach-Knigge oder Wie und Was soll ich reden?* Tübingen: Narr.

NENNSTIEL, Werna Antonie ([10]1949): *Richtiges Benehmen beruflich und privat.* Mannheim: Rein.

NOSKA, Egon (1912): *Guter Ton und gute Sitte. Ein Wegweiser für den Verkehr in der Familie, Gesellschaft und im öffentlichen Leben.* Berlin: Reinhold Wichert.

ROEDER, Fritz (1929): *Anstandslehre für den jungen Landwirt, besonders für die Schüler landwirtschaftlicher Lehranstalten.* Berlin: P. Parey.

SCHÄFER-ELMAYER, Thomas (1991): *Der Elmayer. Gutes Benehmen gefragt.* Wien: Zsolnay.

SCHRAMM, Hermine ([5]1895): *Der gute Ton. Das richtige Benehmen. Ein Ratgeber für den Verkehr in der Familie, in der Gesellschaft, bei Tische und im öffentlichen Leben.* Berlin: August Schultze.

SMOLKA, Karl ([2]1957): *Gutes Benehmen von A - Z: Alphabetisch betrachtet.* Berlin: Neues Leben.

SUCHER, C. Bernd (1996): *Hummer, Handkuß, Höflichkeit. Das Handbuch des guten Benehmens.* München: dtv.

VOLKLAND, Alfred (1941): *Überall gern gesehen. Neuzeitliche Ratschläge und Winke für gewinnendes Benehmen, gewandtes Auftreten und gute Umgangsformen.* Mühlhausen: G. Danner.

WEDELL, J. v. ([6]1871): *Wie soll ich mich benehmen? Ein Handbuch des guten Tones und der feinen Lebensart.* Stuttgart: Levy & Müller.

Weiterführende Literatur

ARBEITSSTELLE 18. JAHRHUNDERT (Hg.) (1983): *Das weinende Saeculum.* Heidelberg: Winter.

BENDER, Wolfgang F. (1992): Vom ‚tollen' Handwerk zur Kunstübung. Zur ‚Grammatik' der Schauspielkunst im 18. Jahrhundert. – In: Ders. (Hg.), *Schauspielkunst im 18. Jahrhundert. Grundlagen, Praxis, Autoren.* Stuttgart: Steiner, 11-50.

BENDER, Wolfgang F. (Hg.) (1992): *Schauspielkunst im 18. Jahrhundert. Grundlagen, Praxis, Autoren.* Stuttgart: Steiner.

BOLLENBECK, Georg (1994): *Bildung und Kultur. Glanz und Elend eines deutschen Deutungsmusters.* Frankfurt/M., Leipzig: Insel.

BRAUNECK, Manfred (2009): *Theater im 20. Jahrhundert. Programmschriften, Stilperioden, Reformmodelle.* Hamburg: Rowohlt.

BRECHT, Bertolt (1977): Kleines Organon für das Theater. – In: Ders. *Schriften. Über Theater.* Berlin: Henschel, 426-455.

BUSSE, Dietrich (1997): Das Eigene und das Fremde. Annotation zu Funktion und Wirkung einer diskurssemantischen Grundfigur. – In: Jung, Matthias/Wengeler, Martin/Böke,

Karin (Hgg.), *Die Sprache des Migrationsdiskurses. Das Reden über 'Ausländer' in Medien, Politik und Alltag*. Opladen: Westdt. Verl., 17-35.

BUSSE, Dietrich/TEUBERT, Wolfgang (1994): Ist Diskurs ein sprachwissenschaftliches Objekt? Zur Methodenfrage der historischen Semantik. – In: Diess./Hermanns, Fritz (Hgg.), *Begriffsgeschichte und Diskursgeschichte*. Opladen: Westdt. Verl., 10-27.

BUSSE, Dietrich/NIEHR, Thomas/WENGELER, Martin (Hgg.) (2005): *Brisante Semantik. Neuere Konzepte und Forschungsergebnisse einer kulturwissenschaftlichen Linguistik*. Tübingen: Niemeyer.

DANIEL, Ute (1995): *Hoftheater. Zur Geschichte des Theaters und der Höfe im 18. und 19. Jahrhundert*. Stuttgart: Klett-Cotta.

DRESSLER, Roland (1993): *Von der Schaubühne zur Sittenschule. Das Theaterpublikum vor der vierten Wand*. Berlin: Hentschel.

EBERT, Gerhard (1991): *Der Schauspieler. Geschichte eines Berufes*. Berlin: Hentzschel.

EDER, Franz X. (2006): Historische Diskursanalyse und ihre Analyse. Eine Einleitung. –In: Ders. (Hg.), *Historische Diskursanalysen. Genealogie, Theorie, Anwendungen*. Wiesbaden: VS, 9-23.

ELIAS, Norbert (1976): *Über den Prozess der Zivilisation. Soziogenetische und psychogenetische Untersuchungen*. Bd. 1: Wandlungen des Verhaltens in den weltlichen Oberschichten des Abendlandes. Bd. 2: Wandlungen der Gesellschaft. Entwurf zu einer Theorie der Zivilisation. Frankfurt/M.: Suhrkamp.

ELIAS, Norbert (2002 [1969]): *Die höfische Gesellschaft. Untersuchungen zur Soziologie des Königtums und der höfischen Aristokratie*. Frankfurt/M.: Suhrkamp.

FISCHER-LICHTE, Erika (1991): Die Entdeckung des Zuschauers. Paradigmenwechsel auf dem Theater des 20. Jahrhunderts. – In: *LiLi. Zts. für Literaturwissenschaft und Linguistik* 81 (Theater im 20. Jahrhundert), 13-36.

FISCHER-LICHTE, Erika (1992): Entwicklung einer neuen Schauspielkunst. – In: Bender, Wolfgang F. (Hg.), *Schauspielkunst im 18. Jahrhundert. Grundlagen, Praxis, Autoren*. Stuttgart: Steiner, 51-70.

FISCHER-LICHTE, Erika (2009): Theater als öffentlicher Raum. – In: Gerlach, Klaus (Hg.), *Der gesellschaftliche Wandel um 1800 und das Berliner Nationaltheater*. Hannover: Wehrhahn, 47-60.

GERLACH, Klaus (Hg.) (2009): *Der gesellschaftliche Wandel um 1800 und das Berliner Nationaltheater*. Hannover: Wehrhahn.

GOETHE, Johann Wolfgang von (1958): *Wilhelm Meisters theatralische Sendung*. Berlin: Aufbau.

GOETHE, Johann Wolfgang von (1982a): *Wilhelm Meisters Lehrjahre* (= Hamburger Ausgabe). München: Beck.

GOETHE, Johann Wolfgang von (1982b): Regeln für Schauspieler. – In: Ders., *Werke XII. Schriften zur Kunst, Schriften zur Literatur, Maximen und Reflexionen* (= Hamburger Ausgabe). München: Beck, 252-261.

GOETHE, Johann Wolfgang von (1988): *Briefe Bd. 2 (1786-1805)* (= Hamburger Ausgabe in 6 Bänden). München: Beck.

GROSSEGGER, Elisabeth (1976): *Das Burgtheater und sein Publikum*. Bd. 2: Pächter und Publikum 1794-1817 (= Österreichische Akademie der Wissenschaften). Wien: Verl. der ÖAW.

GROTJAHN, Rebecca/SCHMIDT, Dörte/SEEDORF, Thomas (Hgg.) (2011): *Diva – Die Inszenierung der übermenschlichen Frau. Interdisziplinäre Untersuchungen zu einem kulturellen Phänomen des 19. und 20. Jahrhunderts.* Schliengen: Argus.

HABIG, Hubert (2010): *Schauspielen. Gestalten des Selbst zwischen Sollen und Sein.* Heidelberg: Winter.

HÄUSERMANN, Jürg (Hg.) (2001): *Inszeniertes Charisma. Medien und Persönlichkeit.* Tübingen: Niemeyer.

KINDERMANN, Heinz (1971): *Die Funktion des Publikums im Theater* (= Österreichische Akademie der Wissenschaften. Phil-Hist. Klasse, 273/3). Wien, Köln, Graz: Böhlau.

KLEINSCHMIDT, Erich (2007): Publikum. – In: Müller, Jan-Dirk (Hg.), *Reallexikon der deutschen Literaturwissenschaft* Bd. 3. Berlin, 194-198.

KRUMREY, Horst Volker (1984): *Entwicklungsstrukturen von Verhaltensstandarden. Eine soziologische Prozeßanalyse auf der Grundlage deutscher Anstands- und Manierenbücher von 1870-1970.* Frankfurt/M.: Suhrkamp.

LANDWEHR, Achim (2001): *Geschichte des Sagbaren. Einführung in die Historische Diskursanalyse.* Tübingen: edition diskord.

LANDWEHR, Achim (2008): *Historische Diskursanalyse.* Frankfurt/M.: Campus.

LAZAROWICZ, Klaus (1977): Triadische Kollusion. Über die Beziehung zwischen Autor, Schauspieler und Zuschauer im Theater. – In: Institut für Publikumsforschung der Österreichischen Akademie der Wissenschaften (Hg.), *Das Theater und sein Publikum.* Wien: Verl. d. ÖAW, 56-60.

LAZAROWICZ, Klaus/BALME, Christopher (Hgg.) (1991): *Texte zur Theorie des Theaters.* Stuttgart: Reclam.

LEHMANN, Johannes Friedrich (2000): *Der Blick durch die Wand. Zur Geschichte des Theaterzuschauers und des Visuellen bei Diderot und Lessing.* Freiburg: Rombach.

LESSING, Gotthold Ephraim (1955): *Briefe, die neueste Literatur betreffend* (= Gesammelte Werke, 4). Berlin: Aufbau.

LINKE, Angelika (1996): *Sprachkultur und Bürgertum. Zur Mentalitätsgeschichte des 19. Jahrhunderts.* Stuttgart, Weimar: Metzler.

MARINETTI, Filippo Tommaso (2009 [1913]): Das Varietétheater. – In: Brauneck, Manfred (Hg.), *Theater im 20. Jahrhundert. Programmschriften, Stilperioden, Reformmodelle.* Hamburg: Rowohlt, 319-323.

MARTENS, Wolfgang (1981): Obrigkeitliche Sicht. Das Bühnenwesen in den Lehrbüchern der Policey und Cameralistik des 18. Jahrhunderts. – In: *Internationales Archiv für Sozialgeschichte der deutschen Literatur* 1981, 19-51.

MEYER, Reinhart (1980): Von der Wanderbühne zum Hof- und Nationaltheater. – In: Grimminger, Rolf (Hg.), *Deutsche Aufklärung bis zur Französischen Revolution 1680-1789* (= Hanser Sozialgeschichte der deutschen Literatur vom 16. Jahrhundert bis zur Gegenwart, 3). München, Wien: Rowohlt, 186-216.

MEYERHOLD, Wsewolod (1991 [1908]): Der Zuschauer als ‚vierter Schöpfer'. – In: Lazarowicz, Klaus/Balme, Christopher (Hgg.), *Texte zur Theorie des Theaters.* Stuttgart: Reclam, 475-477.

MÖHRMANN, Renate (2000): *Die Schauspielerin – Eine Kulturgeschichte.* Frankfurt/M.: Insel.

MOZART, Wolfgang Amadeus (1962): *Briefe und Aufzeichnungen. Gesamtausgabe.* Hrsg. von Wilhelm A. Bauer und Otto Erich Deutsch. Kassel u. a.: Bärenreiter.

MUKAŘOVSKÝ, Jan (1991 [1940/41]): Zum heutigen Stand einer Theorie des Theaters. – In: Lazarowicz, Klaus/Balme, Christopher (Hgg.), *Texte zur Theorie des Theaters*. Stuttgart: Reclam, 87-99.

PAUL, Arno (1969): *Aggressive Tendenzen des Theaterpublikums. Eine strukturell-funktionale Untersuchung über den sog. Theaterskandal anhand der Sozialverhältnisse der Goethezeit*. Diss. München: Schön.

REDEN-ESBECK, Friedrich Johann v. (1881): *Caroline von Neuber und ihre Zeitgenossen*. Leipzig: Barth.

RICHEL, Veronica (1994): *G. E. Lessing. Miß Sara Sampson. Erläuterungen und Dokumente*. Stuttgart: Reclam.

ROTHE, Matthias (2005): *Lesen und Zuschauen im 18. Jahrhundert. Die Erzeugung und Aufhebung von Abwesenheit*. Würzburg: Königshausen & Neumann.

SARASIN, Philipp (2003): *Geschichtswissenschaft und Diskursanalyse*. Franfurt/M.: Suhrkamp.

SCHIEWE, Jürgen (2004): *Öffentlichkeit. Entstehung und Wandel in Deutschland*. Paderborn: Schöningh.

SCHIDROWITZ, Leo (1927): *Sittengeschichte des Theaters. Eine Darstellung des Theaters, seiner Entwicklung und Stellung in zwei Jahrtausenden*. Wien, Leipzig: Verl. f. Kulturforschung.

SCHMITT, Peter (1990): *Schauspieler und Theaterbetrieb: Studien zur Sozialgeschichte des Schauspielerstandes im deutschsprachigen Raum 1700-1900*. Tübingen: Niemeyer.

SIMMEL, Georg (1991 [1921]): Zur Philosophie des Schauspielers. – In: Lazarowicz, Klaus/Balme, Christopher (Hgg.), *Texte zur Theorie des Theaters*. Stuttgart: Reclam, 244-256.

WAGNER, Richard (^{2}1887, ^{2}1888): Oper und Drama. – In: *Gesammelte Schriften und Dichtungen* 3. und 4. Bd. Leipzig: Fritzsch, 222-320, 1-229.

ZEDLER, Johann Heinrich (1740): *Grosses vollständiges Universal-Lexikon Aller Wissenschafften und Künste*. Leipzig, Halle.

Die Figur des Dritten, die Taktik des Zuschauers und der Kulturbetrieb
VERENA TEISSL, GERNOT WOLFRAM

> *Im Kino gewesen. Geweint.*
> (Franz Kafka)

> *Everything one can say about a spectator is false on one level.*
> (Dennis Kennedy)

Im folgenden Beitrag steht die Vitalität der Beziehung zwischen Publikum und Kulturbetrieb im Mittelpunkt: Ausgehend von der These, dass diese Beziehung eine grundlegend schöpferische ist, liefert der dialog- und diskursstiftende Charakter von Kulturarbeit die Matrix der Betrachtung. Um die Themenfelder von Identität und Selbstverständnis sowohl eines Kulturbetrieb als auch jener, die ein Publikum ausmachen, analytisch darzustellen, greifen wir auf kulturtheoretische Modelle des Literaturwissenschaftlers Albrecht Koschorke sowie des Soziologen Michel de Certeau zurück: Die Reaktion des Publikums als Taktik von Individuen bzw. als dynamische Rolle in einem Beziehungsgeflecht lässt sodann eine handlungsorientierte Typologie entstehen. Der Beitrag lehnt sich zugleich an die Konzepte des Audience Development (MANDEL 2008; GLOGNER-PILZ/FÖHL 2010) an und stellt ihnen ein Plädoyer für ‚Dialogue Development' an die Seite. Im vorletzen Kapitel wird die gesellschaftliche Rolle von Kulturbetrieben[1] wiederum mit Rückbindung auf die „Figur des Dritten" und der Taktik reflektiert sowie im letzten Kapitel das Verhältnis zwischen empirischer und theoretischer Kulturmanagementforschung für die Publikumsforschung als fragender Ausblick formuliert.

---

1   Im Gegensatz zum kulturmanagerialen Diskurs in Deutschland, in dem die Situation der öffentlich-rechtlichen Kulturbetriebe im Mittelpunkt steht, ist in Österreich der privatrechtlich-gemeinnützige Sektor stark mit einbezogen (s. u. a. die Forschungen des Begründers der soziologischen Kulturbetriebslehre Tasos Zembylas).

1. Rezeption und Echoraum Publikum

Gemeinnützige Kulturbetriebe zielen idealtypisch auf eine Größe: Die der Ermöglichung der Rezeption von Kunstformen in ihren unterschiedlichen Ausprägungen reproduzierender, inszenatorischer, performativ-diskursiver Formate – vom Buch zum Festival, von der Oper zur Installation im öffentlichen Raum, vom Museum zum Poetry Slam. Der Begriff der Rezeption, der Aufnahme, soll hier in seinem grundlegenden Verständnis eines ästhetischen Kommunikationsprozesses verwendet und in einen vitalen Zusammenhang zur Partizipation gestellt werden. In seiner Herleitung aus der Begriffsgeschichte hat „Partizipation" eine ideologische Matrix,[2] steht in enger Verbindung zur politischen Partizipationsforderung der Öko-, Friedens- und Frauenbewegung der 1970er-Jahre. Erst in den 1990er-Jahren wird Kunst in „gemeinschaftsorientierten Kunstprojekten (im öffentlichen Raum) und im Bereich Kulturvermittlung" (MOSER 2011: 166) auch in seiner sozialen Teilhabe mitgedacht und geht in dieser Konzeptionierung weit über interaktive Kommunikationsangebote hinaus. Vom auratischen Moment nach Walter Benjamin bis zur Rezeption als soziale Praxis (SCHENK/TRÖHLER/ZIMMERMANN 2010) beziehen sich Rezeptionstheorien u. a. auf das Weiterleben von Kunstwerken im Betrachter auf individueller und/oder kollektiver Ebene. Betrachter/Besucher sind der „Echoraum" von Kunst und Kultur, sie sind es, die Sinn produzieren und gesellschaftlich reproduzieren.

Rezeption befindet sich dabei immer in einem Abhängigkeitsverhältnis von Produktions- und Verbreitungsumständen (s. den Dispositiv-Begriff von Michel Foucault [2000]) und zwar genau wegen des Aspekts seiner gesellschaftlichen Wirkungsmacht. Produktion und Verbreitung waren und sind Machtbereiche, nicht nur, was ihre jeweiligen Finanzierungssysteme[3] betrifft. Kunst und Kultur üben eine wirklichkeitsgestaltende Kraft aus. Besonders gut lässt sich dies in negativen Auswirkungen aufzeigen. Die nationalsozialistische Filmpropaganda legitimierte mit dem antisemitischem Spielfilm *Jud Süß* (Regie: Veit Harlan, 1940)

---

2   „Partizipation als Programm unterschiedlicher Ansprüche an Veränderung: revolutionäre (Aufhebung der Kunst in Lebenspraxis), reformatorische (Demokratisierung der Kunst) oder spielerische und/oder didaktische, wahrnehmungs- und bewusstseinsverändernde Ansprüche" (KRAVAGNA 2011: 165).

3   Unter Finanzierungssystemen sind hier für den gemeinnützigen Kultursektor Subventionen, Sponsoring und Finanzierung über Stiftungen gemeint. Von „Systemen" wird gesprochen, weil hinter diesen drei Finanzierungsarten jeweils unterschiedliche Machtbereiche und Zielvorgaben stehen.

die judenfeindliche Disposition in der Bevölkerung (LOHMEIER 2006) und aktivierte diese als natürlichen Bestandteil der deutschen Identität für ein breites Publikum: 20 Millionen Zuseher wurden über das Kino erreicht, weitere Tausende über Spezialvorführungen, z. B. für die SS vor Exekutionseinsätzen, sowie die Jugend ab 14 Jahren über flächendeckende Schulvorstellungen.[4] Die Macher von *Jud Süß* bedienten sich auf perfide Art des Echoraums Publikum, indem durch den Film antisemitische Handlungen als erwünschte soziale Praxis provoziert und der politische Wille auf emotionaler Ebene implementiert wurde. – Ein anderes Beispiel geht in die europäische Kolonialgeschichte zurück: Unter der spanischen-katholischen Herrschaft wurde im Kolonialreich Neu Spanien, wie Mexiko bis zur Unabhängigkeit 1810 hieß, dreihundert Jahre lang jede Art der profanen Literaturproduktion und -verbreitung unterbunden. Man befürchtete, dass die Leser, die es doch zu missionieren galt, Don Quijote Jesus gleichstellen könnten, dass also die Autorität der sakralen Erzählungen untergraben würde im Austausch gegen weltliche Helden und profane Erzählkunst.

In solch groß angelegten politischen Zusammenhängen der Weltbild- und Weltwahrnehmungsgestaltung mithilfe von Kunst (oder deren Zensur) manifestiert sich, was auch im Kleinen geschieht: Jede Aufnahme eines Kunstwerkes verändert bewusst oder unbewusst, intensiv oder schwach, den individuellen und in der Folge den kollektiven Zugang zur Welt.

Das Publikum wird aber auch in modernen demokratischen Gesellschaften häufig bestimmten Anforderungen unterzogen, etwa was den zunächst einmal rudimentären Sachverhalt des Erscheinens und Sich-Versammelns betrifft. Allzu oft wird das Publikum auf eine quantitative

---

4 „Der deutsche Kinostart von ‚Jud Süß' flankierte die ersten Judendeportationen, welche laut zeitgenössischer Quellen beim Volk nicht auf Sympathie stießen. Nun aber erreichten begeisterte Leserbriefe die Politbüros und die Medien. In Deutschland kam es zu spontanen Demonstrationen bei denen ‚Die letzten Juden endlich raus aus Deutschland' skandiert wurde; in Wien soll ein Jude von Jugendlichen, die soeben aus der Kinovorführung kamen, zu Tode getrampelt worden sein (KLEINHANS 2003: 132). [...] Der Leiter der SS, Heinrich Himmler, befahl im Herbst 1940: ‚Ich ersuche Vorsorge zu treffen, dass die gesamte SS und Polizei im Laufe des Winters den Film ‚Jud Süß' zu sehen bekommen.' [...] Er war mit den Prädikaten ‚künstlerisch und staatspolitisch besonders wertvoll' sowie ‚jugendwert' ausgestattet und Teil von Schulveranstaltungen für Schüler/-innen ab 14 Jahren." (TEISSL 2008) Im zweiten Prozess gegen Veit Harlan 1950 kam es zu einem erneuten Freispruch wegen Nötigungsnotstand. Der Film selbst wurde aber schuldig gesprochen, weil er „die Zuschauer in ihrem gesunden Urteil und ihrer ursprünglichen Menschlichkeit vergiftete" (Urteilsschrift Schwurgericht Hamburg, zit. n. WEBER 2011: 18).

Größe reduziert. Dem Publikum werden bestimmte Aufgaben zugeordnet, etwa durch Rezeptionsverhalten den Erhalt und die Legitimation öffentlicher Förderung von Kulturbetrieben zu sichern. Diese Zuordnung erfolgt häufig durch bestimmte Strategien, die sich Kulturbetriebe erarbeiten. Strategien, die auch in der Kulturvermittlung und in der Kulturpolitik eine wichtige Rolle spielen. Das Publikum erscheint darin häufig als eine messbare und berechenbare Größe, als eine Versammlung von Zielgruppen, die es auf die richtige Weise anzusprechen gilt. Hier lässt sich fragen, ob genau diese Inanspruchnahme nicht von vielen Partizipierenden erkannt und mit Reaktionen versehen wird, dass also das Publikum als unkontrollierbare Macht, als widerspenstiges Phänomen des Einspruchs erscheint. Müsste daher die Publikumsforschung nicht viel stärker diese Selbstreflexionen des Publikums berücksichtigen?

Im positiven Sinne sollen heute die Wirkungspotenziale von Kunst und Kultur das Unmögliche möglich machen: Identität stiften, Mündigkeit und Sozialität fördern, Integration vorantreiben, Internationalisierungsprozesse und regionale Identifikation unterstützen usw. und nicht zuletzt die Kulturindustrien am Leben erhalten. Aber wir wollen vorerst nicht von ökonomischen Werten und betriebswirtschaftlichen Zielen sprechen, sondern den Versuch unternehmen, das Bild einer grundsätzlichen Konstellation nachzuzeichnen, aus deren Verständnis heraus erst der Dialogcharakter zwischen Publikum, Kulturbetrieb und Kunstwerk betrachtet werden kann.

Trotz der Vielzahl an Formaten und trotz paradigmatischer Veränderungen im Nutzerverhalten sowie der Angebotsmöglichkeiten besonders in der Generation der Digital Natives beschreibt die Dreierkonstellation zwischen angebotenem Werk, Kulturbetriebsinstitution und Publikum den Kern des Relationsgeflechts innerhalb des Kulturbetriebs im weiten Sinn. Diese Beziehung gründet sich auf den kleinsten gemeinsamen Nenner der Rezeption: Kunstwerke werden in der Regel gemacht, um wahrgenommen zu werden und Kulturbetriebe wollen Wahrzunehmendes weitergeben. Mit der Demokratisierung und Mediatisierung von Kunst wurde auch das Publikum, das aktiv und/oder passiv partizipierend wahrnehmen will, immer größer. Trotz der Überalterung des Publikums traditioneller Kulturbetriebe, einem tendenziellen Überangebot in der Kulturlandschaft, der Generationsdifferenz zwischen Digital Natives und Digital Immigrants sowie milieuimmanenten Zugangsbarrieren, um nur vier der aktuellen kulturmanagerialen Herausforderungen zu nennen, wollen wir idealtypisch davon ausgehen, dass die aktuellen Probleme nicht darin bestehen, dass es kein Publikum gibt. Die Fragen konzentrieren sich vielmehr a) auf die Wechselseitigkeit von Angebot und Annahme im Spannungsfeld zwischen traditionellen und neuen Inhalten und Formaten, also vom Verhältnis zwischen Neuerung und Erhaltung, b) auf den Umgang mit Professionalisierung und Ökonomisierung von Kulturarbeit und Kulturmanagement sowie c) auf die Art der Einbindung von Erkenntnissen neuer Forschungszweige im Kulturmanagement, wie die empirische Publikumsforschung. Alle drei Problemstellungen haben Einfluss auf die Beziehungsgestaltung zwischen Kulturbetrieben und Publikum.

2. Die Figur des Dritten und die starke Identität von Kulturbetrieben

Unter der Figur des Dritten versteht Albrecht Koschorke eine individuelle oder institutionelle Funktion, welche den Dualismus im (westlichen) Denken aufbricht und Effekte erzeugt. Koschorke greift dabei u. a. auf die kulturelle Semiotik nach Charles Pierce zurück, in der das Zusammenwirken von drei Gegenständen einen entsprechend dreifachen Einfluss erzeugt. Der Instanz des Dritten räumt Koschorke eine entscheidende Rolle für triadische Grundmuster ein und veranschaulicht an mehreren Beispielen, dass Dritte im Sinne der Dekonstruktionstheorie Entwicklungen vorantreiben oder als Katalysatoren wirken: So nennt Koschorke den Trickster als Ikone des Interkulturalitätsparadigmas, den Boten als verfälschenden Dritten zwischen Absender und Empfänger, den Dolmetscher als Avantgardisten der Sprachtheorie, den Parasiten als Bestandteil der Logik der Unordnung oder den Rivalen, der in der Theorie des Begehrens eine Schlüsselrolle spielt (KOSCHORKE 2010: 9f.). Auch die Mehrheit, die als Masse schweigt oder demonstriert, wenn Menschenrechte verletzt werden, nennt Koschorke. Im Zusammenhang von Täter- und Opferbeziehungen bezieht er sich auf den kalkulierten Grad der Gleichgültigkeit der Dritten (einer unbestimmten Öffentlichkeit), wodurch Täter zum Fortfahren ermutigt werden (KOSCHORKE 2010: 27f.). Diese Effekte entstehen, wenn

> intellektuelle Operationen nicht mehr bloß zwischen den beiden Seiten einer Unterscheidung oszillieren, sondern die Unterscheidung als solche zum Gegenstand und Problem wird. Zu den jeweils unterschiedenen Größen tritt die Tatsache der Unterscheidung wie ein Drittes hinzu, das keine eigene Position innehat, aber die Positionen auf beiden Seiten der Unterscheidung ins Verhältnis setzt, indem sie zugleich verbindet und trennt: ein Drittes, das binäre Codierungen allererst mög-

lich macht, während es selbst als konstituierender Mechanismus gewöhnlich im Verborgenen bleibt. (KOSCHORKE 2010: 11)

Koschorkes These inspiriert dazu, die Beziehung Werk/Kulturbetrieb/ Publikum daraufhin zu hinterfragen, wer als Figur des Dritten fungiert und was sich daraus folgern lässt.[5] Koschorke selbst verweist darauf, dass die Rollen niemals arithmetisch festgelegt sind:

> Rollenspielräume können unterschiedliche genutzt, Dynamiken angeheizt oder gebremst werden, und vor allem können Akteure ihre Position innerhalb der jeweiligen Beziehungstrias tauschen – weitaus leichter, als es ihrem Selbstverständnis entspricht. (KOSCHORKE 2010: 27)

Und er betont, dass mit dem „Dritten Mechanismen der kulturellen Codierung in den Blick" geraten, „insofern sie einen narrativen Kern in sich bergen." (KOSCHORKE 2010: 29) Gemeinnützige Kulturbetriebe verstehen wir hier als Bestandteil jener öffentlichen Institutionen, die im Bereich der Kultur narratives Wissen nicht nur weitergeben, sondern selbst generieren.

So scheint es zunächst naheliegend den Kulturbetrieb in seiner Vermittlerfunktion, ähnlich dem Boten, als Dritten zu sehen: Indem Kulturbetriebe Kunstwerk und Publikum zusammenführen (und durchaus auch trennen). Welche unerwarteten Effekte aber erzeugen sie? Die Aufgabe von Kulturbetrieben ist eng mit einem gesellschaftlichen und kulturpolitischen Gestaltungwillen verbunden: Kulturbetriebsleiter selektieren, konzipieren und inszenieren grundsätzlich entlang einer fachlichen Kompetenz und einer gesellschaftlichen Positionierung; Kulturbetriebe beschäftigen sich nicht nur mit den Entwicklungen in den Künsten sowie den Formaten der Darbringung, sondern auch mit der Frage, wo die Meridiane einer (lokalen, regionalen und internationalen) Gesellschaftsdynamik verlaufen oder wo Hegemonialverhältnisse den Markt einseitig gestalten.[6] Als Dritte wirken Kulturbetriebe so zwar als Katalysatoren entweder gegenüber einer Kunstform oder gegenüber dem Publikum, dies ist aber ihrer Definition immanent. Aus dieser tradierten Rolle fiel jüngst das *Thalia*-Theater Hamburg, indem es einen Teil des Saisonplans durch Publikumsvoting erstellen ließ. Das kann als Verneigung vor dem Publikum ebenso positiv gewertet werden wie als

---

5   Das Kunstwerk wird hier nicht betrachtet, da dies den Rahmen des Beitrages sprengen würde.
6   Geopolitische oder themenbezogene Veranstaltungen sind zum Beispiel Reaktion auf Mainstream-Angebote und bieten alternative Einblicke in die kulturelle Produktion. Oliver Marchart (2007: 172) spricht von kuratorischer Tätigkeit als „Organisation der Öffentlichkeit".

Aufgabe der professionellen Fachkompetenz im negativen Sinne. Als Matrix hinter dieser Entscheidung kann die Diskussion um Angebots- und Nachfrageorientierung von Kulturbetrieben dienen, die hier nun einen Präzedenzfall für einen Paradigmenwechsel erhält. Partizipation als Prosumententätigkeit, wie sie durch das Quartärmedium Netz neue Aufmerksamkeit erfuhr, wird in diesem Fall durch einen traditionellen Betrieb angewandt. Mit welcher gesellschaftlichen Wirkung sich das Publikum in diesem Rahmen zum Prosumenten macht, bleibt ebenso offen, wie derzeit noch die Frage, ob die Prosumenten dann auch Publikum ‚ihres' Programms sein werden.

In diesem Zusammenhang lohnt ein Blick auf die Machtverteilung in dem triadischen Grundmuster Kunstwerk/Kulturbetrieb/Publikum. Tatsächlich nimmt der Kulturbetrieb die stärkste Machtposition ein, was auf der Selektion durch Intendanten und Kuratoren ebenso beruht, wie auf der Gestaltgebung durch Konzept und Marketing. Intendanten und Kuratoren entscheiden, welche Künstler und Werke wie präsentiert werden. Die Entscheidung für die einen beinhaltet auch immer eine Entscheidung gegen andere, weshalb man von Gatekeeping spricht. Neben der Selektionstätigkeit ist der Gestaltungsprozess von der Konzipierung bis zum Marketing nicht minder einflussreich für das Wirken von Kulturbetrieben. Sie formen darin im kulturwissenschaftlichen Sinn Texte, zu denen Veranstaltungen und kulturelle Einrichtungen in der Leseweise des Publikums werden, und wirken so entscheidend auf die Rezeption bis hin zur Kanonbildung ein (VALCK 2007; TEISSL 2012b). Traditionell ist das Publikum nicht am Selektions- und Gestaltungsprozess einer Einrichtung oder einer Veranstaltung beteiligt, und wo es das ist, ist diese Beteiligung Teil der Inszenierung durch die Kulturbetriebe: Partizipationsangebote gehören ebenso dazu wie das Voting im Rahmen des Spielplans des *Thalia*-Theaters.

Mit oder ohne Einbindung des Publikums bleibt der Kulturbetrieb in der Figur des Dritten eine bereits vielfach analysierte Machtinstanz und das Paradigma nach Koschorke kann kaum über vorhandene Beschreibungen hinaus fruchtbar gemacht werden: Kulturbetriebe wirken zwar als konstituierender Mechanismus, aber weder im Verborgenen noch ohne eigene Position. Was ändert sich nun, wenn man den Wirkungsbereich des Dritten dem Publikum zuschreibt? Als Masse hat das Publikum keine ersichtliche Position und bleibt deshalb im Verborgenen. Sein Einflussbereich, um Effekte zu erzielen, tritt, wie beim Boten oder beim Rivalen, am deutlichsten zu Tage, wenn es sozusagen aus der erwarteten Rolle fällt. Der Bote, der die Nachricht verfälscht, der Rivale, der Begehren in der alten Beziehung neu entflammen lässt. Als Masse reagiert das Publikum, indem es ausbleibt, früher geht, nicht oder heftig klatscht, wütende oder lobende Postings schreibt, negative oder positive Mundpropaganda betreibt, Haltungen ändert oder radikalisiert, usw. Als Macht ist dies immer spürbar, als eine ständige Anwesenheit, die implizit in die Gestaltung von Veranstaltungen und Einrichtungen einfließt.

Die Art und Weise, wie dieser Einfluss von Kulturbetrieben aufgenommen wird, erscheint uns entscheidend für ein intensives und diskursstiftendes Zusammentreffen zwischen Kunst und Publikum. Das *Thalia*-Theater hat als Reaktion eine partielle konzeptionelle Veränderung gewählt, in dem es das Publikumsvoting initiierte. Andere, wie das Fallbeispiel *Viennale* (s. u.), wählen eine Vertiefung ihrer bestehenden Identität als Strategie. Grundsätzlich scheint eine starke Identität der handelnden Kulturbetriebe zu Erfolg im Sinne eines „symbolisch gestaltenden Kulturmanagements" (GÖRTZ 2008) zu führen. Das Publikum wirkt dabei als Figur des Dritten auf zwei Zeit- und Gesellschaftsebenen:

- In direkter Anwesenheit bei allen Formaten der inszenatorischen Sparten wirken sie unmittelbar im Beziehungsgeflecht der Darbietung und Aufnahme. Der Kulturbetrieb hat seine Arbeit hier bereits abgeschlossen (Selektion, Produktion und Kommunikation der Darbietung), Publikum und Werk treffen aufeinander und gehen unterschiedlich ausgeprägte Partizipations-, Dialog- und Wahrnehmungsformen ein.
- In der Folgereaktion, wenn die Rezeption nachwirkt und sich verbreitet beginnt der ästhetische Kommunikationsprozess auch auf einer kollektiven Ebene und umfasst je nach Publikumstyp (s. u. Typologie) unterschiedliche Autoritätsformen (Presse und andere Fachpublika) und Verbreitungsgrade (vom Erzählen im Freundeskreis bis zum Verbreiten im Social Web).

Publikum als Masse gedacht erlaubt hier keine weitere Differenzierung. Wir binden deshalb im Folgenden de Certeaus These von der Taktik ein und schlagen in einem nächsten Schritt eine handlungsorientierte Typologie vor. Sie soll ersichtlich machen, dass die unterschiedlichsten Effekte entstehen, wenn Rezipienten als Dritte im triadischen Grundmuster gedacht werden.

3. Die Taktiken des Zuschauers als Chancen für ein neues Publikumsverständnis

Der Zwang von Kulturbetrieben, einerseits das anzubieten, was der Markt fordert oder die Leute wünschen, um zwei gängige Formulierungen aufzugreifen, die eben keine Garantien auf einen qualitativen und quantitativen Mehrwert bieten können, besteht in zunehmenden Maße. Daher sind im Zuge der Audience-Development-Forschung viele positive Ansätze entstanden (MANDEL 2005, 2008; GLOGNER-PILZ/FÖHL 2010), hier auf praktische Art und Weise Kulturbetrieben Anleitungen und Ideen an die Hand zu geben, wie man durch Marketingmaßnahmen, Kulturvermittlungsprogramme und andere Instrumente neues Publikum gewinnen bzw. schon vorhandenes langfristig binden kann.

In dem hier vorliegenden Beitrag möchten wir die Fragestellung in eine etwas andere Richtung lenken. Gibt es möglicherweise Publikumstypen, die ganz bewusst auf die Strategien reagieren, mit denen Kulturbetriebe ihre Aufmerksamkeit und natürlich auch ihre Partizipation zu erreichen versuchen? Sind vielleicht gerade die Bemühungen attraktiv zu sein, Erwartungen zu wecken und auch eine gewisse Berechenbarkeit des Publikums zu erreichen Stimulationen eines gewissen gegenläufigen bzw. die Strategien unterlaufenden Verhaltens seitens der Rezipienten? Jedenfalls ging der französische Soziologe, Historiker und Philosoph Michel de Certeau genau davon aus. Er formulierte vor dem Hintergrund einer allgemeinen Sichtung der Struktur von Institutionen ihren grundsätzlichen Charakter, Strategien zu entwerfen, die spezifische „Operationstypen" hervorbringen (CERTEAU 1988: 19) oder zumindest diesen Anspruch hegen. Anders als in den Ansätzen von Bourdieu und Adorno sieht de Certeau in der Wucht dieser Operationsbegehren von Institutionen nicht nur eine Bedrohung des kulturellen Feldes, sondern zugleich eine ungeheure Stimulation möglicher Reaktionen seitens des Rezipienten. Er bezeichnet diese Reaktionen als

> kulturelle Aktivität von Nicht-Kulturproduzenten, eine unmerkliche, nicht entzifferbare und nicht symbolisierte Aktivität, die aber dennoch die einzige Möglichkeit für all diejenigen bleibt, die die Show-Produkte, in denen sich eine produktivistische Ökonomie buchstabiert, bezahlen, in dem sie sie kaufen. (CERTEAU 1988: 20)

Das Publikum ist hier dialogisch im Sinne eines Widerstands gedacht, der nicht ideologisch oder symbolisch funktioniert, sondern höchst individuell und/oder auf spezifische Gruppenkonstellationen bezogen ist. Institutionen, so glaubte er, haben bestimmte Strategien, nach denen sie ihr Handeln ausrichten. Auf diese Strategien reagieren Konsumenten mit Taktiken, so Certeau.

> Als verkannte Produzenten [...] und stillschweigende Erfinder eigener Wege [...] produzieren die Konsumenten durch ihre Signifikationspraktiken etwas, das die Gestalt von ‚Irr-Linien' haben könnte. (CERTEAU 1988: 21)

Das heißt, der Konsument – Rezipient im Falle der Kultur – reagiert nicht in jedem Fall völlig konform mit der ihm präsentierten Strategie, sondern er moduliert sie, wandelt sie um, macht etwas Eigenes daraus. Überträgt man diesen Gedanken de Certeaus auf den Kulturmanagementbereich, so lässt sich hier an das Modell des Dritten noch einmal anschließen. Zwischen Künstlern, Kulturmanagern und Rezipienten bestehen schöpferische Beziehungen. Kulturbetriebe können dann in ein Ungleichgewicht geraten, wenn sie von einem optimalen Publikum ausgehen, ohne dass dabei berücksichtigt wird, dass sich ein Publikum entlang schöpferischer Auseinandersetzung überhaupt erst bildet. Schöpferische Beziehung schließt Freiraum, Experiment und Herausforderung mit ein, eine Zumutung an den Dialogpartner Publikum als starken Partner. Die Geschichte der Avantgarde im 20. Jahrhundert belegt, dass starke Partnerschaften in ihrer Qualität Kunstbegriffe vital gestalten, und in den meisten Fällen vom Nischenprodukt zum allgemein anerkannten Kunstbegriff werden. Der Echoraum Publikum ist als optimales Publikum durch Marketingmaßnahmen aufgrund empirischer Untersuchungen ganz sicher zu stimulieren, aber nicht umfassend zu aktivieren, in dem Sinne, dass ein Dialog eintritt. Das können nur Diskurse, die berücksichtigen, dass Strategien Taktiken hervorrufen und dass diese Taktiken des Publikums als Reaktionen verstanden werden sollten.

4. Dialogue Development und Typologie des taktischen Publikums

Daher wäre es sinnvoll, den Begriff Audience Development um den Begriff Dialogue Development zu erweitern. Der Begriff des Dialoges wird hierbei im de Certeauschen Sinne als eine nicht symbolische, sondern praktisch-individuelle Form der Reaktion auf dominante Strategien im Kulturbetrieb verstanden, wozu sicherlich die aktuellen Diskursflächen zur Nachfrage- oder Angebotsorientierung im Kulturmanagement gehört. Im Dialogue Development werden Rezipienten daraufhin betrachtet, wie sie auf Programm- und Marketingstrategien sowie Inanspruchnahmen im Sinne eines reflexiven Umgangs mit der ihnen jeweils zugewiesenen Rolle als Zielgruppe reagieren. In einem weiteren Schritt werden dann die dialogischen Kräfte betrachtet, die Stimulationen, Diskurse, Reflexionen und Interventionen, die sich als Potential aus dieser Begegnung ergeben. Erfolgreiche Spielstätten wie *Kampnagel* in Hamburg oder das HAU (*Hebbel-am-Ufer-Theater*) in Berlin zeigen, dass die Ansprache des Rezipienten als Unterstützer bei künstlerischen Interventionen eine große Publikumsbindung herstellt im Sinne eines Dialogue Development. Der Rezipient wird etwa durch Interventionen im öffentlichen Raum zur Reflexion stimuliert, was eigentlich seine Aufgaben und Rollen als Zuschauer sind. Hierdurch entsteht ein Dialog, der eben auch auf die künstlerische Produktion zurückwirkt und in die Gesellschaft hinein wirksam wird. Freilich sind dies spezifische Besucherschichten, die nicht mit dem ‚Laufpublikum' von großen Museen, Ausstellungshäusern, Theatern etc. zu vergleichen sind.

Daher soll hier der Versuch einer groben Schematisierung unternommen werden, um zu zeigen, dass erst in der Ausdifferenzierung von Publikumsgruppen hinsichtlich ihres taktischen Verhaltens der schöpferische, der dialogische Anteil von Publikumsverhalten besonders deutlich zum Vorschein kommt. Dabei muss ausdrücklich betont werden, dass diese Schematisierung sich nicht auf empirische Daten stützt, sondern im Sinne eines Vorschlags fungiert, der eine konkrete Möglichkeit der Betrachtung von Publikumsgruppen anbietet, um deren dialogischen Charakter aufzuspüren. Dennis Kennedy hat darauf hingewiesen, dass gerade der Versuch, durch empirische Untersuchungen eine Fixierung von Publikumsverhalten wissenschaftlich herzuleiten, immer wieder zu Enttäuschungen führt, da eben viele Überraschungen und Unvorhersehbarkeiten in verschiedenen Publikumsgruppen, ja im einzelnen Zuschauer, sich nur durch eine differenzierte Narrativität bezüglich seiner Erfahrungen und Handlungen, wie er sie selbst versucht, herstellen lässt.

> I do not assume that spectators react in similar ways to the same event or that they are socially unified just because gathered [...] spectators are too historically and culturally specific to permit a grand mapping. (KENNEDY 2011: 4)

Daher soll die hier vorgebrachte Schematisierung lediglich eine weitere Schablone neben den demografischen und lebensstilorientierten Modellen der Publikumserfassung anbieten und sich bewusst am Autoritätsgrad der Rezipienten bzw. an der Reaktion auf diskursstiftende Öffentlichkeiten als Dialog und Taktik orientieren. Um es noch zugespitzter zu formulieren: Es geht nicht um die Bedürfnisse von Publikumsgruppen, sondern um ihre Partizipationsdynamiken, zu denen eben auch gehört, dass sie auf Strategien von Kulturbetrieben in besonderem Maße reagieren. Die folgende Publikumstypisierung ist, wie schon erwähnt, ein grobes Schema, um diesen Bereich etwas genauer in den Blick nehmen zu können. In ihr lassen sich einzelne Verhaltens- und Reaktionsweisen eintragen, obgleich auch hier uns sehr bewusst ist, dass Kennedys Skepsis gegenüber Schematisierungen ein nicht aufzulösendes Problem darstellt:

Fachpublikum (Journalisten, themenspezifisch interessierte Laien, Fachexperten, Blogger etc.)	große Affekte auf das Folgepublikum (Diskurs-Stimulanz)
Folgepublikum	zeigt Reaktionen auf mediale Diskurse; durchaus konflikt- und „skandal"-orientiert (s. Fallstudie)
Traditionspublikum	spezifische Sparten (Oper, Musical, Kabarett etc. – stark spartengebunden)
Zufallspublikum	Spontane Reaktionen auf Plakate, Digital News, Außenwerbung
Diffused Audience	Fernsehpublikum, Internetpublikum, ‚unsichtbares Publikum'

Tab. 1: *Typologie des taktischen Publikums*

Häufig unterschätzt wird die Funktion des sogenannten Fachpublikums, zu dem wir auch fachspezifisch interessierte Laien und Journalisten zählen, die eine starke Diskursmacht besitzen. Gerade Laien, die sich intensiv mit Themen und Kunstwerken auseinandersetzen, bringen dieses Spezialwissen als Taktiken im de Certeauschen Sinne ein, indem sie besonders loben, kritisieren, hervorheben oder verschweigen, was eine künstlerische Produktion sehenswert macht. „Beim Experten setzt sich Kompetenz in gesellschaftliche Autorität um." (CERTEAU 1988: 43)

In der Blogosphäre finden wir heute viele dieser Stimulusgeber des Fachpublikums. Ihre besondere Eigenschaft besteht in besonderen Kommunikations- und Distributionskompetenzen, die durch das persönliche Engagement und die Vernetzung mit anderen Fachpublika eine Breitenwirkung erzielen können bzw. als Multiplikatoren wirken. Gerade diese Gruppe beleuchtet häufig sehr genau die Strategien, Ankündigungen und Selbstauskünfte von Kulturbetrieben und künstlerischen Produktionen und sieht sich als Korrektiv, Befürworter oder Verschweiger.

Diese Diskursorientierung hat Konsequenzen für das von uns identifizierte Folgepublikum, das stark auf Reize und Impulse aus der Sphäre des Fachpublikums reagiert. Skandale, Konflikte oder medial aufbereitete Differenzen in der Wahrnehmung von künstlerischen Produktionen werden vom Folgepublikum dankbar aufgenommen. Hier beginnen

Taktiken Einzelner auf größere Gruppen überzuspringen. Das Folgepublikum lässt sich vor allem durch das Rezipientenverhalten identifizieren, dass aufgrund einer spezifischen medialen oder von Mund zu Mund weitergegebenen Diskursebene im Bezug auf künstlerische Produktionen zu beobachten ist (KENNEDY 2011).

Das Traditionspublikum entsteht häufig sparten- oder kulturbegriffsbezogen, pflegt eine gewisse Bindung, die durch Distinktion zu anderen Sparten entsteht. Es ist deshalb viel schwerer von den Vorzügen eines taktischen Publikumsverhaltens außerhalb seines bevorzugten künstlerischen oder kulturellen Ausdrucks zu überzeugen (KENNEDY 2011). Patrick Glogner-Pilz und Patrick S. Föhl (2010: 14) verweisen auf die Entstehung eines zunehmend flanierenden Publikums im Zuge von Individualisierungstendenzen sowie lebensstil- und erlebnisorientierter Veränderungen in der Gesellschaft. Inwiefern auch dies wieder eine spezielle Art des Traditionspublikums herausbildet, könnte Gegenstand spartenunabhängiger empirischer Forschung sein. Jedenfalls bilden sich auf Kulturbetriebsseite entsprechende Strategien als Reaktion auf diese Entwicklung heraus, indem z. B. Museumsquartiere und Kunstflaniermeilen errichtet werden.

Das Zufallspublikum kann zum Bestandteil des Folgepublikums werden, jedoch in einem anderen zeitlichen Rahmen. Es reagiert spontan auf die (Marketing-)Strategien und Offerten kultureller Produktionen. Es gerät somit überraschend in den Wirkungskreis von Strategien. Hier wären empirische Forschungen hilfreich, die sich der taktischen Reaktion auf spontane Strategiewahrnehmungen widmen.

Diffused Audience als das virtuelle Publikum ist hinsichtlich der Beobachtung von taktischen Verhalten eine schwer zu erfassende Gruppe, denn freilich bildet bereits die Wahl einer Sendung, einer Website oder eine partizipative Teilnahme im Internet (oder per Telefon) eine Reaktion auf unterschiedlichste vorhandene Strategien. Hier ist jedoch die Komplexität taktischen Verhaltens eine Kategorie der neuen Web Communities und soll daher in dem hier aufgestellten Kontext als Extrakategorie festgehalten werden (ABERCROMBIE 1998). Laut Koschorke funktionieren Netzgemeinschaften nicht als „gemeinsame Wesenheit, sondern (sie) begnügen sich mit partieller, befristeter, leicht aufkündbarer Beteiligung," sind also verbunden in der „Kraft der schwachen Bindung" (KOSCHORKE 2010: 22), und insofern mit eigenen Stimuli immer neu zu aktivieren.

5. Fallstudie

Die *Viennale – Intl. Film Festival Vienna*,[7] ein traditioneller Kulturbetrieb mit privatrechtlich-gemeinnütziger Trägerschaft, steht hier als Beispiel für eine Veranstaltung mit starker Identität. Sie feiert im Oktober 2012 ihre fünfzigste Edition. Seit Mitte der 1990er-Jahre hat sie sich unter der Intendanz von Alexander Horwath (1992-1997) international positioniert und mit Hans Hurchs Intendanz (seit 1998) etabliert. Die verbuchten Eintritte sind in diesem Zeitraum von 20.000 auf knapp 100.000 gewachsen, wobei nur ca. 15 % der Eintritte auf Presse- und Branchenbesuch zurückgehen. Dies wird von der *Viennale* durch ein strenges Akkreditierungssystem und Ticketing gesteuert. Die *Viennale* ist bei der *Fédération Internationale des Associations de Producteurs de Films* (FIAPF) als Festival ohne Wettbewerb akkreditiert, hat also die Auflage, im Hauptprogramm nationale Premieren zu zeigen, während im Unterschied dazu die so genannten A-Festivals (wie etwa die *Berlinale*) Uraufführungen im Wettbewerb zeigen müssen. Dieser Hierarchisierung ist immanent, dass sich die *Viennale* als Publikumsfestival und nicht als internationales Branchenfestival ausrichtet. Das Hauptprogramm der *Viennale* besteht aus rund 170 Spiel-, Dokumentar- und Kurzfilmen der aktuellen weltweiten Produktion, rund weitere 130 Filme bilden die Werkschauen, Tributes und die Retrospektive in Zusammenarbeit mit dem *Österreichischen Filmmuseum* Wien. Die Auswahl der *Viennale* lässt sich als cineastisch anspruchsvoll bis sperrig beschreiben: Innovative Filmsprachen, die Sehgewohnheiten durchbrechen, und oft deprimierende Themen besonders bei den Dokumentarfilmen und Essays, stehen im Mittelpunkt. Nur ein kleiner Teil der Regisseure ist einer breiteren Masse bekannt. So mancher erfolgreiche Filmemacher, der ein gutes Zugpferd wäre, wird vom Intendanten immer wieder mal abgelehnt. Dies erzeugt oft Unmut bei Fachpublika ebenso wie beim Traditionspublikum, generiert aber Folgepublikum und verweist darauf, dass die *Viennale* unter ästhetischen Prämissen programmiert wird und nicht unter populistischen. In der internationalen Presse hat sich die *Vi-*

---

7   Daten, Kenntnisse und Analysen beruhen auf einer Publikumsanalyse durchgeführt 2007 vom damaligen Lehrgang für Markt- und Meinungsforschung der Universität Wien (heute postgradualer Lehrgang *Public Communications*) sowie auf die langjährige Projektleitung der Coautorin in der Programmabteilung, ihrer Tätigkeit als Konsulentin bei weltweiten Festivals sowie ihrer theoretischen Auseinandersetzung mit dem internationalen Filmfestivalbetrieb nach u. a. de VALCK (2007); TURAN (2003); IORDANOVA (2009).

ennale deshalb den Ruf erarbeitet, einer innovativen Handschrift und Dynamik des Filmbetriebs Vorschub zu leisten.

> Vielleicht ist die Viennale das letzte große Festival, das mit seinen wunderbaren City-Kinos und dem subtil ausgewählten Programm die Cinephilie pflegt, jene schwer definierbare Haltung dem Kino und dem Leben gegenüber, die mehr ist als bloßes Fantum. Man spürt es in Wien zwischen den Filmen, dieses Gemisch aus Leidenschaft und Kritik, Sensibilität und Melancholie, das die cinephile Grundstimmung ausmacht. Eine fast rebellenhafte Liebe zu den Bildern auf der großen Leinwand zeigt sich hier, als Gegenpol auch zum digitalen Home Entertainment und seiner Vergrößerung in Cineplexx-Palästen.[8]

In dieser starken Identität wird Raum für Auseinandersetzung kreiert, die den Fragestellungen von Ästhetik, Geschmack, Selektion, Rezeption usw. dienen, Fragestellungen, die einen Dialog zwischen Veranstaltern und Publikum herstellen. Besonders bemerkenswert ist dabei die konstante Bereitschaft des Publikums, sich schwierige Filme von relativ unbekannten Regisseur/-innen anzusehen. Die Auslastung ist im Hauptprogramm extrem ausgewogen, auch No-Name- und Experimentalfilme sind ausverkauft – oft gerade solche. Das geht auf das gewachsene Vertrauensverhältnis zurück, welches wiederum aus der Qualität des Programms sowie der Authentizität in der Vermittlung erwächst.

- Die Filmtexte in der (kostenlosen) Publikation mit der höchsten Werbebedeutung, dem Pocketguide, werden von Professionellen verfasst – von Filmjournalist/-innen bis zu den Mitarbeiter/-innen aus dem *Viennale*-Kernteam –, sind also in der Summe von rund 300 Texten originäre Texte, die im Kontext der *Viennale* entstehen. Oft werden diese Texte von den Produktions- und Verleihfirmen übernommen und gehen in die internationale Weiterverwertung.[9]
- Plakat und Trailer als weitere zentrale Werbeträger übersetzen den ästhetischen Gedanken des *Viennale*-Programms auf visuelle, kreative Weise. Der Trailer wird seit 1995 von Regiegrößen der Filmkunst als Auftragsarbeit gestaltet und wird nach jeder *Viennale* selbst Teil des Internationalen Film Festival Circuit. Die Sujets der Plakate hingegen folgen assoziativen Verbindungen zur Filmkunst, etwa dem Detail einer Höhlenmalerei als Vorform des Kinos oder einer Zeichnung von Kafka, der ein passionierter Kinogänger war.

---

8 Hans Schifferle (*Süddeutsche Zeitung*, 30.10.2003; < http://viennale.at/de/standard/pressestimmen/> [12.12.2011]).

9 Diese Art der Vermittlung wird z. B. wird auch beim *Forum des jungen Films* der *Berlinale* angewandt, jener Programmsektion, die in den 1970er-Jahren Filmvermittlung maßgeblich entwickelte (VALCK 2007). Viele Filmfestivals hingegen übernehmen Produktionsmitteilungen für ihre Publikationen.

Keines dieser erwähnten Details aus dem Marketing-Mix würde funktionieren, hätte die *Viennale* keine starke Identität in dem Sinne, dass sie durch rigide Selektion Diskussionen entfacht, zugleich aber durch eine fachkundige Auswahl die Ernsthaftigkeit unter Beweis stellt, mit der sie Filmkunst an jedem einzelnen Werk erprobt. Dies ist nicht Teil einer Werbestrategie, sondern Ergebnis einer leidenschaftlichen Beschäftigung mit Film und Filmmarkt, Publikum und Rezeption. Aus ihr erwuchs die Marke *Viennale*. Der kleinste gemeinsame Nenner des Festivals ist jeder einzelne Film: „Die kleinste und größte Einheit des Festivals ist die einzelne künstlerische Arbeit", wie Direktor Hans Hurch in einem Mission Statement 2009 formulierte (Presseunterlagen, *Viennale-Archiv*).

Betriebliche Ziele werden im Soge der erfolgreichen ästhetischen Positionierung erfüllt, zumindest was die Auslastung betrifft. Kinoeintrittspreise sind per se auf einem Level, das eine Deckung von Festivalkosten durch Eintritte auch bei einer Auslastung von 100 % niemals gewährleisten könnte. Die Attraktivität und klare Linie der *Viennale* erleichtert es aber, Sponsoren zu gewinnen. Die *Viennale* ist dabei ein ‚altmodisches' Festival, das z. B. keine Streams anbietet, sondern dem Kino als rituellem Ort verhaftet ist. Die *Viennale* ist auch in dem Sinn altmodisch, dass sie unter der Intendanz Hurchs keine Filmvermittlung z. B. für Schüler anbietet, dennoch aber ein relativ junges Publikum zu faszinieren vermag: 2007 waren 54,3 % der Besucher zwischen 18 und 30 Jahre alt und 20,1 % zwischen 30 und 40. Die neuen digitalen Kommunikationskanäle werden bedient, das Programm aber nicht auf den Geschmack der Digital Natives angepasst. Diese Handlung impliziert, dass Altes vom jungen Publikum als neu erlebt wird. Besonders der Punkt der ästhetischen Spiegelung der Veranstaltung in Trailer und Plakat verdeutlicht, dass das Narrativ eines Kulturbetriebs (seine ausgeprägte Positionierung) sich als Narrativ im Marketing darstellt. Wenn man so will, sind bereits Trailer und Plakat Teil einer philosophischen Aussage der Veranstaltung *Viennale*, eine sinnliche, authentische Äußerung dessen, was sie anbietet.

Aus vielen stimmigen Details entsteht eine Veranstaltung, die mehr ist als das Summe ihrer Einzelteile: Zwei Wochen lang ermöglicht die *Viennale* den „cinematographischen Ausnahmezustand" (Hans Hurch). Der US-amerikanische Filmkritiker Jonathan Rosenbaum fasste dies in einem Satz zusammen: „The Viennale is the world's only festival, where a Straub film requires an additional screening."[10] (*Chicago Reader*, <http://www.viennale.at> [12.12.2011])

Die triadische Konstellation entfaltet, unter Beibehaltung der Gatekeeper-Funktion des Kulturbetriebs *Viennale*, für Kunstwerke und Publikum eine positive Dynamik. Sie wirkt durch die starke Akzeptanz beim Publikum auf die Produktion künstlerisch anspruchsvoller Filme ebenso zurück wie auf die Rezeption als soziale Praxis. Die *Viennale* (<http://www.viennale.at>) arbeitet diskursstiftend ohne spekulativ zu sein. Sie ist dabei nicht die einzige Veranstaltung in Österreich, der über Jahrzehnte der Spagat zwischen anspruchsvollem Programm und Austausch mit einem stets wachsenden Publikum gelingt. Der 1968 gegründete *steirische herbst* (Graz) – das „Avantgardefestival mit Tradition"[11] – arbeitet neben seinem Markenzeichen, der Interdisziplinarität, mit ungewöhnlichen Formen der Partizipation. 1979 fand zum ersten Mal die *Ars Electronica* (Linz; <http://www.aec.at>) statt, bis heute eine pionierhafte Veranstaltung für die Zusammenführung von Technologie, Kunst und Gesellschaft mit permanent hoher Auslastung. 1988 wurde das *Donaufestival Krems* (<http://www.donaufestival.at>) gegründet, seit 2005 wird es von Tomas Zierhofer-Kin geleitet. Seine kuratorische Praxis positionierte das Festival im Bereich der internationalen Pop-Avantgarde und Performancekunst. Über das Publikum sagt Zierhofer-Kin (2012: 35f.):

> Bei uns gibt es die Hürde hinzufahren – etwa 60 Prozent des Publikums kommen [sic!] aus Wien, zehn Prozent aus Krems und Umgebung, der Rest aus allen möglichen Ländern. Man muss den Besuch also bewusst planen und entscheiden. Wer diese Hürde geschafft hat, macht inzwischen aber zusehends alles mit, was angeboten wird, selbst die scheinbar schwierigen Sachen. Probleme haben wir eher mit poppigen Acts [...]. Für den Stamm unseres Publikums gilt offensichtlich: je schwieriger, desto besser!

Einer schwer zugänglichen Sparte widmen sich seit 1994 mit großem Erfolg das *Klangspuren-Festival für zeitgenössische Musik* (<http://www.klangspuren.at>) in Schwaz: Es wurde jüngst für seine innovative Kulturvermittlung an Kinder und Jugendlichen ausgezeichnet und bietet als zweites Markenzeichen die Aufführungen an historisch bedeutsamen und/oder kulturell ‚unschuldigen' Orten, wodurch der Ausdruck

---

10 Jean-Marie Straub (* 1933 in Metz) gilt zusammen mit seiner Partnerin Danièle Huillet (* 1936 in Paris; † 2006 in Cholet) als Doyen eines linkskritisch-politischen Filmemachens, das aufgrund seiner komplexen Sprache schwer zugänglich ist.
11 <http://www.steirischerherbst.at/2011/deutsch/festival/festival.php> [14.05.2012]).

der Gegenwart auf einen geschichtlichen und/oder jungfräulichen Boden führt.

Alle diese Veranstaltungen bieten keine affirmative Kunst, sondern ein schwieriges Programm mit narrativer, ästhetischer Aufbereitung. Das verleiht ihnen eine starke Identität und ihre hohen Auslastungen lassen vermuten, dass es beim Publikum ein Bedürfnis nach Komplexität gibt. Der Zusammenhang aus Bedürfnis – nicht zwingend gleichbedeutend mit Nachfrage – und starker Identität scheint also besonders für gemeinnützige Kulturbetriebe wesentlich und führt wieder auf die Triade Kunstwerk/Kulturbetrieb/Publikum zurück. Der Kulturbetrieb als Vermittler ist wie der Künstler und wie das Publikum Seismograph von gesellschaftlichen Zusammenhängen und Dynamiken. Dem Publikum wird dabei nicht mehr nur von Kulturbetrieben etwas angeboten, das kulturelle Erfahrung beinhaltet. Das Paradigma der Erlebnisgesellschaft wird von Unternehmen unterschiedlichster Art aufgegriffen und umgesetzt (Kulturtourismus, High-End-Veranstaltungen). Womit sich Kulturbetriebe aber traditionell tiefergehender auseinandersetzen als andere Anbieter, sind spartenbezogene Entwicklungen im internationalen und regionalen Zusammenhang, Sprengkraft der Rezeption als ästhetische Erfahrung und soziale Praxis sowie Dynamiken in der Gesellschaft. Auf dieser Basis aktivieren sie Taktiken und etablieren den Dialog – der angenommen oder abgelehnt wird und sich in beiden Fällen modifizierend auswirkt. Das Publikum als Dritte bleibt gerade dort entscheidend, wo man die Angebotsorientierung wagt. Nicht aus einem autoritären oder elitären Verständnis heraus, sondern um einen Diskurs auf Augenhöhe zu etablieren. Fachkompetenz und intuitives Erkennen kennzeichnen auch die unterschiedlichen handlungsorientierten Publikumszuschreibungen in der oben vorgeschlagenen Typologie. Fach-, Folge-, Traditions- und Zufallspublikum wirken so zurück auf kulturelle Produktion und treiben die Rezeption als soziale Praxis voran.

6. Theorie und Empirie: Eine Frage der Korrelation

> *Lässt sich Kultur als Raum definieren, in dem nicht nur vielfältige Kommunikationen stattfinden, sondern die Codes der Kommunikation selbst Gegenstand unaufhörlicher Verhandlungen sind, dann bilden die Zonen des Dritten, die sich an den Geltungsgrenzen kultureller Normierungen bzw. wissenschaftlicher Systematiken auftun, neuralgische Produktionsstätten der Kultur.*
> (Koschorke 2010: 29)

Um die traditionellen und neuen Aufgaben von Kulturbetrieben zu identifizieren, leistet die empirische Publikumsforschung Wesentliches. Dennoch gehen wir davon dass, dass Theorie und Empirie einander programmatisch bedingen, um den Raum Kultur und den Echoraum Publikum zu gestalten. Gerade eine interdisziplinär angelegte Materie wie Kulturmanagement braucht beides, die Herausforderung liegt dabei in der Korrelation. Um auf die eingangs erwähnten Fragen der Fokussierung in diesem Zusammenhang zurückzukommen:

a) bezogen auf die Wechselseitigkeit von Angebot und Annahme im Spannungsfeld zwischen traditionellen und neuen Inhalten sowie Formaten, also vom Verhältnis zwischen Neuerung und Erhaltung: Das profunde Wissen traditioneller Kulturbetriebe ist, auf die Kulturproduktion angewandt, spartenerhaltend und, was die Rezeption betrifft, gesellschaftsrelevant. Eine Reduktion der Debatte um die Ausrichtung von Kulturbetrieben auf Subventionsmentalität oder Rechtfertigungskonsens verstellt den Blick darauf, dass es auch ein implizites Wissen gibt, dem die Managementlehre dort zu Gute kommen kann, wo sie dieses auch berücksichtigt. So könnte die Frage der Überalterung von Formaten wie der Oper durch die Publikumsforschung dahingehend betrachtet werden, ob es vielleicht Kunstformen gibt (und immer schon gab), die zur Aufnahme Lebensreife benötigen, wie es Bücher gibt, die sich erst durch die eigene Lebenserfahrung öffnen. Wo kulturelle Ausdrucksformen verschwanden, war dies Teil einer technischen Entwicklung, ging aber nie zu Lasten des Formats an sich, wie es die Evolution des Kinematographen mit seinen Vorformen seit dem 17. Jahrhundert belegt. Empirische Forschung könnte sich den Generationszusammenhängen annehmen, um rezeptive Notwendigkeiten auf gesellschaftliche Ebenen im Sinne von Bedürfnissen zu erheben. Die Vermittlungskampagne der

Hamburger Oper für ein junges Publikum bereitet wesentlich den Boden für künftiges Publikum – ab welcher Altersstufe sich dieses aber als Zielpublikum wieder der Oper zuwendet, könnte eine aussagekräftige Langzeitstudie erheben.

b) bezogen auf den Umgang mit Professionalisierung und Ökonomisierung von Kulturarbeit und Kulturmanagement: Der Paradigmenwechsel von der Learning-by-doing-Generation zu ausgebildeten Kulturmanager ist ein Transferprozess. Ein solcher schließt immer auch Transformationsprozesse mit ein, die eine Verluststreuung mit sich bringen. Produktiv chaotische Zusammenhänge können bei Professionalisierung verloren gehen. Durch sie treten extrinsische Motive neben die intrinsischen, die bislang die Wirkungsorientierung der Kulturbetriebe mit gewährleisteten. Der Anspruch der Ökonomisierung benötigt in dem Falle, dass Kulturmanagement weiterhin wirkungs- und nicht gewinnorientiert sein soll, in Europa einen Mentalitätswandel. Wie bürgerschaftlich engagiert sind Kultursponsoring und CCR tatsächlich? Welche Rolle spielen Nischen- und Avantgardekultur für die Vitalität des Kulturbetriebs im weiten Sinne, benötigt breite Akzeptanz nicht auch avantgardistisches Nischenpublikum zur ständigen Weiterentwicklung? Auch hier könnte die Empirie zum Verhältnis aus Engagement und ökonomischer Effizienz wesentliche Erkenntnisse zu Tage fördern.

c) bezogen auf die Art der Einbindung von Erkenntnissen neuer Forschungszweige im Kulturmanagement, wie empirische Publikumsforschung. Wo knüpfen empirische Fragestellungen für das Kulturmanagement an und was sind die Motive hinter der empirischen Forschung? Wo sind Erkenntnisse der Kulturtheorie, der Rezeptionsästhetik und -forschung wegweisend für ein empirisches Forschungsdesign? Was ist das gemeinsame Ziel von theoretischer und empirischer Vorgangsweise?

Alle drei Fragen verbinden sich in einer grundsätzlichen: Gibt es seitens der Kulturmanager ein Bekenntnis dazu, dass Kulturarbeit so wirkungsorientiert bleiben soll, wie Werner Heinrichs dies in der ersten deutschsprachigen Einführung zum Kulturmanagement postulierte (HEINRICHS 1999)? Worauf werden Dialoge mit dem Publikum künftig gründen? Wird die Fachkompetenz Kulturmanagement eine marketingspezifische sein, die sich mit Zielgruppen beschäftigt, oder eine erkenntnisorientierte, die sich mit Gesellschafts-, Kultur- und Kunstdynamiken auseinandersetzt und dies auch in einer eigenen Terminologie ausdrückt?

Literatur

ABERCROMBIE, Nicholas (1998): *Audiences: A Sociological Theory of Performance and Imagination.* London, Thousand Oaks: Sage.

BENJAMIN, Walter (1963 [1936]): *Das Kunstwerk im Zeitalter seiner technischen Reproduzierbarkeit.* Frankfurt/M.: Suhrkamp.

CERTEAU, Michel de (1988): *Kunst des Handelns.* Berlin: Merve.

FACHVERBAND FÜR KULTURMANAGEMENT (Hg.) (2009): *Forschen im Kulturmanagement* (= Jahrbuch für Kulturmanagement, 1). Bielefeld: transcript.

FACHVERBAND FÜR KULTURMANAGEMENT (Hg.) (2010): *Theorien für den Kultursektor* (= Jahrbuch für Kulturmanagement, 2). Bielefeld: transcript.

FOUCAULT, Michel (2000): *Dispositive der Macht. Über Sexualität, Wissen und Wahrheit.* Berlin: Merve.

FRANCK, Georg (1998): *Ökonomie der Aufmerksamkeit.* München, Wien: Hanser.

GLOGNER-PILZ, Patrick/FÖHL, Patrick S. (Hgg.) (2010): *Das Kulturpublikum. Fragestellungen und Befunde der empirischen Forschung.* Wiesbaden: VS.

GÖRTZ, Günther (2008): Kulturmanagement in konstruktivistischer Sicht. – In: Lewinski-Reuter, Verena/Lüddemann, Stefan (Hgg.), *Kulturmanagement der Zukunft. Perspektiven aus Theorie und Praxis.* Wiesbaden: VS, 79-105.

GÜNTHER, Johann (2007): *Digital Natives & Digital Immigrants.* Innsbruck, Wien, Bozen: Studienverlag.

HEINRICHS, Werner (1999): *Kulturmanagement. Eine praxisorientierte Einführung.* Darmstadt: WBG.

IORDANOVA, Dina (Hg.) (2009): *The Festival Circuit.* St. Andrews: St. Andrew Film Studies.

KENNEDY, Dennis (2011): *The Spectator and the Spectacle: Audiences in Modernity and Postmodernity.* Cambrigde: UP.

KIRCHBERG, Volker (2009): Wertesysteme von Kulturmanagern. Eine explorative Typologie. – In: *Jahrbuch für Kulturmanagement* 1 (Forschen im Kulturmanagement), 97-115.

KOSCHORKE, Albrecht (2010): Ein neues Paradigma der Kulturwissenschaften. – In: Eßlinger, Eva/Schlechtriemen, Tobias/Schweitzer, Doris/Zons, Alexander (Hgg.), *Die Figur des Dritten. Ein kulturwissenschaftliches Paradigma.* Frankfurt/M.: Suhrkamp, 9-35.

KLEINHANS, Bernd (2003): *Ein Volk, ein Reich, ein Kino. Lichtspiel in der braunen Provinz.* Köln: PapyRossa.

LEWINSKI-REUTER, Verena/LÜDDEMANN, Stefan (Hgg.) (2008): *Kulturmanagement der Zukunft. Perspektiven aus Theorie und Praxis.* Wiesbaden: VS.

LOHMEIER, Anke-Marie (2006): Propaganda als Alibi. Rezeptionsgeschichtliche Thesen zu Veit Harlans Film „Jud Süß" (1940). – In: Przyrembel, Alexandra (Hg.), *Jud Süß. Hofjude, literarische Figur, antisemitisches Zerrbild.* Frankfurt/M., New York: Campus, 201-220.

MANDEL, Birgit (2005): *Kulturvermittlung zwischen kultureller Bildung und Kulturmarketing. Eine Profession mit Zukunft.* Bielefeld: transcript.

MANDEL, Birgit (Hg.) (2008): *Kulturmanagement, Audience Development, Kulturelle Bildung: Konzeptionen und Handlungsfelder der Kulturvermittlung.* München: Kopäd.

MARCHART, Oliver (2007): Die kuratorische Funktion – Oder was heißt eine Aus/Stellung zu organisieren? – In: Eigenheer, Marianne (Hg.), *Curating Critique* (= ICE Reader, 1). Frankfurt/M.: Revolver, Archiv für aktuelle Kunst, 172-189.

MOSER, Anita (2011): *Die Kunst der Grenzüberschreitung. Postkoloniale Kritik im Spannungsfeld von Ästhetik und Politik.* Bielefeld: transcript.

SCHENK, Irmbert/TRÖHLER, Margit/ZIMMERMANN, Yvonne (Hgg.) (2010): *Film – Kino – Zuschauer: Filmrezeption* (= Zürcher Filmstudien). Marburg: Schüren.

SCHEYTT, Oliver (2008): Aktivierendes Kulturmanagement. – In: Lewinski-Reuter, Verena/Lüddemann, Stefan (Hgg.), *Kulturmanagement der Zukunft. Perspektiven aus Theorie und Praxis.* Wiesbaden: VS, 121-137.

SCHULZE, Gerhard (1992): *Die Erlebnisgesellschaft: Soziologie der Gegenwart.* Frankfurt/M., New York: Campus.

TEISSL, Verena (2008): Film und Verbrechen: Einleitender Vortrag zur Vorführung „Jud Süß" (1940). Leokino Innsbruck, 22.04., nicht publiziert.

TEISSL, Verena (2012a): Macht Geld die Welt rund? Betrachtungen zum kuratorischen und ökonomischen Prinzip in der europäischen Kulturarbeit. – In: Wolfram, Gernot (Hg.), *Kulturmanagement und Europäische Kulturarbeit.* Bielefeld: transcript (i. Vorb.).

TEISSL, Verena (2012b): Why and how do Film Festivals influence the literacy of Latin American films in Europe? – In: Mauerer Queipo, Isabel (Hg.), *Directory of World Cinema: Latin America.* Bristol/UK: Intellect publishing (i. Vorb.).

TURAN, Kenneth (2003): *Sundance to Sarajevo: Film Festivals and the World they Made.* Berkeley: California UP.

VALCK, Marijke de (2007): *Film Festivals: From European Geopolitics to Global Cinephilia.* Amsterdam: UP.

WEBER, Nicola Valeska (2011): *Im Netz der Gefühle. Veit Harlans Melodramen.* Berlin et al.: LIT.

WOLFRAM, Gernot (Hg.) (2012): *Kulturmanagement und Europäische Kulturarbeit.* Bielefeld: transcript.

ZEMBYLAS, Tasos (2004): *Kulturbetriebslehre. Grundlagen einer Inter-Disziplin.* Wiesbaden: VS.

ZERFAß, Ansgar /BOELTER, Dietrich (2005): *Die neuen Meinungsmacher. Weblogs als Herausforderung für Kampagnen, Marketing und PR.* Graz: Nausner und Nausner.

ZIERHOFER-KIN, Tomas (2012): „Je schwieriger, desto besser!", Interview von Gerhard Stöger. – In: *Falter* 17/12, 34-35.

ZISCHLER, Hanns (1996): *Kafka geht ins Kino.* Reinbek b. Hamburg: Rowohlt.

Ein Museum für das 21. Jahrhundert
Wie Sozialität die Kunstrezeption beeinflusst und welche Herausforderungen dies für die kuratorische Praxis mit sich bringt[1]
MARTIN TRÖNDLE, STÉPHANIE WINTZERITH, ROLAND WÄSPE, WOLFGANG TSCHACHER

1. Das Museum als öffentlicher Ort

Obwohl im 19. Jahrhundert zahlreiche Museen gebaut wurden, war ein Museumsbesuch in Deutschland und Österreich, aber auch in England, nicht ohne weiteres möglich. Strenge Auflagen, sehr beschränkte Öffnungszeiten, hohe Eintrittspreise und Einlassbestimmungen erschwerten den Besuch einer solchen Institution (WALL 2006: 36). Eben dies war beabsichtigt. Im *British Museum* beispielsweise musste man sich lange im Voraus anmelden und erhielt mit der Genehmigung einen Termin zur Begehung (GRASSKAMP 1981: 19). Kenneth Hudson (1975: 9) beschreibt die Erfahrung eines englischen Buchhändlers aus dem Jahr 1784, der in völliger Stille und in nur 30 Minuten durch die Säle getrieben wurde, ohne dass er sich mit nur einem Werk näher beschäftigen durfte:

> I went out much about as wise as I went in [...] I paid two shillings for a ticket, been hackneyed through the rooms with violence, had lost little share of good humour I brought in, and came away completely disappointed.

Das Publikum war durchaus nicht willkommen und Quatremère de Quince beklagte bereits 1805 – nur zwölf Jahre nach der Eröffnung des *Louvre* – die Öffnung der Kunstsammlung für „die unterhaltungssüchtige Masse", da man sich dadurch vom „feinen Geschmack des Kenners" verabschiedete (BELTING 2001: 83). Ein ähnliches Bild vom Verhältnis des Besuchers zu den Werken zeigte sich auch, als Kaiser Joseph II. seine Kunstsammlung der Öffentlichkeit bei freiem Eintritt zugänglich

---

1 Dieser Beitrag wird auf Englisch im Journal *Museum Mangement and Curatorship* 2012 unter dem Titel *A Museion for the 21st Century: The Influence of ‚Sociality' on Art Reception in Museum Space* veröffentlicht. Ein Wiederabdruck auf Deutsch erscheint uns mehrfach begründet. Zum einen gibt es kaum Überschneidungen zwischen den Lesern der beiden Periodika, zum anderen stoßen die Ergebnisse dieser Studie im deutschsprachigen Raum auf ein umfangreiches mediales Interesse, weshalb auch den deutschsprachigen Lesern die Originalstudie zur Verfügung gestellt werden sollte.

machen wollte, denn sogleich regte sich Widerstand bei den Künstlern und Kuratoren, die der Ansicht waren, das Volk könnte die stille Kontemplation der Kunst stören (WALL 2006: 38).

Die Idee des Museums als kontemplativer Ort wirkte weit bis in das 20. Jahrhundert in den Kulturbetrieb und damit auch in die Ausstellungspraxis hinein. Noch im Jahr 1976 beschrieb Brian O'Doherty (1999: 14) in seinem einflussreichen Text *Inside the White Cube. The Ideology oft the Gallery Space* vom Ausstellungsraum als Kultraum der Ästhetik:

> The ideal gallery subtracts from the artwork all cues that interfere with the fact that it is art. The work is isolated from everything that would detract from its own evaluation of itself. This gives the space a presence possessed by other spaces where conventions are preserved through the repetition of a closed system of values. Some of the sanctity of the church, the formality of the courtroom, the mystique of the experimental laboratory joins with chic design to produce a unique chamber of [a]esthetics.

Diese Steigerung der Aufmerksamkeit auf ein ästhetisches Ereignis durch ein bestimmtes Display und seine Ritualität bestimmt die Entwicklung der Präsentationsform des Museums, im Mittelpunkt steht dabei die Evozierung des ästhetischen Erfahrens. Die Entwicklung des Displays Museum kann als die Entwicklung von Techniken einer Ökonomie der Aufmerksamkeit gelesen werden (SCHWARTE 2010). Nicht nur Architektur und Präsentationsmodus, sondern auch das Ritual des Begehens selbst machen dies erkennbar (HANTELMANN/MEISTER 2010).

1.1 Das Museum für alle

Nach Jahren des Kampfes für die Öffnung des Museums – gestärkt durch die breitflächig rezipierte und bis heute wirksame soziale Kritik Pierre Bourdieus (BOURDIEU/DARBEL 1991) an der Institution Museum als Ort der sozialen Distinktion – gab es seit den frühen 1980er-Jahren Bemühungen, Besucherschwellen europaweit abzubauen (FÖHL/ERDRICH/JOHN 2007). Diese Tendenz wurde zudem durch den kulturpolitischen Druck verstärkt, möglichst hohe Besucherzahlen vorweisen zu können.

Nicht zuletzt unter den Stichworten Kulturmarketing, Kunstvermittlung (COLBERT 2009; GUINTCHEVA/PASSEBOIS 2009; JOHN/DAUSCHEK 2008; KITTLAUSZ/PAULEIT 2006; KLEIN 2001) und Audience Development (CARÙ/COVA 2011; JOHN/DAUSCHEK 2008; KITTLAUSZ/PAULEIT 2006; MANDEL 2005; 2008) hat sich das Verhältnis von kontemplativem Betrachten und dem Ausstellungsbesuch als kommunikativem sozialem Anlass im Museum neu bestimmt. Heutzutage sind die Ausstellungsräume großer Kunstmuseen wie der *Tate Modern*, dem *British Museum*, des *Metropolitan Museum of Art*, der *Uffizien* und des *Louvre* von Menschenmengen bevölkert und dass sich die Besucher während ihres Besuches miteinander unterhalten, scheint selbstverständlich, auch wenn sie manchmal bloß zu flüstern wagen. Wie Javier Pes und Emily Sharpe (2012) in ihrem jüngsten Bericht dokumentierten, werden die 20 größten Kunstausstellungen weltweit zwischen fünf- (*Museum of Modern Art*, New York) und fast zehntausendmal (*Centro Cultural Banco do Brasil*, Rio de Janeiro) täglich besucht. Auf den mittleren Plätzen befinden sich das *Tokyo National Museum*, das *Hermitage Museum St. Petersburg* oder der *Grand Palais Paris*. Im Jahr 2011 besuchten 8.880.000 Menschen den *Louvre*, 6.004.254 das *Metropolitan Museum of Art* und 5.848.534 das *British Museum*. Gezeigt werden konnte, dass die Besucherzahlen seit Beginn ihrer Umfragen deutlich gestiegen sind: „In 1996, around four million people went to the top ten shows. Last year almost six million people went to see the ten best-attended shows." (PES/SHARPE 2012) Javier Pes und Emily Sharpe dokumentieren einen weltweiten Anstieg der Besucherzahlen um ca. 50 % lediglich innerhalb der letzten 15 Jahre.[2]

1.2 Museum Studies und Museumsforschung

Den Wandel des Verhaltens der Museumsbesucher, die Eventisierung, aber auch die veränderte Rolle der Museen diskutierte Athur Danto (1992: 237) bereits vor knapp 20 Jahren, als er die zunehmende Disneyfizierung des Museums und damit auch seinen Wirkungsverlust beklagte. Welche Relevanz besitzt jedoch solche Kritik an sich wandelnder Museumspraxis, wie Quatremère de Quince, Arthur Danto und andere äußerten? Verändert Sozialität während des Museumsbesuchs, d. h. Begleitung und Gespräche, die Kunstrezeption und wenn ja, in welcher Form? Wie können diese Aspekte gemessen und untersucht werden?

Bisher realisierte Studien innerhalb des Feldes Museum Studies beschäftigten sich hauptsächlich mit der Geschichte von Museen und deren Entwicklung, wie die einschlägigen Herausgeberbände zeigen (ANDERSON 2004; CARBONELL 2007; GREENBERG/FERGUSON/

---

2 Ebenfalls laut *Institut für Museumsforschung* Berlin hat die Anzahl der Museumsbesuche in Deutschland innerhalb der letzten zehn Jahre um 10 % von 96 auf 109 Millionen Museumsbesucher zugenommen (<http://www.smb.museum/ifm/>).

NAIRNE 2005; MACDONALD 2006). Auch die Politik des Zeigens von Kunst (GUMBRECHT/BERG 2010) und Rituale des Museumsbesuchs (HANTELMANN/MEISTER 2010) wurden diskutiert. Dennoch wurden nur wenige empirische Studien zur Untersuchung sozialer Faktoren, kommunikativer Situationen und ihrer jeweiligen Effekte auf das Kunsterlebnis umgesetzt. Stéphane Debenedetti (2003: 61) hält fest, dass der Einfluss sozialer Gegebenheiten in Verbindung mit ästhetischer Erfahrung zwar eine grundlegende, jedoch bisher nahezu unerforschte Frage sei.

1.3 Besucherforschung in Museen

Die Erforschung der unmittelbaren Wirkung einer Ausstellung auf den Museumsbesucher ist seit den Studien Edward S. Robinsons 1928 in den USA eine der Grundlagen der wissenschaftlichen Besucherforschung. In der behaviouristischen Museumsbesucherforschung in den USA, lange durch Psychologen wie Chandler Screven und Harris Shettel dominiert, wurden ab den 1960er-Jahren Besucherrouten per Hand skizziert und Verweildauern per Stoppuhr gemessen, sowie verschiedene quantitative und qualitative Methoden angewandt. Dazu gehören standardisierte Fragebögen, psychologische Tests, Simulationen etc. (IMAMOĞLU/YILMAZSOY 2009; BITGOOD/KORN 1987; SCREVEN 1974; SHETTEL 1968).

Einer der Schwerpunkte der Besucherforschung in Deutschland ist die Wirkungsanalyse des Präsentationsrahmens auf das Rezeptionsverhalten des Besuchers (KLEIN/WÜSTHOFF-SCHÄFER 1990). Zudem werden gezielt die Erwartungshaltungen und Interessenlagen der Museumsbesucher ermittelt und untersucht (NOSCHKA-ROOS 2003). Im angelsächsischen Raum fokussierte sich die Diskussion lange auf das Thema Lernen vs. Erleben im Museum, ohne jedoch die Emotionen wirklich einzubeziehen (FALK/DIERKING 1992). Die Untersuchung des Besucherverhaltens in der Ausstellung ist nach wie vor Ziel zahlreicher Visitor Studies. In den 1990er-Jahren erhielten marketingorientierte Themen sowie die Entwicklung neuer Zielgruppen bzw. der Begriff Audience Development Einzug in die Besucherforschung (CHONG 2010; GUINTCHEVA/PASSEBOIS 2009; JOHN/GÜNTER 2008). Im französischsprachigen Raum etablierte sich nebst der Ermittlung der Besucherstruktur auch die Rezeption der Ausstellungen und Texte (EIDELMANN 2002), wobei Themen der nationalen und kulturellen Identität eine große Rolle spielten. Zwar ist in den Museum Studies während der letzten Jahre ein Boom der Auseinandersetzungen mit ausstellungstheoretischen Fragen zu beobachten; Studien des Besucherverhaltens in den Ausstellungsräumen selbst bleiben aber im kunsttheoretisch geprägten Ausstellungsdiskurs eher selten. In der museumsbezogenen Literatur rückte dieses Verhältnis von Display und Betrachter erst spät in den Mittelpunkt (HANTELMANN/MEISTER 2010). In den beiden jüngeren Readern zu den Museum Studies (CARBONELL 2007; MACDONALD 2006) gehen von den 86 Beitragen allein zwei Aufsätze überhaupt auf Besucherstudien ein (HOOPER-GREENHILL 2006; 2007). Aktuell, so lässt sich konstatieren, dominieren Publikationen zum Museum als Lernort (JOHN/DAUSCHEK 2008; JOHN/THINESSE-DEMEL 2004), als Erfahrungsort (COMMANDEUR/DENNERT 2004; LATHAM 2007), zur Kunstvermittlung (KITTLAUSZ/PAULEIT 2006), zum Museumsmarketing (CHONG 2010; GUINTCHEVA/PASSEBOIS 2009; JOHN/GÜNTER 2008) und zur Museumsbesucherforschung (FALK 2009; SHETTEL 2008).

2. Das Forschungsprojekt eMotion und die Ausstellung 11:1 (+3)

Im Rahmen des Forschungsprojektes wurde das Besucherverhalten in den Monaten Juni bis August 2009 in der Ausstellung *11 : 1 (+ 3) = Elf Sammlungen für ein Museum* untersucht. Die Ausstellung stellte die Schenkungen an das Museum sowie die Schenker und deren Motive vor. Es handelte sich damit um eine klassische Sammlungsausstellung. Sie bestand aus circa 70 Werken und 14 ausführlichen Texttafeln. Auf diesen wurden die Sammler vorgestellt, deren Schenkungen die Sammlung des *Kunstmuseums St. Gallen* stetig erweiterten. In Anlehnung an diese Schenkungsgeschichte folgte die Ausstellung einem losen kunsthistorischen Parcours, der vom Impressionismus bis zur Gegenwart reichte. Vertretene Künstler waren u. a. Claude Monet, Max Liebermann (Space 2), Ferdinand Hodler und Giovanni Giacometti (Space 3). Weiter wurden Arbeiten der klassischen Moderne von Max Ernst, Fernand Léger, und Paul Klee gezeigt (Space 4 und 5), konkrete Kunst von Max Bill oder Camille Graeser und eine Gruppe von Nagelbildern von Günther Uecker (Space 6). Für die amerikanische Kunst der 1960er-Jahre standen stellvertretend Andy Warhol, Roy Lichtenstein und James Rosenquist (Space 7), in die unmittelbare Gegenwart führten Gemälde und Skulpturen von

Thomas Virnich, Imi Knoebel und On Kawara, die den Sammlungsrundgang beschlossen (Space 8).[3]

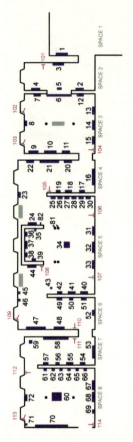

Abb. 1: *Grundriss der untersuchten Ausstellung* (nummeriert sind: Spaces, Werke, Wandtexte)

Der Grundriss (Abb. 1) zeigt die Ausstellungsräume (Spaces 2 bis 8) im Erdgeschoss des Kunstmuseums St. Gallen mit der genauen Anordnung der Werke (lila Rechtecke, nummeriert 1-72) und den ausführlichen Wandtexten (magentafarbene ‚T' 101-114). Die drei grauen Rechtecke stellen Sitzbänke dar. In Space 1 befindet sich der Eingangsbereich mit Eintrittskasse und Befragungsstationen.

3 Bildmaterial zur Ausstellung unter <http://www.mapping-museum-experience.com/presse>.

2.2 Forschungsdesign von eMotion

Während einer dreimonatigen Forschungsphase wurden alle Besucher, die das *Kunstmuseum St. Gallen* betraten dazu eingeladen, an dem Schweizerischen Nationalforschungsprojektes *eMotion – mapping museum experience* (<http://www.mapping-museum-experience.com>) teilzunehmen. Denjenigen Besuchern, die einwilligten, wurde vor ihrem Rundgang ein Handschuh angelegt, der verschiedene Messgeräte enthielt. Damit wurde der genaue Weg aufgezeichnet, den der Besucher ging, die Verweildauer vor einem Objekt sowie seine Gehgeschwindigkeiten und zwei physiologische Parameter: Herzrate (HR) und Hautleitfähigkeit (skin-conductance level, SCL) mit ihren jeweiligen Variablen, HRV und SCV. Die Position von bis zu fünf Teilnehmern wurde einmal pro Sekunde mit einer Genauigkeit von 15 cm aufgezeichnet.

Die mithilfe der oben genannten Instrumente erhobenen Daten wurden durch eine standardisierte Besucherbefragung vor dem Ausstellungsbesuch ergänzt (Eingangsbefragung, Space 1) und durch eine individualisierte Befragung nach dem Ausstellungsbesuch validiert (Ausgangsbefragung, Space 9). Jeder Proband beantwortete damit zwei Befragungen. Die Eingangsbefragung enthielt neben den üblichen soziodemographischen Variablen Fragen zur Besuchsmotivation, zu Einstellungen und Erwartungen an Kunstausstellungen und zum Wissen über Kunst. Die teils individualisierte Ausgangsbefragung enthielt Fragen zum Besuchsverhalten, zum Erlebnis in der Ausstellung – als Pendant zu den Erwartungen der Eingangsbefragung – und zur Bewertung einzelner Werke, die signifikante Reaktionen bei diesem Probanden hervorriefen. In den Ausstellungsräumen 2 bis 8 konnten sich die Besucher frei bewegen, die Kunstwerke betrachten und die Wandtexte lesen. Der Datenhandschuh ermöglichte eine kontinuierliche Aufzeichnung ihrer Positionen und physiologischen Reaktionen. Diese Daten wurden an einen Server übermittelt und dort gespeichert.

Abb. 2: *Elektronisch gestützte Eingangsbefragung, Proband mit Datenhandschuh, Bild: eMotion*

Abb. 3: *Besucher mit Datenhandschuh vor Ferdinand Hodler's* Linienherrlichkeit, *1909*

Die folgenden Analysen dieser unterschiedlichen Datenquellen und Datendarstellungsweisen wurden nicht deduktiv, also theorie- und hypothesengeleitet, sondern induktiv durchgeführt. Denn erst durch die Bildgebungsverfahren sind wir auf diese Unterschiede aufmerksam geworden und haben sie dann vertieft analysiert und statistisch geprüft.

2.3 Teilnehmer

Angesprochen wurden alle Individualbesucher und kleine Gruppen bis maximal sechs Personen, die mindestens 18 Jahre alt waren, Deutsch oder Englisch sprachen und am Projekt *eMotion* noch nicht teilgenommen hatten. Nur wenige der angesprochenen Besucher lehnten die Teilnahme am Projekt ab – meistens aus Zeitgründen oder mangelndem Interesse. Insgesamt beteiligten sich 552 Probanden am Forschungsprojekt *eMotion* und 24 weitere in einer Kontrollgruppe.

Die Besucherstruktur eines Kunstmuseums weist oft – verglichen mit Museen anderer Ausstellungsthemen – eine überdurchschnittlich hohe Proportion an Besuchern auf, die ohne Begleitung kommen (MIRONER 2001). So auch im *Kunstmuseum St. Gallen*, in dem während der Feldforschungsphase von *eMotion* 41 % aller Museumsbesucher (also exklusive angemeldeter Gruppen bzw. Schulklassen) alleine kamen. Ebenso viele (40 %) kamen zu zweit und die restlichen 18 % in Familien bzw. kleinen Gruppen. Eine vergleichbare Verteilung ist in der Gruppe zu erkennen, die am Forschungsprojekt *eMotion* teilgenommen hat: 47 % kamen alleine ins Museum und 53 % mit Begleitung (inklusive der wenigen

Befragten, die mit Kindern unter 14 Jahren ins Museum kamen). Die Abweichung zur allgemeinen Besuchergruppe ist strukturell bedingt. Erstens lassen sich Familien tendenziell seltener in Museen befragen, um die Kinder nicht zu langweilen. Zweitens konnten aus Gründen der Personalkapazität (Interviewer) von einer Kleingruppe nur parallel zwei Personen am Projekt teilnehmen, ohne dafür Wartezeiten in Kauf nehmen zu müssen. Dennoch bleibt die Stichprobe in dieser Hinsicht repräsentativ für die Besucherschaft dieser Sonderausstellung, sodass der im Folgenden benutzte Begriff Besucher sich zwar explizit auf die Probanden des Projektes bezieht, aber durchaus auch für alle Besucher der Ausstellung zu erweitern wäre.

3. Ergebnisse I: Ergebnisse der Ein- und Ausgangsbefragungen

In der Eingangsbefragung beantworteten die Teilnehmer ca. 20 Fragen, z. T. mit mehreren Unterpunkten, bezüglich der Motivation ihres Museumsbesuchs, der Häufigkeit ihrer Besuche in Kunstmuseen, ihrer Erwartungen an Kunstausstellungen, ihres Wissens über Kunst und ihres derzeitigen emotionalen Befindens. Zusätzlich wurden übliche soziodemographische Variablen abgefragt. Im Folgenden werden die Ergebnisse in Bezug auf Begleitung und während des Besuchs geführte Gespräche im Vordergrund stehen.

Um ‚Sozialität' zu untersuchen, befragten wir die Besucher bezüglich zweier Faktoren: Besucher, die sich zur Teilnahme am Forschungsprojekt bereit erklärten, wurden in der Eingangsbefragung gefragt, ob sie die Ausstellung allein oder in Begleitung besuchten (Begleitung). Nachdem sie ihren Rundgang beendet hatten, fragten wir sie in der Ausgangsbefragung, ob sie sich während des Besuchs über Kunst unterhalten haben (Unterhalten).

3.1 Allgemeine soziodemographische Kriterien

Besucher ohne Begleitung besichtigten das Kunstmuseum St. Gallen meistens nicht zum ersten Mal: Zwei Drittel derjenigen, die alleine kamen, waren schon mindestens einmal da. Erstbesuche dagegen wurden tendenziell öfter mit Begleitung abgestattet (61 % der Erstbesuche) als alleine (39 %). Von allen üblichen soziodemographischen Kriterien, die zur

Beschreibung einer Besucherstruktur herangezogen werden, korreliert in dieser Untersuchung nur das Alter mit der Begleitung. Je jünger die Besucher, desto öfter kamen sie zu zweit oder zu mehreren. Je älter die Besucher, desto häufiger kamen sie alleine – bis zu einem gewissen Alter, denn über 70-Jährige sind ebenfalls überproportional oft mit Begleitung gekommen.[4]

Nach dem Besuch wurde den Probanden folgende Frage gestellt: „Haben Sie sich während Ihres Besuches mit jemandem über die Kunstwerke unterhalten?" Antwortmöglichkeiten waren „sehr oft", „oft", „gelegentlich", „selten", „eigentlich nicht" und „nein". Wie zu erwarten, haben Besucher, die in Begleitung waren, sich deutlich mehr mit jemandem über die Kunstwerke unterhalten ($t[551]=-13.08$; $p<0.0001$), hauptsächlich wohl mit der sie begleitenden Person. Für sie war es auch besonders wichtig, sich über die Kunst zu unterhalten: Für 59 % trifft dies voll zu und für weitere 30 % trifft dies zu. Interessant ist, dass sich immerhin etwa 30 % der allein gekommenen Besucher zumindest ein wenig mit jemandem über Kunst unterhielten, während 24 % der begleiteten Besucher dies während der Ausstellung gar nicht taten. Die gängigen soziodemographischen Kriterien wie Geschlecht, Alter, Bildung oder ausgeübter Beruf – auch nicht, wenn dieser mit Kunst zu tun hat – beeinflussen dagegen die Bereitschaft der Besucher nicht, sich während des Besuches über Kunstwerke zu unterhalten.

3.2 Ergebnisse II: Korrelation von sozialer Situation und Kunsterlebnis

Die gefundenen Unterschiede zwischen Individualbesuchern und Besuchern in Begleitung zeigten, dass die soziale Situation die Bewertung des Ausstellungserlebnisses beeinflusste. Um diesen Aspekt zu untersuchen, verglichen wir die Antworten, die beide Gruppen in der Eingangs- und Ausgangsbefragung gaben. Analog zu den in der Eingangsbefragung angegebenen Erwartungen wurde dazu in der Ausgangsbefragung folgende

---

4   Weniger kunstaffine Besucher trauten sich eher ins Museum, wenn sie mit jemand anderem kamen: 65 % der Besucher ohne Kunstaffinität kamen in Begleitung, knapp die Hälfte der Besucher mit niedriger Kunstaffinität ebenso. Daraus lässt sich eine erste Schlussfolgerung für das Museumsmarketing ziehen: Kunstmuseen könnten Erstbesuchern freien Eintritt gewähren, wenn sie mit einer Person in Begleitung kommen, die schon einmal in diesem Kunstmuseum war. Dabei könnte z. B. der Name und die Anschrift des neuen Besuchers notiert werden, um dem Missbrauch der Erstbesucherregel vorzubeugen. Beworben werden könnte das Programm *+1* über bisherige Museumsbesucher.

Fragengruppe gestellt: „Welche Erfahrungen haben Sie in der Ausstellung *11:1 Elf Sammlungen für ein Museum* gemacht?"[5]

Insgesamt kann man feststellen, dass die Auswirkungen ausgesprochen markant sind, denn in sechs von zwölf Aspekten ergaben sich statistisch signifikante Mittelwertsunterschiede. Ein $p<0.05$ bedeutet eine Wahrscheinlichkeit kleiner als 5% dafür, dass dieser Mittelwertsunterschied durch Zufall zustande gekommen ist. Die Zahl in den Klammern entspricht n-2, n=Probanden, die diese Frage beantwortet hatten. T zeigt die Abweichung vom Mittelwert: Besucher ‚mit Begleitung'

- wurden durch die Ausstellung signifikant weniger zum Nachdenken angeregt ($t[551]=2.28$; $p<0.05$);
- das Ausstellungsdesign hat sie hoch signifikant weniger überzeugt ($t[541]=2.95$; $p<0.01$);
- sie haben den Ort hoch signifikant weniger im Stillen genießen können ($t[547]=2.70$; $p<0.01$);
- sie haben durch diese Ausstellung ihr Kunstverständnis hoch signifikant weniger erweitert ($t[543]=2.70$; $p<0.01$);
- sie konnten hoch signifikant eine weniger tiefe Verbindung zur ausgestellten Kunst aufbauen ($t[548]=4.13$; $p<0.0001$);
- sie haben die Schönheit der Kunstwerke signifikant weniger auf sich wirken lassen ($t[548]=2.20$; $p<0.05$).

Ein Trend ergab sich bei der Einschätzung „ich wurde durch neue Eindrücke überrascht": Besucher mit Begleitung wurden weniger überrascht ($t[550]=1.77$; $p<0.1$). Die Antworten auf die Fragen „berühmte Kunstwerke gesehen", „die Ausstellung war unterhaltsam", „etwas vorgefunden, das vertraut ist" und „mit allen Sinnen in die Ausstellung eingetaucht" wiesen keine signifikanten Unterschiede auf.[6]

---

5   Folgende zwölf Items wurden abgefragt: ‚Ich wurde durch diese Ausstellung zum Nachdenken angeregt.', ‚Ich bin vom Ausstellungsdesign überzeugt worden.', ‚Ich habe diesen Ort im Stillen geniessen können.', ‚Ich habe durch diese Ausstellung mein Kunstverständnis erweitert.', ‚Ich habe hier eine schöne Zeit mit meiner Begleitung verbracht.', ‚Ich bin mit allen Sinnen in die Ausstellung eingetaucht.', ‚Ich konnte eine tiefe Verbindung zur ausgestellten Kunst aufbauen.', ‚Ich habe etwas vorgefunden, das mir vertraut ist, das ich kenne.', ‚Ich habe die Schönheit der Kunstwerke auf mich wirken lassen.', ‚Die Ausstellung war unterhaltsam.', ‚Ich wurde durch neue Eindrücke überrascht.', ‚Ich habe berühmte Kunstwerke gesehen.' Antwortmöglichkeiten waren: 1=trifft voll zu, 2=trifft zu, 3=trifft zum Teil zu, 4=trifft weniger zu, 5=trifft nicht zu, 6=weiss nicht. Zur Bildung der Variablen siehe KIRCHBERG/TRÖNDLE (2012).

6   In der Ausgangsbefragung wurden auch allgemeine Aspekte der Ausstellung abgefragt: Dazu wurde gefragt: „Sie haben gerade die Ausstellung ‚11:1 Elf Sammlungen für ein Museum' besucht. Bitte bewerten Sie folgende Aspekte dieser Ausstellung" (Ska-

3.3 Korrelation von Kommunikation und Kunsterlebnis

Wir berichten hier nun über die einzelnen Zusammenhänge der Variable ‚Unterhalten' („Haben Sie sich während der Ausstellung mit jemandem über Kunst unterhalten?") mit den Erfahrungen, die die Besucher in der Ausstellung gemacht haben. Hierzu wurden Korrelationen berechnet, um die Verbindung zweier Variablen miteinander zu untersuchen, zusätzlich zeigt der t-Test Unterschiede zweier Gruppen auf. Aus dieser Analyse wird ein Korrelationswert für jedes Variablenpaar ‚Unterhalten' mit einer Erfahrungsvariable errechnet (Tab. 1).

Variable	mit Variable	Korrelationswert	p	n
unterhalten	Nachdenken angeregt	-0.025	0.56	558
unterhalten	vom Ausstellungsdesign überzeugt	-0.033	0.44	548
unterhalten	im Stillen genießen können	**-0.301**	**<.0001**	554
unterhalten	Kunstverständnis erweitert	-0.072	0.09	550
unterhalten	schöne Zeit mit Begleitung verbracht	**0.650**	**<.0001**	528
unterhalten	mit allen Sinnen eingetaucht	-0.042	0.33	555
unterhalten	tiefe Verbindung zur Kunst	**-0.136**	**0.001**	555
unterhalten	etwas vorgefunden, das vertraut ist	-0.038	0.37	558
unterhalten	Schönheit wirken lassen	**-0.097**	**0.02**	555
unterhalten	Ausstellung unterhaltsam	**0.112**	**0.01**	554
unterhalten	durch neue Eindrücke überrascht	-0.053	0.21	557
unterhalten	berühmte Kunstwerke gesehen	0.025	0.55	553

Tab. 1: *Korrelationen zwischen der Variable ‚unterhalten' („Ich habe mich während des Besuchs mit jemandem über die Kunstwerke unterhalten") und den Erfahrungen, die Besucher in der Ausstellung machten*

Wie aus der Tabelle ersichtlich, ergaben sich fünf signifikante Zusammenhänge: Je weniger sich die Besucher unterhielten, desto besser konnten sie den Ort im Stillen genießen (p<.0001) und es entstand eine

---

1a 1=sehr gut, 2=gut, 3=befriedigend, 4=ausreichend, 5=mangelhaft, 6=weiss nicht). Weder die Begleitung noch die Häufigkeit der Gespräche über Kunst korrelieren mit den allgemeinen Aspekten der Ausstellung: Alle vier Besuchergruppen gaben ähnliche Bewertungen über „die Ausstellung alles in allem", „die Auswahl der Werke", „die Anordnung der Werke", „die Beschriftung der Werke", „das Informationsangebot über die Werke", „die Räumlichkeiten" oder „die Sitzgelegenheiten" ab.

tiefe Verbindung zur Kunst (p<0.001). Zudem konnten sie die Schönheit der Kunstwerke besser auf sich wirken lassen (p<0.02). Tendenziell konnten sie besser „mit allen Sinnen in die Ausstellung eintauchen" und tendenziell wurden sie „durch neue Eindrücke überrascht". „Eine tiefe Verbindung zur Kunst auf[zu]bauen" gelang insgesamt nur wenigen Ausstellungsbesuchern, denjenigen, die sich nicht über Kunst unterhielten, jedoch besser: 7 % von ihnen beantworteten die Frage mit „trifft voll zu", weitere 19 % mit „trifft zu". Weitaus deutlicher unterschieden sich diese Gruppen bei dem Aspekt „Ich konnte die Schönheit der ausgestellten Kunstwerke auf mich wirken lassen". Für diejenigen ohne Kunstgespräche trifft dies zu 30 % voll zu.

Je mehr sich Besucher unterhielten, desto mehr verbrachten sie eine schöne Zeit mit ihrer Begleitung und desto unterhaltsamer war die Ausstellung (p<.0001). Wenig überraschend haben sich 59 % der Besucher, die eine „schöne Zeit mit meiner Begleitung" in der Ausstellung verbrachten, sehr oft und weitere 30 % oft über Kunst unterhalten. Nur 6 % dieser Gruppe haben sich nicht über Kunst unterhalten.

Diese sozialwissenschaftlichen, statistischen Ergebnisse werden im Folgenden durch die im Forschungsprojekt entwickelten Bildgebungsverfahren weiter untersucht. Dabei soll der Einfluss von sozialer Situation und Kommunikation auf das Verhalten und die Kunstrezeption weiter differenziert werden.

3.4 Ergebnisse II: Analyse der Mappings von Besuchererlebnissen (psychogeografische Kartierung)

Mithilfe der Positionsortung und der physiologischen Messungen wurden verschiedene Mappings zur Untersuchung des Einflusses der Gespräche auf die Kunstrezeption erstellt. Für die folgenden Abbildungen wurde die Verteilung der Gesprächshäufigkeiten in einer Zweiteilung zusammengefasst, dies sind: „nicht über Kunst unterhalten" (43 % der Besucher) und „über Kunst unterhalten" (wenig, gelegentlich, oft und sehr oft unterhalten, zusammen 57 % der Besucher). Die folgenden Abbildungen zeigen die Rundgänge von jeweils 30 per Zufall ausgesuchten Probanden beider Teilgruppen, die sich während des Ausstellungsbesuches „über Kunst unterhalten" resp. „nicht über Kunst unterhalten" haben – unter sonst gleichen Bedingungen. Zur Analyse wurde zunächst ein Ausschnitt des Rundganges gewählt, der Space 4 und den Beginn von Space 5 (von insgesamt 7 Ausstellungsräumen) zeigt (Abb. 5a und 5b). Abb. 4 ermöglicht einen Einblick in die Ausstellung (Space 4).

Abb. 4 (von rechts nach links): *Teilansicht Space 4*. Werke von *Augusto Giacometti* Fantasia coloristica *1913*; *Le Corbusier* Le bol blanc *1919*; *Walter Kurt Wiemken* Meeresgrund *1934*

Die folgenden Abb. 5a und 5b zeigen die aufgezeichneten Pfade der Besucherrundgänge: je heller die graue Weglinie, desto schneller bewegten sich die Probanden an dieser Stelle. Da die Handschuhe an der rechten Hand getragen wurden, befinden sich die Weglinien etwas rechts neben der Körpermitte. Das Bildgebungsverfahren zeigt die Schwankungen der Herzrate (gelbe Marker) und der Hautleitfähigkeit (orange Marker) und zeigt damit die Orte, an denen die physiologischen Fluktuationen besonders ausgeprägt waren.

Die Herzraten- und Hautleitfähigkeitsmessungen wurden mithilfe von im Handschuh befestigten Elektroden durchgeführt, sodass sie den Besucher nicht beeinflussten. Beide Werte werden vom autonomen Nervensystem gesteuert, das die basalen Körperfunktionen unabhängig der willentlichen Kontrolle reguliert. So führt affektive Erregung mit ihren kognitiven Implikationen wie eine Aufmerksamkeitssteigerung zu autonomen Veränderungen, die wiederum phasenweise Steigerungen der Hautleitfähigkeit – Fluktuationen – herbeiführen (eine detailliertere Beschreibung findet sich in TRÖNDLE et al. 2012).

In Abb. 5a und 5b sind zunächst der architektonische Grundriss sowie die lila dargestellten Werke an den Wänden klar erkennbar. Die Werkbeschriftungen befinden sich je rechts von den Werken, sie sind hier nicht dargestellt. Ausführlichere Wandtexte wurden mit einem magentafarbenen ‚T' dargestellt. Die kleinen blauen Rechtecke markieren eine Arbeit von Nedko Solakov (*A Label Level*, 2009). Die folgenden Abb. (5a und 5b) zeigen die Ausstellungsräume 4 und 5:

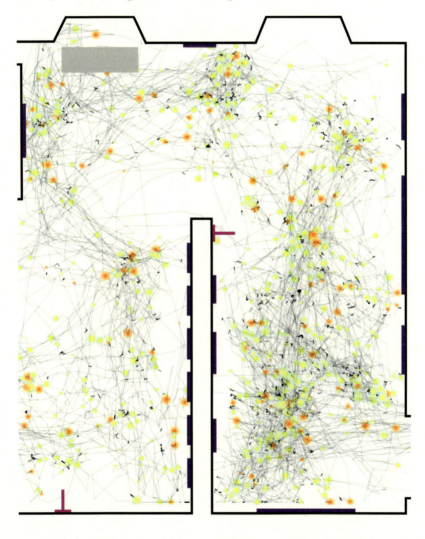

SPACE 4

Abb. 5a: *Wege und physiologische Reaktionen der Besucher in der Kunstausstellung. 30 Probanden, die sich während des Ausstellungsbesuches „über Kunst unterhalten" haben* (Grafik: eMotion)

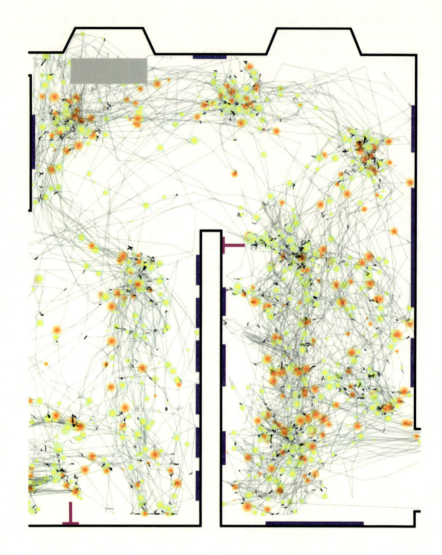

SPACE 4

Abb. 5b: 30 Probanden, die sich während des Ausstellungsbesuches „nicht über Kunst unterhalten" haben. Grafik: eMotion.

Die Schwankungen der Herzrate sind als gelbe Marker dargestellt. Als Herzratenvariabilität (HRV) konnten solche Schwankungen allgemein mit den Faktoren Ästhetische Qualität, Überraschung/Humor und schwach mit Kuratorische Qualität in Verbindung gebracht werden (s. ausführlich TSCHACHER et al. 2012). Orange dargestellt sind Schwankungen der Hautleitfähigkeit. In der psychophysiologischen Literatur werden Hautleitfähigkeitsfluktuationen als Indikator für emotionale Prozesse beschrieben. Martin Tröndle und Wolfgang Tschacher (2012) fanden hier Zusammenhänge mit dem Faktor Dominance, also damit, ob ein Werk als starkes Werk eingestuft wurde. Je stärker die Schwankungen der Herzrate respektive die Hautleitfähigkeitsfluktuation, desto größer werden die Marker dargestellt.[7] Eine detaillierte Beschreibung der Entwicklung der Bildgebungsverfahren liefern TRÖNDLE et al. (2011).[8]

Beim Vergleich der beiden Abbildungen fällt zunächst auf, dass Abb. 5b mit den Besuchern, die sich nicht über Kunst unterhielten, deutlich farbiger ist. Klar erkennbar ist, dass sie mehr Signifikanzen in der Hautleitfähigkeit aufweisen (orange Marker). Weiter ist auffällig, dass die Besucher, die sich über Kunst unterhielten, eine etwas diffusere Wegeführung haben (Abb. 5a), während sich die anderen zielgerichteter auf die Werke zu bewegten. Dies lässt sich damit interpretieren, dass sich Besucher, die sich unterhielten, bei ihren Rundgängen tendenziell an den Werken und an ihren Gesprächspartnern orientieren.

Dieser Unterschied in den beiden Gruppen ist in den folgenden Grafiken (Abb. 6a, 6b) nochmals deutlicher zu sehen. Hier eine Vergrößerung aus den vorigen Grafiken (Abb. 5a, 5b) mit Fokus auf die Umgebung der drei Werke Otto Tschumi, *Fremde Landschaft* (Werk 22), Max Ernst, *Forêt – Lune* (Werk 23) und László Moholy-Nagy, *Schwarzrotes Gleichgewicht* (Werk 24) (die Werknummerierung ist in Abb. 1 zu finden):

---

7 Physiologische Marker entstanden an den Punkten des Besucherpfads, an denen HRV und SCL innerhalb eines Zeitfenster von 2 Sekunden um > 2 % von den Werten des durchschnittlichen Besuchers variierten.

8 TRÖNDLE et al. (2012) beschreiben die technologischen Grundlagen und die Reliabilität der integrativen Methode ausführlich.

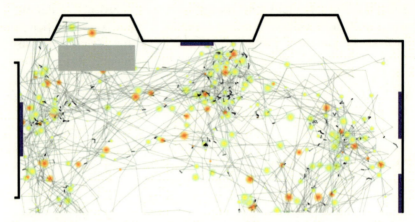

Abb. 6a: 30 Probanden, die sich während des Ausstellungsbesuches „über Kunst unterhalten" haben

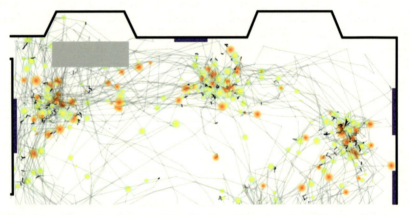

Abb. 6b: 30 Probanden, die sich während des Ausstellungsbesuches „nicht über Kunst unterhalten" haben

In der Vergrößerung zeigt sich, dass die Attraktionspunkte bei den Besuchern, die sich nicht unterhalten haben (Abb. 6b), klarer auf die Werke gerichtet sind. Sie gehen näher an die Werke heran und ihre physiologischen Reaktionen sind markanter: Letztere sind zum einen dichter – treten also häufiger auf, zum anderen auch in ihrer Intensität stärker (größere Marker). Bei Besuchern, die sich über Kunst unterhielten, sind die physiologischen Signifikanzen zwar ebenso erkennbar (Abb. 6a), jedoch sind sie geringer und weniger deutlich auf die Werke gerichtet. Diese Unterschiedlichkeit lässt sich auch in anderen Stichproben zufällig ausgewählter Probanden wiederfinden, jedoch unterschiedlich stark ausgeprägt. Für den Beitrag wurden jeweils die Abbildungen/Ausschnitte mit den deutlichsten Unterschieden ausgewählt.

Bei der weiteren Analyse dieses Raumausschnitts ist ebenso die unterschiedliche Intensität der Reaktion vor der Texttafel 105 auffällig (Abb. 7a und 7b):

Abb. 7a: *Wege und physiologische Reaktionen der Besucher vor einem Wandtext I: 30 Probanden, die sich während des Ausstellungsbesuches „über Kunst unterhalten" haben*

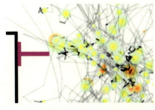

Abb. 7b: *Wege und physiologische Reaktionen der Besucher vor einem Wandtext II: 30 Probanden, die sich während des Ausstellungsbesuches „nicht über Kunst unterhalten" haben*

Die Probanden, die sich nicht über Kunst unterhielten, verweilten länger vor der Texttafel, was an den Verdichtungen der schwarzen Linien zu erkennen ist (Abb. 7b). Insgesamt scheinen in dieser Gruppe mehr Probanden die Texttafel zu lesen, was sich in der Konzentration der Besucherpfade zeigt. Auch sind die Herzratensignifikanzen (gelbe Marker) deutlich ausgeprägter. Es gibt Hinweise darauf, dass HRV mit der Persönlichkeitseigenschaft „Offenheit für neue Erfahrungen" des Fünffaktorenmodells zusammenhängt (WILLIAMS et al. 2009). Auf unser Bildgebungsverfahren bezogen lässt sich sagen, dass Ausstellungsbesucher, die sich „nicht über Kunst unterhalten", offener für neue Erfahrungen sind und daher intensiver Texttafeln lesen. Die anderen Besucher beschäftigen sich eher mit ihrer Begleitperson.

Dieses Rezeptions- und Bewegungsmuster konnte ebenso in allen weiteren Ausstellungsräumen beobachtet werden. Die Betrachtung von Pop-Art-Kunstwerken im vorletzten Raum der Ausstellung (Raum 7) liefert ein ähnlich differenziertes Bild der beiden Besuchergruppen (Abb. 8a und 8b):

94 MARTIN TRÖNDLE ET AL.

Abb. 8 (von links nach rechts): *Teilansicht Space 7 mit Werken von rechts Hans Krüsi, einem Wandtext, Peter Phillips, James Rosenquist und Roy Lichtenstein*

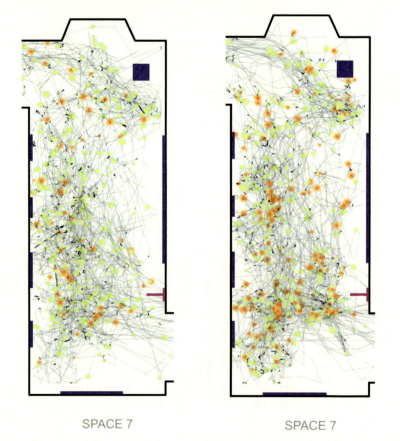

SPACE 7   SPACE 7

Abb. 8a (links): *30 Probanden, die sich in der Ausstellung „unterhalten haben", Raum 7*   Abb. 8b (rechts): *30 Probanden, die sich in der Ausstellung „nicht unterhalten haben"*

Nahezu explosionsartig scheinen sich die Werke von James Rosenquist *Bild mit Glühlämpchen* (Werk 54) und Andy Warhol *Campbell's Condensed Tomato Soup* (Werk 56) auf die Besucher auszuwirken, die sich nicht unterhalten haben (Abb. 8b). Vergleicht man die beiden Abbildungen 8a und 8b, wird anhand der Dichte und Intensität der orangen Marker, die die Fluktuationen der Hautleitfähigkeit darstellen, deutlich, dass die Kunstwerke als stark und dominant empfunden wurden. Die emotionalen Reaktionen der Besucher waren vor diesen Werken ausgeprägt. Besucher, die sich nicht unterhalten, scheinen stärker von den Werken angezogen zu werden, wie auch die Dichte der Wegelinien zeigt (Abb. 8b). Auch die Wandtafel zur Sammlerinformation bekommt deutlich erhöhte Aufmerksamkeit (Text 111).

Im Vergleich der beiden Gruppen kann festgehalten werden, dass die Personen, die sich während ihres Rundganges nicht über Kunst unterhielten, durchgängig eine höhere Angesprochenheit durch die Kunstwerke aufweisen. Ihre Aufmerksamkeit ist klarer auf die Werke gerichtet. Diese Unterschiede in der Kunstrezeption sind unabhängig von den Kunststilen oder Künstlern, die betrachtet werden und ebenso unabhängig von der Kunstaffinität der Museumsbesucher. Ruft man sich noch einmal in Erinnerung, dass die Frage an die Probanden lautete „Haben Sie sich über Kunst unterhalten?" und nicht etwa, ob sie sich während ihres Rundganges generell unterhalten hatten, dann – so steht zu vermuten – stechen die grafischen Unterschiede bei den beiden Besuchergruppen noch deutlicher hervor.

3.5 Ergebnisse III: Statistischer Test der physiologischen Daten

Diese Beobachtungen wurden mit Hilfe von statistischen Regressionen ästhetisch-emotionaler Erfahrungen von 517 Besuchern getestet. Die Analysen wurden computergestützt mit einer Datenbank durchgeführt, die zwischen 1.800 und 2000 Datensätze von Besuchern enthielt, die verschiedene Kunstwerke bezüglich ihrer ästhetischen Qualität bewertet hatten. Auf einer fünfstufigen Likert-Skala gaben diese Besucher an, wie oft sie sich während ihres Ausstellungsbesuchs über Kunst unterhalten hatten (Variable Unterhalten 1=sehr oft unterhalten; 5= nicht unterhalten).

Die Mixed-Models-Analysen (unabhängige Variable Unterhalten und Ästhetische Qualität als Fixed Effect – das Werk gefiel, wurde als schön bewertet, und für gut in Bezug auf die künstlerische Technik, die Komposition und den Inhalt/das Thema befunden) ergaben, dass die Bewertung der ästhetischen Qualität der gezeigten Kunstwerke signifikant mit weniger Unterhaltung verbunden sind ($p<0.0001$). Die Besucher-ID wurde als zufällige Variable gebraucht, um gleiche Bewertungen in Betracht zu nehmen, die ein Besucher für mehrere verschiedene Werke gab. Aus diesem Grund war ein statistisches Mixed-Effects-Modell sinnvoll (Software *JMP 8*; *SAS Institute Inc*, Cary/NC). Der gleiche Analyseprozess wurde mit Begleitung als unabhängige Variable wiederholt. Die abhängige Variable Ästhetische Qualität war signifikant mit dem individuellen Besuch der Ausstellung verbunden ($p<0.01$).

Mit einem Mixed-Models-Ansatz mit Unterhalten und Begleitung als Fixed Effects, Visitor ID (Proband) und Werk als Zufallseffekte (Random Effects) zeigt sich, dass die Unterhaltung Schönheitsbewertungen reduziert ($p=0.028$). Ebenso zeigt sich, dass ohne Begleitung eine bessere Bewertung der Hängung ($p=0.037$) erfolgt (Präsentation des Werkes im Raum [Hängung, Inszenierung]; Bezug zu anderen Kunstwerken in der Ausstellung). Sowohl Besucher ohne Begleitung als auch Besucher, die sich nicht unterhalten haben, korrelieren stark mit dem Cluster Kontext $p<0.01$ (der Künstler/die Künstlerin des Werkes; kunsthistorische Bedeutung) und mit dem Cluster Werk (Inhalt/Thema; künstlerische Technik; Komposition; Schönheit).

Es gilt zu berücksichtigen, dass Unterhalten und Begleitung korrelierende Variablen waren, da ein gemeinsamer Ausstellungsbesuch die Wahrscheinlichkeit einer Unterhaltung erhöhte. Aus diesem Grund wurden die Analysen für beide Fixed Effects separat durchgeführt, um Multikolineraität zu vermeiden. Der Einfluss auf Ästhetische Qualität war ähnlich, d. h. dass die Besucher die ästhetische Qualität der Kunstwerke höher einschätzten, wenn sie allein kamen und sich nicht unterhielten.

Die Ergebnisse der Bildgebungsverfahren und deren statistische Tests decken sich in hohem Maße mit den empirisch-sozialwissenschaftlichen Ergebnissen der Befragung: Je weniger sich die Besucher unterhielten, desto besser konnten sie den Ort im Stillen genießen und es entstand eine tiefe Verbindung zur Kunst. Zudem konnten sie die Schönheit der Kunstwerke besser auf sich wirken lassen. Tendenziell konnten sie besser „mit allen Sinnen in die Ausstellung eintauchen" und tendenziell wurden sie „durch neue Eindrücke überrascht". Diese Besucher zeigten auch eine stärkere physiologische Reaktion in den Bildgebungsverfahren. Die Triangulation der Methoden wollen wir noch durch eine vierte, nämlich die exakte Zeitmessung, komplementieren.

3.6 Ergebnisse IV: Der Einfluss von Begleitung und Konversation auf die Verweildauer vor den Werken

Die genaue Ortung der Besucher durch den Datenhandschuh ermöglichte das Ermitteln der Gehgeschwindigkeiten und die Aufzeichnung der Zeit, die sie in bestimmten räumlichen Abschnitten der Ausstellung verbrachten. Definiert man diese Abschnitte im Zusammenhang mit den Werken, ergibt sich die Verweildauer vor jedem Werk. Gemeinsam mit dem Direktor des Museums, dem Kurator der Ausstellung und Mitgliedern des Forschungsteams wurde für jedes einzelne Werk ein Wirkraum eingeschätzt, d. h. in welcher Nähe das Werk am besten betrachtet wird abhängig von Größe, Motiv u. ä. Je nach Größe dieses Wirkraumes wurde die Region als die Fläche bestimmt, in der Besucher stehen, wenn sie das Werk betrachten. Die Verweildauer wurde definiert als die Zeit, die ein Besucher in dieser Region verbringt. Dabei wurden Werte unter 3 Sekunden pro Region und Proband herausgefiltert, um Verzerrungen durch Durchlauf-Effekte zu eliminieren. Die folgende Abb. 9 zeigt den Grundriss der Ausstellung, in dem diese Regionen aufgezeichnet sind. Lila dargestellt sind die Werke der Ausstellung, als graues Feld um das Werk seine Region. Mit einem magentafarbenen ‚T' sind die Positionen der Wandtexte markiert, die ebenfalls mit einer Region versehen wurden:

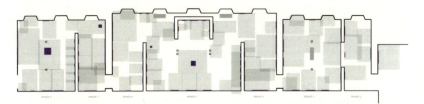

Abb. 9: *Grundriss und Regionen*

Die durchschnittliche Gesamtdauer des Ausstellungsbesuches beträgt 1736 Sekunden was ca. 29 Minuten entspricht. Dies scheint keine lange Besuchszeit zu sein, andererseits umfasste die Ausstellung lediglich rund 70 Werke. Die Regionen, die Wirkräume der Werke, wurden zwischen 3 und maximal 772 Sekunden lang betreten, der Median der Verweildauer liegt bei 11 Sekunden pro Region.

Die folgenden Abb. 10a u. 10b zeigen die Regionen der beiden Besuchergruppen nicht unterhalten und oft und sehr oft unterhalten. Die Transparenz der Region unterliegt der Formel „akkumulierte Betrachtungszeit aller Besucher dieser Gruppierung geteilt durch Besuche". Je kürzer die Betrachtungszeit ist, desto transparenter wird das Werk dargestellt, je länger sie ist, desto dunkler:

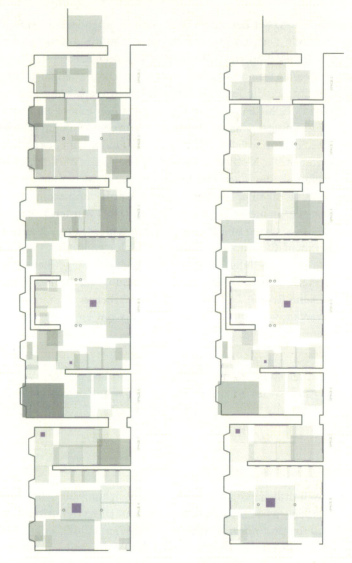

Abb. 10a (rechts): ‚*Nicht unterhalten*‘   Abb. 10b (links): ‚*Häufig und sehr häufig unterhalten*‘

Deutlich zeigt sich, dass sich die Besucher, die sich oft und sehr oft unterhielten, öfter zwischen als in den Regionen – sprich vor den Werken –

aufhielten, denn ihre Besuchszeit in der Ausstellung war zwar insgesamt länger, ihre Betrachtungszeit jedoch klar geringer, dargestellt durch die transparenteren Regionen in Abb. 10b. Ihre Aufmerksamkeit wird durch die Konversation von den Werken abgezogen. In beiden Abbildungen dominiert das Werk *Antibild* von Günther Uecker (Werk 47, n=148).

Schließlich analysierten wir die Gesamtverweildauer der Besucher in der Ausstellung in Bezug auf Unterhalten. Längere Verweildauern in der Ausstellung waren eng mit häufigeren Gesprächen verbunden ($p<0.0001$). Aber: die Viewing Time (Verweildauer vor einem Kunstwerk) korreliert nicht mit dem Faktor Begleitung. Obwohl Besucher mit Begleitung länger in der Ausstellung verweilten, wirkt sich dies nicht auf die Verweildauer vor einzelnen Werken aus. Auch das zeigt sich in den Abbildungsverfahren: Besucher, die sich nicht unterhielten, gingen direkt auf das Werk zu und verweilten dort, dann gingen sie zu dem nächsten Werk weiter. Sie sahen sich Werke konzentrierter an. Besucher, die sich unterhielten, gingen hin und her und hielten sich oft zwischen den Regionen der Werke auf (Abb. 6a und 6b). Dies erklärt den Effekt in den Abbildungen 10a und 10b. Die Abbildung 10b ist generell blasser, es wird prozentual weniger Zeit in den Wirkräumen der Werke verbracht. Besonders auffällig ist dies am Beginn des Ausstellungsbesuches (Spaces 2, 3 und 4). Hier verbringen die Besucher, die sich nicht unterhalten, deutlich mehr Zeit vor den Werken (Abb. 5a und 5b, Space 4).

4. Fazit: Museumsmanagement als Aufmerksamkeitsmanagement

Das Artifiziertsein – das Eintauchen in das Werk oder das Angesprochensein vom Werk – ereignet sich eher ohne Gespräche. Die Momente der Kunstwerdung sind flüchtig und scheu. Wer mit dem Werk kommuniziert, kann das nicht gleichzeitig auch mit seiner Begleitung tun. Dies zeigte sich deutlich in den sozialwissenschaftlichen Erhebungen, den statistischen Analysen und auch in der psychogeografischen Kartierung: Probanden, die sich nicht über Kunst unterhielten, waren öfter und stärker emotional angeregt, lasen ebenfalls öfter die Wandtexte. Wir konnten in verschiedenen Verfahren nachweisen, dass sowohl die Kunstwerke als auch der kuratorische Kontext deutlich besser wirkten.

Schließlich können wir festhalten, dass das Ausstellungsdisplay des kontemplativen Museumstypus mitsamt seinen Ritualen nicht zufällig entstanden ist. Im griechischen museĩon – dem religiösen, kontemplativen Ort der Museen – deutete sich bereits an, welcher Museumstyp durch die Geschichte hindurch von Bedeutung sein würde: der Kunsttempel mit dem Betrachter im Modus des kontemplativen Schauens (WALL 2006: 24). Das Museum als Display stellt eine Entwicklung dar, die explizit die Aufmerksamkeit der Besucher auf die Objekte richtet, um diese wirken zu lassen. Diese mit einem ästhetischen Ereignis verbundene Aufmerksamkeitssteigerung bestimmt über einen Darstellungsmodus und dessen Ritual die Entwicklung der Präsentationsformen im Museum (SCHWARTE 2010). Der steigenden Zahl der Museumsbesucher und der doch sehr unterschiedlichen Museumspraktiken des 19. und frühen 20. Jahrhunderts entsprechend müssen sich Museumsmanager und Kuratoren um die Kunstwerke und ihre Präsentation kümmern (curare), um den Werken zu ihrer Wirkung zu verhelfen und damit auch den Besucher zu einer ästhetischen Erfahrung.[9]

Andererseits zeigten die Motivation der Besucher und ihr entsprechendes Verhalten, dass der Museumsbesuch als ästhetisches und soziales Ereignis gesehen wird. Probanden, die sich viel über Kunst unterhielten, teilten ihre Aufmerksamkeit zwischen betrachteter Kunst und Gesprächspartner auf. Für sie ist das Gespräch wesentlicher Bestandteil, um eine schöne Zeit im Museum zu verbringen. Hier zeigen sich deutlich die beiden Seiten des Ausstellungsbesuches: Für die einen als ästhetisches Ereignis, für die anderen, die eine schöne Zeit mit ihrer Begleitung verbringen und unterhalten werden wollen, ein soziales Erlebnis. Im Zuge der Öffnung von Kunstmuseen gilt es daher, Ausstellungssituationen zu kreieren, die die Wirkung der Werke stärken sowie den sozialen Bedürfnissen der Besucher gerecht werden.

Die Fragen für zukünftige Museumspraktiken lauten dann: Wie kann die Kritik an der Veränderung der Praxis des Ausstellungsbesuches (BELTING 2001; DANTO 1992) im Rahmen eines strategischen Museumsmanagements produktiv gemacht werden? Lassen sich kontemplative Situationen inszenieren, die den Kunstwerken verstärkt einen Ereignischarakter verleihen, also ästhetische Momente erzeugen? Wie könnte eine Rhythmik des Besucherverhaltens zwischen Kontemplation und Kommunikation in der Ausstellung gestaltet werden? Wie wird man sowohl dem Kommunikationsbedürfnis der Besucher als auch der

---

9   S. a. CSIKSZENTMIHALYI/RONBINSON (1990); sie beschreiben das Konzept des ästhetischen Erlebnisses, das einen ‚flow', ein Gefühl von Integration und Verbundenheit hervorbringt. Für das Marketing bedeutet dies die Herausforderung, den Mehrwert des Museumsbesuchs für den Besucher zu steigern (GUINTCHEVA/PASSEBOIS 2009), indem es dem Besucher ermöglicht wird, die Ausstellung zu erleben.

Kontemplationserfordernis des Werkes gerecht? Sollte man, wie im 19. Jahrhundert oder heute im Schaulager Basel (<http://www.schaulager.org>) und der Sammlung Boros in Berlin (<http://www.sammlung-boros.de>), nur wenige Besucher und mit Voranmeldung durch das Museum gehen lassen? Sind die Dramaturgien des Ausstellens vor diesem Hintergrund neu zu denken?

Ein Versuch dieser Art war z. B. die Ausstellungsgestaltung des Pavillons der Vereinigten Arabischen Emirate, *Biennale di Venezia*, 2011. Der Pavillon kann als ein kuratorisches Experiment verstanden werden, das versucht, Aufmerksamkeitsenergie aufzubauen, sowie Blickdistanz und Sozialität zu organisieren (Abb. 11 u. 12).

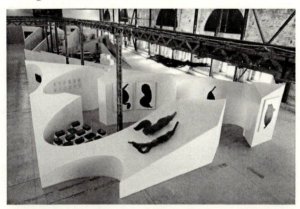

Abb. 11 u. 12: *Pavillon der Vereinigten Arabischen Ermirate, Biennale di Venezia, 2011.Kuratiert von Vasif Kortun. Kommissar: Lamees Hamdan* (Foto Abdullah Al Saeedi; http://universes-in-universe.org/eng/bien/venice_biennale/2011/tour/uae/)

4.1 Kritik und Ausblick

Manche Leser könnten fragen, ob nicht das einzelnen Werk, sein Thema oder der Stil einen viel stärkeren Einfluss auf die Sehgewohnheiten und das Rezeptionsverhalten hat. Ist es von Bedeutung, ob es ein realistisches oder abstraktes Werk ist, ob das Sujet vertraut oder unbekannt ist? Spielt der Entstehungszeitraum des Werkes eine Rolle? Und welchen Einfluss auf die Kunstrezeption haben Wissen, sozialer Hintergrund oder andere sozioökonomische Faktoren?

In dem Forschungsprojekt *eMotion* haben wir einige der genannten Fragen untersucht, z. B. ob und wie sich ästhetisches Empfinden überhaupt in körperlichen Reaktionen niederschlägt (TSCHACHER et al. 2012), die Wirkung einzelner Werke, Stile und Medien (TRÖNDLE/TSCHACHER 2012), oder den Einfluss den das Vorwissen auf die Kunstrezeption hat (TRÖNDLE/WINTZERITH /TSCHACHER).[10] Dabei steht außer Frage, dass die Mehrheit dieser Aspekte einen Effekt auf die Kunstrezeption und das Besucherverhalten ausübt. Dennoch haben sie auf die hier dargestellten Ergebnisse keinen Einfluss, da wir uns auf die Bewertungen aller Besucher beziehen (mit unterschiedlichem Wissen über Kunst und sozioökonomischen Hintergrund) und sie mit der Vielfalt aller in der Ausstellung gezeigten Kunstwerke – Gemälde, Zeichnungen, Skulpturen und Interventionen von 1900 bis 2009, die verschiedene Stile und Medien repräsentieren – kombinieren.

Dennoch bleibt anzumerken, dass sich unsere Ergebnisse auf einen Museumstyp, das Kunstmuseum, und eine Ausstellung beziehen. Das Forschungsprojekt ist in diesem Sinne exemplarisch und die Ergebnisse sind nur mit Vorsicht zu verallgemeinern. Trotzdem können wir anhand methodisch vielfältiger und eindeutiger Ergebnisse festhalten: Das museīon als kontemplativer Ort des Betrachtens hat als Museumstyp nicht ausgedient, sondern müsste im 21. Jahrhundert neu erfunden werden, um gleichzeitig den Bedürfnissen der Kunstwerke als auch denen der Besucher nachzukommen.[11]

---

10 Eine Übersicht zu allen bisherigen Veröffentlichungen findet sich unter <http://mapping-museum-experience.com/publikationen>.

11 Das Forschungsprojekt wurde durch den *Schweizerischen Nationalfonds* (13 DPD3-120799/1) unterstützt. Weitere Unterstützung erhielt das Forschungsprojekt durch Ubisense, die die Technologie zur Positionsortung zur Verfügung stellten, sowie dem Institut für Design- und Kunstforschung der *Hochschule für Gestaltung und Kunst*, Basel. Besonderer Dank gilt dem *eMotion*-Team, ohne dessen Expertise das Forschungsprojekt nicht hätte durchgeführt werden können. Das sind der Medienkünstler und technische Leiter Steven Greenwood, Sukandar Kartadinata und Christophe Vaillant,

Literatur

ALLESCH, Christian. G. (2006): *Einführung in die psychologische Ästhetik*. Wien: Facultas.

ANDERSON, Gail (Hg.) (2004): *Reinventing the Museum. Historical and Contemporary Perspectives on the Paradigm Shift*. Lanham: AltaMira.

BELTING, Hans (2001): Orte der Reflexion oder Orte der Sensation. – In: Noever, Peter (Hg.), *Das diskursive Museum/MAK*. Ostfildern-Ruit: Hatje Crantz, 82-94.

BITGOOD, Stephen/KORN, Randi (1987): Bibliography on Visitor Orientation and Circulation. – In: *Visitor Behavior. A Publication for Exhibition-Type Facilities* 1, 10.

BOURDIEU, Pierre/DARBEL, Alain (1991 [1966]): *The Love of Art*. Cambridge: Polity.

CARBONELL, Bettina M. (Hg.) (2007): *Museum Studies. An Anthology of Contexts*. Malden, Oxford, Carlton: Blackwell.

CHONG, Derrick (2010): *Arts Management*. London, New York: Routledge.

COLBERT, François (2009): Beyond Branding: Contemporary Marketing Challenges for Arts Organizations. – In: *International Journal of Arts Management* 12, 14-20.

COMMANDEUR, Beatrix/DENNERT, Dorothee (Hgg.) (2004): *Event zieht – Inhalt bindet. Besucherorientierung auf neuen Wegen*. Bielefeld: transcript.

CSIKSZENTMIHALYI, Mihaly/ROBINSON, Rick E. (1990): *The Art of Seeing. An Interpretation of the Aesthetic Encounter*. Los Angeles: The J. Paul Getty Museum.

DANTO, Arthur C. (1992): The Museum of Museums. – In: Ders., *Beyond the Brillo Box. The Visual Arts in Post Historical Perspective*. New York: University of California Press, 199-214.

DEBENEDETTI, Stephane (2003): Investigating the Role of Companions in the Art Museum Experience. – In: *Marketing Research* 5, 52-63.

EIDELMANN, Jacqueline (2002): L'exposition La Différence et sa réception en Suisse, en France et au Québec – le visiteur comme expert, médiateur et ethnologue. – In: *Ethnologie Française* 23, 357-366.

FALK, John (2009): *Identity and the Museum Visitor Experience*. Walnut Creek: Left Coast.

FALK, John/DIERKING, Lynn (1992): *The Museum Experience*. Washington: Howells House.

FÖHL, Patrick S./ERDRICH, Stephanie/JOHN, Hartmut (Hgg.) (2007): *Das barrierefreie Museum. Theorie und Praxis einer besseren Zugänglichkeit. Ein Handbuch*. Bielefeld: transcript.

GRASSKAMP, Walter (1981): *Museumsgründer und Museumsstürmer – zur Sozialgeschichte des Kunstmuseums*. München: Beck.

---

die für die Entwicklung und das Design des Datenhandschuhs verantwortlich waren; Mauritius Seeger, Enrico Viola, Valentin Schmidt, die die Bereiche Information Design und Programming verantworteten; Chandrasekhar Ramakrishnan für die Sonification; Roman Rammelt und Behrang Alavi für das Datenbankmanagement; Nicolai Karl für das Tracking. Dank gilt ebenso den weiteren beteiligten Wissenschaftlern: Volker Kirchberg, *Leuphana Universität Lüneburg*, und Karen van den Berg, *Zeppelin University*. Weitere Informationen zu *eMotion* unter <http://www.mapping-museum-experience.com>. Alle Abb.: *eMotion*, außer Abb. 4 u. 8: *Kunstmuseum St. Gallen* sowie Abb. 11 u. 12: Abdullah Al Saeedi.

GREENBERG, Reesa/FERGUSON, Bruce/NAIRNE, Sandy (2005 [1996]): *Thinking about Exhibitions*. Oxford: Routlegde.

GUINTCHEVA, Guergana/PASSEBOIS, Juliette (2009): Exploring the Place of Museums in European Leisure Markets: An Approach Based on Consumer Values. – In: *International Journal of Arts Management* 11, 4-19.

GUMBRECHT, Hans-Ulrich/BERG, Karen van den (2010): *Politik des Zeigens*. München: Fink.

HANTELMANN, Dorothea v./MEISTER, Carolin (Hgg.) (2010): *Die Ausstellung. Politik eines Rituals*. Zürich, Berlin: diaphanes.

HOOPER-GREENHILL, Eilean (2006): Studying Visitors. – In: MacDonald, Sharon (Hg.), *A Companion to Museum Studies*. Malden, Oxford, Carlton: Blackwell, 362-376.

HOOPER-GREENHILL, Eilean ([6]2007): Changing Values in the Art Museum: Rethinking Communication and Learning. – In: Carbonell, Bettina M. (Hg.), *Museum Studies. An Anthology of Contexts*. Malden, Oxford, Carlton: Blackwell, 556-575.

HUDSON, Kenneth (1975): *A Social History of Museums – What the Visitors Thought*. London, Basingstoke: Macmillan.

IMAMOĞLU, Çağrı/YıLMAZSOY, Aslı Canan (2009): Gender and Locality-Related Differences in Circulation Behavior in a Museum Setting. – In: *Museum Management and Curatorship* 24, 123-138.

JOHN, Hartmut/DAUSCHEK, Anja (Hgg.) (2008): *Museen neu denken. Perspektiven der Kulturvermittlung und Zielgruppenarbeit*. Bielefeld: transcript.

JOHN, Hartmut/GÜNTER, Bernd (Hgg.) (2008): *Das Museum als Marke. Branding als strategisches Managementinstrument für Museen*. Bielefeld: transcript.

JOHN, Hartmut/THINESSE-DEMEL, Jutta (Hgg.) (2004): *Lernort Museum – neu verortet! Ressourcen für soziale Integration und individuelle Entwicklung. Ein europäisches Praxishandbuch*. Bielefeld: transcript.

KITTLAUSZ, Viktor/PAULEIT, Winfried (Hgg.) (2006): *Kunst – Museen – Kontexte. Perspektiven der Kunst- und Kulturvermittlung*. Bielefeld: transcript.

KLEIN, Armin (2001): *Kulturmarketing. Das Marketingkonzept für Kulturbetriebe*. München: Beck.

KLEIN, Hans-Joachim/WÜSTHOFF-SCHÄFER, Barbara (1990): Inszenierung an Museen und ihre Wirkung auf Besucher. – In: *Materialien aus dem Institut für Museumskunde* 32.

KIRCHBERG, Volker/TRÖNDLE, Martin (2012): Experiencing Exhibitions: A review of Theoretical and Applied Museum Studies. – In: *Curator – The Museum Journal* (i. E.).

LATHAM, Kiersten F. (2007): The Poetry of the Museum: A Holistic Model of Numinous Museum Experiences. – In: *Museum Management and Curatorship* 22/3, 247-263

MACDONALD, Sharon (2006): *A Companion to Museum Studies*. Oxford: Blackwell.

MANDEL, Birgit (Hg.) (2005): *Kulturvermittlung – zwischen kultureller Bildung und Kulturmarketing. Eine Profession mit Zukunft*. Bielefeld: transcript.

MANDEL, Birgit (Hg.) (2008): *Kulturmanagement, Audience Development, Kulturelle Bildung*. München: kopaed.

MIRONER, Lucien (2001): *Cent musées à la rencontre du public*. Cabestany: France Edition.

NOSCHKA-ROOS, Annette (Hg.) (2003): *Besucherforschung in Museen. Instrumentarien zur Verbesserung der Ausstellungskommunikation.* München: Deutsches Museum.

PES, Javier/SHARPE, Emily (2012): Exhibition & Museum Attendance Figures 2011. – In: *The Art Newspaper* 234, 35-43.

ROBINSON, Edward S. (1928): *The Behavior of the Museum Visitor.* Washington/DC: American Association of Museums.

O'DOHERTY, Brian (1999 [1976]): *Inside the White Cube: The Ideology of the Gallery Space.* Berkeley: California UP.

SCHWARTE, Ludger (2010): Politik des Ausstellens. – In: Gumbrecht, Hans-Ulrich/Berg, Karen van den (Hgg.), *Politik des Zeigens.* München: Fink, 129-141.

SCOTT, Carol (2008): Marketing Management. Using "Values" to Position and Promote Museums. – In: *International Journal of Arts Management* 11, 28-41.

SCREVEN, Chandler G. (1974): *The Measurement and Facilitation of Learning in the Museum Environment: an Experimental Analysis.* Washington/DC: Smithsonian Institution.

SHETTEL, Harris (1968): An Evaluation of Existing Criteria for Judging the Quality of Science Exhibits. – In: *Curator. The Museum Journal* 11, 137-153.

SHETTEL, Harris (2008): No Visitor Left Behind. – In: *Curator. The Museum Journal* 51, 367-375.

TRÖNDLE, Martin/TSCHACHER, Wolfgang (2012): The Physiology of Phenomenology: The Effects of Artworks. – In: *Empirical Studies of the Arts* 30, 79-117.

TRÖNDLE, Martin/WINTZERITH, Stephanie/TSCHACHER, Wolfgang: Competent Taste: How Knowledge Influences the Reception of Fine Arts.

TRÖNDLE, Martin et al. (2011): The Entanglement of Arts and Sciences: On the Transaction Costs of Transdisciplinary Research Settings. – In: *Journal for Artistic Research* 1. <http://www.jar-online.net/>.

TRÖNDLE, Martin et al. (2012): An Integrative and Comprehensive Methodology for Studying Aesthetic Experience in the Field: Merging Movement Tracking, Physiology and Psychological Data. – In: *Environment and Behavior.* doi:10.1177/0013916512453839

TSCHACHER, Wolfgang et al. (2012): Physiological correlates of aesthetic perception in a museum. – In: *Journal of Psychology of Aesthetics, Creativity, and the Arts* 6, 96-103.

WALL, Tobias (2006): *Das unmögliche Museum. Zum Verhältnis von Kunst und Kunstmuseen der Gegenwart.* Bielefeld: transcript.

WILLIAMS, Paula G. et al. (2009): Openness to Experience and stress regulation. – In: *Journal of Research in Personality* 43, 777-784.

Die spezifische Wahrnehmung musealer Präsentation durch Besuchertypen
Ein Mehrmethodenansatz
VANESSA SCHRÖDER

1. Museum ‚in motion'

Museen sind in Bewegung (GARDNER 1965; ALEXANDER/ALEXANDER 2008): Ausstellungskonzepte und -themen verändern sich, immer neue Sonderausstellungsformate buhlen um die Aufmerksamkeit, die freie Zeit und das Geld der Nutzer der insofern konkurrierenden Kulturangebote (KLEIN 2007: 17). Im Folgenden soll gezeigt werden, dass es das Publikum eines Museums selbst ist, welches die Museen ‚in motion' hält. Um unter sich zwangsläufig verändernden Bedingungen bestehen zu können, muss eine Kulturorganisation sich generell mit Erwartungen in ihrem sozialen Umfeld (ZUCKER 1991) auseinandersetzen, um Legitimität und Akzeptanz in der Öffentlichkeit zu erhalten. Das bedeutet einerseits Erwartungen des Publikums zu erfüllen, die diesem als ‚taken for granted' gelten und sich andererseits Veränderungen zu unterwerfen, um sich Attraktionspotenzial für das Publikum zu erhalten und sich durch Alleinstellungsmerkmale identifizierbar zu machen.

Dabei werden immer noch zu selten die Kulturnutzer selbst danach gefragt, was sie an den jeweiligen Angeboten besonders reizt, was sie besonders anspricht, sie anzieht und wie sie die Kulturangebote rezipieren. Dabei entsteht sowohl der künstlerische, als auch der wirtschaftliche Erfolg eines Kulturangebotes immer durch sein Ansehen beim Publikum. Sind Museen durch ihren kulturellen Bildungsauftrag gefordert, Zukunftsfragen aufzugreifen, Partizipation zu ermöglichen und gesellschaftliche Gestaltungsprozesse weiterzuführen (SANDELL 1998: 410), können sie dies nur mit ihren Besuchern.

Die kunstsoziologische Forschung nimmt sich aktuell vermehrt der Besonderheiten der Rezeption von Kunst- und Kulturangeboten an: Verschiedene Autoren (HEATH/LEHN 2004; BURRI 2008) gehen von einem bislang vorherrschenden Desinteresse der Soziologie für die Rezeption von Kunst und Ausstellungsobjekten aus. Das mag auch daran liegen, dass es zwar eine sozial vorstrukturierte Rezeptionspraxis gibt, sich jedoch zweifellos jedes Erleben durch seine subjektiven Anteile auszeichnet (ECO 1977: 11ff; CSIKSZENTMIHALYI/ROCHBERG-HALTON 1989: 195ff.). Ein großer Beitrag zur Weiterentwicklung soziologischer Ansätze in der Kunst- und Kulturrezeptionsforschung in Deutschland geht zudem vom Werk Pierre Bourdieus (1995; 1997) und Niklas Luhmanns (1995) aus (HEATH/LEHN 2004: 45). Ansätze der ‚visitor studies' kommen hingegen zumeist aus der Psychologie (BITGOOD 1988; SCREVEN 1990; KORAN/ELLIS 1991; HOOPER-GREENHILL 1994). Sie setzen dementsprechend beim Individuum an und unternehmen Studien zum ‚attracting and holding power' der Exponaten (KORAN/ KORAN et al. 1986; BITGOOD 2002, McMANUS 1991). Der von den Medienwissenschaften in den USA ausgehende ‚audience research', befasste sich zunächst primär mit dem Fernsehpublikum (HEATH/ LEHN 2004: 45).

Die Museumsbesucherforschung in Deutschland bleibt größtenteils bei recht allgemeinen Fragen zu den Besuchern und den anzuwendenden Methoden (KLEIN et al. 1981; KLEIN/ALMASAN 1990; BICKNELL/FARMELO 1993; NOSCHKA-ROOS/RÖSGEN 1996; NOSCHKA-ROOS 2003; GLOGNER-PILZ 2008) oder bietet Best-Practice-Beispiele (REUSSNER 2010), da die entsprechenden Evaluations- und Besucherforschungsergebnisse, ebenso wie international üblich, zumeist nicht veröffentlicht werden (McMANUS 1991).

Empirische Forschung kann zeigen, wie Museen genutzt und welche Elemente und Aspekte von den Besuchern als in den jeweiligen Museen und Ausstellungen herausragend wahrgenommen werden. Studien zur sozial vorstrukturierten Rezeptionspraxis, wie also welcher Sinn dem Museum, der Präsentation oder einzelnen Exponaten zugeschrieben werden, fehlen bislang. Sowohl sozialkonstruktivistisch wie ausgehend von Ansätzen des Kulturmarketings ist davon auszugehen, dass Museen allein der von den Besuchern attributierte Sinn zukommt. Damit bleibt, ausgehend von diesen verschiedenen Ansätzen, zugleich zentral, wie Kulturnutzer Museen verstehen. Insofern soll dabei angesetzt werden, wie Besucher aus unterschiedlichen sozialen Gruppen verschiedene Ausstellungshäuser rezipieren und wer welchen Inszenierungselementen welchen Sinn zuschreibt.

Kulturmarketing bildet eine unverzichtbare Voraussetzung dafür, ein Publikum zu einem Adressatenkreis spezifischer Kommunikation zu machen. Da von aktiven Besuchern auszugehen ist, die unter konkurrierenden Kulturangeboten frei auswählen, ist zielgerichtetes Kulturmarketing unverzichtbar, um überhaupt die Aufmerksamkeit von Besuchern zu wecken. Einige Ergebnisse aus einer vorliegenden, im Mehrmethodenansatz erhobenen Besucherstudie werden im Weiteren empirisch dazu genutzt, um ausgehend von Besucherforschung zu diskutieren, wie sich die Kommunikation und Öffentlichkeitsarbeit eines Museums ausrichten lässt, um potenzielle Besucher zu erreichen. Stärker einer qualitativen Sozialforschung verpflichtet werde ich gegen Ende meiner von einem Mehrmethodenansatz geprägten empirischen Studie, die für diesen Artikel ausgewählten Ergebnisse theoretisch einordnen. Allerdings kann die Empirie hier, da sie nicht gezielt zu diesem Zweck erhoben wurde, lediglich einen Vorgeschmack darauf geben, welche Chancen Besucherforschung für ein gezieltes Kulturmarketing eröffnet.

1.1 Kommunikation als Kernkompetenz von Museen

Der ehemalige Direktor des *Hauses der Geschichte der Bundesrepublik Deutschland* in Bonn, Hermann Schäfer, sprach bereits von der wichtigen, erforderlichen Kernkompetenz von Museen:

> Die Kernkompetenz der Museen verlagert sich von der Wissensvermittlung – wenn sie denn je einseitig hier gelegen hätte – auf die Fähigkeit zur Kommunikation. [...] Die ‚Ausstellungsmacher' müssen jedes Mal aufs Neue der spezifischen Grenzlinie der ‚Alltagsmenschen' zwischen Wissen und Nicht-Wissen nachspüren. Sie müssen Themen erahnen, potentielle Unklarheiten antizipieren und vorab zu erwartende Fragen in ihr Konzept einbeziehen [...]. Bei all diesen Unterfangen steht wiederum der Besucher im Zentrum (SCHÄFER 1997: 92f.)

Bedauerlich ist nur, dass Schäfer mit Kommunikation einen relativ unscharfen Begriff wählt, den er in diesem Kontext nicht klar definiert. Was wird wie kommuniziert, welche Medien werden genutzt, was ist die Botschaft? Um welche Kommunikation geht es also in jedem Ausstellungshaus konkret? Und wer ist damit anzusprechen?

Ausgehend von empirischen Studien der Besucherforschung lässt sich differenzierter sagen, welche Mischung an Zielgruppen (Nachfrage) sich mit welcher Art musealer Kommunikation (Angebot) anziehen lässt. Denn auch für ein Kulturmarketing in Übernahme einer betriebswirtschaftlichen Orientierung gilt der Unterschied von Angebot und Nachfrage als konstitutiver (HAUSMANN 2011: 37). Ausgehend von Schulzes (1997: 507) Erlebnisgesellschaft argumentiert Klein (2007: 16), dass die Gleichgültigkeit

> der Erlebnisnachfrager gegenüber der Herstellung des Erlebnisangebots, sei die Produktion nun privatwirtschaftlich organisiert oder öffentlich gefördert, [...] das Publikum in eine ‚strategische Position' [rücke].

Allein von der Nachfrageseite her zu argumentieren, reicht jedoch nicht aus. Denn eine öffentliche Finanzierung liegt in Deutschland weiter vor, entfällt nicht vollends und konstituiert insofern einen strukturellen Unterschied auf der Angebotsseite, der zum Vor-, aber auch zum Nachteil der Organisation werden kann. Gegen die Annahme, dass es nach Schulze „keinen Unterschied zwischen Theater, Kulturzentrum, Museum auf der einen Seite und Automatensalon, Comics und Fitnessstudio auf der anderen Seite" gebe (zit. n. KLEIN 2007: 16), lässt sich einwenden, dass kommerzielle und öffentliche Kulturorganisationen zwangsläufig mit ihrem Angebot verschiedene Ziele und Aufgaben verfolgen müssen. Die Ziele einer öffentlich finanzierten Einrichtung müssen komplexer sein, als die einer kommerziellen Organisation. Gerade deshalb bedarf die öffentliche Einrichtung eines durchsetzungsstarken kompetenten Managements, das über zeitweise auftretende Zielkonflikte entscheidet. Dass es keinen Unterschied gebe, mag zwar aus der Perspektive von Erlebnisnachfragern gelten, aber inwiefern diese Zielgruppe derjenigen der Kulturnutzer entspricht, sich mit ihr überschneidet oder beide voneinander abzugrenzen sind, wäre erst empirisch zu überprüfen. Dieser Einwand betont jedoch, dass es Kulturorganisationen letztlich mit komplexeren sozialen Beziehungen zu ihrem gesellschaftlichen Umfeld zu tun haben, wovon die strategische Position der Kulturnutzer nur eine Mögliche betrifft. Diese Beziehung wirkt jedoch auf alle anderen Beziehungen zurück.

Es lassen sich verschiedene Argumente anführen, die alle auf das den Organisationen zugeschriebene Vertrauen zielen (DiMAGGIO 1987: 205ff.; BLAU 1995): Non-Profit-Kulturorganisationen erweisen sich in der Kulturindustrie bislang als geeigneter, sich eine auf künstlerischer Qualität – und gerade nicht allein wirtschaftlich effizienter Planung – beruhende Glaubwürdigkeit zu erhalten. Denn die Beziehungen zu staatlichen Instanzen, potenziellen und realen Geldgebern (KLEIN 2003: 27), Peers, ehrenamtlichen Helfern, Multiplikatoren in den Medien etc. gehören ebenso zu den für eine Kulturorganisation relevanten sozialen Beziehungen.

Erlebnisse von Wert anzubieten gehört bislang nicht zu deren ausschlaggebenden Zielen, was seine strukturellen Gründe in den unterschiedlichen Zielen und Aufgaben von öffentlich geförderten im Unterschied zu kommerziellen Kulturangeboten hat.

1.2 Das Publikum von Kulturnutzern: Besucher und potenzielle Besucher

Der Publikumsbegriff umfasst die Gesamtheit aller durch die Kommunikation eines Museums zu erreichenden Zielgruppen. Besucher[1] werden im Folgenden als die Gruppe der für die Kultursparte Museum spezifischen Kulturnutzer verstanden. Um Nicht-Besucher bzw. Nicht-Kulturnutzer handelt es sich, wenn die Chance, eine Zielgruppe zum Besuch eines Museums oder allgemeiner Kulturangebotes zu bewegen, gegen Null tendiert. Diese Gruppe interessiert sich, auch bei gelungenem Marketing, schlichtweg nicht für Museums- resp. Kulturangebote (u. a. GRAF 1996: 135). Als potenzielle Besucher werden diejenigen Zielgruppen eines Museums definiert, die ein Ausstellungshaus aktuell nicht besuchen, aber mit einer gewissen Wahrscheinlichkeit zukünftig zu einem Besuch zu bewegen sind.

Also muss sich Kulturmarketing zugleich an der Bindung der vorhandenen Nutzer ausrichten sowie versuchen, neue Nutzer zu erreichen, die sich als potenzielle Besucher z. T. in anderen Ausstellungshäusern antreffen lassen. Nur durch eine Verknüpfung beider Strategien lässt sich langfristig die bisherige Zahl an Besuchern halten. Denn die Diversifizierung der Kultur- und Freizeitangebote (KIRCHBERG 2005: 22ff; KLEIN 2007: 13) und damit der Wegfall eines Massenpublikums für jedes Kulturangebot ist nicht länger umkehrbar. Jedes Haus zieht nicht länger eine breite Masse an, sondern befindet sich in Konkurrenz um die freie Zeit von in sich differenzierten Zielgruppen. Als zugleich geübter Konsument der Massenmedien und zur aktiven Auswahl gezwungener Internetnutzer verfügt ein Kulturkonsument über ein individuelles Profil und wählt aus einem schier unendlichen Angebot zwischen Bildung und Unterhaltung gezielt aus (HÜNNEKENS 2002: 15). Demnach ist es für ein Marketing nützlich, sich (auch) mit den Besuchern anderer Häuser zu befassen, die zukünftig zu Nutzern des eigenen Museums werden könnten.

Bei der hier im Weiteren vorgestellten Empirie handelt es sich um vier Stichproben von Museumsbesuchern, die in einem Museum ausgehend von einem Mehrmethodenansatz (Abschnitt 2.1) interviewt wurden. Zwar ist damit ausgehend von der vorliegenden Besucherstu-

---

1 Die allgemeine Rede von Besuchern oder Kulturnutzern schließt im Folgenden die Besucherinnen und Kulturnutzerinnen mit ein. Dies dient als verkürzte und insofern handlichere Formulierung, während die Unterschiede zwischen den Geschlechtern in diesem Kontext keine Rolle spielen.

die nichts zu den Nicht-Nutzern von Kulturangeboten auszusagen, jedoch wird im typologischen Vergleich von vier Museen gezeigt, dass die Häuser über eine spezifische Mischung an Besuchergruppen verfügen (Abschnitt 2.2). Dabei lassen sich potenzielle Nutzer u. a. in Überschneidungen von Besucherklientelen der Ausstellungshäuser vermuten. Die Besucher unterscheiden sich neben ihren soziodemographischen Merkmalen durch ihre Besuchsfrequenz, ihre Rezeption und dadurch welche Themen, Exponate und Angebote sie bevorzugen. Damit sind unterschiedliche Museen mit ihren Kommunikationskonzepten auf je eigene Art erfolgreich. Die für ein Museum spezifischen, jedoch individuell abweichenden Rezeptionsweisen der Besucher lassen sich auf charakteristische, für dieses eine Besucherspektrum aufgrund ihrer Häufung typische Begriffe bringen.

Ein Konsument wird – zunächst jenseits kultureller Angebote – auf dem Produktmarkt als Individuum und hofierter Kunde behandelt. Gerade wenn sich Kultureinrichtungen vom Konsum und ‚bloßen' Unterhaltungsangeboten absetzen wollen, müssen sie wenigstens in ihren Kernkompetenzen – kulturelle Bildung, Museumserlebnisse, kulturelle Identifikation und lebensweltliche Inklusion – überzeugend sein. Das eigene Kulturprodukt mittels Besucherforschung „durch die Augen der Besucher zu sehen" ist eine zentrale Orientierungsgröße für die Ausrichtung der eigenen Kommunikation (s. Abschnitt 2.3 und 2.4).

2. Die Museen aus Sicht ihrer Besucher im Mehrmethodenansatz

Der typologische Vergleich (s. u.) von vier Ausstellungshäusern soll hier dazu dienen, herauszuarbeiten, wodurch sich die Besuchergruppen verschiedener Häuser voneinander unterscheiden und wie die Häuser mit ihrem Konzept und ihrer Kommunikation bei unterschiedlichen Zielgruppen Erfolg haben. Diese Ergebnisse sollen gegen Ende einzelne strategische Rückschlüsse für das Kulturmarketing anderer Häuser erlauben.

2.1 Der Mehrmethodenansatz

Das vorliegende empirische Datenmaterial beruht auf vier Besucherstichproben (je 120 Interviews).[2] In einen typisierenden Vergleich der Stichproben untereinander wird die spezifische Wahrnehmung, das charakteristische Erleben der Besucher eines Hauses herausgearbeitet. Eine Typologie abstrahiert interpretativ im Binnenvergleich von der Gesamtheit aller Merkmale einer Gruppe zugunsten einer Überzeichnung ihrer Besonderheit im Vergleich mit den anderen (KELLE/KLUGE 1999). Mit Idealtypus bezeichnete bereits Max Weber die Methode, wesentliche Ausschnitte aus der sozialen Realität herauszugreifen, sie damit zu ordnen und per Begriffsbildung zu charakterisieren. Damit soll der Zusammenhang zwischen Kulturangebot und -nutzer nachgezeichnet werden. Zum Vergleich werden vier Museen mit ihren verschiedenen Besuchergruppen herangezogen:

1. das *Historische Museum am Hohen Ufer*, Hannover (MHU),
2. das *Haus der Geschichte der Bundesrepublik Deutschland*, Bonn (HdG),
3. das *Jüdische Museum Berlin* (JMB) und
4. das *Deutsche Historische Museum*, Berlin (DHM).

Dabei handelt es sich bei drei der Museen um Häuser jüngeren Gründungsdatums mit einer zeitgemäßen Exponatinszenierung (HdG, JMB, DHM) und um ein eher traditionelles regional-lokal historisches Museum als Vergleichsgruppe. Sicherlich ist jedes der Kulturangebote es wert, ausführlicher beschrieben zu werden; ein interessierter Leser findet die Museen und die Erhebungsdaten in einer anderen Veröffentlichung ausführlicher beschrieben (SCHRÖDER 2012). Das JMB verfügt über ein eigenes Team zur Besucherforschung, so wie auch das HdG immer wieder evaluiert wurde und in Bevölkerungsstudien sein Publikum aus Besuchern, potenziellen Besuchern und Nicht-Besuchern berücksichtigte. Das DHM erfuhr bislang weniger Aufmerksamkeit in Form von Besu-

---

2 Das Datenmaterial wurde in dem von Hanns-Georg Brose geleiteten Forschungsprojekt *Kulturen der Ungleichzeitigkeit* erhoben. Das Projekt wurde von der Abteilung Besucherforschung von Christiane Birkert und Anja Löffler im *Jüdischen Museum Berlin* sowie durch das *Kulturwissenschaftliche Institut* in Essen unterstützt. Das originäre Erhebungsinteresse lag nicht im Bereich Besucherforschung, obschon sich einige der Fragen im Sinne der Kulturnutzerforschung auswerten lassen. Ich stieß zu Beginn der Erhebung im JMB im März/April 2004 zu dem Projekt, war an allen qualitativen Erhebungs- und Auswertungsschritten beteiligt und habe die quantitativen Auswertungen durchgeführt.

cherstudien. Das MHU kann im Vergleich als charakteristisches Beispiel für ein Haus gelten, das sein knappes öffentliches Budget für seine Kernaufgaben einsetzt und damit im Vergleich kaum Marketing und wenig Besucherforschung betreiben kann.

Der Fragebogen umfasste geschlossene, also standardisierte Abfragen, wie sie in der quantitativ verfahrenden Besucherforschung verwendet werden: Es lassen sich die soziodemographischen Merkmale der Besucher und ihr Nutzungsverhalten erheben (Besuchsgründe, Dauer, besuchte Ausstellungsteile, Erstbesuch-/Mehrfachbesuch, Ausstellungsbesuche in den letzten 12 Monaten) (GÜNTER/HAUSMANN 2009: 45). Die statistischen Ergebnisse werden in Abschnitt 2.2 ausgehend von Vergleichen der Häufigkeitsverteilungen in den vier Stichproben interpretiert, die jeweils dominierenden Besuchertypen beschrieben und so knapp zusammengefasst.[3]

Aus weiteren Antworten auf offene Fragen wurden Kategorien entwickelt, die die Museen aus Sicht ihrer Besucher beschreibbar machen (Abschnitt 2.3). Diese Kategorien wurden nach Korrelationen mit anderen Variablen untersucht (Abschnitt 2.4, Abb. 1) und als Rezeptionstypen interpretiert. Weiter wurden verschiedene Merkmale der vorrangigen Rezeption/Ansprache standardisiert erhoben (Abschnitt 2.4, Abb. 2).

Um mit den Augen der Besucher zu sehen, wie diese ein Museum wahrnehmen, bedarf es eines Mehrmethodenansatzes (z. B. einer Mischtechnik aus qualitativer und quantitativer Analyse, BORTZ/DÖRING 2005: 149). Eine geeignete Methode ist in Abhängigkeit vom Erkenntnisinteresse und unter Berücksichtigung des Untersuchungsgegenstandes zu wählen. Qualitative und quantitative Methoden werden gerne anhand der Logik ihrer Ergebnisgenese unterschieden: Kategoriensysteme werden entweder vom Einzelfall abstrahierend induktiv aus dem Material gewonnen oder deduktiv, also theoriegeleitet, an das Material herangetragen (BORTZ/DÖRING 2005: 330).

Theoriegeleitet war davon auszugehen, dass sich anhand soziodemographischer Merkmale Nutzergruppen identifizieren lassen, die sich weiter durch ihr Nutzungsverhalten von Museen unterscheiden. Diese Merkmale konnten demnach standardisiert erhoben werden. Eine notwendige Voraussetzung dafür ist, dass sich Variablen vorab klar definieren lassen (DOERING/PEKARIK 2006: 2). Die im Folgenden behandelten Kategorien zur Rezeption wurden hingegen induktiv entwickelt und

---

3   Eine ausführliche Darstellung des zugrundeliegenden Fragebogens und der Verteilung der berücksichtigten Variablen erscheint in Schröder (2012).

weiter quantitativ ausgewertet. Insofern wurden in einem Mehrmethodenansatz qualitative neben quantitativen Methoden berücksichtigt.

Generell lassen sich mittels quantitativer Sozialforschung deduktiv, also theoriegeleitet Hypothesen über einen Forschungskontext überprüfen und ihre Geltung in Abhängigkeit von spezifischen Bedingungen messen. Dies erlaubt zugleich Angaben zur Generalisierbarkeit von Ergebnissen, sofern ein Vergleich mit bereits vorliegenden Ergebnissen, Theorien und Hypothesen möglich ist. Damit lassen sich Aussagen zur jeweiligen Datenqualität treffen. Mit der Reliabilität ist die Übertragbarkeit der in einer spezifischen Situation gewonnenen Auswertungsergebnisse auf einen anderen Kontext gemeint. Dies betrifft den Anspruch, die Erhebungssituation müsse wiederholbar und die Ergebnisse reproduzierbar sein. Weiter lässt sich etwas über die Belastbarkeit der erhobenen Daten aussagen. Zudem sind quantitative Daten unabhängiger vom jeweiligen Interviewer und Auswerter, als dies bei qualitativen Auswertungen der Fall ist, die interpretativ generiert werden.

Komplexere Zusammenhangs- und Kausalanalysen sind aber nur dann sinnvoll, wenn Kausalitätsannahmen vorab theoretisch zu plausibilisieren sind und begründet eine Richtung von Wirkmechanismen bzw. eine Reihenfolge von Ereignissen unterstellt werden kann (ABBOTT 1988; REINECKE 2005). Quantitative Auswertungen haben nur dann den Vorzug, soziale Beziehungen und Prozesse anhand spezifischer Faktoren messbar zu machen. So sind potenziell Vergleiche im Längsschnitt möglich und es lassen sich Trendaussagen treffen.

Ausgehend von quantitativen Methoden (sowie dem General-Linear-Modell [GLM]) ergibt sich eine Bias, da für Messungen von fixen Einheiten mit bestimmten Eigenschaften und linear zu modellierenden Wirkmechanismen auszugehen ist. Und das, obwohl etablierte Theorien und vorliegende Forschungsergebnisse der Tragfähigkeit dieser Vereinfachung der sozialen Realität durch ein solches Modell entgegenstehen, den Grundannahmen widersprechen und konträre Ergebnisse liefern (ABBOTT 1988). Personen besitzen selten stabile Eigenschaften, Wirkmechanismen sind zumeist multipel und nicht linear. Die soziale Realität ist damit komplexer, differenzierter und widersprüchlicher, als es ein statistisches Modell abbilden kann. Dem methodisch erzeugten Vorurteil des statischen Modells kann dadurch begegnet werden, dass man die Auswirkung systematischer Fehler unter Rückgriff auf komplementäre Methoden der Sozialforschung verringert (KELLE/ERZBERGER 1999).

Die Stärke qualitativer Methoden liegt darin, offener für Neues zu sein, damit weniger vorurteilsanfällig und weniger abhängig von rigiden methodischen Voraussetzungen zu bleiben. Ist die Entwicklung einer Theorie und die Exploration eines Forschungszusammenhangs mit quantitativer Forschung weitgehend ausgeklammert (PRZYBORSKI/WOHLRAB-SAHR 2009: 42), verfügt qualitative Forschung über den Vorzug, explorativ und deskriptiv verwendet werden zu können. Die Ergebnisgenese bestimmt insofern auch die Darstellungslogik, legt eine zirkuläre Argumentation nahe und bedingt so auch die Gliederung dieses Aufsatzes: Qualitative Ansätze beziehen erst nach der Ergebnisvorstellung Theorien zur weiteren Interpretation und Erklärung der Empirie ein, quantitative Ansätze stellen die Theorie zur Hypothesenentwicklung voran.

Qualitative Sozialforschung zeichnet zudem das Merkmal aus, insofern wiederholbar zu sein, als dass sich in den von ihr untersuchten Einzelfällen reproduzierte Standards der Verständigung und Interaktion zeigen (PRZYBORSKI/WOHLRAB-SAHR 2009: 39). Sie geht induktiv vor, das heißt sie entwickelt ausgehend vom vorliegenden spezifischen empirischen Gegenstand ihre Annahmen. Somit bleibt sie offener für nicht vorab zu erwartende Ergebnisse. Sie eignet sich besonders für einen Einstieg in einen nur wenig erforschten, unbekannten Forschungskontext zur Beantwortung neuer Fragen, da ihre Methoden sensitiver auf Kontextunterschiede aller Art reagieren.

Eine Schwäche ist, dass qualitative Methoden mitunter einer (Einzel-) Fallstudienlogik verhaftet bleiben (YIN 2001). Mit einem Mehrmethodenansatz lässt sich aber auch qualitativ erhobenes und ausgewertetes empirisches Material in binär-nominale Variablen überführen und Häufigkeitsverteilungen in einer Stichprobe betrachten. Ein Mehrmethodenansatz nutzt insofern die Stärken beider Methoden, die komplementär verwendet wechselseitig Schwächen des anderen methodischen Ansatzes kompensieren.

2.2 ‚Aktive' Besuchertypen

In jedem der Häuser ist eine eigene Mischung an Zielgruppen anzutreffen, die sich als typische Besucher herausstellen (= Typen von Kulturnutzern), von denen die Häuser wissen, was diese interessiert, wodurch sie sich unterhalten und gebildet fühlen und welche Programme und Zusatzevents jeweils welche Besuchergruppen anziehen. Das ist zentral, da das Museumspublikum kein unendlich erweiterbares Potenzial darstellt, sondern Ergebnisse der Besucherforschung belegen, dass vor allem dieselben Besucher Museen immer wieder besuchen (GRAF 1996: 135). Potenzielle Museumsbesucher würden sich dementsprechend bereits unter den Besuchern anderer Ausstellungshäuser finden lassen.

Aktiv sind diese Kulturnutzer insofern, als dass sie sich ihren spezifischen Vorlieben und Interessen entsprechend Freizeit- und Kulturangebote gezielt auswählen und diese Angebote subjektiv interpretieren. Der sozialkonstruktivistische Begriff des ‚active audience' wurde in den Kommunikationswissenschaften entwickelt, als man realisierte, dass Zuschauer keine passiven Rezipienten der Massenmedien sind und dass das, was sie rezipieren, komplex und facettenreich ist sowie von einer Fülle externer Faktoren bestimmt wird (HOOPER-GREENHILL 2000: 138).[4]

	MHU	**HdG**	**JMB**	**DHM**
Besuchshäufigkeiten[4]	*treue Gäste*; sowohl „Museumsgänger" wie „seltene Museumsbesucher"	mittlere Besuchshäufigkeit und *„seltene Museumsbesucher"*	*Erstbesucher*, sowohl „Museumsgänger" wie „seltene Museumsbesucher"	*Mehrfachbesucher; regelmäßige „Museumsgänger"*
Besuchsgründe	Freizeitorientierung	Freizeitorientierung	breiteres kulturelles Interesse	geschichtsinteressiertes Publikum
Geschlecht	mehr Frauen	mehr Männer	mehr Frauen	mehr Männer
Alter	*gleichmäßig alle Altersgruppen*	*gleichmäßig alle Altersgruppen unter 60 Jahren*	*mittleres Alter von 20 bis 49 Jahre*	*älteres Publikum*
Bildungsabschlüsse	auch bildungsferne Schichten	Abiturienten	am besten ausgebildete Besucher	am wenigstens gering qualiziertes Besucher
Medien/Art der Beschäftigung vorab	private Beschäftigung; *spezielle Medien*: Archive, Vorlesungen, Auktion, Internet	private Beschäftigung; Bücher und Fernsehen	Zeitungen, Fernsehen	private Beschäftigung; Bücher
Besuchertyp	ambitionierte Laien	freizeitorientierte Laien	kulturinteressierte Besucher	geschichtsinteressierte Besucher

Tab. 1: *Besucherprofile im Überblick*

Jedes Museum verfügt über ein besonderes Nutzerprofil, welches im Vergleich idealtypisch anhand einer Fülle standardisiert erhobener Merk-

---

4 Operationalisierung der Fragen: „Sind Sie heute zum ersten Mal im Museum x oder waren Sie bereits hier?"; „Wie oft haben Sie in den letzten 12 Monaten ein Museum besucht?"

male erstellt wurde (Besuchsgründe, Besuchertyp – d. i. Einfach-/Mehrfachbesucher und Anzahl Besuche in jedem Haus, Informationsquellen des Vorwissens, Alter, Geschlecht, Bildung, Erwerbsstatus, Wohnort). Diese statistischen Ergebnisse werden hier nur als idealtypisches Resümee dargestellt.

MHU. Die Mischung an Zielgruppen lässt sich als ambitionierte Laienbesucher charakterisieren. Anzumerken ist, dass in die an diesem Haus erhobene Stichprobe sehr viele Angehörige des Freundeskreises eingingen. Die klassischen Instrumente der Besucherbindung (KLEIN 2003: 15f.) scheinen ausgehend von diesen Ergebnissen am MHU erfolgreich zu sein. Die Besucher stammen zumeist (zu 80 %) aus Niedersachsen (davon wiederum die Hälfte aus der Region Hannover). Zu 42 % wurden Kulturnutzer angetroffen, die sich anhand ihrer Besuchsfrequenz im MHU und ihrem Besuchsverhalten als mehrfachbesuchende Museumsgänger erweisen. Die Besucher gehen tendenziell häufiger in Museen und sind auch häufiger im MHU anzutreffen. Damit lässt sich festhalten, dass es hier anscheinend erfolgreich gelingt, mit klassischen Maßnahmen Zielgruppen zu binden. Dabei handelt es sich tendenziell häufiger um Laien, die kein professionelles Verhältnis zu Geschichte oder Kultur haben. Das Museum zieht, wie der Vergleich zeigt, am meisten geringer gebildete Besucher an.

HdG. Die Mischung an Zielgruppen lässt sich als freizeitorientierte Laienbesucher charakterisieren. Bei den Interviews im HdG war häufiger zu hören, das Museum werde besucht, weil man gerade in der Gegend gewesen sei. Die Besucher erweisen sich im typologischen Vergleich als am wenigsten affin, ein Museum zu besuchen. Alle Altersgruppen waren gleichmäßig anzutreffen. Eine weitere Besonderheit liegt darin, dass die Besucher zu einem großen Teil (noch) keine Akademiker sind, sondern als höchsten erlangten Bildungsabschluss das Abitur angaben.

JMB. Die Mischung an Zielgruppen zeichnet sich durch ihr breites Kulturinteresse aus und lässt sich als kulturinteressierte Besucher charakterisieren. Die JMB-Besucher erweisen sich als weitgehend hoch qualifiziert und zumeist kulturinteressiert, u. a. anhand des Merkmals, ein Interesse an Daniel Libeskind und seiner Architektur als Besuchsmotiv anzugeben. Sie gehen weiter davon aus, dass man das Haus aufgrund seiner Bekanntheit schlichtweg einmal gesehen haben müsse. Die Besucher sind nicht allein an Geschichte, sondern verstärkt an jüdischer Kultur, Religion und Tradition interessiert. Die Besucher sind im Vergleich am besten ausgebildet und das Haus wird von den mittleren Altersgruppen bevorzugt aufgesucht.

DHM. Die Mischung an Zielgruppen lässt sich als geschichtsinteressierte Besucher charakterisieren. Ins DHM kommen viele Besucher gezielt für die Sonderausstellungen. In diesem Haus gibt es am wenigsten gering qualifizierte Besucher. Besuchsgrund ist das eigene Geschichtsinteresse, der typische Besucher hat sich sein historisches Vorwissen über die Lektüre von Büchern angeeignet.

Zusammenfassung. Als zentrales Ergebnis lässt sich so festhalten, dass es für jedes Angebot eine diesem entsprechende Nachfrage gibt: Die Zielgruppen eines Museums wissen dessen Besonderheiten zu schätzen und heben diese im Interview gezielt hervor. Damit ist allerdings keine Antwort auf die Frage impliziert, wie zahlreich oder groß diese Zielgruppen jeweils im Verhältnis zur Gesamtbevölkerung sind.

Ausgehend von den empirischen Daten lässt sich nachweisen, dass Kommunikation und Publikum, also Angebot und Nachfrage im Kulturbereich, sich wechselseitig konstituieren und somit als ein interdependentes Phänomen gelten müssen (SCHRÖDER 2012). Es liegt an den Besonderheiten eines Museums (Angebot), wenn es spezifische Zielgruppen anzieht (Nachfrage). Und zugleich bestimmen zunehmend Erwartungen der Besucher (Nachfrager) durch Erkenntnisse aus Besucherstatistiken, Gästebüchern etc. vermittelt, wenn nicht gar durch evaluativ generierte Ergebnisse über die eigenen Zielgruppen gewonnen, wie sich das Management und die Kommunikation von Ausstellungshäusern (Anbieter) ausrichten. Dies gilt insbesondere für die großen Museen, die zumindest im Hinblick auf ihre Aktivitäten in der Besucherforschung, also ihrer Kommunikationskontrolle als Museumsmarken gelten können.

2.3 Die Museen aus Sicht der Besucher

Zunächst einmal ist die basale, wenn auch keineswegs banale Frage, was denn für die Besucher überhaupt Geschichte bedeutet. Was erleben die Besucher jeweils Besonderes, wenn sie im Museum Geschichte ausgestellt sehen? Insgesamt gesehen kommt – nicht überraschend – den historischen Exponaten ein Vorrang unter dem zu, was die Besucher in kulturhistorischen Museen beeindruckt.

MHU. Die Besucher sind vorrangig von der Exponatinszenierung beeindruckt und begrüßen im Museum die verschiedenen Arten der Geschichtsdarstellung. Viele Besucher zeigen sich von den Modellen, Karten und Miniaturen beeindruckt und schätzen die ‚kuriosen' Originale mit historischen Spuren (d. i. eine hölzerne Brunnenwand, Prunkkutschen, ein Folterinstrument, eine Ritterrüstung). Aus Sicht seiner Besucher erweist sich das MHU als klassisches und gelungenes lokal- und regionalhistorisches Ausstellungshaus.

HdG. Bei der Geschichtsdarstellung in diesem Haus sind die Besucher zumeist von Themen beeindruckt. Eine große Zielgruppe des HdG wird durch Installationen und Arrangements, z. B. den Rosinenbomber, angesprochen. Zudem gibt es eine relativ große Zielgruppe, die besonders die multimediale Exponatinszenierung schätzt.

JMB. Im JMB beeindruckt den Kulturnutzer vorrangig die Exponatinszenierung. Diese ist hier zentral durch den Kontext aus Erlebnisräumen bestimmt, d. h. durch die mit Atmosphären und Anmutungen sinnhaft kommunizierende Architektur Daniel Libeskinds. Viele Besucher des JMB fühlen sich von den Besonderheiten der Präsentation in den Obergeschossen und eine weitere Zielgruppe besonders von den multimedialen Elementen angesprochen.

DHM. Wird die Ausstellung des DHM auch von vielen Befragten als durch Themen und Exponate beeindruckend beschrieben, liegt die Besonderheit des Hauses darin, dass hier auch die Darstellung historischer Perioden beeindrucken kann. Eine große Zielgruppe des DHM goutiert die historischen Originale der Exponatinszenierung. Die unterschiedlichen Besuchergruppen nehmen offenkundig die ausgestellte Geschichte differenziert war. Allerdings wissen wir damit noch nicht, wie die Ausstellungshäuser wahrgenommen werden. Es fehlen Informationen, welche Erlebnisqualitäten ein Besucher vorfindet.

2.4 Die Rezeption der Ausstellungshäuser

Mit offenen Fragen zum Einstieg wurde erhoben, was die Besucher denn überhaupt in den Museen angesehen haben und was sie besonders angesprochen hat. Die Besucher wurden ferner gefragt, ob sie sich vorher mit der ausgestellten Geschichte thematisch befasst hätten, welche Ausstellungsstücke, Themen oder Ereignisse der Ausstellung des Museums sie besonders eindrucksvoll dargestellt empfanden und schließlich wurden sie gebeten, sich eine Woche in die Zukunft zu versetzen und anzugeben, woran sie sich dann noch erinnern zu können glauben. Die letzte Frage wurde allein als Indikator für allein gegenwärtig wahrgenommene Relevanz bestimmter Nennungen gewertet, da Daten nicht im Längsschnitt erhoben werden konnten und die Antworten zu einer Antizipation von Erinnerung natürlich allein auf Spekulation beruhen.

Der Vorteil gemäß Grounded Theory auf ein Verfahren offenen Kodierens zurückzugreifen (STRAUSS/CORBIN 1999; BORTZ/DÖRING et al. 2005: 333; PRZYBORSKI/WOHLRAB-SAHR 2009: 195ff.), liegt bereits mit Blick auf bestimmte Antworten auf der Hand: Sollten Kategorien aufgrund des semantischen Gehalts der Antworten gebildet werden, ergibt sich schnell ein Interpretationsproblem. Nennt jemand z. B. das Exponat Soldatenhelm, entsteht die Frage, ob der Helm nun von einem Besucher mehr als museales Objekt eingeordnet wird oder stärker aufgrund seines thematischen Bezuges zum Krieg? Um der Besonderheit des zweifelsohne subjektiven Erlebens dreidimensionaler Dinge durch die Besucher und ihrem multiplen Sinn in einem Museum gerecht zu werden (ABBOTT 1988: 176; BORTZ/DÖRING et al. 2005: 330), griffe es zu kurz, diese polyvalente Ein-Wort-Antwort nur in einer Kategorie zu erfassen. Mit einer standardisierten Erhebungsmethode ließe sich demnach der Polyvalenz musealer Objekte deutlich weniger entsprechen.

Offenes Kodieren bedeutet, bestimmten Indikatoren, die im Verfahren anhand des Materials festgelegt werden (z. B. Wörter, Satzteile oder Sätze), Konstrukte, also abstraktere Ideen, zuzuweisen (BORTZ 2005: 333). In diesem Fall liegt die Überlegenheit der qualitativen Methode darin, den Soldatenhelm abstrakter zu interpretieren und ggf. mehrfach zu kodieren, so als ‚Thema Krieg' und als ‚Exponat historisches Original'.

Die Antworten wurden von den Interviewern in Notizform erfasst. Ausgehend vom empirischen Datenmaterial auf der Basis von Vergleichen der Stichproben (untereinander bzw. im Binnenvergleich) wurde ein Schema entwickelt, um die semantischen Inhalte in übergreifende, untereinander vergleichbare Kategorien zu erfassen. Die Kategorien wurden durch binär kodierte Variablen repräsentiert, wodurch sich zugleich statistische Methoden nutzen und Korrelationen zwischen den Variablen berechnen lassen. Werden verschiedene Rezeptionstypen betrachtet, lässt sich zeigen, wie sich bei den interviewten Besuchern eine Korrelation zwischen Vorwissen, Eindrücken im Museum und antizipierter Erinnerung an den Besuch zeigt.

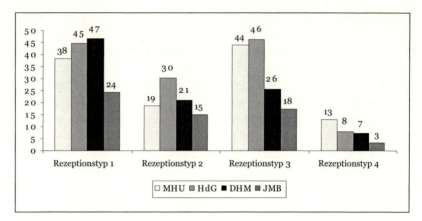

Abb. 1: *Rezeptionstypen* (in %; n= 492; Mehrfachzuordnungen möglich)

Im DHM treten am meisten Besucher des Rezeptionstyps 1 auf, also Besucher, die sich vorab mit bestimmten Themenbereichen beschäftigt haben (historischen Perioden, Themen, Arten der Geschichtsdarstellung) und genau diese Auswahl auch im Museum als eindrucksvoll dargestellt empfinden. Besucher, die über Vorwissen zu einem bestimmten Themenbereich verfügen (über historische Perioden etc.) und diesen Themenbereich auch im Museum als eindrucksvoll empfinden und zudem vermuten, sich an diese Darstellung auch nach einer Woche zu erinnern, wurden als Rezeptionstyp 4 zusammengefasst. Dieser Typ kommt am häufigsten im MHU mit seinen sehr „treuen Gästen" und Mehrfachbesuchern vor. Für das HdG sind Besucher des Rezeptionstyps 3 charakteristisch. Also solche, die bestimmte Themenbereiche als besonders eindrucksvoll dargestellt empfinden, und vermuten, sich an die Darstellung dieser Themenbereiche auch nach einer Woche noch zu erinnern. Im HdG tritt aber auch der Rezeptionstyp 2, also diejenigen Besucher, bei denen sich ein Zusammenhang zwischen Vorwissen und Eindrücken zeigt, am häufigsten unter den Ausstellungshäusern auf. Die Verteilung der Rezeptionstypen variiert zudem signifikant bis hoch signifikant zwischen den Stichproben und ist demnach charakteristisch für die jeweiligen Besucher der Ausstellungshäuser.

Als Orientierungswissen für den Musemspraktiker ergibt sich daraus, dass eine geschichtsinteressierte Expertenzielgruppe (wie im DHM) ihre Besuche wahrscheinlich gezielt plant und sich – ausgewählt nach vorab vorliegendem Interesse – von einem Ausstellungsangebot beeindrucken lässt. Die freizeitorientierten Laienbesucher des HdG sind tendenziell offener für neue Eindrücke und Themen und halten diese auch für erinnernswert; während der ambitionierte Laienbesucher im MHU mit der dominierenden Gruppe der mehrfachbesuchenden Museumsgänger klare Erwartungen hat, welche Eindrücke und Themen sie vorfindet und das Rezipierte dennoch für relevant hält, es weiterhin zu erinnern.

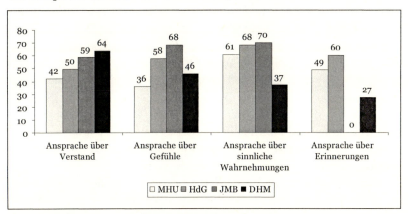

Abb. 2: „Wie haben Sie sich ‚angesprochen' gefühlt?" – Rezeptionsmodi der Besucher im Vergleich (in %; n= 492; Mehrfachnennungen möglich)[5]

Kognitive Prozesse sind, wie Abb. 2 zeigt, in den verschiedenen Häusern in abgestuftem Maße relevant für das Rezeptionsverhalten der Besucher. Nur 42 % der MHU-Besucher gaben an, sich rational angesprochen gefühlt zu haben. In fast allen Museen überwiegt die Ansprache über sinnliche Wahrnehmungen. Colbert (1999: 92) behauptet, dass Kulturprodukte „weniger das kognitive als vielmehr hedonistische Sensorium, die Sinne und Gefühle des Konsumenten ansprechen"; dies spricht für einen holistischen Entscheidungsprozess. Lassen sich kognitiv Vor- und Nachteile nach ihrer Relevanz mit den Alternativen abwägen (nach Preis, Nutzen des Angebotes, Zeitaufwand etc.), liegt ein rationaler Entscheidungsprozess vor. Dieser ließe sich relativ leicht mit einem linear-statistischen Entscheidungsmodell nachzeichnen, bei einer Entscheidung für ein Kulturangebot ist das jedoch nicht der Fall. Damit legen auch statistisch erhobene Ergebnisse zur Rezeption von Museen nahe, dass in der sozialen Realität Entscheidungsprozesse selten allein rational erfolgen, ergo nicht geradlinig verlaufen, keine zeitliche Reihenfolge einhalten und sich deshalb nur unzureichend in einem linearen Modell analysieren lassen (ZUCKER 1991; MARCH 1994; WEIK/ SUTCLIFFE et al. 2005; TACKE 2010): Denn anders als im statistischen

---

5 Im JMB wurde mit Rücksicht auf die Gäste des Hauses nicht nach der Ansprache über Erinnerungen gefragt.

Modell sind in Entscheidungsprozessen Probleme und Ziele selten klar definiert, die Präferenzen der Entscheider liegen bei diesen zumeist als Disposition vor, sie sind diesen nicht bewusst, sondern latent vorhanden (CSIKSZENTMIHALYI/ROCHBERG-HALTON 1989: 196). Es liegen zumeist gar nicht genügend Informationen über ein Kulturangebot vor, als dass sich rational zwischen verschiedenen Alternativen abwägen ließe. Und gerade über ein Kunst- oder Kulturprodukt wird selten kognitiv entschieden (COLBERT 1999: 97). Das ist ein Argument für eine sensible Methodenwahl und -kombination, aber kein Argument gegen statistische Modelle, quantitative Erhebungs- und Auswertungsverfahren, derer ich mich selbst bediene. Die größte Herausforderung für die Kulturevaluation liegt darin, die emotionalen und auf sinnlichen Wahrnehmungen beruhenden Aspekte des Entscheidungsprozesses angemessen zu erfassen.

Generell gilt, dass im Museum die Besucher mit allen Sinnen angesprochen werden und im Fall ästhetischen Verstehens sinnliche Wahrnehmung durch Kognition organisiert erfolgt. Insofern bleibt es eine nach Relevanz ausgerichtete Frage, bei der im Fragebogen Mehrfachantworten möglich waren, wie die Besucheransprache primär erfolgte: Das DHM wird von den meisten Besuchern primär kognitiv rezipiert. Im JMB wird eine Besucheransprache am deutlichsten über Gefühle und sinnliche Wahrnehmungen erreicht und das HdG spricht seine Besucher primär über die Erinnerungen an, die es weckt. Das eher klassische, lokal- und regionalgeschichtliche Museum bietet seinen Gästen eine Rezeption, die vorrangig über sinnliche Wahrnehmungen erfolgt.

Ein Marketing kann auf verschiedene Codes setzen, um mit dem Publikum zu kommunizieren. Im DHM lässt sich mit Museumsmarketing offensichtlich bei rationalen Botschaften ansetzen, die die Besucher über ihre Fachkompetenz ansprechen, um die für dieses Haus spezifische Klientel zu rekrutieren. Im JMB wären im Marketing stärker emotionale Aspekte hervorzuheben, soweit das nicht bereits geschieht, im HdG scheint das Konzept erfolgreich auf die persönlichen Erinnerungen der Besucher zu setzen. Um neue Kulturnutzer zu gewinnen, können die Ausstellungshäuser also durchaus angeben, worin die Qualitäten des Kulturangebotes liegen, das sie ihren Besuchern ermöglichen.

3. Mögliche Rückschlüsse für ein Kulturmarketing

3.1 Kulturmarketing

Gerade in Non-Profit-Kulturorganisationen sind Erfolgskriterien weniger klar zu definieren als im kommerziellen Bereich, da die Ziele und Aufgaben dieser Organisationen komplexer sind und sich gerade nicht in Gewinnerzielung erschöpfen. Kann ein kommerziell produzierendes Unternehmen neue Angebote vermarkten und so die Nachfrage nach dem Produkt erst anschließend durch Marketing erzeugen, gelte es im Kulturbereich, eine Nachfrage für ein bereits existierendes Angebot zu generieren (KLEIN 2008). Darin liege die Besonderheit des Kulturmarketings. Betriebswirtschaftlich wird Marketing als

> Gestaltung von Beziehungen zu Nachfragern und anderen Adressaten zur Erzeugung von Akzeptanz und Präferenz und damit als Management von Wettbewerbsvorteilen [definiert,] man in dieser Variante den Akzent auf die Entscheidungs- und Auswahlmöglichkeiten der Nachfrager im Wettbewerb. (GÜNTER/HAUSMANN 2009: 11).

Konstitutive Vorrausetzung dafür ist eine Sicht auf Kultur als an Märkten gehandelte Leistung in einer Konkurrenzsituation um verschiedene Ressourcen. Diese Ressourcen bestimmen, wie die Organisation ihre kommunikativen Beziehungen zu verschiedenen Teilöffentlichkeiten, „Interessengruppen, Besuchern, Kooperationspartnern, Medienvertretern etc." gestaltet. Die Organisation verfolgt dabei vorrangig das Ziel, „ihre Umwelt zu informieren und schließlich ein Vorstellungsbild (Image) von sich in der Öffentlichkeit zu erzeugen." (LEWINSKI-REUTER 2009: 147) Mittels des Marketings lässt sich die Qualität des Angebots gegenüber diesen Gruppen bewusst planerisch gestalten. Von Interesse ist dabei vorrangig, wie „Zielgruppen dieses Angebot sehen und bewerten" (GÜNTER/HAUSMANN 2009: 13). Die Kommunikationspolitik eines Kulturanbieters gilt den Autoren als ein Instrument des Kulturmarketings. Analytisch betrachtet erscheint die Kommunikation, also das Erzeugen von Aufmerksamkeit für die „Marke Museum" (KLEIN 2007: 17) als eine für die weitere Vermarktung der Kulturdienstleistung zentrale Voraussetzung (HELLMANN 2003). Ausgehend von dem Befund, dass sich Kultur seit den 1960er-Jahren in Deutschland immer mehr zu einem inflationären Begriff erweitert hat, lässt sich ausgehend von Hellmann (2003) eine Kulturmarke unter von fünf Funktionen definieren: ihre Unterscheidungs- und Identifizierungsfunktion, ihre Entlastungs- und Orientierungsfunktion, ihre Garantie und Vertrauensfunktion, ihre

Prestige und Identitätsfunktion sowie ihre Kommunikations- und Inklusionsfunktion.

Kulturmarketing dient den Kernaufgaben und -leistungen der Organisation insgesamt. Selbst wenn eine Periode kulturpolitischer Prosperität und Erweiterung der unter dem Label Kultur geführten Angebotspalette infolge der „Diversifizierung des Angebots" (HEINRICHS 2001) nicht in die Einschätzung eines „weniger wäre mehr" münden muss, liegt es dennoch auf der Hand, dass ein Mehr an und eine Professionalisierung des Kulturmarketings ebenso dem Bildungsauftrag wie anderen Leistungen der Institution Museum zu Gute kommt (BEKMEIER-FEUERHAHN/ SIKKENGA 2009: 172; BEKMEIER-FEUERHAHN et al. 2011: 138f.). Es muss also gar nicht einmal auf die Tatsache verwiesen werden, dass die öffentlichen Kulturbudgets immer knapper werden (BEKMEIER-FEUERHAHN et al. 2011: 141) und die Konkurrenz um Geld, Zeit und Aufmerksamkeit der Besucher zunimmt, um zu veranschaulichen, dass Kulturmarketing allen und jeder Kulturorganisation zu Gute kommt. Marketingkommunikation nutzt der Erfüllung der Kernfunktionen des Museums, dem Ausstellen, Sammeln, Bewahren, Forschen und Vermitteln. Denn nur wenn finanzielle Verluste in diesen Bereichen vermindert oder anderweitig ausgeglichen werden, lassen sich auch zukünftig diese Basisleistungen aufrechterhalten.

Von einer konstruktivistisch argumentierenden Kultur- und Organisationssoziologie ausgehend, ziehe ich diese fünf Basisleistungen zu einem systemtheoretisch inspirierten, attributionstheoretischen Begriff von Kommunikation zusammen. Denn dieser deckt sich mit einem holistischen Marketingbegriff: „Dabei ist festzuhalten: Bei aller Technik, die zum Einsatz kommt, sind Marken das Produkt von Kommunikation [...]." (HELLMANN 2011: 27) Damit argumentiere ich methodisch bedingt im Folgenden insofern zirkulär, als dass sich in den empirischen Ergebnissen die theoretische Schlussfolgerung bestätigt findet, wonach Kulturangebot und -nachfrage ein in der Kommunikation interdependentes Phänomen darstellt. Gegen Ende steht dann erneut eine empirische Beschreibung der Museumsmarken und wie diese von den Besuchern wahrgenommen werden. Dies kann als Handlungsorientierung für ein Kulturmarketing weiterer Museen dienen: Denn die Besucher anderer Häuser sind potenziell die eigenen Besucher von morgen.

3.2 Kommunikation

Alles was einer Kulturorganisation von einem Publikum verstehend als Sinnangebot zugeschrieben werden kann, ist als Kommunikation zu betrachten. Damit bietet sich an, vom Auftreten der Mitarbeiter über die Presse- und Öffentlichkeitsarbeit bis zum Service in Café und Museumsshop, über Angebote und Programme, Exponate und Objekte in Sonderausstellungen etc. bis zu Museumspädagogik und Dauerausstellung alles im Sinne von Markenbildung intendiert zu steuern bzw. zu kontrollieren (DUNCAN/MORIARTY 1998). Hooper-Greenhill (1994: 51) prägte ein holistisches Kommunikationsmodell für Museen: „The entire experience contributes to the image of the museum". Es könnte demnach auch der kalte Kaffee im Museumscafé sein, der in Erinnerung bleibt.

Marketingansätze für Non-Profit-Organisationen in Kanada kommen zudem zu dem Ergebnis, dass sich dieser Organisationstyp zumeist nicht durch jeweils verschiedene Strategien an multiplen Märkten orientiere (PADANYI/GAINER 2004): Die Kommunikation der Non-Profit-Organisation ist also nicht differenziert an verschiedenen Zielgruppen als „Märkten" ausgerichtet. Die Zielgruppen bestehend aus Öffentlichkeit/Multiplikatoren, Besuchern, Peers, Mittelgebern und politischen Entscheidungsträgern werden gerade nicht nach verschiedenen Marketingstrategien differenziert adressiert. Kommunikation muss also auch für nicht kommerziell ausgerichtete Ausstellungshäuser holistisch, also ganzheitlich, ansetzen.

Diese Grundannahmen des Marketings sprechen zugleich für das von mir bevorzugte soziologische Verständnis von Kommunikation. Ausgehend von Sozialkonstruktivismus (BERGER/LUCKMANN 1967) und gesellschaftlicher Differenzierungstheorie (LUHMANN 1995) liegt es nahe, attributionstheoretisch (HELLMANN 2011; BEKMEIER-FEUERHAHN et al. 2011) unter Museumskommunikation sowohl die Aktivitäten des Ausstellens, Vermittelns als auch des Marketings zu fassen. Es handelt sich bei Kommunikation um all diejenigen Aktivitäten, die einer Museumsorganisation von außen als eigene, gezielte Sinnproduktion zugerechnet werden können. Das bietet den Vorteil, dass sich diese gesellschaftstheoretische Definition mit Marketingansätzen zu decken verspricht: Um Besucher dauerhaft zu binden, muss die museale Dienstleistung auf allen Ebenen ansprechend kommuniziert sein.

Kommunikation lässt sich hier insofern einem differenzierungstheoretisch-konstruktivistischen Ansatz folgend als dreistelliger Selektionsprozess bestehend aus Mitteilung (z. B. durch die Medien des Museums repräsentiert), Information (z. B. Branding, historische Themen) und Verstehen (z. B. durch einen aktiv Sinn zuschreibenden Besucher) definieren (LUHMANN 1995: 23). Was den Besuchern jeweils als Information, Mitteilung und Verstehen gilt, beruht auf ihren Auswahlentscheidungen und wie sie das jeweils Beobachtete verstehen, liegt an ihren Sinnzuschreibungen. Der Sinn der musealen Kommunikation beruht demnach auf den Attributionen von Besuchern und anderen Adressaten. So lassen sich die Annahmen der Marketingforschung attributionstheoretisch auf den Nenner bringen, dass als (Marken-)Kommunikation all dasjenige gelten muss, was ein Besucher als Kommunikation dem Museum zuschreibt.

3.3 Von den Marken lernen?

Der Vorzug des Vergleiches von vier Museen sowie der Auswahl, dabei mit dem *Historischen Museum am Hohen Ufer*, Hannover ein eher konventionelles Ausstellungshaus mit einer lokal- und landesgeschichtlichen Präsentation zu berücksichtigen, liegt darin, dass sich im Vergleich Gemeinsamkeiten und Unterschiede zeigen. Was machen die starken Museumsmarken anders, als ein kleineres Museum es tut?

Zunächst ist zu attestieren, dass sich alle Besucher von dem von ihnen genutzten Kulturangebot angesprochen fühlen. In jedem Haus ist es – wie in kulturhistorischen Museen kaum verwunderlich – die spezifische Exponatinszenierung, die als besonders ansprechend hervorgehoben wird. In den Unterschieden der Inszenierung aus der Sicht der Besucher wird deutlich, dass jedes Haus über spezifische Alleinstellungsmerkmale verfügt.

Das JMB beeindruckt insbesondere durch die einzigartige Architektur Daniel Libeskinds, wodurch das Museum zur Marke wird. Mit den Themen seiner Konzeption und dem Anliegen, 2000 Jahre jüdische „Geschichten" zu erzählen, setzt es historisch weit vor der deutschen Staatsgründung an. Spezifisch ist auch seine Besonderheit, ein ‚Memory Museums' zu sein. Susan Sontag verwendete diesen Begriff zuerst, ohne ihn jedoch weiter auszufüllen, weshalb ich die Verwendung von Pieper (2006: 23; 314ff.) übernehme: Das Jüdische Museum verfolgt den Anspruch, Erinnerungen an eine gesellschaftliche Minderheit zu präsentieren, der es an einem „gelebten Erinnerungsmilieu" (Pierre Nora) fehlt. Es verkörpert durch den Holocaust eine negative Erzähllinie, die jenseits jeden Fortschrittsgedankens bleiben muss. Das Konzept des Hauses präsentiert also dezidiert die Unterschiede, die daraus in Abgrenzung zu einem konventionellen Museumskonzept entstehen:

- es erzählt ‚Geschichten einer Ausstellung': die Besucher nennen zur Beschreibung der von ihnen erlebten Geschichte Stichworte wie z. B. Schicksale, Persönlichkeiten;
- die Architektur suggeriert Erinnerungen zu erzeugen, die in den meisten Fällen jedoch ‚nicht gelebt' sind;
- an multimedialen Stationen und in vielerlei museumspädagogischen Programmen partizipieren die Besucher auch interaktiv an den Geschichten der Ausstellungen (aktuelle Themen wie Antisemitismus, Demokratie, Vorurteile etc.);
- jüdische Persönlichkeiten werden in die deutsche Geschichte eingeordnet.

Die besondere Rezeption der Besucher:

- das Haus involviert die Besucher über Emotionen und sinnliche Wahrnehmungen;
- es spricht Besucher ohne großes Vorwissen an, erzeugt Eindrücke und hinterlässt antizipierte Erinnerungsspuren: Es wird wohl eher als Unterhaltungs- denn als Bildungsangebot rezipiert;
- es ist damit auf spezifische Zielgruppen abgestimmt: es wird im Vergleich am häufigsten unter den vier Häusern von Touristen aus dem Ausland besucht;
- kulturinteressierte Besucher.

Das HdG etabliert sich ausgehend von einer anderen Ausgangssituation als starke Museumsmarke: Seine Klientel bilden wenig museumsaffine Besucher, die ebenso wie im JMB durch ein narratives Konzept angesprochen werden. So verwundert nicht, dass diese Besucher sich eher von Themen, denn von Exponaten angesprochen sehen. Sein Alleinstellungsmerkmal liegt darin, mit dem zeitgeschichtlichen Fokus bei den biographisch geprägten Erinnerungen seiner Besucher ansetzen zu können. Der Besucher kommt entweder ohne viel Vorwissen und ohne spezifische Erwartungen ins Haus (Rezeptionstyp 3) und lässt sich von der Eindrucksvielfalt überraschen oder er ist gerade durch sein autobiographisch geprägtes zeitgeschichtliches Vorwissen (Rezeptionstyp 1) voreingenommen. Das Konzept ist auf Besucher eingestellt, die sich museumskritisch in Abgleich zur eigenen Erinnerung mit der Ausstellung befassen. Das HdG nimmt dies mit seiner Präsentation und den Themenschwerpunkten als Herausforderung auf:

- Motto: Geschichte erleben;
- Integration von Ost und West, Politik und Lebenswelt;
- thematisch organisierte Präsentation;
- eine Inszenierung, die auf etliche Rauminstallationen (Eisdiele, Rosinenbomber, Kino etc.) zurückgreift; Museumspädagogik setzt auf multimediale Installationen.

Die besondere Rezeption der Besucher:

- Besucheransprache über Erinnerungen und sinnliche Wahrnehmungen;
- es setzt auf innerdeutschen Tourismus;
- das Haus ist damit auf bestimmte Zielgruppen ausgerichtet: eine museumsferne, unterhaltungsinteressierte Klientel;
- freizeitorientierte Laienbesucher.

Das DHM lässt sich unter den Museen aus der Stichprobe als ein Ausstellungshaus charakterisieren, das noch am ehesten als starke Marke unter den großen deutschen Museen agiert. Der Ausdruck Nationalmuseum wurde aber bei der Namensgebung bewusst vermieden (BEIER-de HAAN 2005: 78); der ehemalige Direktor des Museums (OTTOMEYER/CZECH 2006: 9), spricht von Multiperspektivität der Ausstellung:

- Fokus auf historische Originale;
- deutsche Geschichte im europäischen Kontext;
- museologische Orientierung, Schatzkammer, Exponate als Indizien im Geschichtsprozess (OTTOMEYER/CZECH 2006: 11);
- 2000-jähriger Rahmen der Geschichte.

Besondere Rezeption der Besucher:

- Besucher fühlen sich über den Verstand angesprochen;
- am meisten professionelle Besucher (Historiker, Kunstwissenschaftler etc.);
- geschichtsinteressierte Besucher.

Die Besucher des DHM erweisen sich als Segment eines im Vergleich eher professionellen Publikums, der Anteil an Peers ist hier relativ hoch, wie sich ausgehend von den Hochschulabschlüssen im sozial-/geisteswissenschaftlichen Bereich bzw. sonstigen Angaben ermitteln lässt. Des Weiteren spielt insbesondere unter diesen Besuchern Vorwissen eine große Rolle (Rezeptionstyp 1). Nachhaltig beeindruckt wird diese Klientel allerdings von der Ausstellung nicht, da sie wenige Besucher des Rezeptionstyps 4 aufweist, die dem Gesehenen anhaltende Relevanz zuschreiben (als Indikator für eine Interpretation bzgl. der Relevanz von Eindrücken wurde die Variable antizipierte Erinnerung verwendet, s. o.).

3.4 Rückschlüsse aus der vorgestellten Empirie

In diesem Rahmen konnte nur eine Auswahl von Ergebnissen präsentiert werden. Für ein zielgerichtetes, geplantes Marketing sind komplexere Merkmale zu berücksichtigen. Die Variablen hier wurden insbesondere ausgewählt, weil sie einen Eindruck von der Komplexität von Entscheidungen für ein Kulturprodukt geben:

> Es kann nicht oft genug betont werden, dass ein Marketingmanager die von den Konsumenten angewandten Entscheidungsprozesse in Verbindung mit dem möglichen Produktangebot eines Unternehmens beurteilen muss. (COLBERT 1999: 93)

Das Besondere eines Kulturangebots gegenüber anderen Produkten liegt darin, dass es verstärkt emotionale, sinnliche, strukturelle Dispositionen und damit sehr persönliche Motive aktiviert, die zur Nutzung eines Kulturangebots führen oder dieser entgegenstehen.

Im Folgenden möchte ich die präsentierten Ergebnisse weitergehend interpretieren. Diese Interpretation kann nur den Charakter eines Diskussionsangebotes haben: Denn anhand der Ergebnisse lässt sich strenggenommen nur etwas über die konkreten Besucher, die in die Stichproben zu dem Zeitpunkt der Erhebung eingingen, aussagen. Aus den hier vorgestellten Ergebnissen scheinen jedoch konkrete Anhaltspunkte für die Plausibilität gewisser Hypothesen zu gewinnen sein. Für Kulturmarketing erscheint zunächst allgemein zentral, dass sich bestimmte Klientele durch spezifische Angebote (in bestimmten Museen) anziehen lassen. Damit wird die Erwartung plausibel, dass sich diese Klientel potenziell mit ähnlichen Angeboten auch für andere Häusern interessieren ließe. Natürlich sind es letztlich die Alleinstellungsmerkmale eines Hauses, die das Museum zu einer starken Marke machen und der Charakter eines solchen Konzeptes ist demnach nur bedingt zu kopieren.

Das MHU mit seinem eher klassischen Ausstellungskonzept eines typischen Heimat- bzw. landesgeschichtlichen Museums kommt bei seinen Besuchern sehr gut an. Die Frage bleibt jedoch, ob sich die Besucherzahl des Hauses über die Zeit auf einem hohen Niveau halten lässt. Dennoch zeigen die Ergebnisse, dass Besucherbindung in diesem Museum, primär über den Freundes- und Förderkreis des Hauses, sehr gut funktioniert. Insbesondere den Mitgliedern des Freundeskreises ist das Haus sehr vertraut. Die Besucher schätzen den museologischen Ansatz des Hauses mit seinen historischen Originalen und kuriosen Exponaten, Modellen und Miniaturen als Exponaten, die es mit seinem Museumskonzept als landesgeschichtliches Haus identifizierbar machen. Zudem sprechen die museumspädagogischen Angebote Jung und Alt sehr an, diese bilden eine verlässliche Konstante seiner Ausrichtung. Sinnliche Wahrnehmungen sind für die Besucher sehr zentral. Das Publikum des MHU besteht in den ambitionierten Laienbesuchern, über die es bereits verfügt. Der typische Besucher des MHU ist insofern ambitioniert, als dass es sich zwar um einen Laien handelt, dieser in seiner Freizeit ansonsten aber durchaus auch Antikmärkte, Archive, Kunstaktionen etc. besucht und seine Freizeit mit anderen museumsnahen Aktivitäten verbringen, wie die Ergebnisse zeigen. Das MHU zieht tatsächlich erfolgreich am meisten gering qualifizierte Besucher an und ist insofern ein demokratisches und offenes Haus mit einer Inklusionsfunktion.

Professionelle, geschichtsinteressierte Besucher werden sich vermutlich wie im DHM ebenso durch einen museologischen Schwerpunkt ansprechen lassen. Das Museum setzt auf Exponate: historische Originale und Objekte mit Spuren, z. B. einen Soldatenhelm mit Einschussloch aus dem 1. Weltkrieg, oder Objekte aus dem Besitz historisch bekannter und insofern positiv wie negativ herausragender Persönlichkeiten wie Napoleons Hut oder Honeckers Schreibtisch. Diese Klientel rezipiert eine Präsentation, wie das DHM sie bietet, tendenziell über den Verstand und verfügt über Fachwissen. Ob sich diese Expertenklientel aber nur mit einem Museumskonzept zufrieden zeigt, zu dessen Entschlüsselung es museologischer Fachkompetenz bedarf, müssen andere Untersuchungen zeigen. Das Haus bezieht sein Prestige aus dem zentralen Standort und den Merkmalen, die es als Nationalmuseum im europäischen Kontext kennzeichnen. Insofern erscheint der Rückschluss möglich, dass würde eine Öffentlichkeitsarbeit auf Botschaften setzen, die primär den Verstand ansprechen und Besucher über ihre (Vor-)Bildung adressieren, damit erfolgreich eine geschichtsinteressierte Klientel anzusprechen wäre. Ein Expertenpublikum trifft hier auf ein umfassendes museales Angebot.

Dem HdG gelingt es von den berücksichtigen Museen zu einem großen Anteil eine nicht museumsaffine Klientel zu erreichen. Seiner Kommunikation kommt eine Inklusionsfunktion zwischen ost- und westdeutscher Geschichte, Politik und Lebenswelt seiner Besucher zu. Seine Besucher sind über subjektive Ansatzpunkte wie persönliches Erleben und Erinnerung anzusprechen. Bei der popkulturellen Lebenswelt des Publikums, z. B. mit Rauminstallationen und Multimedia anzusetzen, scheint primär freizeitorientierte Besucher anzusprechen. Die These, dass die Zufriedenheit dieser spezifischen Besuchsklientel tatsächlich nachweisbar zunimmt, wird vornehmlich auf solche Inszenierungselemente gesetzt, wäre noch an entsprechendem Datenmaterial zu belegen. Zumindest dann, wenn es Marketing wie im HdG mit seinem unverwechselbaren Motto „Geschichte erleben" schafft, Zeitgeschichte auszustellen und dabei eine solche Botschaft glaubwürdig zu verkörpern und konsistent zu kommunizieren. Unglaubwürdigkeit schadet Marketing und führt zu einem Abbruch von Beziehungen (HELLMANN 2011: 23). Denn im HdG sind, wie der Rezeptionstyp 3 zeigt, die konkreten Eindrücke beim Besuch dasjenige, was als relevant erachtet wird, wie die antizipierte Erinnerung indiziert.

Das JMB stellt eine starke Kulturmarke eigener Art dar. Eine kulturinteressierte Besucherklientel findet hier immer ein ansprechendes und umfassendes kulturelles Begleitprogramm. Nicht nur durch die In-House-Besucherforschung, ein eigenes, von Christiane Birkert geleitetes Team zur Besucherforschung nur in diesem Museum, wird Besucherorientierung hier glaubwürdig im Gesamtkonzept umgesetzt. Das wie im HdG narrative Konzept der ‚Geschichten einer Ausstellung' wirkt in einem nationalen ‚Memory Museum' in eine andere Richtung: Im JMB schafft es die Ausstellung insbesondere ergänzt durch die herausragende Museumsarchitektur Daniel Libeskinds, die Besucher nicht mit Erinnerungen, denen es an gelebtem Erinnerungsmilieu fehlen muss, sondern mit Emotionen anzusprechen. Die Kommunikation des Hauses ist für auswärtige Gäste attraktiv, das Museum sicher ein Prestigeprojekt und Leuchtturm der Stadt Berlin. Für eine kulturinteressierte Klientel gilt, dass man aufgrund seiner Bekanntheit das Haus einmal besucht haben muss.

So hat jedes Haus für seine Kommunikation eine Nische gefunden, in der es seine Alleinstellungsmerkmale nutzt und ausbaut. Diese empirischen Ergebnisse bestätigen den Erfolg dieser Konzepte, lassen sich aber auch für die Planung einer Öffentlichkeitsarbeit nutzen. Ein solche setzt generell auf mediale Botschaften, die das Publikum eines Museum ansprechen und nutzt dazu zeitgleich verschiedene Kommunikationskanäle, die zusammenwirken: Die Öffentlichkeitsarbeit kommuniziert ein Bildungsangebot (Ansprache über den Verstand, die primär professionell Interessierte erreicht), das auf eine ambitionierte, museumsaffine Laienklientel aufgrund seiner sinnlichen Wahrnehmbarkeit wirkt. Werden Themen in den Vordergrund gestellt, Multimedia und aufwendige Rauminstallationen geboten, werden tendenziell mehr ‚wenig-museumsaffine Schichten' angezogen. Für eine Ausstrahlung, auch ausländische Touristen und kulturell Interessierte weltweit anzusprechen, bedarf es nicht nur eines Gegenstandes, der weltweit Relevanz erzeugt und indirekt universelle Werte thematisiert (Umgang mit Minderheiten, Menschenrechte, etc.), sondern auch der herausragenden Museumsarchitektur eines Stararchitekten.

Solche kleinen Überlegungen und weitere Evaluationsstudien lassen sich sicherlich sinnvoll für die Planung eines Museums, seines Marketings und seiner Öffentlichkeitsarbeit verwenden: Denn Museen müssen in Bewegung bleiben, um sich in einer sich verändernden Umwelt Ressourcen, Legitimität und Vertrauen als auch den Zuspruch sowie das Interesse ihrer Nutzer zu erhalten.

Literatur

ABBOTT, Andrew (1988): Transcending General Linear Reality. – In: *Sociological Theory* 6, 169-186.

ALEXANDER, Edward Porter/ALEXANDER, Mary (^{2}2008): *Museums in Motion. An Introduction to the History and Functions of Museums*. Lanham: AltaMira.

BEIER-de HAAN, Rosmarie (2005): *Erinnerte Geschichte – inszenierte Geschichte. Ausstellungen und Museen in der Zweiten Moderne*. Frankfurt/M.: Suhrkamp.

BERGER, Peter L./LUCKMANN, Thomas (1967): *The Social Construction of Reality: a Treatise in the Sociology of Knowledge*. Garden City/NY: Doubleday.

BEKMEIER-FEUERHAHN, Sigrid/SIKKENGA, Jörg (2009): Museen auf dem Weg zur Marke. – In: Baumgarth, Carsten/Schneider, Gülpinar Kelemci/Ceritoglu, Bahar (Hgg.), *Impulse für die Markenforschung und Markenführung*. Wiesbaden: Gabler, 443–458.

BEKMEIER-FEUERHAHN, Sigrid/SIKKENGA, Jörg/DIPPMANN, Anne (2011): Markenvorstellung als Determinante des Weiterempfehlungsverhaltens im Kulturbereich. – In: Höhne, Steffen/Bünsch, Nicola/Ziegler, Ralf Philipp (Hgg.), *Kulturbranding III. Positionen, Ambivalenzen, Perspektiven zwischen Markenbildung und Kultur*. Leipzig: UV, 137-160.

BICKNELL, Sandra/FARMELO, Graham (Hg.) (1993): *Museum Visitor Studies in the 90s*. London: Science Museum; Science Mus.

BITGOOD, Stephen (1988): An Overview of the Methodology of Visitors Studies. – In: *Visitor behavior* 3/3 (The methodology of visitor studies), 4-6.

BITGOOD, Stephen (2002): Environmetal Psychology in Museums, Zoos, and other Exhibiton Centers. – In: Ts'erts'man, Arzah/Bechtel, Robert B. (Hgg.), *Handbook of Environmental Psychology*. New York: Wiley, 461-480.

BLAU, Judith R. (1995): Art Museums. – In: Carroll, Glenn R. (Hg.), *Organizations in Industry. Strategy, Structure, and Selection*. New York: Oxford UP, 87-114.

BORTZ, Jürgen/DÖRING, Nicola; (^{3}2005): *Forschungsmethoden und Evaluation. Für Human- und Sozialwissenschaftler*. Heidelberg: Springer.

BOURDIEU, Pierre (1995 [1986]): Habitus – Kode und Kodifizierung. – In: Hofbauer, Johanna (Hg.), *Bilder, Symbole, Metaphern. Visualisierung und Informierung in der Moderne*. Wien: Passagen, 223-236.

BOURDIEU, Pierre (1997): Elemente zu einer soziologischen Theorie der Kunstwahrnehmung. – In: Gerhards, Jürgen (Hg.), *Soziologie der Kunst. Produzenten, Vermittler und Rezipienten*. Opladen: Westdt. Verl., 307-333.

BURRI, Regula Valérie (2008): Bilder als soziale Praxis: Grundlegungen einer Soziologie des Visuellen. – In: *Zeitschrift für Soziologie* 37/4, 342-358.

CSIKSZENTMIHALYI, Mihaly/ROCHBERG-HALTON, Eugene (1989): *Der Sinn der Dinge. Das Selbst und die Symbole des Wohnbereichs*. München, Weinheim: Psychologische VU.

COLBERT, François (1999): *Kultur- und Kunstmarketing. Ein Arbeitsbuch*. Wien: Springer.

ECO, Umberto (1977): *Das offene Kunstwerk*. Frankfurt/M.: Suhrkamp.

DiMAGGIO, Paul (1987): Non-Profit Organizations in the Production and Distribution of Culture. – In: Powell, Walter W. (Hg.), *The Non-Profit Sector. A Reasearch Handbook*. New Haven: UP, 195-220.

DOERING, Zahava/PEKARIK, Andrew J. (Hg.) (2006): *Visitor Studies 101: Understanding Audiences*. Tagungspapier. <http://courses.ischool.utexas.edu/galloway/2007/fall/INF388E/VisitorStudies101.pdf> [06.07.2012].

DUNCAN, Tom/MORIARTY, Sandra E. (1998): A Communication-Based Marketing Model for Managing Relationships. – In: *Journal of Marketing* 62, 1-13.

GARDNER, Albert Ten Eyck (1965): Museum in Motion. An Introduction to the History and Function of Museums. – In: *Metropolitan Museum of Art Bulletin* 1965/24 (Summer), 5-15.

GLOGNER-PILZ, Patrick (^{2}2008): Empirische Methoden der Besucherforschung. – In: Klein, Armin (Hg.), *Kompendium Kulturmanagement. Handbuch für Studium und Praxis*. München: Vahlen, 599-622.

GRAF, Bernhard (1996): Strukturelle Defizite, Probleme und Trends im deutschen Museumswesen nach dem „Museumsboom". – In: Biermann, Alfons W./Landschaftsverband Rheinland (Hgg.), *Vom Elfenbeinturm zur Fußgängerzone. Drei Jahrzehnte deutsche Museumsentwicklung*. Opladen: Leske + Budrich, 123-136.

GÜNTER, Bernd/HAUSMANN, Andrea (2009): *Kulturmarketing*. Wiesbaden: VS.

HAUSMANN, Andrea (2011): *Kunst- und Kulturmanagement. Kompaktwissen für Studium und Praxis*. Wiesbaden: VS.

HEINRICHS, Werner (2001): Weniger wäre mehr! Strategische Anmerkungen zur Zukunft öffentlich finanzierter Kulturangebote. – In: Ders./Klein, Armin (Hgg.), *Deutsches Jahrbuch für Kulturmanagement*. Bd. 5. Baden-Baden: Nomos.

HELLMANN, Kai-Uwe (2003): *Soziologie der Marke*. Frankfurt/M.: Suhrkamp.

HELLMANN, Kai-Uwe (2011): Markenforschung und Systemtheorie: Eine Win-win-Situation? – In: Höhne, Steffen/Bünsch, Nicola/Ziegler, Ralf Philipp (Hgg.), *Kulturbranding III. Positionen, Ambivalenzen, Perspektiven zwischen Markenbildung und Kultur*. Leipzig: UV, 11-32.

HEATH, Christian/LEHN, Dirk v. (2004): Configuring Reception. (Dis-)Regarding the ‚Spectator' in Museums and Galleries. – In: *Theory, Culture & Society* 21/6, 43-65.

HOOPER-GREENHILL, Eilean (1994): *Museums and their visitors*. London: Routledge.

HOOPER-GREENHILL, Eilean (2000): *Museums and the interpretation of visual culture*. London: Routledge.

HÜNNEKENS, Annette (2002): *Expanded Museum. Kulturelle Erinnerung und virtuelle Realitäten*. Bielefeld: transcript.

KLEIN, Hans-Joachim/BACHMAYER, Monika/SCHATZ, Helga (1981): *Museum und Öffentlichkeit. Fakten und Daten, Motive und Barrieren*. Berlin: Mann.

KELLE, Udo/KLUGE, Susann (1999): *Vom Einzelfall zum Typus*. Opladen: Leske und Budrich.

KELLE, Udo/ERZBERGER, Christian (1999): Integration Qualitativer und Quantitativer Methoden. Methodologische Modelle und ihre Bedeutung für die Forschungspraxis. – In: *Kölner Zeitschrift für Soziologie und Sozialpsychologie* 51/3, 509-531.

KLEIN, Hans-Joachim/ALMASAN, Anneliese (1990): *Der gläserne Besucher. Publikumsstrukturen einer Museumslandschaft*. Berlin: Mann.

KLEIN, Armin (2003): *Besucherbindung im Kulturbetrieb. Ein Handbuch*. Wiesbaden: Westdt. Verl.

KLEIN, Armin (2007): Markenbildung im Kulturbetrieb. – In: Ders. (Hg.), *Starke Marken im Kulturbetrieb*. Baden-Baden: Nomos, 10-21.

KLEIN, Armin (²2008): Kompendium Kulturmanagement. Eine Einführung. – In: Ders. (Hg.), *Kompendium Kulturmanagement. Handbuch für Studium und Praxis*. München: Vahlen, 1-10.

KIRCHBERG, Volker (1996): Museum Visitors and Non-Visitors in Germany: A Representative Survey. – In: *Poetics* 24, 239-258.

KIRCHBERG, Volker (2005): *Gesellschaftliche Funktionen von Museen. Makro-, meso- und mikrosoziologische Perspektiven*. Wiesbaden: VS.

KORAN, John J./KORAN, Mary Lou/LONGINO, Sarah J. (1986): The Relationship of Age, Sex, Attention, and Holding Power With Two Types of Science Exhibits. – In: *Curator* 29/3, 227-235.

KORAN, John J./ELLIS, John (1991): Research in Informal Settings: Some Reflections on Design and Methodology. – In: *International Laboratory for Visitor Studies (ILVS) Review: A Journal of Visitor Behavior* 1/2, 67-86.

LEWINSKI-REUTER, Verena (2009): Kommunikationsmaßnahmen von Kultur- und Non-Profit-Organisationen: Berührungspunkte von Öffentlichkeitsarbeit und Urheberrecht. – In: Heinze, Thomas/Dies./Steimle, Kerstin (Hgg.), *Innovation durch Kommunikation. Kommunikation als Innovationsfaktor für Organisationen*. Wiesbaden: VS, 147-160.

LUHMANN, Niklas (1995): *Die Kunst der Gesellschaft*. Frankfurt/M.: Suhrkamp.

MARCH, James G. (1994): *A Primer on Decision Making. How Decisions Happen*. New York: Free Pr.

McMANUS, Paulette (1991): Museum Visitor Research: A Critical Overview. – In: *Journal of Education in Museums* 12, 4-8.

NOSCHKA-ROOS, Annette/RÖSGEN, Petra (Hgg.) (1996): *Museen und ihre Besucher. Museums-Fragen, Herausforderungen in der Zukunft*. Berlin: Argon.

NOSCHKA-ROOS, Annette (Hg.) (2003): *Besucherforschung in Museen. Instrumentarien zur Verbesserung der Ausstellungskommunikation*. München: Deutsches Museum.

OTTOMEYER, Hans/CZECH, Hans-Jörg (2006): Ein Ort mit Geschichte – ein Ort für Geschichte. – In: Koschnick, Leonore (Hg.), *Deutsches Historisches Museum Berlin. Deutsche Geschichte in Bildern und Zeugnissen*. München: Prestel, 6-11.

PADANYI, Paulette/GAINER, Brenda (2004): Market Orientation in the Nonprofit Sector: Taking Multiple Constituencies into Consideration. – In: *Journal of Marketing. Theory and Practice* 12/2, 43-57.

PIEPER, Katrin (2006): *Die Musealisierung des Holocaust. Das Jüdische Museum Berlin und das U.S. Holocaust Memorial Museum in Washington D.C. Ein Vergleich*. Köln: Böhlau.

PRINCE, David R. (1990): Factors Influencing Museum Visits: An Empirical Evaluation of Audience Selection. – In: *Museum Management and Curatorship* 9/2, 149-168.

PRZYBORSKI, Aglaja/WOHLRAB-SAHR, Monika (²2009): *Qualitative Sozialforschung. Ein Arbeitsbuch*. München: Oldenbourg.

REINECKE, Jost (2005): *Strukturgleichungsmodelle in den Sozialwissenschaften*. München: Oldenbourg.

REUSSNER, Eva Maria (2010): *Publikumsforschung für Museen. Internationale Erfolgsbeispiele*. Bielefeld: transcript.

SANDELL, Richard (1998): Museums as Agents of Social Change. – In: *Museum Management and Curatorship* 17/4, 401-418.

SCREVEN, Chandler D. (1990): Uses of Evaluation Before, During and After Exhibit Design. – In: *International Laboratory for Visitor Studies ILVS Review: A Journal of Visitor Behavior* 1990/1-2, 36-66.

SCHÄFER, Hermann (1997): Wie besucherorientiert darf/muß ein Museum sein? Das Beispiel des Hauses der Geschichte der Bundesrepublik Deutschland als Museum für Zeitgeschichte. – In: Rheinisches Archiv- und Museumsamt (Hg.), *Das besucherorientierte Museum*. Köln: Rheinland, 91-97

SCHRÖDER, Vanessa (2012): *Geschichte ausstellen – Geschichte verstehen. Wie Besucher im Museum Geschichte und historische Zeit deuten*. Bielefeld: transcript.

SCHULZE, Gerhard (⁷1997): *Die Erlebnisgesellschaft. Kultursoziologie der Gegenwart*. Frankfurt/Main: Campus.

SHETTEL, Harris H. (1996): Aktueller Stand der Besucherforschung. – In: Noschka-Roos, Annette/Rösgen, Petra (Hgg.), *Museen und ihre Besucher. Museums-Fragen. Herausforderungen in der Zukunft*. Berlin: Argon, 11-25.

STRAUSS, Anselm/CORBIN, Juliet (1999): *Grounded theory. Grundlagen qualitativer Sozialforschung*. Weinheim: Beltz.

TACKE, Veronika (2010): Organisationssoziologie. – In: Kneer, Georg/Schroer, Markus (Hgg.), *Handbuch Spezielle Soziologien*. Wiesbaden: VS, 341-359.

WEIK, Karl E./SUTCLIFFE, K. M./OBSTFELD, D. (2005): Organizing and the Process of Sensemaking. – In: *Organization Science* 16/4, 409-421.

YIN, Robert K. (2001): *Case Study Research. Design and Methods*. Thousand Oaks/CA: Sage.

ZUCKER, Lynne G. (1991): The role of Institutionalization in Cultural Persistence. – In: Powell, Walter W./DiMaggio, Paul J. (Hgg.), *The New Institutionalism in Organizational Analysis*. Chicago, London: Chicago UP, 83-107.

Kann ich hier mitmachen?
Kulturproduktion und -rezeption im
Kontext von Erwerbsarbeitswelt
CORINNA VOSSE, DIETER HASELBACH

Gesellschaftliche Entwicklungen gehen mit politischen Paradigmenwechseln einher. In den 70er-Jahren beeinflusste das Paradigma einer „Kultur für alle" Institutionen und Kulturpolitik nachhaltig. Welche Paradigmen bzw. Leitideen prägen heute das Verhältnis von Kultur, Ökonomie und Publikum? Wie hängt das Aufkommen neuer kulturpolitischer Leitbilder mit aktuellen gesellschaftlichen Entwicklungen zusammen? Auffallend ist eine enorm gestiegene gesellschaftliche Aufmerksamkeit für das Selbermachen, für do it yourself. Do it yourself bedeutet für die Kultur nicht mehr nur eine breitere Partizipation an Kulturereignissen und -institutionen („Kultur für alle"), sondern die aktive Beschäftigung des Individuums mit kultureller Materie, kulturelle Selbstbetätigung.

In unserem Beitrag gehen wir davon aus, dass die anhaltende Attraktivität des künstlerischen Berufs und die des Selbermachens zusammenhängen. Das Verhältnis von Kunst und Publikum verschiebt sich dabei, neue Zusammenhänge zwischen Kulturnutzung und Kulturproduktion bilden sich aus.

1. Kunst als Beruf

Was suchen Menschen im Künstlerberuf? Warum hat dieses Berufsfeld, das nur für wenige Menschen ein ausreichendes Einkommen bietet, einen ungebrochenen Zustrom, sogar in wirtschaftlich unsicheren Zeiten? Belege dafür, dass es diesen Zustrom gibt, lassen sich reichlich anbringen. Im Jahr 2010 werden deutschlandweit über 1.200 künstlerische Studiengänge angeboten, das entspricht gut 9 % aller Studiengänge (HRK 2010: 10). Die Zahl der Studierenden wuchs im Zeitraum 2008-2011 um rund 8 % (STATISTISCHES BUNDESAMT 2011: 21). Auf eine Zunahme bei den Berufstätigen weisen die stets steigenden Mitgliederzahlen der Künstlersozialkasse (KSK) hin. Hier gab es im Zeitraum von

2000 bis 2010 eine Zunahme um fast 57.500 Versicherte oder 51 %,[1] obwohl die Voraussetzungen zur Aufnahme immer restriktiver wurden (DEUTSCHER BUNDESTAG 2007: 235). Seit 1995 werden – mit Ausnahme der Fotografen – in allen künstlerischen Berufszweigen Zuwächse gemessen, sie reichen von 20 % bis hin zu 93 % in medienbasierten Bereichen (GRÜNDERZENTRUM KULTURWIRTSCHAFT AACHEN 2006: 9f.). Nach Erkenntnissen der *Enquetekommission Kultur des Deutschem Bundestags* ist die Gesamtzahl der Erwerbstätigen mit Kulturberufen von 1995 bis 2004 um rund 200.000 Personen oder 33 % angestiegen, im selben Zeitraum hat sich die erwerbstätige Bevölkerung insgesamt um 1 % vermindert (DEUTSCHER BUNDESTAG 2007: 289). Es passt in dieses Bild, dass die Zahl an berufsbegleitenden Qualifizierungsangeboten für bereits in künstlerischen Berufen Ausgebildete stark zugenommen hat. Häufig richten sich diese Weiterbildungsangebote darauf, Einkommenschancen zu verbessern, indem zusätzliche, nichtfachliche Kompetenzen vermittelt werden.

Dass es solche Qualifizierungsangebote gibt, weist auf eine typische ökonomische Konstellation bei vielen in künstlerischen Berufen tätigen Menschen hin: Die Mehrzahl der Kunstschaffenden, so legen Studien nahe, erzielt aus künstlerischen Tätigkeiten kein für den Lebensunterhalt ausreichendes Einkommen. Jüngst hat eine Untersuchung in Berlin für den Bereich der Bildenden Kunst ergeben, dass nur knapp 1/5 der Befragten ausschließlich Einkommen aus ihrer künstlerischen Tätigkeit beziehen, die übrigen 81 % gehen Nebenberufen nach, beziehen Transferleistungen oder werden anderweitig unterstützt (IFSE 2011: 22).[2] Bundesweit verdienten laut KSK im Jahr 2010 42 % der registrierten Künstlerinnen und Künstler weniger als 6.000 € im Jahr (IFSE 2011: 21).[3] Demnach liegen die Einkommen von nahezu der Hälfte der in der KSK Versicherten unter der Armutsgrenze.[4] Bei allen Anstrengungen bleibt die Wahrscheinlichkeit gering, als Künstler ausreichend zu verdienen. Generell zeichnet es das künstlerische Berufsfeld außerhalb der großen staatlichen Institutionen aus, dass viele sehr wenig und wenige sehr viel verdienen. Für dieses Verteilungsmuster der künstlerischen

---

1   <http://www.kuenstlersozialkasse.de/wDeutsch/ksk_in_zahlen/statistik/versichertenbestandsentwicklung.php> [11.03.2012].
2   Zur Situation in den Darstellenden Künsten s. JESCHONNEK (2011).
3   Bei diesen Zahlen ist zu berücksichtigen, dass es sich um Angaben der Kunstschaffenden handelt, die als Grundlage für die Beitragsberechnung gelten und die nur stichprobenhaft überprüft werden.
4   Als Armutsgrenze kann der Regelsatz ALG II i. H. v. aktuell 364 € für eine alleinstehende Person zuzüglich Mietkosten gelten.

Einkünfte gibt es viele Erklärungen. Wir zitieren nur die von Crain und Tollison (2002: 1ff.), die uns hier besonders plausibel erscheint. Sie beschreiben die Nachfrage nach Kunst als zweiteiligen Prozess, der aus Kontakt mit Kunst und Diskussionen über Kunst besteht. Für Konsumenten ist die Nachfrage umso einfacher, je mehr Menschen den betreffenden Kunstproduzenten kennen. Mit steigendem Bekanntheitsgrad eines Kunstschaffenden sinken die Opportunitätskosten für den Konsum seiner Kulturprodukte, was als Marktvorteil ein Ansteigen der Nachfrage begünstigt.

Wie reagiert die öffentliche Hand auf Einkommensprobleme von Kunstschaffenden? In den letzten Jahren hat die Künstlerförderung an öffentlicher Aufmerksamkeit gewonnen. So vertritt der Bundestag die Einschätzung, künstlerische Arbeit sei „nicht allein nach den Maßgaben von Effizienz, Produktion oder Einschaltquoten zu bewerten", woraus er die Notwendigkeit staatlicher Verantwortung ableitet (DEUTSCHER BUNDESTAG 2007: 229). Allerdings wird künstlerische Arbeit nicht primär aus dem Bundeshaushalt gefördert.

Aus der Auseinandersetzung mit der Kultur- und Kreativwirtschaft heraus gelten heute die Anbindung von Kunstschaffenden und die Schaffung einer kritischen Masse künstlerisch-kreativer Personen an einem Standort als wichtiger Faktor wirtschaftlicher Entwicklung. Entsprechend gelten Maßnahmen der Künstlerförderung nicht mehr allein als Bestandteil von Kulturpolitik, sondern auch als stadtentwicklungs- und wirtschaftspolitisch relevant. Trotz solcher diskursiven Aufwertung – die Validität der Beobachtungen hinter der politischen Bewertungen dahingestellt – haben öffentliche Mittel für die personenbezogene, unmittelbare Künstlerförderung im bundesweiten Durchschnitt nicht zugenommen. Die Sparte ‚Sonstige Kulturpflege' bildet auch die Mittel für die direkte Künstlerförderung ab (STATISTISCHE ÄMTER DES BUNDES UND DER LÄNDER 2010: 85). Lag der Anteil dieser Sparte an den Kulturfinanzen im Jahr 2000 noch bei 14 %, ist er 2007 auf 11 % gesunken.[5] Relativ gestiegen sind demgegenüber die Positionen, die Zuwendungen an Institutionen abbilden. Dies reflektiert eine sich öffnende Schere zwischen dem stetig steigenden Bedarf der institutionellen Kulturförderung und den gleichbleibenden oder sinkenden öffentlichen Kuluretats. In diese Schere geraten die Mittel für die direkte Förderung von Kunstschaffenden.

---

5 Eigene Berechnungen auf der Basis von Zahlen aus: STATISTISCHE ÄMTER DES BUNDES UND DER LÄNDER (2010). Abweichungen der Summen von 100 rundungsbedingt.

Auf den ersten Blick scheint es, dass die Nachfrage nach künstlerischen Leistungen steigt, sich Berufsaussichten für Kunstschaffende entsprechend verbessern sollten: Innerhalb der 15 Jahre von 1993 bis 2008 sind die durchschnittlichen Ausgaben pro Haushalt für Freizeit, Unterhaltung und Kultur von 193 € auf 255 € angestiegen, also um fast ein Drittel.[6] Allerdings misst der Indikator nicht nur Ausgaben für künstlerische Leistungen, sondern alle Ausgaben in diesem Feld. Und wo es Zuwächse gibt – so wird öffentlich kritisiert – kommen sie bei den Urhebern nicht als Einkommen an. Die prekäre Einkommenssituation vieler Kunstschaffender wird seit einiger Zeit in Wissenschaft und Politik verhandelt und öffentlich wahrgenommen, und so können Aspiranten eigentlich wissen, was auf sie zukommt (DEUTSCHER BUNDESTAG 2007: 295).

Die Rahmenbedingungen für den künstlerischen Beruf sind in mehrfacher Hinsicht ungünstig: Die Konkurrenz um Ausbildungsplätze ist hoch, die Erwerbschancen sind schlecht, die Anforderungen an nichtfachliche Zusatzqualifikationen sind hoch, die öffentlichen Fördermittel für die Künstlerförderung nehmen ab. Trotzdem ist der Zulauf zu diesen Berufen ungebremst. Was macht – gegen die genannten Widerstände – dieses Berufsbild so positiv, die Berufswahl so populär?

Das Feld der künstlerischen Berufe ist groß und es wirken im Bezug auf die einzelnen Sparten unterschiedliche Signale und Anreize. Dies zu analysieren würde den Rahmen unseres Beitrags sprengen. Wir versuchen, Faktoren zu bestimmen, die verallgemeinerbar sind und nicht in den jeweiligen Spezifika liegen. Wir beziehen uns dabei auf eine Definition des künstlerischen Berufs, die sich auf praktische Unterscheidung richtet und die an die KSK und den Bundesgerichtshof angelehnt ist. Künstlerisch ist danach eine auf den Erwerb zielende Arbeit mit gewisser Gestaltungshöhe, die eine eigenschöpferische Tätigkeit beinhaltet (BFH BStBl. II 1981: 170ff.).

In Kreativszenen gilt Selbstbestimmung immer noch als Kennzeichen künstlerischer Berufe. Die sozialen und ökonomischen Nachteile solcher Selbstbestimmung stehen einem idealisierten Berufsbild gegenüber, sie sind die Rückseite der Medaille (HUMMEL 2005: 11). Im Bezug auf die ökonomische Organisation wird ein Trend zur neuen Selbständigkeit in den Kulturberufen diagnostiziert. In diesem Zusammenhang neu an der Selbständigkeit ist, dass sie nicht mit den hohen Erwerbschancen

---

6 Daten aus Einkommens- und Verbrauchsstichprobe des Statistischen Bundesamtes, eigene Berechnung.

der ‚alten' Selbständigkeit einhergeht. Der hohe Anteil an Selbständigen in künstlerischen Berufen ist bekannt, je nach Definition und Untersuchungsraum wird von mindestens 25 % ausgegangen, für Berlin sind sogar 50 % erhoben worden (SENATSVERWALTUNG FÜR WIRTSCHAFT, TECHNOLOGIE UND FRAUEN 2008: 92).[7] In einzelnen Zweigen ist der Anteil noch höher, unter den Bildenden Künstlern beträgt er bis zu 96 % (DEUTSCHER BUNDESTAG 2007: 240). Die politische Aufmerksamkeit für die Kultur- und Kreativwirtschaft führte zu einer Diskussion, ob das Sozialsystem aufgrund des Wachsens neuer Selbständigkeit und dem veränderten Bedarf an Absicherung neu justiert werden müsse. Praktische Folgen für die Betroffenen hat dies noch nicht.

Für die neuen Selbständigen spielen bei der Generierung von Einkommen Strategien der Selbstvermarktung eine große Rolle. Mit Organisation und Marketing verbringen in künstlerischen Berufen Selbständige durchschnittlich mehr als die Hälfte ihrer Arbeitszeit, also mehr als für die eigentliche Kunstproduktion.[8] Außerdem sind die Arbeitszeiten stärker entregelt als in anderen Berufen, was Nachteile u. a. bei der Vereinbarung von Beruf und Familie bedeuten kann (SENATSVERWALTUNG FÜR WIRTSCHAFT, TECHNOLOGIE UND FRAUEN 2008: 97). Menschen, die in künstlerischen Berufen arbeiten, machen also nicht nur Kunst, sie machen Anderes mehr als Kunst, was die Bilanz für das Konzept, ein ‚richtiges Leben' zu führen, naturgemäß schlechter erscheinen lässt.

Selbstbestimmung hat zwei Dimensionen. Zum einen geht es darum, eigenschöpferisch und frei von äußeren Zwängen arbeiten zu können. Zum anderen liegt Selbstbestimmung darin, aus den eigenen Tauschangeboten genügend Tauschäquivalente zu erzielen, ausreichendes Einkommen aus der eigenen Arbeit zu generieren. Was die Freiheit von äußeren Zwängen angeht, verringern sich die Spielräume dort, wo gesellschaftliche Erwartungen an die Kreativität von Künstlern konkret werden. Wo künstlerische Zugänge als Problemlösestrategien gesehen und genutzt werden und Ziele in nichtkünstlerischen Feldern wie der Quartiersentwicklung, dem Gesundheitswesen, der Integration von Migranten oder dem Wirtschaftswachstum liegen, ist eine als Freiheit von äußeren Zwängen definierte Selbstbestimmung nicht mehr kennzeichnend für künstlerisches Arbeiten.

---

7   Der Anteil an Selbständigen unter den Erwerbstätigen insgesamt liegt derzeit bei rund 11 %.
8   IFSE II (2011: 20), hier bezogen auf den Berufszweig Bildende Kunst.

Festzuhalten ist: Romantische Vorstellungen schließen nicht gut an erfahrbare Realitäten des Berufs an, die Spielräume der Selbstbestimmung sind durch neue Erwartungen eingeschränkt. Wenn man nicht einfach schließen will, dass Realitätsblindheit die Popularität des Berufs steuert, dann sollte man die Organisation der Erwerbsarbeit im künstlerischen Beruf darstellen und untersuchen, ob darin Faktoren zu finden sind, die jenseits der konventionellen Berufs- und Erwerbschancen Erklärungen bieten.

2. Prozesshaftigkeit der Kunstproduktion

Trotz schlechter Erwerbschancen geht vom künstlerischen Beruf eine ungebrochene Anziehung aus. Sie kann nicht primär von individualwirtschaftlichen Erfüllungsträumen herrühren. Wir verfolgen die These, dass die mit dem Künstlertum verbundene Möglichkeit zur Erfahrung und Realisierung eigener Produktivität tragendes Motiv für die Hinwendung zur Kunst als Betätigungsfeld ist. Das rückt Spezifika der Arbeitsprozesse und der Einbindung künstlerischer Arbeit in gesellschaftliche Austauschprozesse in den Mittelpunkt. Die gesellschaftliche Organisation von Arbeit verändert sich in Relation zum Erwerb, in Bezug auf individuelle Erwartungen, im Hinblick auf den Gegenstand der Arbeit und ihre Organisation. Künstlerische Berufe bieten besondere Handlungsspielräume, die einen selbstbestimmten Umgang mit diesen gesellschaftlichen Veränderungen erlauben und ermöglichen. Welche Trends haben wir im Blick?

Leadbeater und Miller diagnostizieren eine wachsende Durchdringung von professioneller und nichtprofessioneller Arbeit. Sie beschreiben eine Verbreitung des Pro-Ams, des professionell agierenden Amateurs, „amateurs who work to professional standards" (LEADBEATER/ MILLER 2004: 12). Die Autoren stellen eine veränderte Praxis von Arbeit dar. Arbeit nach professionellen Standards finde immer öfter außerhalb des (formellen) Marktes statt, führe nicht primär zu Einkommen im traditionellen Sinn, sondern produziere Ergebnisse, die ökonomisch in den informellen Sektor eingehen. Diese Analyse impliziert ein erweitertes Verständnis von Arbeit. Im Unterschied zur Diskussion hierzulande über Engagement und Aktivismus heben Leadbeater und Miller hervor, dass diese informellen Aktivitäten Arbeit sind, dies werde in den Umsetzungsstandards deutlich. Pro-Ams nehmen den Wissens- und Könnensstandards der Erwerbswelt zum Maßstab. Die Beschreibung der

Aktivitäten der Pro-Ams allein im Kontext einer Zunahme von sozialem Engagement ist hiernach nicht zureichend. Pro-Am-Aktivitäten können individualistisch sein (LEADBEATER/MILLER 2004: 32). Was sich in der Praxis der Pro-Ams zeige, sei vielmehr eine Veränderung in den Normen bei der Inwertsetzung von Arbeit.

Passt dies auf künstlerische Arbeit? Leadbeater und Miller beschreiben Formen professionell ausgerichteter Arbeit, die auf informellen Märkten verwertet wird. Sie gehen dabei soweit, die geltenden Kategorien zu hinterfragen, in denen Arbeit als Merkmal gesellschaftlicher Strukturierung in der Regel gefasst wird: „The crude, all or nothing, categories we use to carve up society – leisure versus work, professional versus amateur – will need to be rethought." (LEADBEATER/MILLER 2004: 71) Vor dem Hintergrund ihrer Überlegungen ist die Bedeutung informeller Ökonomien für die Ausübung von künstlerischen Berufen neu zu fassen. Wir halten es für wahrscheinlich, dass wesentliche Teile der Wertschöpfung künstlerischer Tätigkeit sich nicht in formellen Märkten, sondern im geldlosen Tausch realisieren; dafür sprechen die geringen Einkommen, teils unterhalb der Armutsgrenze. Entscheidend ist: Dieser Teil der Wertschöpfung wird bei quantitativer kulturökonomischer Betrachtung, die entlang traditioneller Kategorien die Zuordnung zu formellen Märkten misst, nicht sichtbar. Informelle, schwach institutionalisierte Formen ökonomischer Praxis bieten erweiterte Handlungsspielräumen in Zielsetzung, Prozessgestaltung und Ergebniskontrolle von Arbeit. Und sie sind relevant für die persönliche Ökonomie von Künstlern – auch dies entgeht einer Untersuchung in traditionellen Kategorien: Diese Praktiken liefern einen wesentlichen Beitrag zum ökonomischen Unterhalt.

Auch aus anderen wissenschaftlichen Diskursen gibt es Hinweise darauf, dass Arbeit derzeit gesellschaftlich neu kontextuiert wird, dies in den subjektiven Arbeitsansprüchen wie auch in der tatsächlichen Arbeitsorganisation (EUTENEUER 2011: 28). Nicht nur Rifkin (2007: 14) weist auf den Trend hin, nach dem in hochentwickelten Volkswirtschaften die Bedeutung industrieller Massenware gegenüber der kultureller Güter und Dienstleistungen abnimmt. Der damit verbundene Wandel in der Produktion werde von einem Wandel der bisherigen, fleißorientierten Arbeitsethik in eine Spaß- und Spielethik begleitet. Diesen Veränderungen liege eine Verschiebung in der ökonomischen Sphäre zugrunde, die dazu führt, dass „die sogenannte kulturelle Produktion das ökonomische Handeln bestimmt" (RIFKIN 2007: 15). Dass die Bedeutung von Dienstleistungen gegenüber Waren zunimmt, ist vielfach beschrieben worden. Mit dem Bedeutungsverlust von Waren verliert Eigentum an Relevanz in der gesellschaftlichen Interaktion, Zugang dagegen erhält größere Bedeutung. Rifkin nennt dies eine Entmaterialisierung der Waren bei wachsender Wichtigkeit des Zugangs zu kulturellen Ressourcen und Erfahrungen (RIFKIN 2007: 154f.).

Der gesellschaftliche Trend zur Aufwertung des Kulturellen scheint im Widerspruch zur Erfahrung der ökonomischen Wertigkeit künstlerischer Berufe zu stehen. Vielleicht bedarf es anderer Kategorien, um die derzeitige Lage zu begreifen. Die gegenwärtige Konstellation weist darauf hin, dass informelle Ökonomien in diesem Feld wichtiger werden. Auch ökonomisch funktioniert der Künstlerberuf für eine weiterhin wachsende Zahl von Menschen, obwohl – wie wir aus der Statistik wissen – Einkommen oft an der Armutsgrenze liegen. Das kann so nur funktionieren, wenn in der künstlerischen und kreativen Arbeit nichtmonetäre Tauschwerte geschaffen werden, die zum individuellen Lebensunterhalt beitragen. Sofern künstlerische Arbeit auf ökonomische Kontexte ausgerichtet ist, sind es demnach auch oder sogar besonders stark informelle Ökonomien, innerhalb derer Tauschwerte geschöpft werden.

Künstlerische und kreative Arbeit bietet im Vergleich zu anderen Berufen zunächst günstige Rahmenbedingungen für den Eintritt in die erwerbsmäßige Selbständigkeit. In den meisten Fällen ist kaum Geldkapital erforderlich (MANDEL 2007: 43f.). Kunstschaffende können aus ihren Fertigkeiten und Erfahrungen, aus Innovationskraft und Erfindergeist, aus Humankapital also, als primärem Betriebskapital und als Produktionsressource schöpfen. Empirische Untersuchungen haben überzeugend gezeigt, dass Selbständige im Kulturbereich wenig Drang haben, das Wachstum ihrer Unternehmen zum Ziel ihres Handelns zu machen. Weniger als Akteure in anderen Berufsfeldern streben sie danach, ihre ökonomischen Aktivitäten laufend quantitativ auszuweiten, auf Einkommenssteigerung auszurichten (MANDEL 2007: 45; EUTENEUER 2011: 72). Das unterscheidet sie deutlich von anderen Branchen, die regelmäßig dem Wachstumsparadigma verschrieben sind. Im Vergleich zu anderen Berufen sind künstlerische Berufe durch einen niedrigen Grad der institutionellen Verfestigung gekennzeichnet.[9] Dies spiegelt sich u. a. in der geringeren Bedeutung von formellen Qualifikationen wider, die in künstlerischen Berufen – so eine Studie des *Deutschen Instituts für Wirtschaftsforschung* – keinen nachweisbaren Einfluss auf die Einkom-

---

9 Natürlich gibt es auch in diesem Feld Hierarchien, Gatekeeper und Machtbeziehungen, die die Verhältnisse von Zugehörigkeit und Ausschließung determinieren.

menshöhe haben (SENATSVERWALTUNG FÜR WIRTSCHAFT, TECHNOLOGIE UND FRAUEN 2008: 98). Dies weist wiederum auf die Nähe dieser Berufe zum Handwerk hin, einem Feld, wo weder überbordende innerbetriebliche Bürokratien, noch Rationalisierung noch abstrahiertes Expertentum die Arbeitsprozesse strukturieren (BAECKER 2009: 39). Im Vergleich zum Handwerk sind künstlerische Berufe noch schwächer institutionalisiert, sie sind nicht durch Handwerksordnungen reglementiert, im Zugang nicht begrenzt und im Status nicht staatlich kontrolliert. Kurz, sie bieten einen einfachen Zugang zur Berufswelt. Allerdings bieten sie keinen einfachen Zugang zu monetären Einkommen.

Was kennzeichnet nun den künstlerischen Prozess als Bestandteil der Berufsausübung? Ein Autorenkreis um den Bildungsforscher Brater (et al. 1999: 64f.) beschreibt aus seiner empirischen Arbeit, wie künstlerisches Handeln sich auf Wahrnehmungskompetenzen und Handlungsressourcen auswirkt. Kunstschaffen beinhaltet danach eine ‚Objektivität der Handlungsaufforderung', in der Ziele sich erst im Verlauf klären, als eine im Handlungsobjekt innewohnende intersubjektive Dimension. Dieser Prozess setzt ein Erkennen des Gegebenen voraus und induziert im Idealfall eine Form des herrschaftsfreien Denkens und Handelns. Brater betont die Bedeutung des kreativen Prozesses für die Schärfung der Sinneswahrnehmung, die wiederum Grundlagen für neue Möglichkeiten im Handeln bieten. Im künstlerischen Prozess verbinden sich Kopf- und Handarbeit, eine fundierte Kenntnis über das „Baumaterial der Phänomenenwelt" kann ausgebildet werden (BRATER et al. 1999: 92). Diese Kompetenz wiederum befähige zum verändernden Handeln, Voraussetzung für gesellschaftliche Teilhabe und soziale Verantwortung.

Künstlerische Arbeit erhöht demnach in einer nicht emphatischen Weise die Fähigkeit ihrer Praktiker, sich selbst Erfahrungen zu verschaffen oder allgemein Erfahrungen herzustellen. Wo der Konsum sich von den Waren auf Ereignisse und kulturelle Prägungen verschiebt, wo Ereignisse zu Produkten werden, ist dies nicht nur ein banaler sozialer Zusatznutzen. Kulturelle Teilhabe schlägt hier in ökonomische Teilhabe um, denn die angeführten Veränderungen der gesellschaftlichen Arbeit favorisieren ökonomische Praktiken und Lebensmodelle, in denen aus Erfahrungen geschöpft werden kann.

Im Prozess der künstlerischen Arbeit, so wird deutlich, entstehen in mehrfacher Hinsicht Handlungsspielräume, die ökonomische Selbständigkeit befördern. Menschen finden gering formalisierte, professionelle Strukturen vor, sie gewinnen Einsichten und Haltungen, sie eignen sich Wissen und Können an – kurz: Sie erlangen individuelle Produktionsressourcen, die sie auch in Wert setzen können. Der Trend zur Entmaterialisierung von Produktion und zu einer Verwischung der Trennlinien zwischen Professionellen und Amateuren, zwischen Arbeit und Freizeit, zwischen formellen und informellen Verwertungsformen wird durch die neuen Kommunikationstechnologien gefördert. Internetbasierte Kommunikationsformen machen es möglich, auch Einzelfertigungen oder Kleinstserien ohne großen Marketing- und Vertriebsaufwand an geeignete Marktsegmente zu vermitteln.

Das Machtgefälle zwischen Eigentümern von Produktionsmitteln und denen von Arbeitskraft erodiert, Möglichkeiten der freien Handelbarkeit und Inwertsetzung von Arbeit nehmen zu. Gleichzeitig entstehen neue Selbständigkeitsräume in der informellen Ökonomie. Mangset fasst empirische Studien zur künstlerisch-kreativen Arbeit zusammen:

> cultural entrepreneurialism is accompanied by the blurring of demarcation lines between ‚consumption and production', and between ‚work and non-work'. (MANGSET et al. 2007: 2)

Seit 1990 wächst die Zahl der Selbständigen in Deutschland sprunghaft, nachdem sie in den Jahrzehnten zuvor zurückgegangen war (EUTENEUER 2011: 32). Zugleich werden die öffentlich finanzierten Stellen in künstlerischen Berufen eher weniger. Wer sich für einen künstlerischen Beruf entscheidet, entscheidet sich also immer häufiger für eine Arbeitsweise, für die eigene Produktionskapazitäten im Selbstmarketing genutzt und vermittelt werden müssen.

3. Was bedeutet das für Kulturmanagement und Kulturförderung?

Es wurde deutlich, dass der künstlerische Arbeitsprozess in besonderer Weise Anlass und Medium ökonomischer Partizipation ist. Menschen in künstlerischen Berufen – allgemeiner, Menschen, die künstlerisch arbeiten – nutzen individuelle produktive Ressourcen, ihr Wissen und Können. Sie verfügen über Ressourcen, mittels derer sie in relativer Unabhängigkeit von einer hochinstitutionalisierten Erwerbswelt handelbare Werte schaffen können. Ihre Praktiken ermöglichen ökonomische Wertschöpfung und Austausch von Werten auch jenseits des formellen Marktes. In diesen Möglichkeiten liegt eine neue Dimension und eine gesellschaftspolitische Relevanz künstlerischen Arbeitens, die in der Definition von Handlungsfeldern des Kulturmanagements stärker berücksichtigt werden sollte.

Ist die angesprochene gesellschaftspolitische Relevanz künstlerischen Arbeitens für ein rezipierendes Kulturpublikum erfahrbar? Sind die Möglichkeiten gestaltbarer ökonomischer Partizipation, die sich im künstlerischen Arbeitsprozess bieten, sind die damit verbundenen Lernerfahrungen und Erkenntnisse in der Rezeption nachvollziehbar? Das ist unwahrscheinlich, denn Kunstrezeption ist auf das Werk verengt. Der Prozess künstlerischen Arbeitens verschwindet in der Präsentation und Rezeption des Werkes. Unsichtbar bleiben Ermächtigung durch Produktion, Dekonstruktion von institutionalisierter Knappheit, Ausdifferenzierung ökonomischer Praxis mittels informeller Strategien, also vieles von dem, was den künstlerischen Prozess so attraktiv als Beruf und als Praxis macht.

Wenn der künstlerische Produktionsprozess so wichtig ist, wenn er die Erfahrung ausmacht, die trotz aller ökonomischen Risiken in den künstlerischen Beruf zieht, warum steht dann nicht dieser Prozess, sondern stehen Produkte, Werke im Mittelpunkt von Kulturpolitik und Kulturmanagement? Warum fließen kulturpolitische Mittel – soweit sie nicht ohnehin in den großen Institutionen festgeschrieben sind – ganz überwiegend in die Förderung von Werken und in deren Präsentation und nicht in die Förderung künstlerischer Eigenbetätigung? Warum fokussiert Kulturmanagement verbreitet die Vermittlung immer neuer kultureller Produkte an verschiedene Zielgruppen? Welche Aufgaben sich für die Gestaltung von Beziehungen zwischen Kultur und Publikum im Licht der vorstehenden Überlegungen stellen, führen wir im letzten Abschnitt unseres Textes aus.

Die Förderung von Werken und Präsentationen geht von einer impliziten Voraussetzung aus. Diese ist, dass geförderte Werke ihr Publikum finden werden, ökonomisch gesprochen, dass die Nachfrage am Markt nach oben elastisch ist. Jedes kulturelle Angebot finde potentiell seine Kunden und erfülle damit seinen Zweck, so die Logik hinter dieser kulturpolitischen Förderstrategie. Diese Annahme eines potenziell unbegrenzten Aufnahmevermögens wird durch die tatsächlichen Verhältnisse beim Kunst- und Kulturkonsum widerlegt. Trotz aller öffentlichen Subventionen hat sich die Partizipation der Bevölkerung am Kulturkonsum kaum verändert, statt neue Zielgruppen zu erreichen profitieren dieselben Nutzer stärker.[10] Gleichwohl ist öffentliche Förderung weitgehend darauf ausgerichtet, das Angebot zum Kulturkonsum weiter auszubauen

---

10 S. hier die *KulturBarometer* des *Zentrums für Kulturforschung* in Bonn und andere Publikationen dieses Instituts mit Zeitreihen zur Kulturnutzung.

und zu differenzieren, Strategien des Kulturmanagements entstehen um die Vermittlung dieser wachsenden Konsumangebote. Unsere Analyse legt nahe, kulturpolitische Förderung und das Management von Kulturinstitutionen umgekehrt darauf zu richten, Produktionsprozesse möglich zu machen, und zwar als Kern von öffentlicher Verantwortung für Kultur und kulturelles Leben. Der Konsum von Kunst ist aus der kulturpolitischen Gestaltungsverantwortung zu entlassen. Dieser Konsum wird sich weiterhin über den Markt organisieren und er kann sich auf die vielfältigen Vermittlungsmechanismen des informellen Sektors stützen, in denen Kulturveranstaltungen für unterschiedliche Publika in vielfältigen Formen auch ohne monetäre Zugangsbarrieren stattfinden und organisiert werden. Um soziale Schieflagen im Zugang zu Kunst auszugleichen, sollten sich im Sinne einer Teilhabemöglichkeit aller am öffentlichen Leben Budgets für Kulturkonsum in personenbezogenen Transferzahlungen abbilden. Die inzwischen sprichwörtliche halbe Kinokarte pro Monat allerdings erlaubt noch keine kulturelle Partizipation.

Mit dem Fokus auf die Förderung künstlerischer Prozesse im Unterschied zur Förderung von Kunstkonsum ergeben sich veränderte Anforderungen für Kulturpolitik und Kulturmanagement. In weit größerem Umfang als bisher sind Infrastrukturen zu schaffen und zu stützen, in denen künstlerisch gearbeitet werden kann. Die Produktionsvoraussetzungen für Kunstschaffende sind zwar recht günstig, da in der Regel keine großen Investitionen in Betriebsmittel erforderlich sind. Gleichwohl gehören Ateliers, Probebühnen, Studios, Labore zu den notwendigen Ressourcen. Um diese zu gewährleisten, sind informelle ökonomische Netzwerke dauerhaft nur bedingt leistungsfähig.

Die geförderten Großstrukturen des Kulturbereichs sind auf die veränderte gesellschaftliche Bedeutung von Kunst als Erfahrungsfeld der Organisation von Austausch und Allokation nicht eingestellt. Die mit ökonomischer Partizipation und der Gestaltung von ökonomischen Praktiken verbundenen Lern- und Erkenntnisprozesse, die sich in künstlerischen Arbeitsprozessen realisieren, sind für ein Publikum kaum nachvollziehbar. Diese Diskrepanz im Erleben von gesellschaftlicher Partizipation zwischen Kunstschaffenden und dem Publikum wird in den Institutionen des kulturellen Feldes immer wieder reproduziert. Kulturvermittlung wird meist als die Gewinnung von Publikum für die Rezeption von künstlerischen Werken verstanden. Immer neue gesellschaftliche Gruppierungen sollen eingebunden bzw. als potenzielle Kunstrezipienten angesprochen werden. Die Partizipation an künstlerischen Prozessen und damit verbundenen Erfahrungen spielt als Förderziel selten eine Rolle.

Die Möglichkeiten ökonomischer Partizipation und Gestaltung als gesellschaftlicher Mehrwert erwachsen nicht aus der Kunstrezeption, sondern aus dem Prozess künstlerischen Arbeitens. Im künstlerischen Produktionsprozess manifestiert sich die Erfahrungsverdichtung, die dieses Tätigkeitsfeld für Individuen attraktiv macht, trotz geringen Einkommens. Gleichzeitig bietet dieser Prozess Zugang zu Wertschöpfung und Tausch jenseits des Marktes. Diese Verankerung von Künstlern in der informellen Ökonomie macht künstlerische Arbeit auch ohne formelle Beruflichkeit möglich. Erfahrungen der künstlerischen Produktion setzen nicht voraus, dass man formell eine Zugehörigkeit zum Künstlerberuf sichergestellt hat.

Viel wurde in den letzten Jahren darüber diskutiert, welche Potenziale in der Kunst liegen, um unsere Gesellschaften zu verbessern, um alternative Gestaltungen, Gegenentwürfe zur herrschenden Praxis zu entwickeln. Implizit werden diese Gegenentwürfe nie aus einem ökonomischen Kontext herausgelöst: Was ökonomisch erfolgreich ist, könne keine Kunst sein. Künstlerische Praxis habe „Gegenentwurf zu jeder Form von Zweckrationalität" zu sein (BERG 2009: 120). Bei diesem Ansatz kommt es fast notwendig dazu, dass allein staatlich geförderte Kunst in formellen Kontexten gesellschaftliche Anerkennung erreichen kann. Ein alternativer Weg läge darin, Kunst als ein Medium ökonomischer Partizipation zu verstehen, das ein Feld bietet für die Gestaltung und Verbreitung differenzierter ökonomischer Praktiken, die sich auch jenseits der formellen Beruflichkeit entfalten können. Das hätte umgekehrt Rückwirkungen auf den Begriff und die gesellschaftliche Wertschätzung von Kunst insgesamt.

Literatur

BAECKER, Dirk (2009): Zumutungen organisierten Arbeitens im Kulturbereich. – In: *Jahrbuch für Kulturmanagement* 1 (Forschen im Kulturmanagement), 31-63.

BERG, Karen van den (2009): Postaffirmatives Kulturmanagement. Überlegungen zur Neukartierung kulturmanagerieller Begriffspolitik. – In: *Jahrbuch für Kulturmanagement* 1 (Forschen im Kulturmanagement), 97-125.

BRATER, Michael et al. (1999): *Künstlerisch handeln. Die Förderung beruflicher Handlungsfähigkeit durch künstlerische Prozesse*. Gräfelfing: ReCon.

CRAIN, Mark/TOLLISON, Robert D. (2002): Consumer Choice and the Popular Music Industry: A Test of the Superstar Theory. – In: *Empirica* 29/1, 1-9.

DEUTSCHER BUNDESTAG (Hg.) (2007): *Schlussbericht der Enquete-Kommission ‚Kultur in Deutschland'.* Berlin.

EUTENEUER, Matthias (2011): *Unternehmerisches Handeln und romantischer Geist. Selbständige Erwerbsarbeit in der Kulturwirtschaft.* Wiesbaden: VS.

GRÜNDERZENTRUM KULTURWIRTSCHAFT AACHEN e.V. (Hg.) (2006): *Gutachten für die Enquete-Kommission des Deutschen Bundestages ‚Kultur in Deutschland'. Thema: Existenzgründung und Existenzsicherung für selbständig und freiberuflich arbeitende Künstlerinnen und Künstler.* Aachen.

HAAK, Carroll (2008): *Wirtschaftliche und soziale Risiken auf den Arbeitsmärkten von Künstlern.* Wiesbaden: VS.

HRK – HOCHSCHULREKTORENKONFERENZ (Hg.) (2010): Statistische Daten zur Einführung von Bachelor- und Masterstudiengängen. *Statistiken zur Hochschulpolitik* 1/2010. Bonn.

HUMMEL, Marlies (2005): *Die wirtschaftliche und soziale Situation bildender Künstlerinnen und Künstler. Schwerpunkt: Die Lage der Künstlerinnen. Expertise im Auftrag des Bundesverbandes Bildender Künstlerinnen und Künstler (BBK).* Königswinter.

IFSE (2011): *Institut für Strategieentwicklung. Studio Berlin II.* Berlin.

JESCHONNEK, Günter (Hg.) (2011): *Report Darstellende Künste. Wirtschaftliche, soziale und arbeitsrechtliche Lage der Theater- und Tanzschaffenden in Deutschland.* Essen: Klartext.

JÖHNK, Lena (2011): *Sekundäranalyse vorhandener Untersuchungen zum Kulturarbeitsmarkt sowie zum Übergang zwischen Studium und Arbeitsmarkt.* Hrsg. vom Institut für Kulturpolitik der Kulturpolitischen Gesellschaft e. V. Bonn.

KONRAD, Elmar D. (2010): *Kulturmanagement und Unternehmertum.* Stuttgart: Kohlhammer.

LEADBEATER, Charles/MILLER, Paul (2004): *The Pro-Am Revolution.* London: Demos.

MANDEL, Birgit (2007): *Die neuen Kulturunternehmer: Ihre Motive, Visionen und Erfolgsstrategien.* Bielefeld: transcript.

MANGSET, Per et al. (2006): *Stories about cultural entrepreneurialism.* CD-ROM der 4th International Conference on Cultural Policy Research. Wien.

RIFKIN, Jeremy (2007): *Access – Das Verschwinden des Eigentums.* Frankfurt/M., New York: Campus.

SENATSVERWALTUNG FÜR WIRTSCHAFT, TECHNOLOGIE UND FRAUEN (Hg.) (2008): *Kulturwirtschaft in Berlin. Entwicklungen und Potentiale.* Berlin.

STATISTISCHE ÄMTER DES BUNDES UND DER LÄNDER (Hg.) (2008): *Kulturfinanzbericht 2008.* Wiesbaden.

STATISTISCHES BUNDESAMT (Hg.) (2011): *Bildung und Kultur. Studierende an Hochschulen* (= Vorbericht, Fachserie 11/4.1). Wiesbaden.

Mixed Methods and Mixed Theories
Theorie und Methodik einer geplanten
Bevölkerungsbefragung in Deutschland
zur Kultur(-nicht-)partizipation[1]
VOLKER KIRCHBERG, ROBIN KUCHAR

1. Mixed Theories

Der Stand der Kulturpublikumsforschung, insbesondere der Erforschung der Hochkultur,[2] ist in Deutschland sowohl auf nationaler Ebene wie im internationalen Vergleich als unbefriedigend zu bewerten (s. RÖSSEL/ OTTE 2010, GLOGNER/FÖHL 2010). Eine Beschäftigung mit dem Thema findet zwar statt, allerdings sind diese Studien in Deutschland zumeist transferorientierte und theoretisch relativ wenig fundierte ad-hoc-Projekte sowie zudem untereinander kaum vergleichbar. Sie bilden meist Einzelaspekte ab (z. B. bestimmen sie Besucherprofile einzelner Kultureinrichtungen) und befinden sich methodisch und theoretisch nicht auf dem Niveau der Studien der meisten anderen europäischen, nordamerikanischen und ozeanischen Länder, wie wir in einer nationenvergleichenden Metastudie nachweisen konnten (KIRCHBERG/

---

[1] Dieser Artikel beruht auf einem Vortrag auf der 6. *Jahrestagung des Fachverband für Kulturmanagement* an der Leuphana Universität Lüneburg am 13.01.2012.

[2] Hochkultur, ein soziales Konstrukt, wird hier idealtypisch als der eine Pol eines Kontinuums von „taste cultures" (GANS 1999) und unterschiedlich legitimierten Kulturgenres (BOURDIEU 1982) verstanden, deren anderer Pol ebenfalls idealtypisch als Popularkultur bezeichnet werden kann. Über dieses Kontinuum verteilen sich die kulturellen Institutionen. Eine reine Dichotomisierung von Kulturinstitutionen in Hoch- und Popularkultur oder auch eine Dreiteilung in ‚high-, middle- & lowbrow culture' ist angesichts einer zunehmenden Kontingenz und den verschwindenden Grenzen zwischen Genres und Formaten (GEBESMAIR 2010) nicht mehr wirklichkeitsabbildend. Stattdessen wird angenommen, dass sich auf dem Kontinuum der ‚taste cultures' die deutsche Bevölkerung in unterschiedliche empirisch feststellbare Nutzergruppen von Kultureinrichtungen (‚taste publics') in demokratisierte und demokratisierende Konstellationen lokalisieren lässt (LEVINE 1994). Kulturelle Institutionen sind alle Orte, die kulturelle Genres anbieten und repräsentieren (GEBESMAIR 2010). Dies können sowohl etablierte Einrichtungen wie Museen, Theater, Oper und Konzerthäuser als auch neuartige temporäre (z. B. Festivals, Webevents) und sich im Entwicklungsprozess des Kulturfeldes noch zu legitimierende Bühnen (z. B. in Fabrikgebäuden oder in Gewerbeobjekten) sein.

KUCHAR 2012). Der empirischen Erforschung von Verhaltensweisen hinsichtlich der Hochkultur[3] fehlt es auf nationaler Ebene an Stringenz:

> In der Konsequenz existieren eine Vielzahl an speziellen Fragestellungen und Einzelbefunden, die aber bislang kaum zu einem umfassenden Gesamtbild zusammengeführt wurden. (GLOGNER/FÖHL 2010: 10; s. a. FÖHL/GLOGNER 2009; RÖSSEL/OTTE 2010)

Der Status Quo kann nicht nur aus unserer Sicht, sondern auch aus Sicht der Kulturanbieter als unbefriedigend bezeichnet werden; so stellt das *Zentrum für Audience Development* (2007) an der FU Berlin heraus, dass etwa 60 % der in einer Metastudie zur Besucherforschung befragten öffentlichen Kulturinstitutionen einen generellen Entwicklungsbedarf in diesem Feld sehen.

Annähernd repräsentative und regelmäßige Datenerhebungen – allerdings zu wechselnden Themen – werden in Deutschland einzig im Rahmen der *Kulturbarometer*-Studien des *Zentrums für Kulturforschung* in Bonn (KEUCHEL 2005) vorgenommen. Die Daten, auf denen die meisten entsprechenden Veröffentlichungen des *Zentrums für Kulturforschung* beruhen, werden allerdings nicht zur weiteren statistischen Analyse zur Verfügung gestellt und sind zudem aufgrund der ständig variierenden Fragestellungen und Erhebungsdesigns der einzelnen Studien für eine kontinuierlich vergleichende Analyse nur bedingt von

---

3 In der Literatur wird nicht immer sauber zwischen Teilhabe an bzw. Nutzung, Konsum/Rezeption und Besuch von Kultur unterschieden. Zum Beispiel versteht die amerikanische Studienreihe der NEA (2009) Partizipation als aktive Teilhabe, schließt also eine aktive kulturelle Tätigkeit (z. B. das Spielen eines Musikinstruments) mit ein. Andere Studien definieren dagegen Partizipation eher als passive Teilhabe, ähnlich der deutschen Bedeutung des Wortes Konsum (SCHUSTER 2007, 2008). Der Begriff Nutzung wird v. a. in Medienstudien (z. B. bei der Fernseh-Nutzung) im Rahmen des Use-and-Gratifications-Ansatzes verwendet und verweist auf die Verbindung zur individualisierten, einstellungsbezogenen Nützlichkeit von Kultur, wie sie die Rational Choice Theorie definiert (KIRCHBERG 2004, 2005). In der angloamerikanischen kultursoziologischen Literatur erscheint häufig der Begriff des kulturellen Konsums (ALEXANDER 2003; CHAN 2010), der neben dem Verbrauchsaspekt auch den Aspekt der eher sozialpsychologischen Rezeption von Kultur beinhaltet. In der deutschen Literatur, aber auch in der internationalen Literatur zur Nutzung kultureller Einrichtungen (insbesondere Museen) hat sich der Begriff Besuch bzw. Nichtbesuch eingebürgert (Besucherforschung bzw. Visitor Studies). Für diesen Artikel haben wir den Begriff Partizipation bzw. Nichtpartizipation übernommen, wie ihn auch SCHUSTER (2007, 2008) bevorzugt, weil er als aushäusige kulturelle Aktivität (z. B. als Lebensstil) konkret messbar ist sowie eine symbolische soziale Funktion hat. Wir sehen uns darin auch in der Tradition von Bourdieu (1982) bzw. Gerhards (2008). Nichtsdestotrotz wird in diesem Vorhaben auch auf die anderen o. g. Begriffe rekurriert, weil Wechselwirkungen zwischen diesen Konstrukten (z. B. zwischen Einstellungen und Verhalten) vermutet werden und weil sich in der Literatur Bedeutungen überschneiden bzw. undeutlich bleiben.

Nutzen. Als Grundlage für eine theoriegeleitete Grundlagenforschung – mit dem Anspruch, über mehrere Perioden hinweg Longitudinalvergleiche vornehmen zu können – sind sie nicht geeignet; insbesondere kultursoziologische Annahmen und Thesen zur Kultur(-nicht-)partizipation können mit ihnen nicht umfassend und repräsentativ getestet werden. Neben einem allgemeinen Mangel an verfügbaren statistischen Daten ist ebenso das Fehlen fast jeglicher qualitativer Analysen zur Kultur(-nicht-)partizipation (ZAHNER 2010) festzustellen, wobei insbesondere die Erforschung der komplexen Ursachen der Nichtpartizipation an hochkulturellen Einrichtungen – entlang eines Spektrums von bewusster Verweigerung bis zu exogener Verhinderung – unseres Erachtens eine solche Erweiterung des methodischen Instrumentariums qualitativer Ausprägung verlangt.

Unser geplantes Vorhaben hat somit das Ziel, Lücken hinsichtlich der soziologischen Analyse der (Nicht-)Partizipation an hochkulturellen Einrichtungen zu schließen, indem fünf grundlegende theoretische kultursoziologische Ansätze zur Kultur(-nicht-)partizipation überprüft werden. Bei diesen theoretischen Ansätzen handelt es sich um

- die sozialökonomisch bestimmte Theorie der Homologiethese;
- die Theorie der lebensstilbestimmten Erlebnisgesellschaft;
- die individualistisch bestimmte Theorie der Omnivorenthese;
- die makrosoziale Perspektive des demografischen Wandels;
- die Synthese der mikro- und makroorientierten Ansätze.

Diese fünf Ansätze werden im Folgenden kurz vorgestellt.

Homologiethese. Sozioökonomische Faktoren (v. a. Bildung und Einkommen, s. BOURDIEU/DARBEL 2006) und demographische Faktoren (v. a. Alter, Stellung im Lebenszyklus und Geschlecht, s. HEILBRUN/GRAY 2001) werden seit den 1960er-Jahren regelmäßig zur Erklärung des Kulturbesuchs herangezogen. Kultureller Geschmack und die Nutzung kultureller Angebote richten sich hier deutlich nach der sozialen Klassenzugehörigkeit. Die Oberschichten nehmen nur an hochkulturellen, die Arbeiterklasse nur an massenkulturellen Angeboten teil (BOURDIEU 1982). Dieses strukturalistische Paradigma erfährt seit einigen Jahren durch die verstärkte Untersuchung der Beziehung von sozialem Status und kulturellem Konsum eine Weiterentwicklung: Nicht mit dem typischen sozioökonomischen Merkmalen der Klassenzugehörigkeit gleichzusetzen wird in dieser Weiterentwicklung der soziale Status (meist gemessen über die Zugehörigkeit zu Berufsgruppen) als wichtig für die (Nicht-)Partizipation an der Hochkultur erachtet (GOLDTHORPE/CHAN 2007; CHAN 2010). In Deutschland sind zu diesem Diskurs aktuell nur wenige Beiträge zu finden. Eine Ausnahme ist die Analyse Jürgen Gerhards (2008) zur statusabhängigen Hochkulturnutzung im europäischen Vergleich.

Lebensstile der Erlebnisgesellschaft. Die sozialstrukturelle Determiniertheit der Kulturpartizipation, wie sie die Homologiethese vorschlägt, wird insbesondere von Soziologen in Zweifel gezogen, die Durkheims soziale Zwänge als nicht mehr allein soziales Verhalten erklärend betrachten. Es erscheint ihnen also fraglich, ob sich Erklärungen des Kulturbesuchs und Kulturnichtbesuchs allein auf sozialstrukturelle Variablen reduzieren lassen (KIRCHBERG 2004, 2005). Die Integration von kulturalistischen (u. a. lebensstil- oder milieubasierte, evtl. dynamisch-temporäre) Merkmalen in das Erklärungsmodell des Kulturbesuchs erscheint auch deshalb sinnvoll, weil die Erklärungskraft (die erklärte Varianz) allein der sozialstrukturellen Individualmerkmale nicht ausreichend ist, um die Gründe der (Nicht-)Partizipation an kulturellen Angeboten zu verstehen (DiMAGGIO 1996; SCHULZE 2005; LAHIRE 2008; PETERSON/ROSSMAN 2008). Empirische Analysen dazu haben allerdings bislang zu sehr unterschiedlichen Ergebnissen geführt, wie auch die theoretische Fundiertheit zum Beispiel der Definition kulturalistischer Variablen noch diffus ist. Der das Milieu betonende Diskurs um die Ursachen des hochkulturellen Besuchs benennt zum Beispiel den Faktor der „Erlebnisrationalität" als ausschlaggebend für die Entscheidung pro oder contra Kulturpartizipation(-en) (SCHULZE 2005). Die Erkenntnis der allgemeinen Lebensstilforschung, nach der Zuordnungen zu Typen bestimmter Lebensstile (oder Milieus) soziales Handeln, also auch die Kultur(-nicht-)partizipation, prognostizieren kann, wird hier a priori akzeptiert (HARTMANN 1999; OTTE 2008). Für das Forschungsfeld der (Hoch-)Kulturnutzung stellte sich hier insbesondere die von Gerhard Schulze in Deutschland ausgerufene „Erlebnisgesellschaft" als bedeutend heraus (so getan Anfang der 1990er-Jahre aufgrund empirischer Studien Ende der 1980er-Jahre); spätestens seit der Milleniumswende wird aber die Bedeutung der „Erlebnisrationalität" als Faktor des Kulturkonsums von ihm selbst in Frage gestellt (SCHULZE 2000, 2003). Schulze spricht aktuell von einer Rückbesinnung der Hochkulturkonsumenten auf eine kompetenzabhängige, also de facto strukturalistische Rezeption. Dieser Rückzug ins Kontemplative leitet, so seine These, eine Rekonstituierung der Hochkultur als Statussymbol ein, was negative Folgen für die Bevölkerung hätte, die sich erst aufgrund der

Schwächung der Statusfunktion für die Hochkultur zu interessieren begänne.

Omnivoren- und Individualisierungsthese. Deutlicher noch als die Lebensstilthese, die ja weiterhin die Zugehörigkeit zu spezifischen Bevölkerungsgruppen als Grundannahme der Erklärung der Kultur(-nicht-)partizipation vertritt, verwirft die Individualisierungsthese (BECK/BECK-GERNSHEIM 1994; LAHIRE 2008) grundsätzlich sozialstrukturelle Kollektiv- oder Kontexterklärungen des Kultur(-nicht-)besuchs und proklamiert stattdessen die Freiheit des Individuums, aufgrund individueller Prioritäten Kultur auszuwählen oder abzulehnen (kritisch dazu FRIEDRICHS 1998). Aus diesem Paradigma postuliert die Omnivorenthese, dass kulturelle Aktivitäten nicht mehr statuskonform, sondern statusübergreifend erklärt werden müssen. Demnach lässt sich (v. a. im Gegensatz zu Bourdieu) aus dem sozialen Status bzw. aus der Position in einer sozialen Schicht nicht mehr ein status- bzw. schichtabbildender kultureller Geschmack ableiten (BRYSON 1997, 2002; PETERSON 1992; PETERSON/ROSSMAN 2008). In der internationalen empirischen Kultursoziologie findet diese Omnivorenthese breite Akzeptanz, sie wird aber in Deutschland bisher (Ausnahme: NEUHOFF 2001) kaum rezipiert.

These des Einflusses des demografischen Wandels. Anders als die vorangegangenen Thesen verfolgt diese These einen grundsätzlich makrosozialen Denkansatz. In erster Linie wird die Kultur(-nicht-)nachfrage nicht durch individuelle Charakteristika, egal ob sie kollektiv- oder kontext- oder individualbestimmt sind, erklärt, sondern durch grundsätzliche gesellschaftliche Verschiebungen – hier der demografischen Zusammensetzung der Bevölkerung. Diese These postuliert ein Auseinanderklaffen von Kulturangebot und -nachfrage aufgrund demografischer Entwicklungen, das zusätzlich durch (kommunal-)politische Entscheidungen noch verschärft wird: Die aktuelle Angebotssteigerung durch z. B. spektakuläre Neubauten und neue Marketingstrategien nimmt eine prominente Position im zivilgesellschaftlichen und wirtschaftlichen Diskurs der postindustriellen Stadt ein (u. a. INSTITUT FÜR KULTURPOLITIK 2008). Dabei wird diese Angebotssteigerung (KIRCHBERG 2009a, b) durch einen vermeintlichen Anstieg der Nachfrage legitimiert (DEUTSCHER BUNDESTAG 2007), der allerdings nicht statistisch evident ist (KIRCHBERG 2008). Es gibt im Gegenteil Anzeichen dafür, dass die Nachfrage nach Hochkultureinrichtungen in Zukunft abnehmen wird, da die Kulturnachfrage eher kohorten- als altersabhängig ist (BERTELS-

MANN STIFTUNG 2006; GEMBRIS 2009; HAMANN 2008). Neben einer Überalterung des Publikums im Hochkulturbereich kann als weitere Ursache des Nachfragerückgangs die relative Zunahme der Bevölkerung mit Migrationshintergrund vermutet werden, die vom Hochkulturkonsum ausgeschlossen wird oder sich selbst davon distanziert (STIFTUNG NIEDERSACHSEN 2006). Die Frage stellt sich also, ob sich mit zunehmender Integration diese hochkulturelle Exklusion verringert oder ob eine weiterhin bestehende hochkulturelle Exklusion darauf verweist, dass eine kulturelle Integration auch über mehrere Generationen nicht erfolgreich ist (unter der hier kritisch gesehenen Gleichsetzung von Hoch- und Leitkultur). Der entsprechende Nichtbesuch könnte also entweder die fehlende Integrationsleistung der deutschen Gesellschaft (Verhinderung) oder die bewusste und auch nachvollziehbare Verweigerung dieser Gruppen, sich entsprechend hochkulturell anzupassen (keine Akkulturation trotz Assimilation) widerspiegeln (STIFTUNG NIEDERSACHEN 2006).

Synthese der vorangegangenen Thesen. Dieser synthetisierende Ansatz baut auf den vorangehenden vier Ansätzen auf: Das bislang am wenigsten theoretisch und empirisch reflektierte Feld der kulturellen Publikumsforschung stellt die systematische Untersuchung von Nichtbesuchern kultureller Institutionen dar. Anhand der wenigen bisher bekannten Ergebnisse in Deutschland (DEUTSCHER BÜHNENVEREIN 2002; MANDEL/RENZ 2010; REUBAND 2002) ist davon auszugehen, dass sich das Verhältnis der Hochkulturnutzung bzw. die Nutzungshäufigkeit nicht als dichotomes System von Besuchern und Nichtbesuchern konstituiert. Statistische Untersuchungen zeigen, dass hier vielmehr von verschiedenen Abstufungen der Besuchshäufigkeiten vom Stammbesucher (SAS 2010) über verschiedene Typen der Gelegenheitsbesucher bis hin zum aktiv ablehnenden Niebesucher auszugehen ist (HOOD 2004; KIRCHBERG 1996). Vorliegende Ergebnisse stützen sich bislang weitgehend auf die Negierung struktureller Besuchsfaktoren (z. B. Mangel an Bildung, geografische Entfernung von Wohnung zu Kulturinstitutionen etc.). Fundierte Erkenntnisse zu den Gründen des Nichtbesuchs hochkultureller Einrichtungen, d. h. zu den Motiven des Nichtbesuchs (Verweigerung) und den Barrieren des Besuchs (Verhinderung) liegen nicht vor. Eine solche vornehmlich qualitative Studie könnte z. B. das Spektrum der Einstellungen von bewusster Ablehnung (Verweigerung) bis bewusster Zustimmung (Verhinderung) hochkultureller Angebote beschreiben und Motive (der Verweigerung) bzw. Barrieren (der Verhinderung) ausfindig machen und erklären. Aus der Perspektive der

Sozialstrukturanalyse könnte in diesem Bereich der Ansatz der sozialen Restriktionen von Jörg Rössel (2004) neue Erkenntnisse liefern. Dieser wurde in diesem Forschungsfeld noch nicht vorgenommen. Insgesamt ist vor allem auf diesem Feld das Fehlen qualitativer Analysen evident. Die wenigen existierenden Erkenntnisse zum Nichtbesuch basieren zumeist auf quantitativen Daten, die durch eine empirisch qualitativ ausgerichtete Analyse sozialer Konstellationen ergänzt werden muss.

Zum Verhältnis von Besucherforschung zu Nichtbesucherforschung ist festzuhalten, dass die eine (Besucherforschung) die andere (Nichtbesucherforschung) nicht substituiert, da Nichtbesucher eigene Motive und Barrieren haben. Ebenso kann nicht vice versa die Nichtbesucherforschung die Besucherforschung ersetzen, da sich zum einen (genrespezifisch) unter Nichtbesuchern auch Besucher anderer Genres befinden und zum anderen die Ergebnisse von Besucheranalysen weiterhin auch als logische Basis (aber nicht als Ersatz) der Nichtbesucherforschung dienen können. Das Vorhaben geht vom Ansatz einer sich ergänzenden Besucher- und Nichtbesucherforschung mit fließenden Übergängen zwischen Besuch und Nichtbesuch bzw. Hoch- und Populärkultur aus.

2. Mixed Methods

Die im Theoretischen skizzierte Problematik der Kulturpublikumsforschung in Deutschland setzt sich im Hinblick auf die Empirie fort. Im Bereich der Homologiethese gibt es außer der auf Sekundärdaten gestützten Untersuchung von Jürgen Gerhards (2008) keine empirischen Analysen. Unabhängige individuelle und kulturalistische Variable werden zwar von Pierre Bourdieu (1982), Herbert Gans (1999) oder Gerhard Schulze (2005) diskutiert, aber auch hier fehlt eine komplexe repräsentative empirische Überprüfung.

Bezüglich der Individualisierung als Faktor des Kulturkonsums (also als unabhängige Variable) wurde vom Antragsteller für den Bereich der Museumsnutzung 1995 eine erste empirische Erklärung unter Verwendung der Rational-Choice-Theorie vorgegeben (KIRCHBERG 1996, 2005). Seitdem wurde die Individualisierungsthese trotz der gesellschaftlichen Veränderungen in den letzten 15 Jahren (insbesondere der veränderten Medien-/Internetnutzung) in Deutschland keinem weiteren empirischen Test im Feld der Kulturpartizipation unterzogen.

In Bezug auf die Omnivorenthese fand eine entsprechende systematische und auf repräsentative Bevölkerungsdaten beruhende empirische

Überprüfung (hier des abhängigen Variablensets) in Deutschland bisher ebenfalls kaum statt, obwohl Hans Neuhoff (2001) erste Erkenntnisse bietet.Trotz des lebendigen internationalen Diskurses um deren Erkenntnisse in den wichtigsten internationalen Fachzeitschriften der Kunst- und Kultursoziologie (WARDE et al. 2007; SULLIVAN/KATZ-GERRO 2007; OLLIVIER et al. 2008) wird diese These in Deutschland aber kaum rezipiert, geschweige denn empirisch umfangreich überprüft.

Ähnlich steht es um die empirische Überprüfung des sich verändernden Faktors der Erlebnisrationalität aufgrund der Zuordnung zu kulturell explizierbaren Lebensstilen (unabhängige Variable). Die lokalen Analysen (REUBAND 2008) können eine Untersuchung auf nationaler Ebene bisher nicht ersetzen. Gesicherte Erkenntnisse zur Entwicklung der Kongruenz von Angebot und Nachfrage im Kulturbereich bleibt die Forschung bisher ebenfalls schuldig. Hier können nur für die Gesamtbevölkerung longitudinale repräsentative Erhebungen Klarheit über sich abzeichnende Entwicklungen bringen. Bis dahin sind die vorliegenden Deutungen empirisch nicht gesichert.

I. Sekundärdatenanalyse von existierenden Studien zur Hochkultur(-nicht-)partizipation
Gegenüberstellung von nationalen Bevölkerungsbefragungen zum Kulturbesuch zum Zwecke des Benchmarkings.

II. Qualitative Exploration möglicher Variablen der Hochkultur(-nicht-)partizipation
Erstellung von Skalen/Fragenbatterien für Kulturpartizipation (z. B. div. Genres) und für Motive und Barrieren der (Nicht-)Partizipation.

III. Quantitative Überprüfung möglicher Variablen der Hochkultur(-nicht-)partizipation
Repräsentative Befragung von ca. 3.000 Bewohnern (> 16 Jahren) in Deutschland mit umfangreichen Skalen zur Kulturgenrenachfrage und zu theoriegeleiteten, abhängigen Variablen.

IV. Vertiefte qualitative Analyse der Hochkultur(-nicht-)partizipation
Beschreibung von Typen der Nichtpartizipierenden (subsumptive Induktion) sowie weitere Erkenntnisse zu Motiven, Barrieren, Einstellungen, Restriktionen, die v. a. auf biografische und/oder kollektive Kontexte/Faktoren beruhen (abduktive Kodierung).

Abb. 1: *Sandwich-Design der geplanten Mixed-Methods-/Mixed-Theories-Forschung zur Kultur(-nicht-)partizipation*

Wir planen deshalb einen Forschungsplan, den wir als ‚Sandwich-Design' bezeichnen: Einer explorativen qualitativen Studie folgt eine repräsentative quantitative Studie, die wiederum durch eine umfassende qualitative Befragung in den Bereichen ergänzt wird, die durch quantitative Erhebungen nicht befriedigend analysiert werden können.

Explorative qualitative Befragung. Eine repräsentative quantitative Bevölkerungsbefragung wird in einer ersten Phase durch eine qualitative Studie zur Exploration möglicher Operationalisierungen theoretisch hergeleiteter Hypothesen vorbereitet. Ebenfalls zur Vorbereitung der quantitativen Erhebung werden bisher durchgeführte internationale Studien und ihre Methodik herangezogen, um aus diesen vorangehenden Erfahrungen lernen zu können – das Rad muss nicht immer neu erfunden werden.[4] Die Auswahl der in der quantitativen Bevölkerungs-

---

4   Zu diesem Zwecke haben wir bereits eine Sekundärdatenanalyse von bisher im internationalen Raum durchgeführten repräsentativen Bevölkerungsstudien zur Kulturpartizipation durchgeführt und dafür eine Datenbank angelegt. Hierfür erfassten und bewerteten wir 16 empirische Publikumsstudien aus 12 Ländern. Die Ergebnisse zeigen, dass vor allem in Frankreich, den USA, Großbritannien, Skandinavien und in Belgien die elaboriertesten empirischen Arbeiten zu diesem Thema zu finden sind (SCHUSTER 2007, 2008, der allerdings seine vergleichende Gegenüberstellung nicht soziologisch, sondern eher pragmatisch fundiert, vor allem aus der Perspektive der kulturpolitischen Legitimierung der jeweiligen Studie). In den USA erhebt der *Survey of Public Participation in the Arts* (SPPA) seit 1982 in ungefähren Fünf-Jahres-Abständen das landesweite kulturelle Besuchs- und Nutzungsverhalten über sämtliche kulturelle Sparten. Ähnlich gestaltet sich die französische Studienreihe *Les pratiquesculturelles des Français*, in der seit 1973 die kulturelle Teilhabe der Bevölkerung erfasst wird. Die Stärke dieser beiden Studienreihen liegt in einer detaillierten methodisch und theoretisch fundierten Aufarbeitung der Ergebnisse, die neben aktuellen Statistiken auch Rückschlüsse auf Tendenzen und Veränderungen der Kulturnutzung in den jeweiligen Ländern beinhaltet. Die Zugänglichkeit der Daten ermöglicht für die Wissenschaft eine Überprüfung theoretischer Annahmen auf nationaler Ebene. Trotz der hochwertigen Resultate dieser Arbeiten gestaltet sich deren Vergleichbarkeit aber als sehr schwierig bis unmöglich (zu diesem Schluss kommt auch SCHUSTER 2007, 2008). Unterschiedliche Methoden, verschiedene institutionelle Differenzierungen der abhängigen Variablen (z. B. Museumstypen oder Musikgenres) und differierende theoretische Ausgangspositionen verhindern den Vergleich der Ergebnisse (was nicht einige Wissenschaftler daran hindert, dies trotzdem – und also eigentlich auf einer falschen Basis – zu versuchen). Allerdings zeigte sich, dass einige Studien so deutliche methodischer Vorzüge haben, dass sie als Benchmarks für die Anfertigung unserer quantitativen Studie fungieren können. Die Frage bleibt zudem offen, ob nach Durchführung unserer Studie (die als neue Benchmark-Studie fungieren könnte) nicht doch weitere Schritte zur zukünftigen Vergleichsfähigkeit internationaler Bevölkerungsstudien, evtl. basierend nicht auf nationalen kulturpolitisch legitimierten, sondern auf sozialwissenschaftlich notwendigen Erhebungen, durchgeführt werden könnten. Durch eine enge Zusammenarbeit mit internationalen Sozialwissenschaftlern schon bei der Anfertigung unserer drei Erhe-

befragung genutzten Items wird durch diese explorative Phase primärdatenbasiert und durch die Auswertung vorhandener Bevölkerungsstudien sekundärdatenbasiert begründet. Trotzdem kann die Sekundärdatenauswertung nicht die eigene explorative qualitative Studie ersetzen; wir rechtfertigen diese doppelte Exploration damit, dass ein Großteil der bisherigen Bevölkerungsstudien zur Kulturpartizipation die Indikatoren ihrer Fragebögen zumeist forschungspragmatisch, politisch bzw. politikorientiert und sehr häufig in unreflektiert-mimetischer Übernahme vorheriger Studien, aber relativ selten (kultur-)soziologisch abgeleitet auswählen (s. eine ähnliche Kritik bei SCHUSTER 2007/2008).

Quantitative repräsentative Bevölkerungsbefragung. Eine entsprechend theoretisch-deduktiv begründete Fragebogenkonstruktion wird dann in der zweiten Phase in einer repräsentativen quantitativen Bevölkerungserhebung eingesetzt (vorzugsweise als Telefonbefragung, evtl. aber auch in persönlichen Interviews).[5] Die Methode der quantitativen Bevölkerungserhebung hat zum einen den Vorteil, über eine große Zufallsstichprobe repräsentative Aussagen zur Kultur(-nicht-)partizipation der Deutschen zu gewinnen, zum anderen kann die Erhebung quantitativer Daten internationale Vergleiche zu ähnlichen Studien ermöglichen, deren Ergebnisse wir in einer Datenbank schon erfasst und kategorisiert haben (KIRCHBERG/KUCHAR 2012). Anderseits erkennen wir an, dass selbst eine detaillierte und in Indikatorenauswahl wie Fragenformulierung sorgfältig und theoriegeleitet konstruierte quantitative Bevölkerungsbefragung einige Fragen nie tiefgehend genug beantworten kann, weil – forschungspragmatisch begründet – die Länge der Befragungen begrenzt sein muss und weil – methodologisch begründet – eine allein deduktive Herangehensweise weder den Einfluss des (kollektiven) Kontextes noch des (individuellen) biografischen Débris auf die Entschei-

---

bungsstudien und bei der Auswertung kann auf eine solche zukünftige Vergleichbarkeit hingearbeitet werden.

5   Geplant ist z. Z. einer repräsentative quantitative Untersuchung (n=3.000) der Deutschen mit einer umfangreichen Fragenbatterie zur Teilhabe an verschiedenen Kulturaktivitäten (vom häuslichen Lesen bis zu außerhäuslichen kulturnahen Freizeitaktivitäten) als abhängigen Variablenset und einer noch auch durch die qualitative Exploration zu spezifizierenden Fragenbatterie (Skalen) an unabhängigen Variablen, also sozioökonomische und demografische Variablen (GEMBRIS 2008, 2009; TRÖNDLE 2009), Individualisierungsvariablen (BECK/BECK-GERNSHEIM 1994; LAHIRE 2003, 2008), Lebensstil- und Erlebnisrationalitätsvariablen (SCHULZE 2005; KIRCHBERG 2005) und Variablen zu den Motiven und Barrieren der Kulturpartizipation und Kulturnichtpartizipation.

dung pro oder contra (Hoch-)Kulturpartizipation ausreichend erfassen und erklären kann.

Kategoriengestützte qualitative Befragung. Hier soll deshalb in der dritten Phase eine qualitative Face-to-Face-Befragung (in der Länge und im Aufbau evtl. bis hin zum narrativen Interview) zu den Motiven und Barrieren der Kultur(-nicht-)partizipation anhand eines qualitativen Samplings (KELLE/KLUGE 2010) vorgenommen werden, dessen relevante Auswahlmerkmale aus der antezedierenden quantitativen Untersuchung gezogen werden (z. B. aus einer dort mittels Clusteranalysen ermittelten Typologie der Nichtbesucher oder aus dort sozioökonomisch ermittelten Extremgruppen). Das Ergebnis dieser qualitativen dritten Phase wäre dann also das Produkt einer subsumptiven Induktion (d. h. eine vertiefte Erkenntnis vorher bestimmter Kategorien, z. B. „Typen der Nichtbesucher");[6] diese dritte Erhebungsphase soll aber auch offen sein für von den Voruntersuchungen unabhängige, neue Erkenntnisse, z. B. der Definition neuer Kategorien oder Typen für unabhängige und abhängige Variablen, die nicht auf die quantitativen Erkenntnisse rekurrieren („abduktive Kodierung"; REICHERTZ 2003).[7]

---

[6] Bisher gibt es zur kulturellen Nichtbesuchsforschung in Deutschland lediglich auf einzelne Altersgruppen oder auf lokale Opern beschränkte quantitative Studien (DEUTSCHER BÜHNENVEREIN 2002; REUBAND 2008) sowie die Ergebnisse eines qualitativ orientierten, explorativen Projektseminars an der Universität Hildesheim (MANDEL/RENZ 2010). Außer in der US-amerikanischen und australischen Museumsforschung (HOOD 2004; BENNETT 1994; MILLER 2011) fand bisher dieser wichtige Diskurs über den Nichtbesuch in der empirischen Kultursoziologie weder in Deutschland noch in anderen Ländern statt. Eine diesbezügliche Forschung könnte weitreichende Ergebnisse liefern, da hier zum ersten Mal systematisch-empirisch und soziologisch-theoretisch die Ursachen des kulturellen Nichtbesuchs sowohl quantitativ, als auch qualitativ erhoben und interpretiert werden. Dies hätte auch Erkenntnisse hinsichtlich der Differenzierung oder Clusterung von Besuchern und Nichtbesuchern zwischen (oder über) verschiedenen Kulturgenres zur Folge, über die bislang ebenso wenig bekannt ist.

[7] In diesem Schritt werden die qualitativen Daten an einer kleinen Stichprobe von Typen von Nichtbesuchern erhoben (max. n=100), um insbesondere Erkenntnisse über Zusammenhänge der Ablehnung und der Verhinderung des Besuchs hochkultureller Angebote zu erlangen, die eine quantitative Erhebung nicht gewinnen kann. Bei der qualitativen Betrachtung der Ursachen, Einstellungen und Restriktionen der Kultur(-nicht-)partizipation sollen bei Face-to-Face-Interviews vor allem die Biografie der Befragten (ROSENTHAL 2005) als Sozialisationsfaktor und die Einflussnahme des kollektiven Kontextes durch Bezugsgruppen und soziale Netzwerke als Erklärungen insbesondere der Nichtpartizipation erforscht werden, um damit gerade hier eine Weiterentwicklung der Theorie der Kulturnutzung zu erreichen.

3. Fazit

Zur Etablierung einer fundierten theoriegeleiteten Erforschung der Kultur(-nicht-)partizipation in Deutschland ist aus Sicht der Verfasser die Ausarbeitung eines mehrstufigen ‚Sandwich'-Forschungsdesigns auf Basis des vorgestellten Mixed-Methods-Modell notwendig. Zur Überprüfung der verschiedenen theoretischen Ansätze und der tiefergehenden Erforschung von individuellen Motiven und Handlungsentscheidungen bestehen die Anforderungen darin, sowohl repräsentative statistische Daten wie auch umfangreiche vertiefte Informationen zu komplexen Fragestellungen der (Nicht-)Besuchsentscheidung und zu Abwägungsprozessen zum Kultur(-nicht-)besuch zu liefern (ZAHNER 2010; LAHIRE 2003, 2008).

Aus der einschlägigen Literatur und zahlreichen analysierten Studien wird deutlich, dass für Theorieüberprüfungen, insbesondere für Motiv- und Einstellungskomponenten, nicht immer adäquate Indikatoren und Variablen erfasst und verwendet werden. Dies wird besonders in vergleichenden Betrachtungen und den daraus entstehenden Diskursen deutlich (SCHUSTER 2007; KIRCHBERG/KUCHAR 2012).

Ziel des Mixed-Methods-Modell ist somit, geeignetes Datenmaterial für die verschiedenen Erkenntnisinteressen zur Kultur(-nicht-)partizipation zu gewinnen. Dabei sollen die Stärken der einzelnen quantitativen und qualitativen Erhebungsmethoden genutzt werden, aber vor allem die Potenziale weiterführender Untersuchungen durch die Kombination beider Methodenwelten in den Fokus rücken.

Die Überprüfung unterschiedlichster Theorien (‚Mixed Theories') bedarf der Anwendung des Mixed-Methods-Modells. Die auf Verhaltens- und demografischen Variablen basierenden Ansätze wie etwa die Homologiethese oder die Omnivorenthese können durch entsprechende statistische Informationen (Alter, Bildung, Einkommen, Status, Besuchshäufigkeit unterschiedlicher hoch- bzw. popkultureller Institutionen) überprüft werden. Auch demografische Entwicklungen können – unter Berücksichtigung von Variablen zu relevanten Items wie Migrationshintergrund, Zentralität und Größe des Wohnorts etc. – statistisch eingehend untersucht werden.

Bei der eingehenden Betrachtung des Spektrums von Besuchertypen und insbesondere der Überprüfung individualistischer Erklärungen der Nichtpartizipation sowie der Synthese von mikro- und makroorientierten Ansätzen ist allerdings eine Triangulation von quantitativen und qualitativen Vorgehensweisen absolute Voraussetzung. Zwar können einzelne (Nicht-)Besuchertypen durch statistische Verfahren identifiziert, beschrieben und im quantitativ möglichen Rahmen analysiert werden, eine individualistisch-biografische Analyse z. B. zum Einfluss von Lebensstilen auf die Kultur(-nicht-)partizipation stößt hier allerdings an Grenzen. Nur mit Hilfe vertiefter qualitativer Einzelfallbetrachtungen gelingt es hier, Motive, Restriktionen und individuelle Aushandlungsprozesse zu beleuchten und nachzuvollziehen. Ähnliches gilt für die Überprüfung der Individualisierungsthese, zu deren Operationalisierung weitere Überlegungen im Vorfeld notwendig sind (FRIEDRICHS 1998).

Eine derartige Studie kann zum einen dringend notwendige empirischen Informationen zur Kultur(-nicht-)partizipation liefern, die der empirisch orientierten Kultursoziologie in Deutschland, aber auch einer darüber hinaus kulturpolitisch interessierten Klientel, in der theoretischen Tiefe und Komplexität der Methodik bisher fehlt. Neben einer Überprüfung von Theorien auf quantitativer und für Deutschland repräsentativen Ebene muss es weitere qualitative Untersuchungsphasen geben, nämlich explorative Phasen zur Sichtung, Überprüfung und methodischen Festigung der angewandten Instrumente für die quantitative Phase und eine vertiefende Phase zur detaillierteren Beschreibung ausgewählter Variablen. Dies können Variablen sein, die auch in der quantitativen Phase erfasst wurden und nun detaillierter erhoben werden sollen; es können aber auch Variablen sein (z. B. biografischer Natur), deren Erfassung in einer quantitativen Umfrage den Rahmen des Fragebogens sprengen würde. Hier würde dann insbesondere eine Erklärung der Nichtpartizipation an hochkulturellen Aktivitäten überprüft werden, die nicht auf Barrieren der Partizipation rekurriert (Kulturpolitiker und Kulturproduzenten implizieren häufig einen Wunsch der Partizipation, der nur wegen diverser Barrieren nicht realisiert wird, der aber so gar nicht vorhanden ist), sondern auf Motive der Nichtpartizipation (z. B. könnte die Nichtpartizipation sozialisations- oder bezugsgruppenbedingt statusverbessernd sein, eine Partizipation also statusverschlechternd).

In der wissenschaftlichen und kultursoziologisch-orientierten Publikumsforschung ist mehr theoretische Phantasie und methodisches Umdenken erforderlich. Zur Abdeckung der unterschiedlichen Erkenntnisziele und zur Schließung der entsprechenden Forschungslücken ist eine theoretische und methodische Erweiterung und Ausdifferenzierung eine wichtige Voraussetzung. Für die bislang noch nicht existente Grundlagenstudie der Kultur(-nicht-)partizipation in Deutschland schlagen wir deshalb ein Mixed-Methods-Modell auf Basis eines Mixed-Theories-Ansatzes vor, um für verschiedene Aspekte der Kultur(-nicht-)partizipation eine fundierte Datenbasis zu schaffen.

Literatur

ABBING, Hans (2006): *From High Art to New Art*. Amsterdam: Vossiuspers.

ALEXANDER, Victoria D. (2003): *Sociology of the Arts*. Malden, Oxford: Blackwell.

BECK, Ulrich/BECK-GERNSHEIM, Elisabeth (Hgg.) (1994): *Riskante Freiheiten*. Frankfurt/M.: Suhrkamp.

BENNETT, Tony (1994): *The Reluctant Museum Visitor. A Study of Non-Goers to History Museums and Art Galleries*. Redfern/NSW,Strawberry Hills/NSW: Australian Council.

BERTELSMANN STIFTUNG (2006): Demografischer Wandel. – In: *Forum. Das Magazin der Bertelsmann Stiftung* 1, 4-13.

BOURDIEU, Pierre (1982): *Die feinen Unterschiede. Kritik der gesellschaftlichen Urteilskraft*. Frankfurt/M.: Suhrkamp.

BOURDIEU, Pierre/DARBEL, Alain (2006 [1969]): *Die Liebe zur Kunst. Europäische-Kunstmuseen und ihre Besucher*. Konstanz: UVK.

BRYSON, Bethany (1997): What About the Univores? Music Dislikes and Group-based Identity Construction among Americans with Low Levels of Education. – In: *Poetics* 25/2-3, 141-156.

BRYSON, Bethany (2002): Symbolic Exclusion and Musical Dislikes. – In: Spillman, Lyn (Hg.), *Cultural Sociology*. Malden: Blackwell, 108-119.

CHAN, Tak Wing (Hg.) (2010): *Social Status and Cultural Consumption*. Cambridge: Cambridge UP.

DEUTSCHER BÜHNENVEREIN (2002): *Auswertung und Analyse der repräsentativen Befragung von Nichtbesuchern deutscher Theater*. Köln: Deutscher Bühnenverein.

DEUTSCHER BUNDESTAG (Hg.) (2007): *Kultur in Deutschland. Schlussbericht der Enquete-Kommission des Deutschen Bundestages*. Regensburg: Conbrio.

DiMAGGIO, Paul (1996): Are Art-Museum Visitors Different from other People? The Relationship between Attendance and Social and Political Attitudes in the United States.– In: *Poetics* 24/2-4 (Nov.), 161-180.

DONNAT, Olivier (2009): *Les Pratiquesculturelles des Francais à L´èrenumérique*. Paris: La Découverte, Ministère de la Culture et de la Communication.

FÖHL, Patrick/GLOGNER, Patrick (2009): ‚Vom Kopf auf die Füße'– Kritische Anmerkungen zur aktuellen Diskussion um das Forschungs- und Wissenschaftsverständnis des Faches Kulturmanagement. – In: *Jahrbuch für Kulturmanagement* 1 (Forschen im Kulturmanagement), 187-198.

FRIEDRICHS, Jürgen (1998): Die Individualisierungs-These. Eine Explikation im Rahmen der Rational- Choice Theorie. – In: Ders. (Hg.), *Die Individualisierungsthese*. Opladen: Leske + Budrich.

GANS, Herbert (1999): *Popular Culture & High Culture. An Analysis of Taste*. New York: Basic Books.

GEBESMAIR, Andreas (2010): Die Erfindung der Hochkultur. Institutionalisierung und institutioneller Wandel in der Kultursoziologie Richard A. Petersons und Paul DiMaggios. – In: *Jahrbuch für Kulturmanagement* 2 (Theorien für den Kultursektor), 77-96.

GEMBRIS, Heiner (Hg.) (2008): *Musik im Alter. Soziokulturelle Rahmenbedingungen und individuelle Möglichkeiten.* Frankfurt/M.: Lang.

GEMBRIS, Heiner (2009): Entwicklungsperspektiven zwischen Publikumsschwund und Publikumsentwicklung. – In: Tröndle, Martin (Hg.),*Das Konzert. Neue Aufführungskonzepte für eine klassische Form.* Bielefeld: transcript, 61-82.

GERHARDS, Jürgen (2008): Die kulturell dominierende Klasse in Europa: Eine vergleichende Analyse der 27 Mitgliedsländer der Europäischen Union im Anschluss an die Theorie von Pierre Bourdieu. – In: *Kölner Zeitschrift für Soziologie und Sozialpsychologie* 60/4, 723-748.

GLÄSER, Jochen/LAUDEL, Grit (²2006): *Experteninterviews und qualitative Inhaltsanalyse.* Wiesbaden: VS.

GLOGNER, Patrick/FÖHL, Patrick S. (Hgg.) (2010): *Das Kulturpublikum. Fragestellungen und Befunde der empirischen Forschung.* Wiesbaden: VS.

GOLDTHORPE, John H./CHAN, Tak Wing (2007): Social Stratification and Cultural Consumption: The Visual Arts in England. – In: *Poetics* 35/2-3, 168-190.

HÄDER, Michael (2010): *Empirische Sozialforschung. Eine Einführung.* Wiesbaden: VS.

HAMANN, Thomas K. (2008): Der Einfluss der Bevölkerungsentwicklung auf Publikum und Konzertwesen. – In: Gembris, Heiner (Hg.), *Musik im Alter. Soziokulturelle Rahmenbedingungen und individuelle Möglichkeiten.* Frankfurt/M.: Lang, 195-211.

HARTMANN, Peter H. (1999): *Lebensstilforschung.* Opladen: Leske + Budrich.

HAUS DER GESCHICHTE DER BUNDESREPUBLIK DEUTSCHLAND (1996): *Museen und ihre Besucher. Herausforderungen in der Zukunft.* Berlin: Argon.

HEILBRUN, James/GRAY, Charles M. (2001): Consumer Demand: An Introduction [sowie] The Characteristics of Arts Demand and Their Policy Implications. – In: Diess., *The Economics of Art and Culture.* Cambridge: Cambridge UP, Kap. 4 u. 5.

HOOD, Marilyn G. (2004 [1983]): Staying Away. Why People Choose Not to Visit Museums. – In: Anderson, Gail (Hg.), *Reinventing the Museum. Historical and Contemporary Perspectives on the Paradigm Shift.* Lanham: Altamira, 50-57.

INSTITUT FÜR KULTURPOLITIK der Kulturpolitischen Gesellschaft (Hg.) (2008): *Jahrbuch für Kulturpolitik.* Bd. 8: Kreativwirtschaft und Kreative Stadt. Bonn, Essen: Klartext.

KADUSHIN, Charles (1976): Networks and Circles in the Production of Culture. – In: *American Behavioral Scientist* 19, 769-784.

KELLE, Udo/KLUGE, Susann (2010): *Vom Einzelfall zum Typus. Fallvergleich und Fallkontrastierung in der qualitativen Sozialforschung.* Wiesbaden: VS.

KEUCHEL, Susanne (2005): Das Kulturpublikum zwischen Kontinuität und Wandel – Empirische Perspektiven. – In: *Jahrbuch für Kulturpolitik* 5 (Kulturpublikum), 111-126.

KIRCHBERG, Volker (1992): *Kultur und Stadtgesellschaft, Empirische Fallstudien zum kulturellen Verhalten der Stadtbevölkerung und zur Bedeutung der Kultur für die Stadt.* Wiesbaden: DUV.

KIRCHBERG, Volker (1996): Museum Visitors and Non-Visitors in Germany: A Representative Survey. – In: *Poetics* 24/2-4, 239-258.

KIRCHBERG, Volker (2004): Lebensstil und Rationalität als Erklärung des Museumsbesuchs. – In: Kecskes, Robert/Wagner, Michael/Wolf, Christof (Hgg.), *Angewandte Soziologie*. Wiesbaden: VS, 309-328.

KIRCHBERG, Volker (2005): *Gesellschaftliche Funktionen von Museen. Makro-, meso- und mikrosoziologische Perspektiven*. Wiesbaden: VS.

KIRCHBERG, Volker (2008): *Virtues and Pitfalls of Arts and Cultural Statistics in Germany – A Critique of Official Statistics and Representative Populations Surveys on Arts Participation and Consumption. Itaú Cultural – Revista Observatório*. São Paulo.

KIRCHBERG, Volker (2009a): Annäherung an die Konzertstätte. Eine Typologie der (Un-) Gewöhnlichkeit. – In: Tröndle, Martin (Hg.), *Das Konzert. Neue Aufführungskonzepte für eine klassische Form*. Bielefeld: transcript, 155-171.

KIRCHBERG, Volker (2009b): Das Museum als öffentlicher Raum in der Stadt. – In: Baur, Joachim (Hg.), *Museumsanalyse. Methoden und Konturen eines neuen Forschungsfeldes*. Bielefeld: transcript, 231-266.

KIRCHBERG, Volker/KUCHAR, Robin (2012): A Survey of Surveys: Eine international vergleichende Metastudie repräsentativer Bevölkerungsstudien zur Kulturnutzung. – In: Hennefeld, Vera/Stockmann, Reinhard (Hgg.), *Evaluation im Kulturbereich: Zum Stand der Evaluation im Bereich der Kultur und Kulturpolitik*. Münster: Waxmann.

LAHIRE, Bernard (2003): From the Habitus to an Individual Heritage of Dispositions. Towards a Sociology at the Level of the Individual.– In: *Poetics* 31, 329-355.

LAHIRE, Bernard (2008): The Individual and the Mixing of Genres: Cultural Dissonance and Selfdistinction. – In: *Poetics* 36, 166-188.

LE ROUX, Brigitte/ROUANET, Henry (2010): *Multiple Correspondence Analysis*. London: Sage.

LEVINE, Lawrence W. (⁷1994): *Highbrow, Lowbrow. The Emergence of Cultural Hierarchy in America*.Cambridge: Harvard UP.

MANDEL, Birgit/RENZ,Thomas (2010): *Nicht-Kulturnutzer. Eine qualitative empirische Annäherung*. <http://kulturvermittlung-online.de/pdf/onlinetext_nicht-besucher__renz-mandel_neueste_version10-04-26.pdf< (Stand 26.05.2010).

MAYRING, Philipp (2007): *Qualitative Inhaltsanalyse. Grundlage und Techniken*. Basel, Weilheim: Beltz.

MILLER, Kathleen J. (2011): Inclusive Marketing in the Constructive Museum: A Study of Non-visitors' Needs. – In: *The International Journal of the Inclusive Museum* 3/4, 91-107.

NEA – NATIONAL ENDOWMENT OF THE ARTS (2009): *2008 Survey of Public Participation in the Arts* (= Research Note, 49). Washington D.C.: NEA

NEUHOFF, Hans (2001): Wandlungsprozesse elitärer und populärer Geschmackskultur? Die ‚Allesfresser-Hypothese' im Ländervergleich USA/Deutschland. – In: *Kölner Zeitschrift für Soziologie und Sozialpsychologie* 53/4, 751-772.

OLLIVIER, Michèle/EIJCK, Koen van/WARDE, Alan (Hgg.) (2008): Models of Omnivorous Cultural Consumption: New Directions in Research. – In: *Poetics* 36/2-3, 115-264.

OTTE, Gunnar (2008): Lebensstil und Musikgeschmack. – In: Gensch, Gerhard/Stöckler, Eva Maria/Tschmuck, Peter (Hgg.), *Musikrezeption, Musikdistribution und Musikproduktion. Der Wandel des Wertschöpfungsnetzwerks in der Musikwirtschaft*. Wiesbaden: Gabler, 25-56.

PETERSON, Richard A. (1992): Understanding Audience Segmentation: From Elite and Mass to Omnivore and Univore. – In: *Poetics* 21, 243-258.

PETERSON, Richard A./ROSSMAN, Gabriel (2008): Changing Arts Audiences: Capitalizing on Omnivorousness. – In: Tepper, Steven/Ivey, Bill (Hgg.), *Engaging Art: The Next Great Transformation of American's Cultural Life*. New York: Routledge, 307-342.

REICHERTZ, Jo (2003): *Die Abduktion in der qualitativen Sozialforschung*. Opladen: Leske + Budrich.

REUBAND, Karl-Heinz (2002): Opernbesuch als Teilhabe an der Hochkultur. Vergleichende Bevölkerungsumfragen in Hamburg, Düsseldorf und Dresden zum Sozialprofil der Besucher und Nichtbesucher. – In: *Deutsches Jahrbuch für Kulturmanagement* 5, 42-55.

REUBAND, Karl-Heinz (2008): Kosten – Interessen – Lebensstil. Warum Opernliebhaber nicht häufiger in die Oper gehen und andere die Oper meiden. – In: *Stadtforschung und Statistik. Zeitschrift des Verbandes deutscher Städtestatistiker* 1, 24-30.

ROSENTHAL, Gabriele (2005): *Interpretative Sozialforschung*. Weinheim, München: Juventa.

RÖSSEL, Jörg (2004): Von Lebensstilen zu kulturellen Präferenzen – Ein Vorschlag zur theoretischen Neuorientierung. – In: *Soziale Welt* 55, 95-114.

RÖSSEL, Jörg/OTTE, Gunnar (2010): Culture. –In: German Data Forum (RatSWD) (Hg.), *Building on Progress. Expanding the Research Infrastructure for the Social, Economic, and Behavioral Sciences*. Bd. 2. Opladen, Farmington Hills: Budrich, 1153-1172.

SAS, Jan (2010): *What Can Museums Learn from Repeat Visitors to Attract New Visitors?* Paper presented at the ICOM 22nd General Conference – Marketing & Public Relations Committee. Shanghai, 09.11.2010.

SCHULZE, Gerhard (2000): Was wird aus der Erlebnisgesellschaft? – In: *Aus Politik und Zeitgeschichte* 2000/B 12 (Erlebnisgesellschaft). <http://www.bpb.de/publikationen/L0749F,0,Was_wird_aus_der_Erlebnisgesellschaft.html> (Stand 20.03.2010).

SCHULZE, Gerhard (2003): *Die beste aller Welten. Wohin bewegt sich die Gesellschaft im 21. Jahrhundert?* München: Hanser.

SCHULZE, Gerhard (2005 [1992]): *Die Erlebnisgesellschaft*. Frankfurt/M.: Campus.

SCHUSTER, Mark J. (2007): Participation Studies and Cross-National Comparison: Proliferation, Prudence, andPossibility. – In: *Cultural Trends* 16/2, 99-196.

SCHUSTER, Mark J. (2008): Comparing Participation in the Arts and Culture. – In: Tepper, Steven/Ivey, Bill (Hgg.), *Engaging Art: The Next Great Transformation of American's Cultural Life*. New York: Routledge, 49-84.

STIFTUNG NIEDERSACHSEN (Hg.) (2006): *Älter-Bunter-Weniger*. Bielefeld: transcript.

SULLIVAN, Oriel/KATZ-GERRO, Tally (2007): The Omnivore Thesis Revisited: Voracious Cultural Consumers. – In: *European Sociological Review* 23, 123-137.

TRÖNDLE, Martin (Hg.) (2009): *Das Konzert. Neue Aufführungskonzepte für eine klassische Form*. Bielefeld: transcript.

WARDE, Alan/WRIGHT, David/GAYO-CAL, Modesto (2007): Understanding Cultural Omnivorousness: Or, the Myth of the Cultural Omnivore. – In: *Cultural Sociology* 1/2, 143-164.

WOUTERS, Cas (1999): *Informalisierung: Norbert Elias' Zivilisationstheorie und Zivilisationsprozesse im 20. Jahrhundert*. Opladen: Westdt. Verlag.

ZAHNER, Nina Tessa(2010): Die Selektivität des Publikums zeitgenössischer Kunst als Herausforderung für die Rezeptionstheorie Pierre Bourdieus? – In: *Jahrbuch für Kulturmanagement* 2 (Theorien für den Kultursektor), 55-76.

ZENTRUM FÜR AUDIENCE DEVELOPMENT (2007): *Besucherforschung in öffentlichen deutschen Kulturinstitutionen.* Berlin: ZAD.

Von der Kunst, das Publikum standardisiert zu erforschen
Ein Beitrag zur Entwicklung der Methodik
in der empirischen Kulturnutzerforschung
THOMAS RENZ

1. Nutzerforschung in der Kulturmanagementforschung

Das Kulturpublikum ist keine unbekannte Größe mehr. Kulturinstitutionen befragen ihre Besucher mehrheitlich und regelmäßig (ZENTRUM FÜR AUDIENCE DEVELOPMENT 2007: 8), der kulturpolitische Diskurs zeigt auch Interesse (INSTITUT FÜR KULTURPOLITIK 2005) und erste wissenschaftliche Arbeiten führen wichtige Bestandsaufnahmen über die bestehenden Forschungsergebnisse durch (GLOGNER-PILZ/ FÖHL 2010). Die Nutzerforschung stellt ein wesentliches Themenfeld der Kulturmanagementforschung dar, welche hierfür einen doppelten Beitrag leistet: Zum einen sind von einzelnen Kulturinstitutionen unabhängige Studien über das ‚allgemeine' Kulturpublikum grundlegender Bestandteil des Forschungsinteresses. Zum anderen verantwortet Kulturmanagementforschung auch die Entwicklung und Diskussion von Methodik und Theorie ihres Arbeitsgebiets.

Wie genau die Kulturnutzerstudien zu ihren Ergebnissen kommen, welcher Methoden und – damit verbunden – wissenschaftlicher Theorien sie sich bedienen, ist noch nicht wirklich aufgearbeitet. So konstatieren die Herausgeber der ersten Bestandsaufnahme der Kulturnutzerstudien Glogner-Pilz und Föhl (2010: 17):

> In Bezug auf die vielfältigen theoretischen Ansätze und methodischen Zugänge findet bislang kaum ein systematischer Austausch zwischen den beteiligten wissenschaftlichen Disziplinen statt. Dieser Austausch ist jedoch eine wesentliche Voraussetzung, um Theorien und Erhebungsinstrumentarien weiterzuentwickeln und aufeinander abzustimmen.

Allein ein Blick auf die vorhandene Methodenliteratur, welche Grundlagen der empirischen Kulturnutzerforschung vermittelt, verdeutlicht dieses Defizit: Neben einer Arbeitshilfe vom *Deutschen Städtetag* (MARTIN/BREU 1994) und dem vom *Deutschen Bühnenverein* herausgegebenen Leitfaden für Besucherbefragungen (BUTZER-STROTHMANN et al. 2001) legte erst 2011 Glogner-Pilz (2011) eine sozialwissenschaftlich orientierte Anleitung zur Durchführung von Publikumsstudien vor.

Der interdisziplinären Kulturmanagementforschung stellen sich also zwei Aufgaben: Aus einer wissenschaftsgeschichtlichen Perspektive ist es notwendig, die bisher verwendeten Methoden darzustellen und die unterschiedlichen Zugänge der Bezugsdisziplinen zum Publikum zu analysieren. Dies ist Grundlage für die dann mögliche Weiterentwicklung der Methoden, wie beispielsweise die Integration von Ansätzen der künstlerischen Forschung in die bisher sozialwissenschaftlich dominierte Vorgehensweise.

Diese Methodendiskussion kann nun an vielen Punkten ansetzen. Im folgenden Beitrag wird die Geschichte der deutschsprachigen Kulturnutzerforschung exemplarisch skizziert, um damit ihre Entwicklung zwischen institutionellen und wissenschaftlichen Verwertungsinteressen zu verdeutlichen. Es werden Einflüsse auf die Interessensgebiete der Kulturnutzerforschung dargestellt und der Frage nachgegangen, weshalb Methoden der quantitativen Sozial- und insbesondere betriebswirtschaftlich orientierten Marktforschung im Spektrum der eigentlich zahlreichen potenziellen Bezugsdisziplinen dominieren. Da jene empirische Forschungslogik die Notwendigkeit der Standardisierung bestimmter Begriffe nach sich zieht, werden in einem weiteren Schritt die bestehenden Studien in Bezug auf ihre Definition von ‚Kultur' und ‚Nutzer' untersucht.

Der Fokus letzterer Überlegungen liegt auf Studien zum allgemeinen Kulturpublikum. Die Forschungsarbeiten innerhalb einer einzelnen Sparte wie beispielsweise dem Museums- oder Theaterpublikum sind untereinander leichter vergleichbar und eine Systematisierung der bestehenden Erkenntnisse wurde in der oben genannten Studie bereits geleistet (GLOGNER-PILZ/FÖHL 2010). Kulturnutzerforschung ist ähnlich wie Kulturmanagementforschung aber auch spartenübergreifend angelegt und dementsprechend existieren zahlreiche Nutzerstudien, welche das Publikum der ‚allgemeinen' Kultur untersuchen. Die geforderte Vergleichbarkeit der Ergebnisse setzt dann einen ähnlichen Kulturbegriff voraus, welcher neben dem jeweiligen wissenschaftlichen Hintergrund der Autoren auch stark von der Intention der Fragestellung und dem Verwertungsinteresse der Ergebnisse abhängig ist.

Der Wunsch nach Vergleichbarkeit ist auch der Grund für die Beschränkung der Ausführungen auf den deutschsprachigen Wissenschafts- und Kulturraum. Eine internationale Perspektive müsste diverse Prämissen integrieren, welche eher zu einer – stellenweise auch zufälligen – Vergrößerung der Komplexität des Interessensgebiets, als zur gewünschten Systematisierung der vorhandenen Ergebnisse führen würde. Es müssten unterschiedliche sprachliche Begriffe wie beispielsweise die angloamerikanische Differenzierung von ‚culture', ‚arts' und ‚civilisation' berücksichtigt werden und verschiedene kulturpolitische Systeme beleuchtet werden, in denen Kulturnutzerforschung stattfindet. Es entsteht jedoch nicht unbedingt ein Mehrwert dadurch, indem die Diskussionen gleich international geführt werden, ohne dass eine Aufbereitung der nationalen Erkenntnisse erfolgt ist. Auch in Hinblick auf einen im internationalen Vergleich aufzuholenden Rückstand der Methodendiskussionen sollen die folgenden Überlegungen einen Beitrag leisten, eine bessere Vergleichbarkeit zukünftiger Studien zu ermöglichen, um mehr und qualitativ hochwertige Erkenntnisse über das aktuelle und zukünftige Publikum zu erhalten.

2. Eine kurze Geschichte der Kulturnutzerforschung

Beginnt die Geschichte der empirischen Kulturnutzerforschung in Deutschland mit einer der ersten bekannten Publikationen, welche den Fragestellungen und dem Vorgehen dessen entspricht, was heute Kulturmanagementforschung leistet, so werden die methodischen Standards bereits sehr hoch angesetzt: 1919 publizierte Else Biram-Bodenheimer (1919) die Ergebnisse ihrer bereits zehn Jahre vorher durchgeführten, aber in Folge des Ersten Weltkriegs nicht veröffentlichten, empirischen Erfassung der Kulturnutzung in der Industrie- und Arbeiterstadt Mannheim. In ihrer Dissertation verwendete sie in einem Multimethodenansatz die quantitativ erfragten Daten von ca. 10.000 Einwohnern in Bezug auf deren Kulturverständnis und -nutzungsverhalten und integrierte in die Analyse qualitative Beobachtungen – beispielsweise die Bilder und Einrichtungsgegenstände in den Wohnungen der Befragten. Letzteres Prinzip wird fast ein Jahrhundert später in modernen Marktforschungsanalysen angewendet, wie zum Beispiel bei den *Sinus-Milieus*. Biram-Bodenheimers Werk blieb ein Unikat und es sind keine Arbeiten aus der ersten Hälfte des 20. Jahrhunderts bekannt, welche an diesen Fragestellungen anknüpfen oder den Methodenansatz weiterführten. Die Kulturnutzerforschung ging in Bezug auf ihre Verbreitung wie auch auf die Qualität ihrer Methoden wieder ‚auf Null' zurück.

Erst seit den 1960er-Jahren begann in Deutschland eine intensivere Erforschung der Nutzer einzelner Kultursparten. Das Interesse am Publikum öffentlich geförderter Museen und Theater verdeutlicht exemplarisch die wesentlichen Entwicklungen: Methodisch durch Arbeiten in den USA beeinflusst, entstanden die ersten Besucherforschungen in den Museen selbst: Eine erstmalig publizierte standardisierte Besucherbefragung wurde 1965 im *Germanischen Nationalmuseum* in Nürnberg durchgeführt (SCHIEDLAUSKY 1965: 97). 1978 ermittelte der Museumssoziologe Hans-Joachim Klein, dass etwa 150 deutschsprachige Museen solche Besucherbefragungen durchgeführt haben. In Bezug auf die Qualität der Methoden stellte er jedoch fest, „daß die Mehrzahl der Erhebungen dilettantisch angelegt waren" (KLEIN 1980:146). In den 1980er-Jahren begann dann eine systematische und methodisch anspruchsvollere Besucherforschung in deutschen Museen (WEGNER 2010: 100), auch zunehmend museumsübergreifend durchgeführt von Universitäten mit wissenschaftlichen Fragestellungen (KLEIN et al. 1981).

Kulturnutzerforschung an Theatern fand im Gegensatz zu Museen erst später statt. Zudem entwickelten zuerst die Wissenschaftler das Interesse am Theaterpublikum: Bereits in den 1960er-Jahren mit quantitativ-experimentellen Ansätzen (SCHÄLZKY 1977), in den 1960/70er-Jahren dann mit zunehmend soziologischem Erkenntnisinteresse nach der Zusammensetzung des Publikums (FÖHL/LUTZ 2010: 24). Interessanterweise ebbt dieses empirisch-theaterwissenschaftliche Interesse am Publikum dann wieder ab: Obwohl innerhalb der Theaterwissenschaft der theoretische Stellenwert des Zuschauens und somit auch des Zuschauers als Kennzeichen von Theater eher gestiegen ist (BALME 2003: 129), leistet die aktuelle Theaterwissenschaft nicht wirklich einen systematischen Beitrag zur empirischen Kulturnutzerforschung. Dies ist bereits im Fehlen von auf empirische Theaterforschung spezialisierten universitären Lehrstühlen erkennbar, wie diese hingegen im Feld der empirischen Museumsforschung mehrfach vertreten sind.

Beeinflusst durch äußere Zwänge begannen die Theater selbst dann erst Ende der 1980er-Jahre mit institutionellen Untersuchungen ihres Publikums, bis dahin waren die Zuschauer noch weitgehend unbekannt (FÖHL/LUTZ 2010: 23).

Die Gründe für diese zeitlich unterschiedliche Entwicklung zwischen Theatern und Museen sind wissenschaftlich noch nicht aufgearbeitet. Es ist anzunehmen, dass im Museum der originäre Auftrag der Vermittlung als Teil des organisatorischen Selbstverständnisses eher zu einer früheren und weniger konfliktanfälligen Auseinandersetzung mit den

Besuchern geführt hat. Zudem stellt das Museum im Gegensatz zum Theater, mit Ausnahme der kuratorischen Praxis als eigene Kunstform, selbst keine Kunstwerke her, sodass die Gefahr einer ‚Einmischung' in die Kunstfreiheit nicht so brisant ist, wie in der Theaterproduktion. Dementsprechend früh wurden beispielsweise Evaluationen als Planungsinstrument im Museumsmanagement ohne Bedenken genutzt (WEGNER 2010: 100).

Es ist daher symptomatisch, dass es mit dem *Haus der Geschichte* in Bonn oder mit dem *Jüdischen Museum* in Berlin eben zwei Museen in Deutschland sind, welche als ‚Musterschüler der Kulturnutzerforschung' ihre Arbeit konsequent am Besucher orientieren und auf empirisch erhobenen Daten aufbauen. Demgegenüber ist kein öffentliches Theater oder Opernhaus bekannt, welches in Deutschland eine vergleichbare Rolle in Bezug auf Besucherforschung und -orientierung spielt.

3. Die Einflüsse auf Forschungsfragen

3.1 Kulturnutzerforschung zwischen institutionellen und wissenschaftlichen Interessen

Dieser kurze Abriss zur geschichtlichen Entwicklung der Kulturnutzerforschung in Deutschland macht ein Merkmal deutlich, welches entscheidenden Einfluss auf die theoretische und somit auch methodische Fundierung dieser Forschungsarbeiten hat: Kulturnutzerforschung fand und findet in Deutschland zweigleisig statt. Zum einen sind Kulturnutzer Gegenstand sozial-, kultur-, kunst-, verhaltens- und wirtschaftswissenschaftlicher – somit akademisch intendierter – Forschungsarbeiten. Diese nahmen jedoch bis zum Ende des 20. Jahrhunderts selten Bezug aufeinander. Die Zusammenführung der verschiedenen Sparten zu einer allgemeinen Kulturnutzerforschung ist wissenschaftsgeschichtlich noch recht jung. Zum anderen sind Kulturnutzer aber auch Gegenstand von angewandten Auftragsforschungen für und in Kulturinstitutionen oder Gebietskörperschaften. Dazu zählen zum einen die zahlreichen Marktforschungen in einzelnen Einrichtungen, zum anderen die Nutzerstudien der öffentlich-rechtlichen Rundfunkanstalten (FRANK et al. 1991; KUCHENBUCH 2005), die der Meinungsforschungsinstitute (ALLENSBACH 1991) oder die in der Regel von Ministerien oder Kommunen in Auftrag gegebenen bzw. zumindest mitfinanzierten Bevölkerungsstudien, beispielsweise des *Zentrums für Kulturforschung* (KEUCHEL 2003, 2006; KEUCHEL/WIESAND 2008). Diese Studien sind trotz ihres Charakters als Auftragsstudien auch für allgemeine und über die Grundgesamtheit des untersuchten Gebiets hinausgehende Erkenntnisse über Kulturnutzer gewinnbringend. Dies ist insofern bemerkenswert, als innerhalb der Kulturnutzerforschung nicht die universitären Forschungen allein, sondern zahlreiche nichtuniversitäre Studien, Personen und Institutionen in Bezug auf allgemeine Erkenntnisse und Methodenentwicklung diskursprägend waren und sind.

Kulturnutzerforschung als Bereich der Kulturmanagementforschung baut auf dieser Entwicklung auf und muss sich mit den daraus entstehenden potenziellen Konflikten auseinandersetzen. Die dargestellten Perspektiven haben Einfluss auf Definitionen von Fragestellungen und Methoden. Insbesondere der hohe Stellenwert der Auftragsarbeiten in der Kulturnutzerforschung hat zur Folge, dass Fragestellungen dominieren, welche auf die Informationsbeschaffung von Entscheidungsproblemen im Management von Kulturinstitutionen und -verwaltungen abzielen. Indem Kulturmanagementforschung nicht (mehr) eine rein dem Kulturbetrieb dienende Funktion zugeschrieben wird, sondern die „Gestaltung kultureller Kontexte über den Kunstbetrieb hinaus" (MANDEL 2009: 17) zum Ziel hat, wäre eine unkritische Übernahme dieser Fragestellungen und Methoden problematisch. Es besteht die Gefahr, dass insbesondere in der Adaption von standardisierten Erhebungsinstrumenten eben auch deren Interessensperspektive übernommen wird, was zu einer Beschränkung des Erkenntnispotenzials führen kann.

3.2 Politische und ökonomische Einflüsse auf die Fragestellungen der Kulturnutzerforschung

Besonders aus gesellschaftspolitischen Entwicklungen sind Fragen und Gegenstände der Kulturnutzerforschung hervorgegangen: Die auf den gesellschaftlichen Wandel in den 1960/70er-Jahren zurückgehenden öffentlichen Diskussionen über eine elitäre Nutzung der Kunst, insbesondere der Oper durch ein bildungsbürgerliches Milieu, führten zur ersten großen deutschlandweiten Bevölkerungsbefragung im Auftrag des Deutschen Musikrats (WIESAND 1975).

Die Prämissen der Neuen Kulturpolitik ab den 1970er-Jahren basierten auf zahlreichen positiven Wirkungszuschreibungen von Kunst und Kultur (GLOGNER-PILZ/FÖHL 2010: 11). Obgleich der Nutzer dadurch stärker in den Fokus kulturpolitischer Überlegungen geriet, folgte dem keine Kontrolle der tatsächlichen Auswirkungen: Denn die Ideen, welche unter Hoffmanns (1981) „realer Utopie" von „Kultur für alle" zusammengefasst werden können, gingen in erster Line von der Anbieterseite aus und blendeten die Nachfrageseite eher aus (KLEIN 2008: 93), sodass eine entsprechende empirische Überprüfung weitgehend unterblieb.

Die Ökonomisierung der Politik seit den 1990er-Jahren hatte eine Zunahme von Kulturnutzerstudien zufolge. Zunehmend wurden politische Entscheidungen auf ihre Wirksamkeit hin überprüft bzw. empirisch erhobene Daten zur Entscheidungsfindung gesammelt. Im 21. Jahrhundert mündet diese Entwicklung in der Konjunktur von Evaluationen (TIMMERBERG 2008: 96), zu denen Kulturnutzerforschungen einen wichtigen Teil beitragen, auch als mögliche Reaktion auf die Aktivitäten von Unternehmensberatern im Kulturbetrieb (ERMERT 2008: 92). Auf internationaler und europäischer Ebene zeichnet sich eine Entwicklung ab, die unterstreicht, dass empirische Kulturnutzerforschung zum integralen Bestandteil (kultur-)politischer Programmgestaltung und -überprüfung wird (DEUTSCHE UNESCO KOMMISSION 2009: 13; EUROPÄISCHE KOMMISSION 2007: 4). In der deutschen Kulturpolitik ist solch ein Paradigmenwechsel zumindest in ordnungspolitischer Hinsicht nicht absehbar.

Im 21. Jahrhundert haben die politischen Auswirkungen des demografischen Wandels der Gesellschaft Einfluss auf die Fragestellung der Kulturnutzerstudien, sowohl in politischen Auftragsarbeiten wie auch in wissenschaftlichen Arbeiten. Die Integration politisch relevanter Zielgruppen in die Kulturnutzerforschung zeichnet sich am deutlichsten bei Senioren (KINSLER 2003; KEUCHEL/WIESAND 2008) und bei Menschen mit Migrationshintergrund ab (MINISTERPRÄSIDENT DES LANDES NORDRHEIN-WESTFALEN 2010).

Den stärksten Einfluss auf die Entfaltung der Kulturnutzerforschung und die Entwicklungen neuer Fragestellungen hatte jedoch die ökonomische Entwicklung seit den 1980er-Jahren, welche geradezu in einem „wahren Megatrend" von institutionellen Besucherbefragungen endete (HALLER 2006: 2). Als Folge der „Neuen Kulturpolitik" wächst ab den 1980er-Jahren die Zahl der öffentlich geförderten Kulturinstitutionen, während die öffentlichen Fördermittel nicht unendlich weiterwachsen. Einhergehend mit steigenden Fixkosten, insbesondere für Personal und einem zunehmenden Ringen um öffentliche Mittel, finden sich Kulturinstitutionen in ökonomischen Zwängen wieder und es wächst die Notwendigkeit durch eine Hinwendung zu den Nutzern Eigenmittel zu generieren. Unterstützt wird diese Entwicklung durch die Zunahme der Konkurrenz auf dem Freizeitmarkt, zuerst in den 1980er-Jahren durch die Etablierung des Privatrundfunks, ab den 1990er-Jahren dann auch in den Kulturinstitutionen vor Ort.

Das Handwerkszeug für den Umgang mit diesen ökonomischen Zwängen liefert hierzu die frühe Kulturmanagementforschung, welche im Grunde Instrumente der Betriebswirtschaftslehre auf den Kulturbetrieb überträgt. Den wesentlichen Faktor bei diesen Überlegungen stellt das Publikum dar, welches mit den Mitteln wirtschaftswissenschaftlicher Marktforschung untersucht wird. Demnach sind viele Fragestellungen solcher Besucheranalysen ökonomisch geprägt und konzentrieren sich auf die wirtschaftlichen Austauschprozesse zwischen Marktteilnehmern (z. B. BENDZUCK 1999).

Bis heute ist der Diskurs über Kulturnutzerforschung in Deutschland zudem wesentlich vom Rechtfertigungskonsens der Kulturförderung geprägt, welcher die öffentliche Förderung grundsätzlich als positiv und erhaltenswert definiert und eine kritische Überprüfung der kulturpolitischen Ideen somit verhindert (SCHULZE 1993: 553). Es ist deshalb ein grundlegendes Problem von Kulturnutzerstudien, durch empirisch beobachtende Analysen Ergebnisse zu generieren, welche diesem Konsens widersprechen könnten, beispielsweise dass öffentlich geförderte Kultureinrichtungen trotz eines anderen Anspruchs nur einen kleinen Teil der Bevölkerung erreichen. Auffallend ist in den bekannten Studien insbesondere ein undifferenzierter oder auch unsicherer Umgang mit Fragestellungen, deren Ergebnisse einen Eingriff in die Kunstfreiheit zur Folge haben könnten (DEUTSCHER BÜHNENVEREIN 2003). Die Bewertung, ob eine Theaterinszenierung beispielsweise werktreu oder modern sein soll, hätte in politischen oder managerialen Konsequenzen sicherlich Einfluss auf künstlerische Entscheidungen. Oft thematisieren Studien solche Fragen nicht, wobei es unklar bleibt, ob dies am erwähnten Rechtfertigungskonsens liegt, welcher auch vor Empirikern nicht halt macht, oder ob dies auf bewusste Entscheidungen gegen eine mögliche Dominanz des Massengeschmacks zurückgeht.

Führt eine Kulturinstitution selbst eine Besucherforschung durch, so müsste sie intern den potenziellen Eingriff auf die Kunstfreiheit verantworten. Eine Analyse der Besucherbefragungen deutscher Theater hat gezeigt, dass diese zwar stellenweise entsprechende künstlerische Produkte und Programme bewerten lassen, aber aufgrund der hohen Abstraktion und methodischen Schwächen in der Frageformulierung keine Einflussnahme auf die künstlerische Arbeit zu erwarten ist (RENZ 2008).

Sozialwissenschaftliche Kulturnutzerstudien ohne kulturpolitischen Background thematisieren entsprechende Publikumswünsche an die Kunst teilweise ohne weiteren Hinweis auf die mögliche Problematik (REUBAND 2005: 256). Anders ist dies bei öffentlichen Auftragsstudien: So reflektieren beispielsweise die Autoren des *1. Jugend-KulturBarometers* sehr kritisch die erfolgte Abfrage der Bewertung künstlerischer Inhalte ohne jedoch eine Lösung für die damit verbundenen Probleme aufzuzeigen (KEUCHEL 2006: 126).

4. Einflüsse auf die Methoden der Kulturnutzerforschung

Obgleich Kulturnutzerforscher im Prinzip auf methodische Ansätze aller möglichen kulturmanagerialen Bezugsdisziplinen zurückgreifen können, dominieren die Methoden der empirischen Sozialforschung. Mehr noch: Es dominiert die Datenerhebungsform der standardisierten – also quantitativen – Befragung (GLOGNER-PILZ 2011: 25)!

Grundsätzlich stehen in der empirischen Sozialforschung drei Arten der Datenerhebung zur Verfügung: Die Befragung, die Beobachtung und die Dokumentenanalyse. Eine Sonderrolle spielt das Experiment, welches in der Regel eine in einer künstlich geschaffenen Laborsituation durchgeführte Verhaltensbeobachtung darstellt. Obwohl die Museumsbesucherforschung in den 1960er-Jahren von einer „psychologisch dominierten Art" beeinflusst wurde, sind experimentelle Formen heute eher selten, was auf die in den 1980er-Jahren zunehmende sozialwissenschaftliche Kritik an solchen eindimensionalen theoretischen Modellen zurückzuführen ist (TRÖNDLE et al. 2009: 135). Eine Ausnahme bildet in den letzten Jahren das interdisziplinäre Forschungsprojekt *eMotion. mapping museum experience*, welches neben künstlerischen auch experimentelle Methoden beinhaltet.[1]

Es ist bezeichnend, dass dieses Projekt an einem Museum stattfand, schließlich haben in der Museumsbesucherforschung andere Datenerhebungsformen wie auch die Beobachtung eine lange Tradition (WEGNER 2010: 105). In anderen Kultursparten dominiert allein die Befragung (FÖHL/LUTZ 2010: 37). Von Theater und Museen selbst durchgeführ-

---

1 <http://www.mapping-museum-experience.com>.

te Besucherforschungen basieren nach einer Erhebung des *Zentrums für Audience Developments* sogar ausschließlich auf Befragungen. Andere Erhebungsarten wie beispielsweise Beobachtungen sind statistisch nicht relevant (ZENTRUM FÜR AUDIENCE DEVELOPMENT 2007: 15). Dieses Ergebnis ist jedoch auch auf die Gleichsetzung von Besucherforschung und Besucherbefragung in dieser Studie zurückzuführen. Beobachtungen als Erhebungsform stellen aber auch die Grundlage der Statistik der Kulturinstitutionen dar. Indem Besucher gezählt werden, sind zwar interessante Zeitvergleiche möglich, es können jedoch wenig weitere Aussagen über die Nutzer gemacht werden.

Die Datenerhebungsform der Dokumentenanalyse wird in den empirischen Kulturnutzerstudien ebenfalls nur selten genutzt. Voraussetzung wäre die Existenz von Dokumenten, welche menschliche Kommunikation oder Interaktion repräsentieren. Da durch Kulturnutzung in der Regel keine unmittelbaren Dokumente entstehen, ist diese Erhebungsform für diesen Forschungsgegenstand auch weniger prädestiniert, es sei denn, es handelt sich um ein vergangenes und nicht mehr existierendes Publikum. Die Sozialgeschichte der verschiedenen Kunstsparten, welche deren Rezeption in vergangenen Zeiten rekonstruiert, bedient sich entsprechender vermittelnder Dokumente wie beispielsweise Leserbriefe oder Kritiken (SCHNEIDER 2004). Einen zukünftig an Bedeutung gewinnenden Dokumentenpool bietet das Social Web, welches durch die schriftlich dokumentierte Kommunikation der User gekennzeichnet ist. Beispielsweise bieten die sehr ambitioniert geführten Online-Diskussionen über das Urheberrecht in Zeiten der Digitalisierung viel Potenzial für Forschungen über das Künstlerbild der Internet- und Musiknutzer.[2]

Diese Dominanz der Befragung als Datenerhebung in der Kulturnutzerforschung ist zum einen auf das geschichtlich entwickelte große Interesse für die soziale Zusammensetzung des Publikums wie auch auf einstellungsrelevante Aspekte der Kulturnutzung zurückzuführen, welche eben nicht allein durch Beobachtungen erforscht werden können. Zum anderen sind Befragungen oft auch forschungsökonomisch einfacher durchzuführen, wobei eine Einschränkung der Validität der Erhebungsinstrumente akzeptiert wird: Das tatsächliche Besuchsverhalten wäre theoretisch auch durch Beobachtung ermittelbar, wird bei Kulturnutzerstudien jedoch in der Regel erfragt. Die damit verbundene notwendige Erinnerungsleistung bei den Befragten sowie die Unschärfen in

---

2 Diskussionen finden sich beispielsweise auf <http://www.spreeblick.com/2012/04/14/ich-heb-dann-mal-ur/> oder <http://www.zeit.de/2012/15/Urheberrechtspolitik>.

den Begriffsdefinitionen (s. Abschnitt 5) können zu einem Qualitätsverlust führen. Diese Diskrepanzen wurden beispielsweise bei der Kritik der Ergebnisse des 8. *Kulturbarometers* (ZENTRUM FÜR KULTURFORSCHUNG 2005) durch den *Deutschen Bühnenverein* deutlich, dessen Theaterstatistik „erheblich niedrigere Besucherzahlen" aufführte, als die auf einer Bevölkerungsbefragung basierenden Zahlen des *Zentrums für Kulturforschung* (LENNARTZ 2006).

4.1 Die Dominanz der quantitativen Logik

Im 21. Jahrhundert finden in den empirischen Sozialwissenschaften keine Grabenkämpfe mehr zwischen Anhängern der qualitativen und der quantitativen Forschungslogik statt: Der Trend geht zur Methodentriangulation und viele wichtige Kulturnutzerstudien verbinden qualitative und quantitative Methoden.[3] Dabei handelt es sich aber nicht um ein gleichberechtigtes Nebeneinander. Vielmehr dominieren rein mengenmäßig quantitative Forschungsarbeiten,[4] während qualitativen Methoden lediglich eine Nebenrolle zugestanden wird und diese hierarchisch den quantitativen Methoden als Vorstufe oder nachträgliche Überprüfung untergeordnet sind (FÖHL/LUTZ 2010: 39). Allein in der Geschichte der Museumsbesucherforschung sind am stärksten noch qualitative Methoden innerhalb eines multimethodischen Evaluationskonzepts feststellbar (WEGNER 2010: 104).

Die quantitative Logik basiert in erster Linie auf der Überprüfung theoriegeleiteter Hypothesen oder Modelle. Dies bedarf einer Standardisierung von Indikatoren zur Messung dieser Annahmen. Dadurch kann eine statistische Analyse der erhobenen Daten erfolgen und unter bestimmten Vorraussetzungen sind über die untersuchte Teilauswahl hinausgehende repräsentative Aussagen über einen größeren Personenkreis möglich. Während also in der quantitativen Logik „bei allen Menschen einzelnes betrachtet" wird, wird in der qualitativen Logik hingegen „beim einzelnen Menschen alles betrachtet" (NOELLE-NEUMANN 1996: 29). Qualitative Forschung zeichnet sich vor allem durch eine Offenheit gegenüber dem Forschungsgegenstand aus. Es erfolgen

---

3 Exemplarisch seien hier die großen Kulturnutzerstudien des *Zentrums für Kulturforschung* aufgeführt, welche alle neben einer standardisierten Nichtnutzerbefragung auch qualitative Interviews und Dokumentenanalysen beinhalteten (KEUCHEL 2003, 2006).
4 S. hierzu die Sammlung <http://www.kulturvermittlung-online.de>.

keine Standardisierungen, da keine Hypothesen oder theoretische Modelle überprüft werden. Vielmehr soll in einem offenen Prozess unter dem Paradigma des ‚Entdeckens' der gesamte Gegenstand angemessen verstanden werden. Diese Logik ist auch eine Reaktion auf die Grenzen der standardisierten Herangehensweise, wonach quantitative Forscher oft den Forschungsgegenstand danach auswählen, in wie weit dieser zu den zur Verfügung stehenden Methoden passt (FLICK 2006: 16). Je komplexer Phänomene in der Realität also sind, desto schwieriger ist es, diese mit standardisierten Erhebungsinstrumenten zu erfassen. Ein Problem der qualitativen Logik ist die ungelöste Frage nach der Generalisierbarkeit der Ergebnisse.

Die Entscheidung für eine dieser Logiken ist selbstverständlich abhängig von der jeweiligen Tradition der Bezugsdisziplin des Kulturnutzerforschers. Die frühen deutschen Theaterpublikumsuntersuchungen in der zweiten Hälfte des 20. Jahrhundert sind zum Beispiel noch stark an quantitative – heute als positivistisch bezeichnete – einfache Modellüberprüfungen orientiert: In einer Versuchsanordnung bekamen die Theaterzuschauer ein Messgerät, mit dessen Schalthebel sie die Inszenierung kontinuierlich mit drei Merkmalsausprägungen bewerten sollten: Zustimmung, Ablehnung oder Enthaltung (SCHÄLZKY 1977: 370). Solche Methoden spielten aber in den Geistes- und später Kulturwissenschaften bald keine nennenswerte Rolle mehr. Wenn dort empirisch geforscht wurde, dann überwiegend qualitativ orientiert. Anders ist das in der seit den 1960/70er-Jahren wichtiger werdenden Soziologie und auch in den Verhaltenswissenschaften, in denen quantitative Methoden eine wichtige Rolle spielen.[5] Die Marketingforschung innerhalb der Betriebswirtschaftslehre, welche dann seit den 1980er-Jahren die Kulturmanagementforschung stark beeinflusst, ist interessanterweise sehr stark quantitativ orientiert. Stellenweise kommt in der dortigen Methodenliteratur auch der oben bereits zu Ende geglaubte Grabenkampf wieder auf: Qualitative Methoden werden nur am Rande aufgeführt und lediglich als explorative Vorbereitung einer quantitativen Studie akzeptiert (KOSCHNICK 1987: 704) oder zwar genutzt, aber grundsätzlich mit dem Ziel einer quantitativen Auswertung (BEREKOVEN et al. 2009: 89), ohne die Potenziale eines offenen und entdeckenden Forschungsprozesses zu nutzen oder qualitative Datenauswertungsverfahren zu benennen (MEFFERT 1982; HOMBURG/KROHMER 2003: 243).

---

5 Auch fanden in diesen Wissenschaften die Diskussionen über die Entwicklung der qualitativen Forschung als Reaktion auf Defizite der quantitativen Forschung statt, welche an dieser Stelle aber nicht wiedergegeben werden können.

Auch weitere empirische betriebswirtschaftliche Forschungsinstrumente, wie beispielsweise das ursprünglich aus der Kostenrechnung entstandene Controlling sind theoretisch so konstruiert, dass sie sich für jene Indikatoren interessieren, welche zahlenbasiert messbar sind. Dem steht mit dem Monitoring ein sozialwissenschaftlich geprägtes, auf Offenheit ausgerichtetes und qualitative Daten wie Auswertungsverfahren nutzendes Kontrollinstrument gegenüber (STOCKMANN 2007: 77).

Der hohe Stellenwert der quantitativen Logik in der BWL ist insofern bemerkenswert, da – wie oben aufgeführt – ökonomische Entwicklungen einen sehr wichtigen Anteil an der Verbreitung von Kulturnutzerforschung seit den 1980er-Jahren hatten und betriebswirtschaftliche Modelle und Theorien demnach auch methodenprägend waren.

4.2 Kulturnutzerforschung als quantitative Marketingforschung

Die Implementierung von Kulturnutzerforschung in den betriebswirtschaftlich modellierten Marketing-Managementprozess ist daher eine Erklärung für die Dominanz der quantitativen Logik im Forschungsfeld. Management umfasst unter anderem Planungs- und Entscheidungsprozesse, in diesem Fall in Bezug auf den Umgang mit Marktteilnehmern. Finden diese Prozesse unter Unsicherheit statt, so liefert Marktforschung Informationen, welche die anstehenden Entscheidungen erleichtern sollen, indem Szenarien modellhaft empirisch überprüft werden. Voraussetzung für solche Forschungen ist die Existenz von Annahmen und Wirkungszuschreibungen zu bestimmten managerialen Interventionen. Eigentlich thematisiert Marktforschung also immer ein Managementproblem. Beispielsweise geht die Öffentlichkeitsarbeit eines Theaters davon aus, dass die Bewerbung des Spielplans in Lokalzeitungen mehr Kartenverkäufe zur Folge hat. Dies kann im Falle von sinkenden Verkaufszahlen und der Unsicherheit der Wirksamkeit von Anzeigen mithilfe einer klassischen Medienresonanzanalyse innerhalb einer Besucherbefragung überprüft werden. Die hypothesenbasierte und von Grund auf quantitativ angelegte Marktforschung ist also eine Konsequenz aus der sehr systematisierten Marketing-Managementtheorie, welche bei Entscheidungsproblemen ansetzt und eine Offenheit eben gerade nicht wirklich vorsieht.

Besonders deutlich wird dieser Einfluss auf die Methoden der Kulturnutzerforschung am Beispiel der Typenbildung. Modernes Marketing-

Management beruht auf einer Segmentierung der Märkte (KLEIN 2001: 259). Demnach wird der Gesamtmarkt in homogene Gruppen unterteilt, welche dann mit spezifischen Marketingstrategien und -programmen bearbeitet werden. Dies erfolgt methodisch durch eine Clusteranalyse der quantitativ erhobene Daten mit vorab theoretisch entwickelten Segmentierungsmerkmalen. Die Betriebswirtschaftslehre übernimmt dabei die in den Sozialwissenschaften vollzogene Ablösung des soziodemografischen Schichtenmodells durch komplexere Lebensstil- und Milieuanalysen (KLEIN 2001: 139). Diese scheinen vor allem für eine gegenstandsangemessene Erforschung kultureller Vorlieben besser geeignet zu sein, als die klassischen Merkmale Bildung, Einkommen und Berufsstatus (KIRCHBERG 1996: 154). Neben sozialwissenschaftlich intendierten Kulturnutzertypologien (SCHULZE 1993) werden jedoch auch in der kommerziellen Marktforschung entwickelte Typologien wie beispielsweise die *Sinus-Milieus* in Kulturnutzerstudien integriert (BUND DER DEUTSCHEN KATHOLISCHEN JUGEND 2007; MINISTERPRÄSIDENT DES LANDES NORDRHEIN-WESTFALEN 2010). Dadurch ist zwar die „Anschlussfähigkeit an die Konsumsegmentierung anderer Märkte gewährleistet" (RHEIN 2010: 176), der Kulturnutzer wird aber auch primär als Konsument begriffen. Die Integration von individuellen Rezeptionsprozessen, die neben jenen konsumorientierten Faktoren ebenfalls im Interesse einer interdisziplinären Kulturnutzerforschung liegen, bleiben bei solchen homogenen Clustern jedoch unberücksichtigt (TIMMERBERG 2008: 105).

Qualitative Methoden können innerhalb der Marketingforschung eine Rolle spielen, wenn es darum geht, neue – weder theoretisch noch empirisch bekannte – Phänomene zu untersuchen und neue Märkte zu erschließen. Gegenwärtig ist dies innerhalb des Audience Development der Fall, wo bisher nichtkulturaffine Zielgruppen für Kunst und Kultur nachhaltig begeistert werden sollen. Indem neues Publikum gefunden werden soll und nicht das bestehende erweitert bzw. Besucher zu mehr Besuchen motiviert werden sollen, ist oft noch nichts über die neuen Zielgruppen bekannt. Deshalb bieten sich offene qualitative Verfahren für die Untersuchung von Motiven und Barrieren des Kulturbesuchs an (WEGNER 2010: 139; MANDEL/RENZ 2010).

4.3 Das Kollektiv als Forschungsgegenstand

Unabhängig von diesen Integrationsmöglichkeiten qualitativer Ansätze in der Kulturnutzerforschung bleibt ein Grundproblem bestehen: Der Forschungsgegenstand ist ein Kollektiv! Bereits der Begriff des Publikums beschreibt im Singular eine Mehrzahl von Menschen. Der im Duden nicht aufgeführte Plural Publika wird für ein in sich homogenes und zu anderen unterscheidbares Publikum einer bestimmten Institution oder Sparte verwendet. Solche Merkmale sind in der Kulturpublikumsforschung entscheidend. Das hat zur Konsequenz, dass Forschungsfragen immer auch das ganze Kollektiv betreffen und Ergebnisse entsprechend übertragbar sein müssen.

Die Folgen dieses Repräsentativitätspostulats liegen in der Notwendigkeit der Existenz von Theorien und logischen Modellen sowie in der intersubjektiv nachvollziehbaren Standardisierung der damit verbundenen Begriffe durch Kulturnutzerforscher. Dies ist zum Beispiel bei Fragen zur Geschlechterverteilung bei den Besuchern öffentlich geförderter Theatern in Deutschland noch leicht möglich, stößt aber an Grenzen, sobald die zu untersuchenden Phänomene in der Realität komplexer werden, wie beispielsweise auf soziale Gründe zurückgehende kulturbesuchsverhindernde Barrieren (MANDEL/RENZ 2010). Der Museumsforscher Bernhard Graf (1980: 159) benannte daher bereits 1980 als größtes Problem der quantitativen Logik

> die begrenzte Meßbarkeit von Indikatoren beispielsweise für das Verstehen eines Museumsobjektes oder eines Textes, das – sieht man von den Naturwissenschaften ab – meist nicht nur eine einzige richtige Form und Sichtweise kennt.

Quantitative Kulturnutzerforschung muss diese Sichtweisen entweder in die Forschungsdesigns angemessen integrieren oder die Grenzen dieses Vorgehens angesichts des sehr komplexen Forschungsgegenstands finden und benennen.

5. Die Notwendigkeit der Begriffsdefinition

Die Begriffsdefinition in der standardisierten Forschung ist im besten Falle Folge einer theoretisch fundierten Modellbildung, wie der Forschungsgegenstand als Phänomen der Realität begriffen wird. Dies kann auch implizit und ohne geplantes Vorgehen passieren: Denn jedem standardisierten Erhebungsinstrument liegt immer ein theoretisches Modell zugrunde, auch wenn dies den Forschern selbst gar nicht bewusst ist, was beispielsweise in von Kultureinrichtungen selbst durchgeführten Marktforschungen immer wieder der Fall zu sein scheint.

Dass eine solche Modellbildung nicht ohne Reibungs- und Qualitätsverluste verläuft, wurde in der Methodologie erkannt und als Korrespondenzproblem benannt, wonach die „Transformation einer Theorie in ein Beobachtungsinstrument per se mangelhaft ist" (RAITHEL 2008: 22). Wenn man nicht unbewusst oder bewusst zum Vertreter einer positivistischen Wissenschaftsauffassung werden will, liegt die einzige Lösungsmöglichkeit in der Definition von Korrespondenzregeln, also im Operationalisieren der Theorien mithilfe standardisierter Merkmale und Indikatoren zur folgenden empirischen Überprüfung. Es liegt nahe, dass Kulturnutzerforschung zwei Begriffe klären muss: Kultur und Nutzer.

5.1 Der Kulturbegriff der Studien

Die Bestimmung des Kulturbegriffs in von Kultureinrichtungen selbst durchgeführten oder in Auftrag gegebenen Nutzerstudien ist einfach: Es ist eben die Institution selbst, die definiert welche ‚Kultur' genutzt wird. Ähnlich verläuft diese automatische Begriffsdefinition bei über einzelne Institutionen hinausgehenden Auftragsstudien, beispielsweise der oben erwähnten Opernstudie (WIESAND 1975) oder der Nichtbesucherstudie im Auftrag des *Deutschen Bühnevereins* (DEUTSCHER BÜHNENVEREIN 2003). Aber bereits hier offenbart sich ein Problem: Indem auch von Verbänden durchgeführte Studien die Nutzung ihrer Einrichtungen oder Sparten mit anderen Angeboten vergleichen und abgrenzen, ist eine Definition genau dieser anderen Kulturangebote notwendig. Es geht also um die Frage, in welchem Konkurrenzfeld sich die Anbieter verorten und noch vielmehr: Was unter Kultur verstanden wird.

In der Kulturnutzerforschung gibt es dazu keinen einheitlichen Rahmen – vielmehr besteht Uneinigkeit über den Kulturbegriff:

> Eine allgemein konsensfähige Beschreibung von kulturellen Sparten und Stilrichtungen zu finden, ist seit jeher problematisch in der empirischen Kulturforschung. (KEUCHEL 2003: 82)

Erfolgt diese Definition weder durch die eigene Institution noch durch die Intention des Auftraggebers, haben drei Faktoren Einfluss auf den Kulturbegriff der Nutzerstudien: Der wissenschaftliche Kulturbegriff, der persönliche Kulturbegriff des Forschers sowie forschungsökonomische Gründe. Ist die Kulturnutzerstudie in eindeutige wissenschaftstheoretische und -historische Traditionen eingebunden, so ist die Begriffsdefinition weitgehend durch die eigene Disziplin prädispositioniert. Dies ist am ehesten bei den klassischen Disziplinen wie beispielsweise der Theater-, Kunst- oder Musikwissenschaft, aber auch bei der Museumsforschung der Fall. Dabei handelt es sich jedoch weniger um einen Kulturbegriff und mehr um den jeweiligen Spartenbegriff, z. B. der Definition des Theaters oder Museums, welcher spätestens beim Vergleich mit über die eigene Institution hinausgehenden Themen an Grenzen stößt. In den nicht an eine künstlerische Sparte gebundenen Kulturwissenschaften existiert hingegen kein einheitlicher Kulturbegriff, sondern eine langjährige Debatte über dessen Abgrenzung oder Erweiterung (HANSEN 2000).

Ein zusätzliches nicht zu unterschätzendes Problem stellt der persönliche Anspruch der Wissenschaftler an einen eigenen, sicherlich begründeten weiten Kulturbegriff dar. Selbstverständlich kann Kultur viel mehr als Theater oder Musik bedeuten:

> Die ungeheuer inflationäre Verwendung des Kulturbegriffs hat diesen weitgehend entgrenzt. Kultur ist nun annähernd alles, was auch nur entfernt mit dem menschlichen Leben zu tun hat. (KOLLAND 1996: 108)

Die Notwendigkeit der Abgrenzung des Kulturbegriffs einer Studie führt aber zwingend zu einem engeren Begriff, welcher nicht unbedingt den eigenen Vorstellungen entspricht. Deutlich wird dies bei der Terminologie der Nichtkulturnutzerforschung: Während die Bildungsforschung mit den leicht messbaren formalen Schulabschlüssen souverän die Kategorie ‚bildungsfern' nutzt, scheint sich die Kulturnutzerforschung schwerer mit dem äquivalenten Begriff von ‚kulturfernen' oder gar ‚kulturlosen' Milieus zu tun. Aufgrund der mehrdeutigen Definition von Kultur, impliziert ein solcher Begriff auch das Fehlen eines weiten Kulturbegriffs. Entsprechend bedarf es weiterer Erklärungen, um nicht den forschungsethisch problematischen Anschein zu erwecken, Kulturnutzerforscher würden beispielsweise Menschen, die nicht ins Theater gehen, eine Alltags-, Körper- oder Lebenskultur absprechen.

Die Studien, welche auf sozialwissenschaftlich quantitativen Methoden basieren, lassen folgende Systematisierung der ihnen zugrunde liegenden Kulturbegriffe zu:

1) Grundsätzlich ist es möglich, ‚Kultur' innerhalb standardisierter Erhebungsinstrumente einfach nicht weiter einzugrenzen. Diese Nichtdefintion ist am ehesten in der konsumorientierten Marktforschung, wie auch in der Freizeitforschung zu finden, welche Kulturaktivitäten neben vielen anderen Aspekten thematisieren. Die nicht weiter erläuterte Nebeneinanderstellung von „Kultur/Bildung" (OPASCHOWSKI 1997:

271) als mögliche Freizeitaktivität in einer Multiple-Choice-Auswahl ist eher eine empirische Konstruktion von Realität, lässt nicht wirklich Interpretationen der Ergebnisse zu und läuft Gefahr, die Qualität der Gütekriterien, insbesondere der Reliabiltät des Erhebungsinstruments, einzubüßen.

2) Um das aufgeführte forschungsethische Problem eines oktroyierten Kulturbegriffs zu umgehen, könnte es nahe liegen, die Befragten selbst ihren Kulturbegriff definieren zu lassen. Dies hat im Rahmen einer quantitativen Studie allerdings systematische Grenzen und inhaltlich interessante Konsequenzen: Eine Definition des Kulturbegriffs durch die Befragten selbst ist zwar nutzerorientiert und man umgeht den Vorwurf, Kulturnutzerforschung würde ihrem Forschungsgegenstand ungerechtfertigt einen Kulturbegriff aufzwingen. Aber in der quantitativen Forschungslogik ist diese Vorabdefinition durch den Forscher gerade die Grundvoraussetzung und sollte daher nicht wirklich zum forschungsethischen Dilemma werden. Ein solches Vorgehen ist aber als qualitative Vorstudie möglich, was zu interessanten Erkenntnissen führen kann. So haben in der Kulturstudie der öffentlich-rechtlichen Programme aus den 1990er-Jahren bereits explorative Gruppendiskussionen gezeigt, dass sich zum Beispiel das allgemeine Theaterverständnis an dem eines „vormodernen, auf kanonisierte Klassiker fixierten Literaturtheaters orientiert" (FRANK 1991: 202). Dies deckt sich mit zahlreichen anderen Ergebnissen, wonach der Kulturbegriff der Bevölkerung konservativ ist (ALLENSBACH 1991: 23) und „mit dem Wort ‚Kultur' am häufigsten Kunst in Verbindung gebracht wird, und zwar sowohl darstellende als auch bildende Kunst" (EUROPÄISCHE KOMMISSION 2007: 7). Es geht sogar soweit, dass beispielsweise Popkonzert- oder Kinobesuche nicht selbst als kulturelle Aktivität verstanden werden (KEUCHEL 2003: 82). Dies hat zwei Konsequenzen: Zum einen ist das ein Indiz dafür, dass eine wie oben dargestellte Nichtdefinition des Kulturbegriffs eben einen konservativen, auf die schönen Künste reduzierten Kulturbegriff impliziert. Zum anderen macht es nur dann Sinn, populärkulturelle Praktiken empirisch zu ermitteln, wenn die Befragten dies nicht schon von vorab „unter einen Kulturvorbehalt" stellen und sie also das Genre „nicht durch das Raster eines normativen Kulturbegriffs vorgefiltert haben" (FRANK 1991: 190).

3) Auf der Suche nach der Begriffsdefinition innerhalb der Kulturnutzerforschung ist es möglich, an Definitionen bestehender Statistiken von Interessens- und Wirtschaftsverbänden (DEUTSCHER BÜHNENVEREIN 2008; STAATLICHE MUSEEN ZU BERLIN 2004) anzuknüpfen,

welche durch eine Fülle an damit verbundenem Datenmaterial locken. Die daraus resultierende Definition des Kulturbegriffs ist jedoch eher zufällig im Sinne der Mitgliedschaft bestimmter Institutionen in den Verbänden begründet. So spielen Privattheater beispielsweise eine untergeordnete Rolle in den Statistiken des *Deutschen Bühnenvereins* und Science Center werden nicht in jeder Museumsstatistik aufgeführt, da sie nicht immer die Ansprüche des normativen Museumsbegriffs erfüllen. Diese Einschränkungen können zugunsten der Vergleichbarkeit der Ergebnisse in Kauf genommen werden. Am Beispiel des Kinopublikums wird aber deutlich, dass eine solche Übernahme problematisch werden kann, wenn die Definitionen an sich nicht schlüssig sind: Kulturell anspruchsvolle Filme werden in der Regel der Kategorie „Programmkino" zugerechnet. Die Definition, welche Filme als sogenannte Arthaus-Filme klassifiziert werden, liegt bei der Filmwirtschaft selbst (FILMFÖRDERUNGSANSTALT 2011) und 2006 wurde mit der Aufnahme des populären Films *Ice Age 2* als Programmfilm eine Verfälschung der Zahlen verursacht (PROMMER 2010: 223). Kulturnutzerforschung befindet sich an solchen Stellen in einer ambivalenten Situation: Zum einen macht es Sinn, bestehende Definitionen zugunsten der Vergleichbarkeit zu übernehmen. Zum anderen werden unscharfe und unbegründete Begrifflichkeiten nicht richtiger, indem man sie immer wiederholt.

4) Den meisten von Sparten und einzelnen Bezugsdisziplinen unabhängigen Nutzerstudien liegt ein an der Ästhetik orientierter Kulturbegriff zugrunde. Kultur wird als Kunst mit einem kreativen Gehalt definiert und stark mit dem institutionalisierten Theater, der anspruchsvollen Literatur, der klassischen Musik oder bildenden Kunstwerken verbunden (WIESAND 1975; ALLENSBACH 1991; FRANK et al. 1991; KEUCHEL 2003; ECKHARDT et al. 2006). Zwar erfolgt nicht zwingend eine Einengung auf den soziologischen Begriff der Hochkultur, es werden jedoch weitgehend populäre Ausprägungen ansonsten klassischer Sparten untersucht, beispielsweise innerhalb der Musik oder der Literatur. Problematisch bleibt der Umstand, dass keine verbindliche Definition von Ästhetik diesen Studien zugrunde liegt und jene genau wie der Kulturbegriff individuell definiert werden müsste. Zudem grenzt diese Sicht nichtkünstlerische Kulturangebote, wie beispielsweise Technikmuseen aus. Das Interesse für die Nutzung des ästhetischen Kulturguts kann auch die Fragestellungen beeinflussen, indem Rezeptionsprozesse oder zumindest die Bewertung der Kunst zum Gegenstand der Forschung werden. Dies beinhaltet zum einen die Gefahr einer nicht legitimen Einmischung in künstlerische Verantwortlichkeiten als Folge der

Studien. Zum anderen ist die standardisierte Erforschung der Rezeption aufgrund der oben genannten Mehrdeutigkeit von Kunst und Kultur sowie den damit verbundenen Schwierigkeiten in der Entwicklung geeigneter Erhebungsinstrumente äußerst problematisch und läuft Gefahr, zu einer „simplen Soziologie des Geschmacks" verkürzt zu werden (JAUSS 1994: 130). Andere – nicht sozialwissenschaftliche – Bezugsdisziplinen bieten hierfür Lösungsansätze: Indem ästhetisches Erleben nicht ausschließlich mit standardisierten Befragungen untersucht wird, sondern auch künstlerische und verhaltenswissenschaftliche Ansätze integriert werden (TRÖNLDE et al. 2009), können solche Fragestellungen angemessener beantwortet werden. So basieren beispielsweise kultur- und kunstwissenschaftliche Untersuchungen über das Museumspublikum und dessen soziale Interaktion auch auf ethnomethodologischen Untersuchungen mit qualitativen Beobachtungen und Videoanalysen (LEHN/HEATH 2007).

5) Ausgehend von der Besonderheit der öffentlichen Kulturförderung in Deutschland überlassen einige Studien auch im Sinne von Politikberatung als wissenschaftliche Aufgabe die Notwendigkeit der Kulturbegriffsdefinition der Kulturpolitik (MANDEL/RENZ 2010) beziehungsweise erfahren diese Definition durch ihren Auftraggeber (KEUCHEL 2010). Als zu erforschende Kultur wird das angenommen, was öffentlich gefördert wird. Zwar basieren kulturpolitische Entscheidungen für Fördermaßnahmen nicht immer auf einem nachvollziehbaren Abwägungsprozess, sondern sind oftmals Ergebnis einer institutionalisierten und nicht hinterfragten Förderpraxis. Die Erforschung der Nutzer dieser öffentlichen Fördermaßnahmen ist durch fiskalische Argumentation und dem Streben nach Teilhabegerechtigkeit legitimiert. Diese klar abgegrenzte Definition der Kultur als öffentlich geförderte Kultur ist zwar schlüssig, vernachlässigt jedoch das Ästhetische als Kriterium und läuft Gefahr, avantgardistische – und noch nicht geförderte – Kunstformen auszugrenzen.

6) Auch als Konsequenz des hohen Grads der Institutionalisierung der Kultur in Deutschland kann der Kulturbegriff unabhängig vom ästhetischen Gehalt und von der potenziellen Förderung im Sinne von Kultur als Veranstaltung definiert werden. Dies setzt eine außerhäusliche Aktivität der Besucher an einem bestimmten Ort voraus (FISCHER 2006: 9). Die Einengung der Perspektive auf die mit der Besuchsaktivität verbundenen Prozesse begreift den Kulturnutzer eben als Besucher und weniger als Rezipient. Dementsprechend müssen keine schwer zu standardisierenden Rezeptionsprozesse untersucht werden und die Stu-

dien konzentrieren sich auf kulturmarketingrelevante Fragestellungen. Dadurch werden natürlich nur Kulturformen mit realem Publikum untersucht. Massenmediale Publika oder individuell rezipierte Kultur bleiben außen vor.[6] Der Vorteil dieser Eingrenzung liegt auch in der Vergleichbarkeit zu konkurrierenden Angeboten auf dem Freizeitmarkt. Auch wenn die Rezeption von Konzerten, Theateraufführungen oder Lesungen im Grunde sehr verschieden ist, sind die damit verbundenen Marketingmaßnahmen der Anbieter (z. B. Preis-, Distributions- und Kommunikationspolitik) sehr ähnlich.

7) Die deutschsprachige Forschung geht weitgehend vom kulturellen oder künstlerischen Angebot aus, was dann auch dessen Definition bedarf. Werden Kulturbesuche aber als eine von vielen möglichen Tätigkeiten in der Freizeit verstanden, wird die Perspektive verändert: Die Aktivität und das Interesse des Nutzers ist entscheidend und weniger die Definition des Forschers. Dieses Verständnis von Kultur als Freizeitaktivität ist eher im englischsprachigen Raum verbreitet (HOOD 1983; DEPARTMENT FOR CULTURE 2007) und ist vor allem bei der Erforschung der Nichtkulturnutzer hilfreich. In Deutschland ist diese Perspektive in der Freizeitwissenschaft (OPASCHOWSKI 1997) und innerhalb der engeren Kulturnutzerforschung in der Museumsforschung (KIRCHBERG 1996) zu finden.

5.2 Der Nutzerbegriff der Studien

Im Gegensatz zum aufgeladenen und vielfältigen Kulturbegriff ist die Spezifizierung des Begriffs der Nutzung in den bekannten Kulturnutzerstudien zwar weitaus einfacher, jedoch nicht weniger unterschiedlich. Während der Kulturbegriff das zu nutzende Objekt definiert, beschreibt der Begriff der ‚Nutzung' das Ausmaß der Aktivitäten. Da eine einmalige Nutzung eine Person bereits zum Nutzer macht, spielt vor allem die zeitliche Dimension eine entscheidende Rolle, um die Nutzergruppen aufgrund ihrer Nutzungshäufigkeit zu unterscheiden. Da keine klaren politischen, pädagogischen oder philosophischen Vorgaben existieren, wie viele Kulturbesuche beispielsweise ‚wünschenswert' wären, bleiben diese Definitionen letztlich immer etwas willkürlich (FRANK 1991: 302). Am Beispiel der wenigen bestehenden Erkenntnisse zu Nichtbe-

---

6 Eine Übersicht zu möglichen Publikumsformen leisten GLOGNER-PILZ/FÖHL (2010: 16).

suchern wird dieses Problem deutlich: So werden Nichtbesucher in der Regel nicht durch radikale Inaktivität definiert. Vielmehr wird ihnen ein kleines Maß an Nutzungsaktivität zugestanden, obwohl die Personen letztlich doch als Nichtbesucher klassifiziert werden. Die Studie des *Deutschen Bühnenvereins* definiert Nichtbesucher als diejenigen Befragten, welche in den letzten drei Jahren keine Theateraufführung und maximal ein Musical oder eine Festspielaufführung besucht haben (DEUTSCHER BÜHNENVEREIN 2003). Kleins (1997: 30) Studien zur Museumsnutzung klassifizieren einen Besuch pro Jahr oder ein bis zwei Besuche von Museen eines bestimmten Ortes (KLEIN 1981: 112) ebenfalls noch als Nichtbesucher. Eine über die einzelnen Studien hinausgehende schlüssige Klassifikation der Besuchsaktivitäten ist nicht erkennbar. Die Folgen dieser Vielfalt sind schwerwiegend: Allein aufgrund der unterschiedlichen Definitionen von Nichtbesuchern und Kulturbegriff schwanken die bekannten Erkenntnisse in repräsentativen Studien zwischen 11 % (FRANK 1991: 345) und 85 % (KLEIN 1997: 37) Nichtbesuchern in Deutschland.

Indem empirische Kulturnutzerforschung auch Fakten für politische und manageriale Entscheidungen liefern will, können bereits leichte Veränderungen des Kultur- oder Nutzerbegriffs zu anderen Ergebnissen führen. So ist die Feststellung von unter 10 % regelmäßigen Kulturnutzern in Deutschland (KEUCHEL 2003) nur haltbar, solange diesen Studien ein Kulturbegriff im Sinne hochkultureller, öffentlich geförderter und institutionalisierter Kultur zugrunde liegt. Eine auf einem erweiterten Kulturbegriff zurückgehende Integration anderer Aktivitäten wie beispielsweise der Besuch von Tierparks oder Volksfesten würde zu einer Vergrößerung dieser Quote führen.

Schließlich ist es auch eine politische oder manageriale Aufgabe zu bestimmen, wie das prozentuale Ergebnis einer Kulturnutzerstudie zu interpretieren ist und welche Konsequenzen mit welchen Zielen daraus geschlossen werden. Welchen Anteil von bisherigen Nichtbesuchern beispielsweise ein Theater zukünftig zu Besuchern machen will, ist genauso wie der damit verbundene Zeitraum und die Nutzungsfrequenz vom Management zu bestimmen. Allein die Existenz von empirisch fundierten Zahlen entbindet Management und Politik nicht von der Notwendigkeit, „willkürliche, also vom Willen geleitete Entscheidungen" zu treffen (MARTIN 2011: 65).

6. Ausblick

Es sind nicht nur die verschiedenen Bezugsdisziplinen, sondern vor allem die unterschiedlichen Perspektiven und Verwertungsinteressen der bekannten Kulturnutzerstudien, welche deren Vergleichbarkeit erschweren. Besonders die der Kulturmarketingforschung zugrunde liegenden betriebswirtschaftlichen Modelle haben wesentlichen Einfluss auf die Dominanz der standardisierten Methoden. Die damit verbundene Notwendigkeit der eindeutigen Begriffsdefinition wird aber sehr unterschiedlich gelöst. Finden Kulturnutzerstudien im Rahmen von Kulturmanagementforschung statt – was bei den bestehenden Studien nicht immer die ursprüngliche Intention war –, so scheint es sinnvoll, diese Perspektiven auch in einer Metadiskussion weiter zu erörtern. Diese könnte an folgenden Punkten ansetzen:

- Eine Systematisierung der Interessensfelder und Fragestellungen der Kulturnutzerforschung,
- insbesondere eine Suche nach Forschungsfragen abseits von Kulturmarketingforschung,
- eine Positionierung der Kulturnutzerforschung zur Rezeptionsforschung, auch in Abgrenzung zur Forschungsaktivität der künstlerischen Wissenschaften und mit Begründungen, weshalb ästhetisches Erleben zum Gegenstand der Kulturmanagementforschung wird,
- damit verbunden die Systematisierung des sehr komplexen Forschungsgegenstands der Kulturnutzung mit der Folge einer Diskussion der methodischen Grenzen dessen standardisierter Erforschung,
- eine Weiterentwicklung der Definition der möglichen Kulturbegriffe um spartenübergreifende Studien zukünftig vergleichbar zu machen,
- die Verwendung anderer Datenerhebungsformen als die dominierende Befragung sowie
- die Diskussion über eine systematische Integration verhaltens-, kultur- und kunstwissenschaftlicher Methoden in die Kulturnutzerforschung und deren Evaluation.

Diese Debatten in der interdisziplinär angelegten Kulturmanagementforschung sollen das Methodenspektrum um Ansätze unterschiedlichster Disziplinen erweitern. In dieser bereits eingesetzten Diskussion steht auch die Auseinandersetzung mit einer möglichen Hierarchisierung der Bezugswissenschaften an. Dieser Text macht die sozialwissenschaftliche, zumindest empirische Dominanz der Zugänge zum Forschungsgegenstand der Kulturnutzer deutlich. Andere Zugänge zum Publikum, wie beispielsweise die Rezeptionsästhetik in der Kunst- und Literaturwissenschaft, interessieren sich jedoch weniger für einen empirischen, sondern mehr für einen idealtypischen Rezipienten und entwickeln ihre Theorien allein über die Eigenheiten des Kunstwerks (WARNING 1994) ohne diese dann empirisch zu überprüfen oder zu begründen.

In den letzten Jahren entfaltete sich ein Diskurs um die künstlerische Forschung, der die mögliche Verbindung von kulturwissenschaftlichen Theorien und empirischen Methoden bereits aufgenommen hat (BIPPUS 2007; BRENNE 2008; TRÖNDLE et al. 2009). Insbesondere das Einbeziehen künstlerischer, also subjektiver Perspektiven innerhalb eines empirischen Forschungsprozesses kann jedoch zu einer Kollision mit den Ansprüchen der Gütekriterien der empirischen Sozialforschung führen – insbesondere mit deren Streben nach Objektivität oder zumindest intersubjektiver Nachvollziehbarkeit. Ob diese Methodenentwicklung in der Kulturmanagementforschung nun zu einem ‚dritten Weg' mit einem gleichberechtigten Nebeneinander der Bezugsdisziplinen führt oder die empirische Sozialforschung ihre methodische Dominanz behält und diese durch weitere – jedoch untergeordnete und lediglich Theorien liefernde – Bezugsdisziplinen erweitert wird, werden die Forschungen wie auch deren Akzeptanz in der Praxis des Kulturmanagements zeigen.

Literatur

ALLENSBACH INSTITUT FÜR DEMOSKOPIE (1991): *Kulturelles Interesse und Kulturpolitik. Eine Repräsentativumfrage über die kulturelle Partizipation, den Kulturbegriff der deutschen Bevölkerung und die Bewertung der Kulturpolitik.* Allensbach: Inst. f. Demoskopie.

BALME, Christopher (2003): *Einführung in die Theaterwissenschaft.* Berlin: Schmidt.

BENDZUCK, Gerlinde (1999): Kulturmarktforschung am Beispiel des Ohnsorg-Theaters. – In: Bendixen, Peter (Hg.), *Handbuch Kulturmanagement: Die Kunst, Kultur zu ermöglichen.* Bd. 5/D 2.6 (Dezember) Stuttgart: Raabe.

BEREKOVEN, Ludwig/ECKERT, Werner/ELLENRIEDER, Peter (2009): *Marktforschung: methodische Grundlagen und praktische Anwendung.* Wiesbaden: Gabler.

BIPPUS, Elke (2007): *Kunst des Forschens: Praxis eines ästhetischen Denkens.* Zürich: Diaphanes.

BIRAM-BODENHEIMER, Else (1919): *Die Industriestadt als Boden neuer Kunstentwicklung* (= Schriften zur Soziologie der Kultur, 4). Jena: Diederichs.

BRENNE, Andreas (Hg.) (2008): *„Zarte Empirie". Theorie und Praxis einer künstlerischästhetischen Forschung.* Kassel: UP.

BUND DER DEUTSCHEN KATHOLISCHEN JUGEND (2007): *Wie ticken Jugendliche? SINUS-Milieustudie U27.* Düsseldorf: Haus Altenberg.

BUTZER-STROTHMANN, Kristin/GÜNTER, Bernd/DEGEN, Horst (2001): *Leitfaden für Besucherbefragungen durch Theater und Orchester.* Baden-Baden: Nomos.

DEPARTMENT FOR CULTURE (2007). *Culture on Demand – Ways to Engage a Broader Audience.* London.

DEUTSCHE UNESCO KOMMISSION (2009): *Kulturelle Vielfalt gestalten. Handlungsempfehlungen aus der Zivilgesellschaft zur Umsetzung des UNESCO-Übereinkommens zur Vielfalt kultureller Ausdrucksformen (2005) in und durch Deutschland. Weißbuch Version 1.0. Ein Projekt der Bundesweiten Koalition Kulturelle Vielfalt.* Bonn.

DEUTSCHER BÜHNENVEREIN (Hg.) (2003): *Auswertung und Analyse der repräsentativen Befragung von Nichtbesuchern deutscher Theater. Eine Studie im Auftrag des Deutschen Bühnenvereins.* Köln.

DEUTSCHER BÜHNENVEREIN (2008): *Theaterstatistik 2006/2007.* Köln.

ECKHARDT, Josef/PAWLITZA, Erik/WINDGASSE, Thomas (2006): Besucherpotenzial von Opernaufführungen und Konzerten der klassischen Musik. – In: *media perspektiven. Daten zur Mediensituation in Deutschland 2006.* Frankfurt/M., 273-282.

ERMERT, Karl (2008): *Evaluation als Grundlage und Instrument kulturpolitischer Steuerung. Dokumentation der Tagung „Evaluation als Grundlage und Instrument kulturpolitischer Steuerung" der Bundesakademie für Kulturelle Bildung Wolfenbüttel am 29. und 30. August 2007 in Kooperation mit der Kulturpolitischen Gesellschaft.* Norderstedt: Books on Demand.

EUROPÄISCHE KOMMISSION (2007): Eurobarometer Spezial. Umfrage über die kulturellen Werte in Europa. – In: *Eurobarometer Spezial 278 / Welle 67.1 – TNS Opinion & Social.*

FILMFÖRDERUNGSANSTALT (2011): *Programmkinos in der Bundesrepublik Deutschland und das Publikum von Arthouse-Filmen im Jahr 2010.* Berlin.

FISCHER, Tilman (2006): *Kulturelle Veranstaltungen und ihr Publikum. Eine entscheidungsorientierte Untersuchung des Konsumentenverhaltens bei kulturellen Veranstaltungen.* Aachen: Shaker.

FLICK, Uwe (2006): *Qualitative Sozialforschung: eine Einführung.* Reinbek b. Hamburg: Rowohlt.

FÖHL, Patrick S./LUTZ, Markus (2010): Publikumsforschung in öffentlichen Theatern und Opern. – In: Glogner, Patrick/Föhl, Patrick S.(Hgg.), *Das Kulturpublikum. Fragestellungen und Befunde der empirischen Forschung.* Wiesbaden: VS, 23-98.

FRANK, Bernward/MALETZKE, Gerhard/MÜLLER-SACHSE, Karl H. (1991): *Kultur und Medien. Angebote – Interessen – Verhalten; eine Studie der ARD/ZDF-Medienkommission.* Baden-Baden: Nomos.

GLOGNER-PILZ, Patrick/FÖHL, Patrick S. (2010): *Das Kulturpublikum. Fragestellungen und Befunde der empirischen Forschung.* Wiesbaden: VS.

GLOGNER-PILZ, Patrick (2011): *Publikumsforschung. Grundlagen und Methoden.* Wiesbaden: VS.

GRAF, Bernhard (1980): Besucherbezogene Museumsforschung zwischen Anspruch und Wirklichkeit. – In: *Museumskunde 1980,* 157-162.

HALLER, Herbert (2006): Leistungen verbessern – Besucher richtig einbeziehen. – In: Bendixen, Peter (Hg.), *Handbuch Kulturmanagement: Die Kunst, Kultur zu ermöglichen*. Band 5/D 2.12. Stuttgart: Raabe.

HANSEN, Klaus P. (2000): *Kultur und Kulturwissenschaft*. Tübingen: Franke.

HOFFMANN, Hilmar (1981): *Kultur für alle. Perspektiven und Modelle*. Frankfurt/M.: Fischer.

HOMBURG, Christian/KROHMER, Harley (2003): *Marketing-Management*. Wiesbaden: Gabler.

HOOD, Marilyn (1983): Staying away. Why people chosse not to visit Museums. – In: *Museum News* 1983, 50-57.

INSTITUT FÜR KULTURPOLITIK DER KULTURPOLITISCHEN GESELLSCHAFT (2005): *Kulturpublikum* (= Jahrbuch für Kulturpolitik, 5). Essen: Klartext.

JAUSS, Hans Robert (1994): Literaturgeschichte als Provokation der Literaturwissenschaft. – In: Warning, Dieter (Hg.), *Rezeptionsästhetik*. München: Fink, 126-162.

KEUCHEL, Susanne (2003): *Rheinschiene – Kulturschiene. Mobilität – Meinungen – Marketing*. Bonn: ARcult-Media.

KEUCHEL, Susanne (2006): *Das 1. Jugend-KulturBarometer. „Zwischen Eminem und Picasso ..."; mit einer ausführlichen Darstellung der Ergebnisse des JugendKulturBarometers sowie weiteren Fachbeiträgen zur empirischen Jugendforschung und Praxisbeispielen zur Jugend-Kulturarbeit*. Bonn: ARcult-Media.

KEUCHEL, Susanne/WEIL, Benjamin (2010): *Lernorte oder Kulturtempel: Infrastrukturerhebung: Bildungsangebote in klassischen Kultureinrichtungen*. Köln: ARcult Media.

KEUCHEL, Susanne/WIESAND Andreas J. (2008): *Das KulturBarometer 50+. „Zwischen Bach und Blues..."; Ergebnisse einer Bevölkerungsumfrage*. Bonn: ARcult-Media.

KINSLER, Margit (2003): *Alter. Macht. Kultur: kulturelle Alterskompetenzen in einer modernen Gesellschaft* (= Schriften zur Kulturwissenschaft, 49). Hamburg: Kovač.

KIRCHBERG, Volker (1996): Besucher und Nichtbesucher von Museen in Deutschland. – In: *Museumskunde*, 151-162.

KLEIN, Armin (2001): *Kulturmarketing*. München: dtv.

KLEIN, Armin (2008): Besucherorientierung als Basis des exzellenten Kulturbetriebs. – In: Mandel, Birgit (Hg.), *Audience Development, Kulturmanagement, Kulturelle Bildung*. München: kopaed, 88-95.

KLEIN, Hans-Joachim (1980): Museumsbesuch und Erlebnisinteresse. Besucherforschung zwischen Kultursoziologie und Marketing. – In: *Museumskunde* 1980, 143-156.

KLEIN, Hans-Joachim (1997): Nichtbesucher und museumsferne Milieus: „lohnende" Zielgruppe des Museumsmarketings? – In: *Das besucherorientierte Museum. Tagungsband zum gleichnamigen Kolloquium des Fortbildungszentrums für Museen – Abtei Brauweiler, vom 11. - 12. September 1995*. Köln-Pulheim: Rheinland, 28-43.

KLEIN, Hans-Joachim/BACHMAYER, Monika/SCHATZ, Helga (1981): *Museum und Öffentlichkeit. Fakten und Daten, Motive und Barrieren*. Berlin: Mann.

KOLLAND, Franz (1996) *Kulturstile älterer Menschen. Jenseits von Pflicht und Alltag*. Wien: Böhlau.

KOSCHNICK, Wolfgang (1987): *Standard-Lexikon für Marketing, Marktkommunikation, Markt- und Mediaforschung*. München: Saur.

KUCHENBUCH, Katharina (2005): Kulturverständnis in der Bevölkerung. Ergebnisse einer qualitativen Studie in Ost- und Westdeutschland. – In: *Media Perspektiven* 2005/2, 61-69.

LEHN, Dirk vom/HEATH, Christian (2007): Perspektiven der Kunst – Kunst der Perspektiven. – In: Hausendorf, Heiko: *Vor dem Kunstwerk*. München: Fink, 147-170.

LENNARTZ, Knut (2006): Zahlenspiegeleiein. – In: *Die Deutsche Bühne* 2006/11.

MANDEL, Birgit (2009): Kulturmanagementforschung. – In: *Jahrbuch für Kulturmanagement* 1 (Forschen im Kulturmanagement), 13-30.

MANDEL, Birgit/RENZ, Thomas (2010): *Barrieren der Nutzung kultureller Einrichtungen. Eine qualitative Annäherung an Nicht-Besucher*. Hildesheim.

MARTIN, Hans H./BREU, Florian (1994): *Methodik von Befragungen im Kulturbereich. Eine Arbeitshilfe zur Planung, Durchführung, Auswertung und Präsentation von Besucherbefragungen in Museen und Theatern sowie von Befragungen über Kultur bei allgemeinen Umfragen/Bürgerbefragungen*. Köln: Dt. Städtetag.

MARTIN, Olaf (2011): Kulturpolitische Steuerung durch Zählen, Messen, Wiegen? – In: *Kulturpolitische Mitteilungen. Zeitschrift für Kulturpolitik der Kulturpolitischen Gesellschaft* 135, 64-65.

MEFFERT, Heribert (1982): *Marketing*. Wiesbaden: Gabler.

MINISTERPRÄSIDENT DES LANDES NORDRHEIN-WESTFALEN (2010): *Von Kult bis Kultur. Von Lebenswelt bis Lebensart. Ergebnisse der Repräsentativuntersuchung „Lebenswelten und Milieus der Menschen mit Migrationshintergrund in Deutschland und NRW"*. Düsseldorf: Staatskanzlei.

NOELLE-NEUMANN, Elisabeth (1996): *Alle, nicht jeder. Einführung in die Methoden der Demoskopie*. München: dtv.

OPASCHOWSKI, Horst W. (1997): *Einführung in die Freizeitwissenschaft*. Opladen: Leske + Budrich.

PROMMER, Elisabeth (2010): Das Kinopublikum im Wandel. – In: Glogner-Pilz, Patrick/Föhl, Patrick S. (Hgg.), *Das Kulturpublikum. Fragestellungen und Befunde der empirischen Forschung*. Wiesbaden: VS, 195-238.

RAITHEL, Jürgen (2008): *Quantitative Forschung*. Wiesbaden: VS.

RENZ, Thomas (2008): *Kulturmarketing zwischen Marktorientierung und Kunstfreiheit. Eine empirische Analyse von Besucherbefragungen ausgewählter Theater*. Dipl.-Arb. Hildesheim. <http://kulturvermittlung.de>

REUBAND, Karl-Heinz (2005): Moderne Opernregie als Ärgernis? – In: Institut für Kulturpolitik der Kulturpolitischen Gesellschaft (2005): *Jahrbuch für Kulturpolitik*. Bd. 5: Kulturpublikum. Essen: Klartext, 251-267.

RHEIN, Stefanie (2010): Musikpublikum und Musikpublikumsforschung. – In: Glogner, Patrick/Föhl, Patrick S. (Hgg.), *Das Kulturpublikum. Fragestellungen und Befunde der empirischen Forschung*. Wiesbaden: VS, 195-238.

SCHÄLZKY, Heribert (1977): Empirisch-quantitative Methoden in der Publikumsforschung. – In: Institut für Publikumsforschung (Hg.), *Das Theater und sein Publikum. Referate der Internationalen theaterwissenschaftlichen Dozentenkonferenzen in Venedig 1975 und Wien 1976*. Wien: Verl. d. Österreichischen Akademie der Wissenschaften.

SCHIEDLAUSKY, Günther (1965): Probleme und Ergebnisse einer Besucherbefragung im Germanischen Nationalmuseum – In: *Museumskunde* 1965, 97-103.

SCHNEIDER, Jost (2004): *Sozialgeschichte des Lesens*. Berlin: de Gruyter.

SCHULZE, Gerhard (1993): *Die Erlebnisgesellschaft. Kultursoziologie der Gegenwart.* Frankfurt/M.: Campus.

STAATLICHE MUSEEN ZU BERLIN, Stiftung Preußischer Kulturbesitz, Institut für Museumskunde (2004): *Materialien aus dem Institut für Museumskunde. Statistische Gesamterhebung an den Museen der Bundesrepublik Deutschland für das Jahr 2003.* Berlin.

STOCKMANN, Reinhard (2007): *Handbuch zur Evaluation.* Münster: Waxmann.

TIMMERBERG, Vera (2008): Kulturvermittlung und Evaluation. – In: Mandel, Birgit (Hg.), *Audience Development, Kulturmanagement, Kulturelle Bildung.* München: kopaed, 96-111.

TRÖNDLE, Martin/GREENWOOD, Stephen/KIRCHBERG, Volker/TSCHACHER, Wolfgang/WINTZERITH, Stéphanie/OMLIN, Sybille/VAN DEN BERG, Karen (2009): Postkulturmanagement. – In: *Jahrbuch für Kulturmanagement* 1 (Forschen im Kulturmanagement), 127-154.

WARNING, Dieter (1994): *Rezeptionsästhetik.* München: Fink.

WEGNER, Nora (2010): Besucherforschung und Evaluation in Museen. Forschungsstand, Befunde und Ausblick. – In: Glogner, Patrick/Föhl, Patrick S. (Hgg.), *Das Kulturpublikum. Fragestellungen und Befunde der empirischen Forschung.* Wiesbaden: VS, 97-152.

WIESAND, Andreas J. (1975): *Musiktheater – Schreckgespenst oder öffentliches Bedürfnis? Ergebnisse der „Opernstudie" des IFP Hamburg. Teil 1: Bevölkerungsumfrage zur Kulturpolitik und zum Musiktheater.* Mainz: Schott.

ZENTRUM FÜR AUDIENCE DEVELOPMENT (Hg.) (2007): *Besucherforschung in öffentlichen Kulturinstitutionen.* Berlin: FU Berlin, Inst. f. Kultur- und Medienmanagement.

ZENTRUM FÜR KULTURFORSCHUNG (Hg.) (2008): *8. Kultur-Barometer. Tabellenband.* Bonn: ARcult-Media.

Empirische Ansätze zur Typisierung von Besuchern und Fastbesuchern von Kulturinstitutionen
Forschungsergebnisse, praktische Ansätze und Methoden
ASTRID KURZEJA-CHRISTINCK, JUTTA SCHMIDT, PETER SCHMIDT

1. Grundlage der Besuchergewinnung: das eigene Publikum kennen lernen

Demographische Veränderungen („älter, bunter, weniger"), wachsende Kultur- und Freizeitangebote bei gleichzeitiger Diversifizierung des Freizeitverhaltens, Rechtfertigungsdruck über Besucherzahlen – dies sind die Herausforderungen, denen Kultureinrichtungen täglich begegnen.

Was können sie tun, um sich die bisherigen Besucher zu bewahren? Wie lassen sich neue Besucher gewinnen? Die schlaglichtartig genannten Veränderungsprozesse gelten grundsätzlich für alle Kultureinrichtungen. Um für die eigene Institution adäquat mit zielgruppengerechten Kommunikationsstrategien reagieren zu können, ist ein genauer Blick auf das eigene Publikum sehr sinnvoll, denn jede Institution hat eigene Besonderheiten.

Ziel dieses Beitrages ist die Darstellung verschiedener methodischer Ansätze, mit deren Hilfe verschiedene Typen von Besuchern und Fastbesuchern identifiziert werden können, um sie gezielt anzusprechen. Unter Fastbesuchern werden hier potenzielle Besucher verstanden, die in ihrer Freizeit bereits aktiv Kulturangebote im weiteren Sinne wahrnehmen und möglicherweise mit wenig Mitteln als neue Besucher gewonnen werden können. Damit sind sie dem eigenen Publikum keineswegs unähnlich. Die genauere Betrachtung des eigenen Publikums, gerade der gelegentlichen, eher zufälligen Besucher, gibt Aufschluss über Fastbesucher. Was ist meinen Stammbesuchern wichtig, wie kann ich sie erhalten? Was hat für den Gelegenheitsbesucher den Ausschlag gegeben, mein Haus zu besuchen?

Wie können sich Kultureinrichtungen diesen Fragen nähern? Vielfach liegen den Institutionen Daten aus Besucherbefragungen vor, die noch besser genutzt werden könnten, um die eigene Publikumsstruktur und Ansatzpunkte für die Gewinnung neuen Publikums zu klären. Der

Blick über den Tellerrand auf Evaluationsergebnisse anderer Kulturinstitutionen hilft, die eigenen Ergebnisse besser einordnen zu können: Wo sind Unterschiede, wo typische Gemeinsamkeiten, was lässt sich von anderen lernen?

Exemplarisch werden verschiedene methodische Ansätze vorgestellt, mit denen das Publikum erobert und aus einer Datensammlung ein Datenschatz werden kann.

2. Der Datenpool von markt.forschung.kultur

markt.forschung.kultur ist seit über zehn Jahren im Bereich der Kulturökonomie und der Besucherforschung tätig. Untersucht wurden Kulturinstitutionen im norddeutschen Raum, vor allem Kunstmuseen, Museen mit verschiedensten Sammlungsschwerpunkten und Theater. Meist handelt es sich um öffentlich geförderte Einrichtungen mit einer langen Tradition, die sich starken gesellschaftlichen Veränderungen konfrontiert sehen. Ein Schwerpunkt der Analysen liegt deshalb seit einiger Zeit auch auf kulturell interessierten Nicht- bzw. Fastbesuchern.

In diesen Jahren wurden über 30.000 standardisierte Befragungen von Besuchern in Kultureinrichtungen und kulturnahen Einrichtungen durchgeführt. Anlass war häufig eine Sonderausstellung, aber in einigen Fällen stand auch die ständige Sammlung im Mittelpunkt. Der daraus resultierende Datenpool umfasst demographische Daten wie Alter, Geschlecht und Bildungsabschluss sowie Informationen zu Besuchsmotivation, Kulturaffinität und weiteren Aktivitäten rund um den Kulturbesuch. Viele der Befragungen liefern weitergehende Informationen wie Gruppenkonstellation, Freizeit-, Lese-, oder Kulturinteressen, Mobilität bzw. Reiseverhalten und zu Berufsgruppen.

Auch wenn sich die Institutionen in ihren Angeboten, Kommunikationsmaßnahmen, Genres etc. unterscheiden, sind ihre Evaluierungsergebnisse für einen Vergleich geeignet. Der hier verwendete Datensatz wurde aus den oben genannten Befragungen zusammengestellt. Um die Vergleichbarkeit zu gewährleisten, wurden nur diejenigen Variablen ausgewählt, die in gleicher Weise erhoben wurden. Da die Befragungen jeweils aus dem Blick der einzelnen Institution konzipiert wurden, und damit auch unterschiedliche Fragestellungen umfassten, unterscheiden sich auch die Fallzahlen der vergleichbaren Variablen (zum Datenpool s. Anh.).

Befragt wurde in verschiedenen Genres – Theater, Kunstmuseen, Museen mit archäologischen, historischen, naturkundlichen, technischen und völkerkundlichen Sammlungsschwerpunkten und in kulturnahen Freizeiteinrichtungen wie Programmkinos, Tierparks, Modelleisenbahnanlagen und Kulturzentren im Umland. Im Folgenden werden sie zusammengefasst zu den Genres Theater, Kunstmuseen, Museen (exkl. Kunstmuseen) und kulturnahe Institutionen. Aus Datenschutzgründen werden hier ausschließlich aggregierte Daten mehrerer Institutionen verwendet.

In den folgenden Kapiteln werden verschiedene Ansätze zur Identifikation unterschiedlicher Typen von Besuchern und Fastbesuchern verwendet. Kap. 2 zeigt beispielhaft mit deskriptiven Methoden soziodemographische Unterschiede des Publikums verschiedener Genres. In Kap. 3 wird gezeigt, wie aus Motiven und Interessen der Besucher mithilfe einer Clusteranalyse ähnliche Besuchertypen identifiziert werden können. Kap. 4 bildet auf Grundlage der Besuchsintensität verschiedene Besuchergruppen, mit deren Hilfe man sich den Fastbesuchern nähern kann, die abschließend charakterisiert werden.

3. Besuchertypen in den Genres

In diesem Kapitel werden Besuchertypen anhand deskriptiver Merkmale identifiziert und nach verschiedenen Genres (Kunstmuseen, Museen) verglichen, um zu prüfen, ob sich das Publikum von Hochkultureinrichtungen unterscheidet. Zusätzlich werden Besucher von kulturnahen Institutionen als Fastbesucher untersucht, um zu klären, ob sich diese wiederum von Hochkultureinrichtungen unterscheiden.

Im Folgenden wird beispielhaft das Alter der Befragten näher betrachtet und die Altersstruktur in den verschiedenen Genres verglichen. Anschließend werden weitere Aspekte wie Bildung und Besuchsmotive zur Typisierung betrachtet.

3.1 Alter der Befragten

Die Altersstruktur der Befragten in unterschiedlichen Genres ermöglicht interessante Ansatzpunkte für die Identifikation von Besuchergruppen. Die Altersversverteilung lässt Rückschlüsse darauf zu, in welcher

Lebensphase die verschiedenen Besuchergruppen Kulturinstitutionen besuchen.

Hier sind sowohl die Unterschiede zwischen den Genres interessant als auch die Veränderungen der Alterszusammensetzung im Zeitablauf. Viele Institutionen beschäftigt die Frage, ob ihr Publikum überaltert ist und ‚ausstirbt' oder ob junges Publikum nachwächst und die damit verbundene Frage, ob dies automatisch passiere, z. B. in einer bestimmten Lebensphase, oder ob das Nachwachsen gezielt unterstützt werden müsse.

Bekannt ist, dass das Publikum in Kulturinstitutionen häufig älter ist als der Durchschnitt der Bevölkerung. Die Altersstruktur weist in den unterschiedlichen Genres Unterschiede auf, wie Abbildung 1 zeigt.

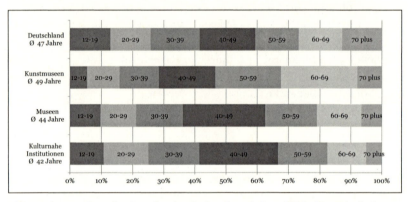

Abb. 1: *Altersstruktur der Besucher* (markt.forschung.kultur; [Nicht-]Besucherbefragungen 2000-2012, Statistisches Bundesamt, Wiesbaden 2011 – Durchschnittsalter der Bevölkerung ab 12 Jahren)[1]

Es zeigt sich hier, dass das Publikum in den untersuchten Kunstmuseen ein überdurchschnittliches Alter aufweist, wogegen die in anderen Museen und kulturnahen Institutionen Befragten jünger sind. Letztere weisen höhere Anteile in den Altersgruppen unter 40 Jahren auf, was ein erstes Indiz dafür ist, dass sie eher den ‚Nachwuchs' ansprechen.

Unterscheidung zwischen Besuchern vs. erreichtem Publikum. Bei einer Besucherbefragung ergibt sich jeweils ein Querschnitt der anwesenden Befragten, hier deren Altersstruktur. Dieser Querschnitt repräsentiert jedoch nicht automatisch die Altersstruktur des erreichten Publikums, wenn die Besucher die Kultureinrichtung unterschiedlich häufig besu-

---

1   Es wurden nur Besucher ab 12 Jahren und älter befragt, Kinder blieben hier unberücksichtigt, können je nach Einrichtung aber erhebliche Anteile ausmachen.

chen und diese Häufigkeit wiederum altersspezifisch ist. Tab. 1 zeigt dies am Beispiel von Kunstmuseumsbesuchern. Es zeigt sich bei den Besuchern die bekannte Altersstruktur: relativ wenig jüngere Befragte und die größten Gruppen in den Altersgruppen zwischen 50 und 69 Jahren.

Altersgruppe	Anteil an den Befragten	Besuchshäufigkeit (pro Jahr)
12-19	5,6 %	0,8
20-29	10,4 %	0,9
30-39	12,5 %	0,8
40-49	18,3 %	0,9
50-59	21,0 %	1,1
60-69	24,4 %	1,4
70 plus	7,9 %	1,5

Tab. 1: *Anteile und Besuchshäufigkeiten von Kunstmuseumsbesuchern nach Altersgruppen* (markt.forschung.kultur; Besucherbefragungen 2000-2012)

Die rechte Spalte der Tabelle zeigt die zugehörigen Besuchshäufigkeiten, die die Befragten angaben. Die älteren Besucher kommen somit häufiger ins Museum. Daher wird bei Befragungen vor Ort immer ein höheres (Durchschnitts-)Alter der Befragten beobachtet, als das Alter des erreichten Publikums tatsächlich ist.

Abb. 2 verdeutlicht den sich daraus ergebenden Unterschied zwischen den beiden Betrachtungsweisen für die Altersstrukturen des Publikums in Kunstmuseen.

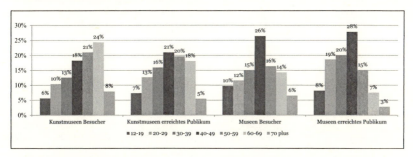

Abb. 2: *Altersstruktur von Besuchern vs. erreichtem Publikum* (markt.forschung.kultur; Besucherbefragungen 2000-2012)

Die jeweils linken Abbildungen zeigen die bekannte Altersstruktur der Besucher, die oben (zu Tab. 1) bereits beschrieben wurde. Ermittelt man – unter Berücksichtigung der Besuchshäufigkeit – die Altersstruktur des erreichten Publikums,[2] so ändert sich dieses Bild: Die Verteilung auf die Altersgruppen wird ausgeglichener. Im Falle der Kunstmuseen nähert sie sich einer Normalverteilung an, die häufigste Altersgruppe ist die mittlere 40-49 Jahre, lediglich die Gruppe der ältesten Besucher (70 plus) ist deutlich kleiner. In den Museen, in denen der Anteil von Jugendlichen unter den Individualbesuchern höher ist, schrumpft diese Gruppe leicht, da sie im Verhältnis häufiger kommen. Die Gruppe der 20- bis 39-Jährigen hingegen wächst stark an, während die Altersgruppen über 60 Jahren wieder deutlich abnehmen.

Es wird deutlich, dass die vermeintlich kleine Gruppe der jüngeren Besucher durchaus in größeren Zahlen bereits die Institution betritt – jedoch seltener. Damit verlagert sich möglicherweise die Fragestellung und Strategie des Museums – es geht weniger um die Neugewinnung des Nachwuchses, als um die Bindung und Motivation zu häufigeren Besuchen. Auch hier zeigt sich, dass es interessant ist, die bereits vorhandenen Besucher zu betrachten – was verbinden diese selten kommenden Altersgruppen mit einem Besuch in meiner Institution, wie kann ich passende Besuchsanlässe schaffen und sie zielgruppengenau kommunizieren?

Zeitliche Entwicklung des Durchschnittsalters der Befragten. Die langjährige Forschungstätigkeit in Kunstmuseen ermöglicht für diese Kategorie auch eine zeitliche Betrachtung der Entwicklung der Besucher – in 11 Jahren wurden über 19.000 Besucher in 7 norddeutschen Kunstmuseen befragt (v. a. in Sonderausstellungen). Die folgende Abb. 3 zeigt die dort gemessenen Altersdurchschnitte der Befragten.

---

2   Hierzu wird die absolute Anzahl der Befragten einer Altersgruppe durch die mittlere Besuchshäufigkeit pro Jahr dieser Altersgruppe dividiert. Anschließend bildet man die relative Verteilung der neuen Alterszusammensetzung.

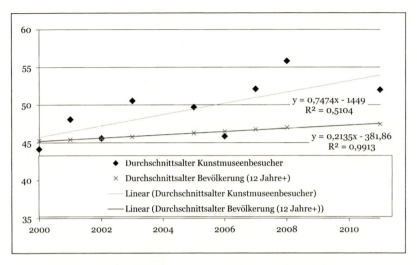

Abb. 3: *Alterung der Besucher von Kunstmuseen und der Bevölkerung in Deutschland seit 2000* (markt.forschung.kultur; Besucherbefragungen 2000-2012 [rund 20.000 Befragte]; Statistisches Bundesamt, Wiesbaden 2011)

Die jeweiligen Steigungsparameter der Regressionsgeraden stellen die mittlere Steigerung der Durchschnittsalter der beiden Zeitreihen dar. Während die bundesdeutsche Bevölkerung jährlich nur um durchschnittlich 0,2 Jahre altert, liegt dieser Wert bei den in Kunstmuseen befragten Besuchern bei rund einem Dreivierteljahr. Dies zeigt eine deutliche Verschiebung der Altersstruktur der hier befragten Besucher von Sonderausstellungen in Richtung auf ältere Besucher.

Diese Ergebnisse haben wichtige Implikationen für die Besucheransprache, insbesondere altersspezifische Kommunikationsmaßnahmen. Denn nach dieser Betrachtung zeigen sich bezüglich des Alters zwei Tendenzen. Die unangenehme Botschaft zuerst: Ja, das Kulturpublikum ist älter als der Bevölkerungsschnitt und altert schneller, da jüngeres Publikum nicht in entsprechender Zahl nachwächst. Die gute Nachricht: Die jüngeren Altersgruppen müssen als Besucher nicht erst neu gewonnen werden, sondern sie sind schon da. Die Herausforderung der Kulturinstitutionen liegt damit verstärkt in der Besucherbindung der jüngeren Zielgruppen – hier müssen Anlässe geschaffen werden, diese für häufigere Besuche zu gewinnen. Auf dieser Basis wird auch die altersspezifische Betrachtung der von den Befragten geäußerten Wünsche und Vorlieben sinnvoll.

3.2 Weitere Aspekte

Weitere typische erhobene Variablen für das Kulturpublikum sind das Geschlecht und die Bildung der Befragten. Über diese ergeben sich allerdings wenige Unterscheidungsansätze. Das Kulturpublikum ist mehrheitlich weiblich, besonders hohe Frauenanteile finden sich in Kunstmuseen, wogegen in anderen und auch in den betrachteten kulturnahen Einrichtungen der Männeranteil höher, aber immer noch unter 50 % liegt, s. Abb. 4.

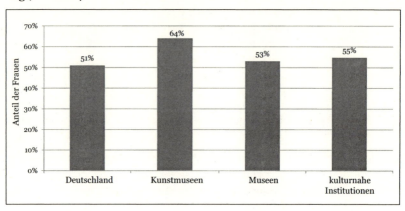

Abb. 4: *Anteil der Frauen in den Genres* (markt.forschung.kultur; [Nicht-]Besucherbefragungen 2000-2012, Deutschland: Statistisches Bundesamt, Wiesbaden 2012, Stichtag 31.12.2010)

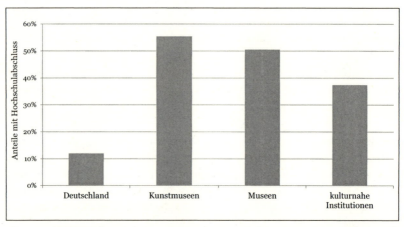

Abb. 5: *Bildungsgrad nach Genres* (markt.forschung.kultur; [Nicht-]Besucherbefragungen 2000-2012, Deutschland: Statistisches Bundesamt, „Bildungsstand der Bevölkerung", Wiesbaden 2011, Anteil der Hochschulabschlüsse)

Auch im Bereich der Bildung ist bekannt, dass das Kulturpublikum eine deutlich überdurchschnittliche Bildung aufweist. Wiederum weisen die Besucher von Kunstmuseen die höchste Bildung auf; in anderen Museen und kulturnahen Einrichtungen ist der Bildungsstand nicht ganz so hoch, aber ebenfalls deutlich überdurchschnittlich.

3.3 Besuchsmotivation und Freizeitinteressen

Die Lebensstile der Besucher, ihre Einstellungen, ihre Beweggründe für oder gegen einen Kulturbesuch zu erfahren, ist der Wunsch von Kultureinrichtungen an die Evaluierung, der sich im Rahmen von Besucherbefragungen nur schwer realisieren lässt. Die Realität ist, dass Besucherbefragungen – wenn überhaupt – nur in unregelmäßigen Abständen durchgeführt werden. Dabei sollen eine Vielzahl von Fragen geklärt werden: über die unerlässlichen Grundinformationen (soziodemo- und geografische Struktur) die Erfassung der Wirkung von Kommunikationsmaßnahmen, der Zufriedenheit mit dem Service, des Aufenthaltes in der Stadt etc. Besuchsmotive werden dabei als ein Aspekt von vielen erfragt und können daher auch nur erste Hinweise auf die Erwartungshaltung geben. Ebenso werden Fragestellungen nach Lebensstilen oder Interessenslagen zum Beispiel auf eine kurze Frage nach der Freizeitgestaltung reduziert. Aber auch mit diesen verkürzten Ansätzen können Charakteristika gefunden und Unterschiede – hier nach Genres – festgestellt werden.

Im Folgenden werden einige Ergebnisse aus den Befragungen in Museen, Kunstmuseen und kulturnahen Institutionen kurz dargestellt. Dabei wurden Besucher gefragt, mit welchem Motiv sie die jeweilige Institution, in der sie befragt wurden, besuchen. In einer geschlossenen Fragestellung konnten sie unter den fünf Motiven Kulturerlebnis, Wissenserweiterung, Neugier, Unterhaltung, gemeinschaftliche Unternehmung mit Familie/Freunden wählen, Mehrfachantworten waren möglich. Abb. 6 zeigt die Ergebnisse:

- Kunstmuseumsbesucher kommen, um Kultur zu erleben und sich zu bilden,
- Museumsbesucher kommen aus Neugier und gerne in Gesellschaft,
- auch die Besucher kulturnaher Institutionen schätzen die Geselligkeit bei ihrer gewählten Kulturaktivität.

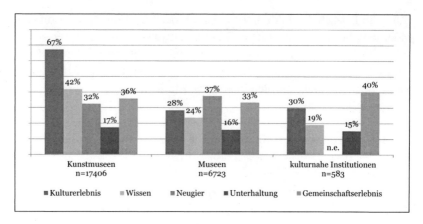

Abb. 6: *Besuchsmotive nach Genres* (markt.forschung.kultur; [Nicht-]Besucherbefragungen 2000-2012)

In einer weiteren Frage wurden die Besucher nach ihren Freizeitinteressen befragt, ob sie z. B. andere Museen, Theater oder Kinos besuchen. Abb. 7 zeigt die Ergebnisse:

- Kunstmuseumsbesucher interessieren sich auch sonst für typische Angebote der Hochkultur,
- Besucher der anderen Museumssparten haben keine auffällig abweichenden Interessen,
- Besucher kulturnaher Institutionen bevorzugen das Kino und nutzen die Angebote der Hochkultur weniger.

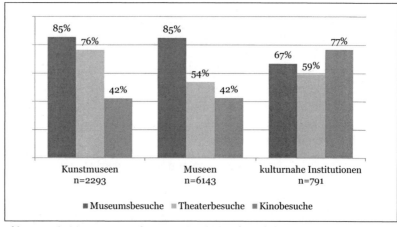

Abb. 7: *Freizeitinteressen nach Genres* (markt.forschung.kultur; (Nicht-)Besucherbefragungen 2000-2012)

Tab. 2 gibt einen Überblick über die skizzierten Charakteristika der untersuchten Genres. Es zeigt sich, dass sich die verschiedenen Genres unterscheiden und ein vertiefender Blick in die Interessens- und Motivlagen der Besucher lohnenswert ist. Diese werden im folgenden Kapitel dargestellt.

	Genre 1 Kunstmuseen n=19908	Genre 2 Museen n=6841	Genre 3 kulturnahe Institutionen n=841
Altersdurchschnitt und Schwerpunkte	49 Jahre 50-69 Jahre	44 Jahre 12-19 und 30-49 Jahre	42 Jahre < 50 Jahre
Frauenanteil	64 %	53 %	55 %
Abitur/Studium	78 %	74 %	67 %
vorherrschende Besuchskonstellation	höhere Anteile an Einzelbesuchern und Gruppen, Paare, Freunde	Familien, Paare	Familien, Paare
durchschnittliche Herkunftsentfernung, Schwerpunkt	119 km hoher touristischer Anteil zu Sonderausstellungen	98 km Einheimische/Umland, je nach Ausstellung Touristen	119 km je nach Institution stärkere touristische Anteile oder Umland
weitere Charakteristika	ausgeprägtes Interesse an Hochkultur, starke Bindung an das Haus	kulturaffin, Gemeinschaftserlebnis und durch Neugier getriebene Besuchsmotive, Interesse am Thema/ Sammlungsschwerpunkt	Weniger interessiert an Hochkultur, Besuch der Kultureinrichtung als Gemeinschaftserlebnis

Tab. 2: *Typisierung nach Genres* (markt.forschung.kultur; [Nicht-]Besucherbefragungen 2000-2012)

4. Clusterbildung nach Interessen und Motiven

Was motiviert Menschen, ein Museum zu besuchen? Lassen sich diese oft sehr individuellen Interessenslagen zusammenfassen und charakterisieren? Wie können aus Motivbündeln sinnvolle Besuchersegmente abgeleitet werden? Um entsprechende Strukturen in Datenbeständen zu finden, werden Faktoren- und Clusteranalysen verwendet, die Ähnlichkeiten entdecken und zu Gruppen zusammenfassen.

Im vorliegenden Datenpool wurden im ersten Schritt die Fragenblöcke ‚Besuchsmotive'[3] und ‚Aktivitäten rund um den Museumsbesuch'[4] zu Faktoren verdichtet (Faktorenanalyse). Aus den neun Einzelvariablen konnten vier Faktoren identifiziert werden, mit denen die Triebkräfte des Museumsbesuchs und die Orientierung bezüglich des ‚Gesamterlebnisses Museumsbesuch' abgebildet werden (Tab. 3).

Diese vier Faktoren gingen als Variablen in die nachfolgende Clusteranalyse ein. Die Methode konnte für Kunstmuseen und Museen angewendet werden, für die die genannten Variablen vergleichbar vorlagen.

Es entstanden fünf Cluster, die sich nach der Orientierung (kultur-, konsum- oder erlebnisorientiert) unterscheiden und unter Zuhilfenahme weiterer Variablen nach dem Grad des Kulturinteresses (Kulturaffinität) charakterisieren lassen. Die Cluster lassen sich mit folgenden Schlagworten skizzieren:

- kulturell interessierte, sehr aktive Besucher,
- kulturell interessierte, weniger aktive Besucher,
- Gelegenheitsbesucher,
- erlebnisorientierte Besucher,
- konsumorientierte Besucher.

Die ersten beiden Cluster (kulturell interessierte sehr aktive Besucher, kulturell interessierte weniger aktive Besucher) sind die Kernzielgruppe der Kulturinstitutionen und machen 40 % des Publikums aus. Die Mehrheit der Besucher kommt jedoch nicht nur aus einem rein inhaltlichen Interesse an der Sammlung oder dem Sonderausstellungsthema, sondern vielmehr, um etwas gemeinsam mit anderen zu unternehmen oder um einen erlebnisreichen Tag zu gestalten.

In den Genres Kunstmuseen und Museen ist die Verteilung der Cluster unterschiedlich (Abb. 8). Es zeigt sich, dass Kunstmuseen ein besonders kulturaffines Publikum haben, während andere (z. B. historische, völkerkundliche etc.) Museen etwas niederschwelliger sind und auch viele Gelegenheitsbesucher anziehen.

---

3   Besuchsmotive sind hier: Kulturerlebnis, Wissenserweiterung, Neugier, Unterhaltung, Gemeinschaftserlebnis mit Familie/Freunden.
4   Aktivitäten rund um den Museumsbesuch sind hier weitere Museumsbesuche, Besuche anderer Kultureinrichtungen, Shopping, Gastronomiebesuche.

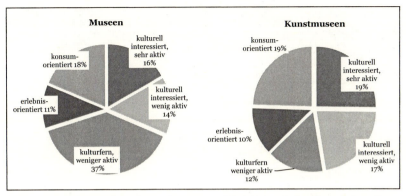

Abb. 8: *Clusterung nach Motiv- und Interessensbündeln* (markt.forschung.kultur; Besucherbefragungen 2000-2012)

Betrachtet man die Gruppen näher, so zeigt sich, dass sie sich nicht nur nach Motiven, sondern auch nach Alter, Herkunft oder Besuchskonstellation unterscheiden. Tab. 3 zeigt einige Charakteristika.

Eine Untersuchung der Leseinteressen gibt Ansätze für eine zielgruppenspezifische Kommunikation. In einigen Befragungen wurden die Besucher gefragt, welche Arten von Zeitungen (regional/überregional) und Zeitschriften (Wirtschaft, Politik, Wissenschaft, Natur, Kultur, Mode/Lifestyle, Reisen/Geografie, Essen/Wohnen oder Sport) gelesen werden, um die Kommunikationsstrategie der Einrichtung zu überprüfen.

In der letzten Zeile werden dort beispielhaft Zielgruppen genannt, die man sich unter den Clustern vorstellen kann. So wird in den Beschreibungen zu Cluster 1 deutlich, dass es sich hier schwerpunktmäßig um Kultur- und Städtetouristen handelt, während in Cluster 3 häufig Familien aus dem Umland zu finden sein werden.

Die Cluster, die weniger kulturaffin oder -aktiv sind (Cluster 3 bis 5), geben wiederum Hinweise auf weitere potenzielle Besuchergruppen (Fastbesucher), bei denen große Übereinstimmungen vermutet werden können.

Cluster	Cluster 1 kulturell interessierte, sehr aktive Besucher	Cluster 2 kulturell interessierte, weniger aktive Besucher	Cluster 3 gelegenheitsbesucher	Cluster 4 konsum-/genussorientierte Besucher	Cluster 5 erlebnisorientierte Besucher
Clustergröße (Anteil an den Befragten)	22 %	19 %	25 %	22 %	12 %
Demographie (Altersdurchschnitt und -schwerpunkte, Frauenanteil, Bildungsgrad)	Ø 51 Jahre, 50-70 Jahre, 61% ♀, 80 % Abitur/Studium	Ø 50 Jahre, > 60-Jährige, 61 % ♀, 77 % Abitur/Studium	Ø 44 Jahre, < 20/40-50 Jahre, 54 % ♀, 73 % Abitur/Studium	Ø 47 Jahre, altersgemischt, 64 % ♀, 76 % Abitur/Studium	Ø 41 Jahre, 20-40 Jahre, 65 % ♀, 82 % Abitur/Studium
überdurchschnittlich stark ausgeprägte Interessen und Aktivitäten	Museen und Theater, und besonders aktiv im Kulturbereich	Museen und Theater, aber weniger aktiv im Kulturbereich	Kino, Sport, und Familie/Freunde, weniger Interesse am Kulturbereich	Museen, Theater (weniger aktiv), Familie/Freunde, Restaurant, Shopping	Kino, Familie und Sport
Anzahl Museumsbesuche	5,4 pro Jahr	3,6 pro Jahr	2,9 pro Jahr	3,2 pro Jahr	3,4 pro Jahr
durchschnittliche Herkunftsentfernung, Schwerpunkt	181 km, Touristen	108 km, Einheimische	95 km, Einheimische	104 km, Umland/Tagestouristen	85 km, Einheimische
vorherrschende Besuchskonstellation, über Ø	Paare	Paare, Einzelbesucher, Gruppen	Familien	Familien, Paare, Freunde	Freunde, Familien
Leseinteressen	Geografie/Reisen, Politik/Wirtschaft, Kultur/Kunst	Überreg. Zeitschriften, Politik/Wirtschaft, Wissenschaft/Natur	geringeres Leseinteresse	Überreg. Zeitschriften, Mode/Lifestyle, Wissenschaft/Natur	Wissenschaft/Natur, Geografie/Reisen, Essen/Wohnen, Mode/Lifestyle, Computer/Technik
Beispiele für abgeleitete Zielgruppen	Kultur- und Städtetouristen	kulturinteressierte, aber weniger mobile, Senioren	Familienausflüge aus dem Umland	Tagesbesucher aus dem Umland	berufstätige Singles, junge intellektuelle Familien

Tab. 3: *Charakteristika der Kulturpublikums-Cluster* (markt.forschung.kultur; Besucherbefragungen 2000-2012, n=22730)

5. Differenzierung nach Besuchsintensität

In welcher Weise unterscheiden sich die Besucher von Museen von den Besuchern kulturnaher Institutionen wie Modelleisenbahnanlagen, Tierparks etc.? Als weiterer Indikator für die Kulturnähe oder -affinität des Publikums kann die Besuchshäufigkeit in Kultureinrichtungen (hier: Anzahl der jährlichen Besuche in Museen oder Kunstmuseen) herangezogen werden.

Auf Grundlage der Datenbasis der Befragungen in Kunstmuseen, Museen und kulturnahen Einrichtungen ließen sich drei Gruppen unterscheiden:

- intensive Museumsnutzer, mehr als vier Besuche in Museen/Kunstmuseen im Jahr,
- regelmäßige Museumsnutzer, zwei bis vier Besuche in Museen/Kunstmuseen im Jahr,
- sporadische Museumsnutzer, kein oder ein Besuch in Museen/Kunstmuseen im Jahr.

Tab. 4 zeigt einige typische Merkmale für die drei Segmente. So kennzeichnet intensive Museumsnutzer, dass sie älter (und damit über mehr Zeit für Besuche verfügen) und besonders hoch gebildet sind (obwohl in älteren Generationen traditionell das formale Bildungsniveau etwas niedriger als heute ist). Das Kulturerlebnis als solches steht im Mittelpunkt ihres Interesses, dabei handelt es sich sowohl um kulturaffine Einheimische (teilweise auch als unbegleitete Einzelbesucher) als auch um weiter gereiste Kulturtouristen, die gezielt z. B. zu Sonderausstellungen in Museen kommen.

Regelmäßige Museumsnutzer sind etwas jünger, schwerpunktmäßig befinden sich hier Menschen in der Familienphase, die entsprechend gerne etwas Kulturelles mit ihrer Familie oder Freunden unternehmen und häufig aus dem Umland stammen oder als Tagestouristen aus etwas weiteren Entfernungen zu Sonderausstellungen anreisen.

Das Segment der sporadischen Museumsnutzer wird vor allem in den kulturnahen Institutionen angetroffen. Hier finden sich vergleichsweise jüngere Menschen und auch mehr Männer – beides sind Merkmale, die in Hochkultureinrichtungen eher unterdurchschnittlich häufig angetroffen werden. Der Bildungsgrad ist etwas geringer, mit 72 % Abitur/Studienabschluss aber immer noch um einiges höher als im Bundesdurchschnitt. Viele kommen aus dem Umland, sei es mit der Familie, dem Partner oder Freunden. Hier stehen ebenfalls nicht so sehr das inhaltliche Interesse sondern vielmehr der Gemeinschaftsaspekt und die Neugier auf ein besonderes, einmaliges Erlebnis im Vordergrund.

Besuchsintensität	Segment 1 intensive Museumsnutzer (> 4 Besuche/Jahr)	Segment 2 regelmäßige Museumsnutzer (2-4 Besuche/Jahr)	Segment 3 sporadische Museumsnutzer (0-1 Besuche/Jahr)
Segmentgröße (Anteil an den Befragten)	32 %	40 %	28 %
Demographie (Altersdurchschnitt und -schwerpunkte, Frauenanteil, Bildungsgrad)	49 Jahre, > 60-Jährige, 61 % ♀, 85 % Abitur/Studium	47 Jahre, 40-60-Jährige, 61 % ♀, 78 % Abitur/Studium	44 Jahre, < 40-Jährige, 58 % ♀, 72 % Abitur/Studium
überdurchschnittlich stark ausgeprägte Besuchsmotive	Kulturerlebnis, Wissenserweiterung	Gemeinschaftsunternehmung mit Freunden und Familie	Gemeinschaftsunternehmung mit Freunden und Familie, Neugier
Anzahl der Besuche in Museen oder Kunstmuseen/Jahr	10,5	2,8	0,6
durchschnittliche Herkunftsentfernung, Schwerpunkt	102 km, Einheimische, Touristen	106 km, Umland, Tagestouristen	111 km, Umland
Besonderheiten bei der Besuchskonstellation	häufig Einzelbesucher	Familien, Paare, Freunde	Familien, Freunde, Paare

Tab. 4: *Charakteristika nach Besuchsintensität* (markt.forschung.kultur; (Nicht-)Besucherbefragungen 2000-2012, n=17235)

Abb. 9 zeigt die unterschiedliche Verteilung auf die Genres. Kunstmuseen und Museen unterscheiden sich hier nur geringfügig, tendenziell ziehen Museen noch mehr sporadische Kulturnutzer an als Kunstmuseen. Die kulturnahen Institutionen zeichnen sich durch einen hohen Anteil an Besuchern aus, die selten oder nie Museen oder Kunstmuseen besuchen. Dennoch sind sie Kultur (im weiteren Sinne) gegenüber aufgeschlossen und bringen Zeit und Geld auf, um sich am kulturellen Leben zu beteiligen. Hier können Hochkultureinrichtungen von anderen Einrichtungen lernen und sich dabei auch an ihrem eigenen Publikum orientieren, in dem diese Gruppen bereits (in geringeren Anteilen) zu finden sind.

EMPIRISCHE ANSÄTZE ZUR TYPISIERUNG VON BESUCHERN UND FASTBESUCHERN 215

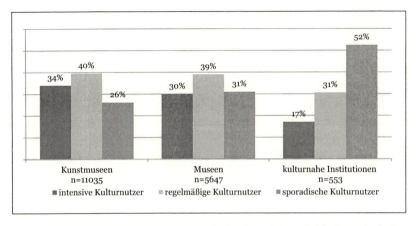

Abb. 9: *Besuchshäufigkeit nach Genres* (markt.forschung.kultur; (Nicht-)Besucherbefragungen 2000-2012)

5.1 Annäherung an Fastbesucher

Alle gezeigten Wege führen zum Fastbesucher. Die Untersuchung nach Genres ergibt Anhaltspunkte zu Besuchern kulturnaher Institutionen, die Clusterung zeigt gleich mehrere Besuchergruppen mit geringerer Kulturaffinität und die Segmentierung nach der Besuchsintensität zeigt die sporadischen Kulturnutzer. Dabei unterscheiden sie sich letztlich wenig voneinander, wie Tab. 5 zeigt.

	Genre Besucher von kulturnahen Institutionen	Cluster Gelegenheitsbesucher	Cluster Erlebnisorientierte	Segment sporadische Kulturnutzer
Alter	42 Jahre	44 Jahre	41 Jahre	44 Jahre
Frauen	55 %	54 %	65 %	58 %
Abitur/Studium	67 %	72 %	83 %	72 %
Interessen	Familie/ Freunde, Kino	Familie/ Freunde, Kino, Sport		Familie/ Freunde, Kino, Sport

Tab. 5: *Charakteristika von Fastbesuchern* (markt.forschung.kultur; (Nicht-)Besucherbefragungen 2000-2012)

In ihrer Freizeit sind Fastbesucher stärker auch anderen Aktivitäten gegenüber aufgeschlossen, z. B. Kino oder Sportaktivitäten und -veranstaltungen, und beschränken sich nicht auf die klassischen Hochkultureinrichtungen. Bei einem diversifizierteren Freizeitverhalten wählen sie aus einem breiten Spektrum von Angeboten aus und kommen auf diese Weise nur vagabundierend in die Hochkultureinrichtungen, bilden aber ein wichtiges Potenzial, da sie grundsätzlich Kultur gegenüber aufgeschlossen sind.

Befragungen der „Fastbesucher" außerhalb der Hochkultureinrichtungen, also in „kulturnahen Institutionen", geben Anhaltspunkte zu Nutzungsbarrieren und Anforderungen.

In zwei Studien wurden Fastbesucher in standardisierten schriftlichen Befragungen untersucht. Als Befragungsstandorte wurden acht unterschiedliche Orte gewählt, von denen angenommen wurde, dass sich dort vor allem potenziell kulturinteressierte und zugleich kulturaktive Menschen aufhalten – Programmkino, Kulturzentrum im Umland etc. (s. Anh. 1). Das Untersuchungsdesign der beiden Studien war entsprechend der individuell angenommenen Hinderungsgründe für einen Besuch im Museum bzw. Kunstmuseum unterschiedlich, sodass die daraus resultierende Datenlage (1.156 Datensätze) eine quantitative Darstellung nicht sinnvoll erscheinen lässt.

In beiden Befragungen wurde erfasst, ob die untersuchte Institution bekannt ist und wie häufig diese oder vergleichbare Institutionen besucht werden, um die Befragten entsprechend der Aussicht, sie als zukünftige Besucher gewinnen zu können, zu gruppieren. Schwerpunkt der Untersuchung waren neben der allgemeinen Nutzung von Kulturangeboten die Erfassung der Hinderungsgründe für einen Museums-/Kunstmuseumsbesuch, die in vorformulierten Statements mittels einer Ratingskala abgefragt wurden. Analog wurden mögliche Motivatoren erfasst.

Daneben liegen Ergebnisse aus einer weiteren qualitativen Vorstudie, in der Expertengespräche zu ausgewählten Zielgruppen von Fastbesuchern geführt wurden, vor.

Es bestätigte sich, dass ein größerer Anteil der Befragten die beiden untersuchten Hochkulturinstitutionen bisher nicht oder nur sehr selten besucht hatte, jedoch generell an Kulturaktivitäten im weiteren Sinn interessiert war. Im Folgenden werden die häufigsten genannten Hinderungsgründe und Motivatoren skizziert.

Auf die Frage, warum die jeweils identifizierten Fastbesucher nicht häufiger auch die untersuchte „hochkulturelle" Institution besuchen, gaben sie folgende Gründe an:

- keine passgenauen Themen („ich habe keinen Anlass"),
- Konkurrenz zu anderen Freizeitaktivitäten („ich mache lieber etwas anderes"),
- Informationsdefizit („mir fehlen Informationen über das Angebot"),

- Fehlendes klares Profil der Institution,
- Zielgruppenspezifische Hindernisse wie Preis (z. B. für jüngere Menschen oder ältere Frauen) und eingeschränkte Mobilität (ältere Frauen), fehlende passende Begleitung (für jüngere Menschen oder ältere Frauen), mangelnder Bezug zur eigenen Kultur (Migranten).

Ein nicht zeitgemäßes Image der Hochkulturinstitutionen war überraschenderweise nicht der Grund, weder seien Kunstmuseen/Museen „zu traditionell/bürgerlich", noch seien sie „verstaubt". Hier zeigt sich die Schwäche von standardisierten Befragungen, die es nur eingeschränkt erlauben, Motivbündel zu erfassen. Aus diesem Grunde sind qualitative Untersuchungen z. B. von ausgewählten Zielgruppen notwendig. So werden Argumente wie „ist mir zu teuer", „mir fehlt die Zeit" und „mir fehlen die Informationen" häufig genannt. Dahinter liegen vor allem eine andere Prioritätensetzung und ein geringeres Interesse verbunden mit geringerer Wahrnehmung der Institution (und ihrer Kommunikationsmaßnahmen). Hierfür könnte wiederum sehr wohl ein „nicht zeitgemäßes Image" ein wichtiger Grund sein. Die Befragten möchten in der Befragungssituation möglicherweise nicht ihr positives Selbstbild durch kritische Anmerkungen zu der Institution oder der Kultursparte in Frage stellen.

Kulturnahe Institutionen hingegen schaffen es offensichtlich, auch weniger kulturaffine Menschen anzuziehen – was machen sie anders oder auch besser? An dieser Stelle werden kurz Erfolgsfaktoren aus den genannten Expertengesprächen und Fastbesucherbefragungen zusammengestellt:

- (Stadt-)Gespräch sein („Sollte man gesehen haben"),
- Einmaligkeit des Angebotes („Besonderes erleben"),
- zielgruppengerechte Kommunikation: Inszenierung („Funke entzünden"),
- generationenspezifische Themen/Ansprache,
- Hinwendung zum Publikum („Geschichten erzählen"),
- Kooperationen zur Verstärkung der Effekte (z. B. mit Organisationen der gewünschten Zielgruppen wie Wohlfahrtsverbänden, Marketingkooperationen mit Geschäften, Gastronomie, Verkehrsunternehmen, Hotellerie, genreübergreifende Zusammenarbeit mit anderen Kultureinrichtungen).

Eine gemeinsame Betrachtung beider Aspekte, sowohl der Hinderungsgründe als auch der Erfolgsfaktoren kulturnaher Institutionen, zeigt somit Ansatzpunkte zur Publikumsgewinnung auf:

- Ein konkreter Anlass für den Besuch ist wichtig. Hier sollte die Kulturinstitution etwas Einmaliges bieten („Besonderes erleben") und wenn möglich damit mediale Aufmerksamkeit erregen („Stadtgespräch").
- Dabei ist eine zielgruppenspezifische Kommunikation notwendig, die gezielt anspricht und „abholt" (Altersgruppen, Bildungsschichten, Ethnien, ...).
- Zentrale Herausforderung ist hier die Kommunikation: Eine klare Information sowohl über die gezeigten Inhalte als auch Preise und das Rahmenangebot, Service etc.
- Kooperationen mit anderen Kultur-, aber auch nichtkulturellen Partnern sind eine Möglichkeit sowohl zur Verbreiterung der Informationskanäle als auch der Erweiterung der Angebotspalette der Beteiligten, um das jeweilige Publikum der Kooperationspartner zu erreichen.

6. Fazit

Besucher- und Fastbesucherbefragungen ermöglichen eine differenzierte Betrachtung des eigenen Publikums unter vielerlei Aspekten.

Die Differenzierungen in Besuchergruppen oder Cluster erweitern die Betrachtung über reine soziodemographische Aspekte hinaus. Typologien, die Motivbündel berücksichtigen, geben Ansätze, um gezielt auf die Gruppen zugehen zu können.

Das gewünschte potenzielle Publikum ist bereits im eigenen Haus: Gelegenheitsbesucher der eigenen Einrichtung sind dem potenziellen Publikum vergleichbar und geben daher die Möglichkeit, Informationen über sie aus eigenen Publikumsuntersuchungen und aus gezielten Befragungen außerhalb des Hauses zu ziehen.

Wichtig ist es, die Erkenntnisse aus der Besucherforschung in eine Gesamtstrategie der Institution einzubinden. Neben den Kenntnissen über die vorhandenen und potenziellen Besucher ist es notwendig, mittel- und langfristige gesamtgesellschaftliche Trends (z. B. demografischer Wandel, technologische Entwicklungen etc.) im Blick zu halten. Auf dieser Basis können Zielgruppen bestimmt werden, die Schwerpunkte von Marketingmaßnahmen sein sollen und Angebote (z. B. Themen, Präsentation, Vermittlung, Serviceangebote) und Kommunikationsmaßnahmen (z. B. Wahl der Kommunikationskanäle, Ausgestaltung von Werbemaßnahmen) zielgerichtet auf sie zugeschnitten werden.

Anhang 1
Datenpool markt.forschung.kultur – Projekte/Datenquellen
(markt.forschung.kultur; (Nicht-)Besucherbefragungen 2000-2012)

Einrichtung	Stadt	Befragungsjahr	Ausstellung	gültige Datensätze
Barlach-Haus Hamburg	Hamburg	2008/2009	über 15 Monate begleitend	900
Deichtorhallen	Hamburg	2009	Fotoausstellung und zeitgenössische Kunst Fastbesucherbefragung	125
City 46	Bremen	2011	Programmkino Fastbesucherbefragung	86
Gerhard Marcks Haus	Bremen	2005	Sonderausstellung *Beuys: Konzentration und Offenheit*	861
Große Kunstschau, Haus im Schluh, Museum am Modersohn-Haus	Worpswede	2002/2003	Sonderausstellungen *Rilke. Worpswede*	112
Hamburger Kunsthalle	Hamburg	2003	Sonderausstellung *Klee im Norden*	682
Hamburger Kunsthalle	Hamburg	200	Sonderausstellung *Caspar David Friedrich*	3.207
Hochschule Bremen	Bremen	2011	Mensabereich Fastbesucherbefragung	119
Kulturzentrum Alter Schützenho	Achim	2011	Kabarett, Popkonzert, Jazzkonzert Fastbesucherbefragung	107
Kunsthalle Bremen	Bremen	2000	Sonderausstellung *Blauer Reiter"*	811

Einrichtung	Stadt	Befragungsjahr	Ausstellung	gültige Datensätze
Kunsthalle Bremen	Bremen	2001	Sonderausstellung *Barlach: Kaviar statt Brot*	168
Kunsthalle Bremen	Bremen	2002/2003	Sonderausstellung *VanGogh: Felder*	3.019
Kunsthalle Bremen	Bremen	2003	Sonderausstellung *Klee im Norden*	673
Kunsthalle Bremen	Bremen	2003	Sonderausstellung *Rilke. Worpswede*	369
Kunsthalle Bremen	Bremen	2005	Sammlung	700
Kunsthalle Bremen	Bremen	2005/2006	Sonderausstellung *Monet und Camille*	2.975
Kunsthalle Bremen	Bremen	2006	Sammlung	950
Kunsthalle Bremen	Bremen	2007/2008	Sonderausstellung *Paula in Paris*	2.085
Kunsthalle Bremen	Bremen	2011/2012	Sonderausstellung *Edvard Munch – Rätsel hinter der Leinwand*	1.700
Miniaturwunderland	Hamburg	2009	Fastbesucherbefragung	165
Paula Modersohn Becker Museum	Bremen	2005	Sonderausstellung *Ewald Mataré und das Haus Atlantis*	996
Schloss Gottorf (Landesmuseum für Kunst und Kulturgeschichte und Archäologisches Landesmuseum)	Schleswig	2010	Sammlung	198

Einrichtung	Stadt	Befragungsjahr	Ausstellung	gültige Datensätze
Semmel Concerts Veranstaltungsservice GmbH	Hamburg	2009	Wanderausstellung *Tutanchamun – Sein Grab und die Schätze* Fastbesucherbefragung"	284
Slowfisch	Bremen	2011	Genießermesse Messehallen Bremen Fastbesucherbefragung	136
Sprengel Museum	Hannover	2003	Sonderausstellung *Klee im Norden*	651
Stiftung Historische Museen Hamburg, Altonaer Museum	Hamburg	2009	Sammlung, Eröffnung *Kinderolymp Wasserwelten*	812
Stiftung Historische Museen Hamburg, Archäologisches Museum Hamburg/ Helms Museum	Hamburg	2009	Sammlung Neueröffnung	824
Stiftung Historische Museen Hamburg, Museum der Arbeit	Hamburg	2009	Sammlung Sonderausstellung *Hamburg und seine Brücken*	962
Stiftung Historische Museen Hamburg, Museum für Hamburgische Geschichte	Hamburg	2009	Sammlung Sonderausstellung *Multiple City*	935
Theater Bremen	Bremen	2011	Oper	773
Theater Bremen	Bremen	2011	Schauspiel	542
Theater Bremen	Bremen	2011	Tanztheater	87

Einrichtung	Stadt	Befragungsjahr	Ausstellung	gültige Datensätze
Tierpark Hagenbeck	Hamburg	2009	*Troparium* Fastbesucherbefragung	137
Übersee-Museum	Bremen	2009	Sammlung	662
Übersee-Museum	Bremen	2009	Sonderausstellung *Sitting Bull*	1.423
Übersee-Museum	Bremen	2011	Sammlung	964
Übersee-Museum	Bremen	2011	Sonderausstellung *Erleben was die Welt bewegt*	60
Gesamt				**30.260**

Anhang 2
Einige Untersuchungsvariablen/Deskriptive Statistiken
(markt.forschung.kultur; [Nicht-]Besucherbefragungen 2000-2012)

Variable	Fragestellung	Ausprägung	Antwortmöglichkeit	Antworten	Mittelwert	Minimum	Maximum	StAbW
V1	Besuchskonstellation	begleitet/alleine	ja/nein	8.694	90 %	0	1	0,30
V2		Familie	ja/nein	7.792	45 %	0	1	0,50
V3		Gruppe	ja/nein	7.792	6 %	0	1	0,24
V4		Partner	ja/nein	7.792	27 %	0	1	0,45
V5		Schule	ja/nein	3.857	1 %	0	1	0,11
V6		Freunde	ja/nein	7.792	18 %	0	1	0,38
V7	Besuchshäufigkeit	eigenes Museum/Theater	Anzahl/Jahr	17.441	1,31	0	70	2,91
V8		andere Museen	Anzahl/Jahr	16.744	3,64	0	200	6,56
V9	Erstbesuch in der befragten Einrichtung	ja/nein	ja/nein	9.765	38 %	0	1	0,49
V10	Besuchsmotive	Kulturerlebnis	ja/nein	25.465	57 %	0	1	0,50
V11		Wissen	ja/nein	25.465	36 %	0	1	0,48
V12		Neugier	ja/nein	23.303	34 %	0	1	0,47
V13		Unterhaltung	ja/nein	25.464	18 %	0	1	0,39
V14		Familie/Freunde	ja/nein	25.970	35 %	0	1	0,48

Variable	Fragestellung	Ausprägung	Antwortmöglichkeit	Antworten	Mittelwert	Minimum	Maximum	StAbW
V15	Aufenthaltsdauer in der Einrichtung	Dauer	in Stunden	6.457	2,24	0,2	8	0,91
V16	Kommunikationsmaßnahmen	Berichte	ja/nein	20.093	57 %	0	1	0,49
V17		Werbung	ja/nein	19.722	45 %	0	1	0,50
V18		Internet	ja/nein	21.048	18 %	0	1	0,38
V19		Flyer	ja/nein	18.803	39 %	0	1	0,49
V20		Plakate	ja/nein	20.263	61 %	0	1	0,49
V22	Besuchsanlass	Werbung	ja/nein	21.849	23 %	0	1	0,42
V23		Berichte	ja/nein	22.213	25 %	0	1	0,43
V24		Empfehlung	ja/nein	26.143	25 %	0	1	0,43
V25		spontan	ja/nein	20.522	14 %	0	1	0,35
V26		organisiert	ja/nein	9.069	3 %	0	1	0,17
V27	weitere Aktivitäten rund um den Besuch	weitere / keine weiteren Aktivitäten	ja/nein	25.354	69 %	0	1	0,46

EMPIRISCHE ANSÄTZE ZUR TYPISIERUNG VON BESUCHERN UND FASTBESUCHERN

Variable	Fragestellung	Ausprägung	Antwortmöglichkeit	Antworten	Mittelwert	Minimum	Maximum	StAbW
V28		weitere Museumsbesuche	ja/nein	19.940	16 %	0	1	0,37
V29		Besuche von anderen Kultureinrichtungen	ja/nein	25.266	13 %	0	1	0,34
V30		Einkäufe / Shopping	ja/nein	25.265	20 %	0	1	0,40
V31		Restaurant	ja/nein	25.266	28 %	0	1	0,45
V32		Stadtbummel / Sehenswürdigkeiten	ja/nein	23.632	19 %	0	1	0,39
V33	Interessen	Museen	ja/nein	6.058	83 %	0	1	0,38
V34		Theater	ja/nein	8.459	61 %	0	1	0,49
V35		Kino	ja/nein	10.514	50 %	0	1	0,50
V36		Familie/ Freunde	ja/nein	5.515	71 %	0	1	0,45
V37		Sport	ja/nein	9.525	53 %	0	1	0,50
S1	Alter	Alter	in Jahren	27.871	47,78	12	98	16,74
S2	Geschlecht	männlich/ weiblich	m/w	28.362	61 %	0	1	0,49

Variable	Fragestellung	Ausprägung	Antwortmöglichkeit	Antworten	Mittelwert	Minimum	Maximum	StAbW
S3	Bildungsstand	höchster Bildungsabschluss	noch Schüler	26.729	3 %			
S3			Hauptschulabschluss	26.729	5 %			
S3			Realschulabschluss	26.729	18 %			
S3			Abitur	26.729	22 %			
S3			Studium	26.729	52 %			
S4	Herkunft	Postleitzahl	5-stellige PLZ	26.611				
		daraus ermittelte Herkunftsentfernung	Luftlinie in km	25.869	110,19	0,8	661	121,69

EMPIRISCHE ANSÄTZE ZUR TYPISIERUNG VON BESUCHERN UND FASTBESUCHERN 227

Anhang 3
Faktorenanalyse
(markt.forschung.kultur; Besucherbefragungen 2000-2012; n=26376)

	Komponente	
	1	2
F9 Aktivitäten: Einkäufe	,796	
F9 Aktivitäten: Restaurant	,775	
F9 Aktivitäten: Museen		,793
F9 Aktivitäten: Kultur		,706

rotierte Komponentenmatrix[a]

	Komponente	
	1	2
F5 Motive: Neugier	,709	
F5 Motive: Familie/Freunde	,634	
F5 Motive: Kulturerlebnis	,522	,720
F5 Motive: Wissen		,648

rotierte Komponentenmatrix[a]

Kulturelle Partizipation im Langzeitvergleich
Eine empirische Analyse am
Beispiel der Stadt Köln
KARL-HEINZ REUBAND

1. Einleitung

Bevölkerungsbefragungen auf lokaler Ebene zur kulturellen Partizipation sind selten. Zwar hat es auf Seiten der Städtestatistiker schon vor mehreren Jahren Bemühungen gegeben, die Kulturstatistik nicht allein auf die Zahl der verkauften Karten, sondern ebenfalls auf Befragungen in der Bevölkerung zu stützen (DEUTSCHER STÄDTETAG 2004). Doch haben die Statistikämter der Städte bislang von diesem methodischen Zugang wenig Gebrauch gemacht. Auch außerhalb der Statistikämter kam es in den letzten Jahren, von einzelnen Ausnahmen abgesehen, nicht zu nennenswerten Initiativen – weder im akademischen noch im anderen Rahmen[1] – so dass es nicht nur an entsprechenden Studien, sondern auch an Zeitvergleichen in Deutschland mangelt.

Damit musste die Frage ungeklärt bleiben, ob steigende oder sinkende Besucherzahlen (wie sie sich in den Kultur-Statistiken widerspiegeln) auf Veränderungen in der Zahl der Nutzer oder auf Veränderungen in der Häufigkeit der Nutzung innerhalb eines konstanten Kreises der Nutzer zurückgehen. Ebenso musste ungeklärt bleiben, aus welchen Kreisen der Bevölkerung sich die Nutzer rekrutieren und ob sich in dieser Hinsicht im Lauf der Zeit Veränderungen vollzogen haben. Es gibt allenfalls auf bundesweiter Ebene vereinzelte Studien, in denen die Nutzung kultureller Einrichtungen in der Bevölkerung wiederholt und mit gleichem Instrumentarium erfragt wurde. In einigen geschieht dies in differenzierter Form, durch Spezifikation der Art der Kultureinrichtung (KEUCHEL 2005; OPASCHOWSKI 2005), in anderen wird in globaler Weise die Partizipation erfasst (wie etwa im SOEP oder ALLBUS). Letzt-

---

1 Es gibt allenfalls im Auftrag von Kulturämtern und ähnlichen Einrichtungen gelegentlich Erhebungen (z. B. KEUCHEL 2003, KEUCHEL/GRAFF 2011), die allerdings punktuell als Bestandsaufnahme aktueller Bedingungen angelegt sind und keine Langzeitvergleiche ermöglichen.

genannte Studien eignen sich nur eingeschränkt für einen Langzeitvergleich kultureller Partizipation.[2]

Vorteil bundesweiter Umfragen ist, dass sie Aussagen für die Gesamtheit der Bundesbürger erlauben, ungeachtet dessen, ob kulturelle Einrichtungen an deren Wohnort vorhanden sind oder nicht. Das Vorhandensein wird allerdings als Kontextmerkmal niemals mit erhoben. Damit bleibt die Frage ungeklärt, wie häufig kulturelle Einrichtungen genutzt werden, wenn die Gelegenheit dafür existiert. Man kann allenfalls durch Aufgliederung der Daten nach Ortsgröße gewisse Rückschlüsse ziehen und hierbei zum Maßstab die Befunde für Großstädte nehmen (wo die kulturelle Infrastruktur in der Regel hinreichend vorhanden ist).

Weil Kontextdaten zum Vorhandensein kultureller Einrichtungen in den bundesweiten Umfragen nicht erhoben werden, bleiben etwaige Änderungen in der kulturellen Infrastruktur mit ihren Folgen bei Zeitvergleichen notwendigerweise aus der Betrachtung ausgeklammert. Der Tatbestand ist umso misslicher, als es in den letzten Jahren in der staatlich geförderten Kultur teilweise zu Einsparungen, zur Zusammenlegung von Einrichtungen oder zu anderen Änderungen in der Gelegenheitsstruktur gekommen ist (FÖHL 2010). Nicht nur die Nutzungshäufigkeit könnte davon beeinflusst werden, sondern auch die soziale Zusammensetzung der Besucher: z. B. wenn Einschränkungen des kulturellen Angebots unterdurchschnittlich die Großstädte betreffen, in denen besser Gebildete und Jüngere überproportional vertreten sind. In einem solchen Fall würden sich Änderungen in der sozialen Zusammensetzung der Besucher allein aus Änderungen in der Gelegenheitsstruktur ergeben.

Will man Änderungen des Nutzungsverhaltens unter Kontrolle und Konstanthaltung der kulturellen Gelegenheitsstruktur durchführen, bie-

---

2 Zu Arbeiten, die auf das *Sozio-ökonomische Panel* (SOEP) bzw. der *Allgemeinen Bevölkerungsumfrage der Sozialwissenschaften* (ALLBUS) zurückgreifen und dabei u. a. auch von den Fragen zur Kulturnutzung Gebrauch machen, u. a. HUTH/WEISHAUPT (2009), ISENGARD (2011), SPELLERBERG (2011). Das Problem der Operationalisierung im SOEP und in anderen Erhebungen mit gleichem Instrumentarium liegt nicht nur darin, dass global der Besuch von Veranstaltungen „wie Oper, klassische Konzerte, Theater, Ausstellungen" erfasst wird und damit den etwaigen kulturspezifischen Eigenarten und Veränderungen der Nutzung nicht Rechnung getragen werden kann (die Werte könnten z. B. stabil bleiben durch gegenläufige Trends in unterschiedlichen Bereichen). Höchst problematisch ist ebenso, dass die Häufigkeit der Nutzung aufgrund der verfügbaren Antwortkategorien nur im Bereich der häufigen Nutzungsfrequenz ermittelt wird: „täglich, mindestens einmal pro Woche, mindestens einmal im Monat, seltener, nie". Sinnvoll wäre gewesen, die Nutzung, die seltener als einmal im Monat stattfindet, ebenfalls differenziert zu erfassen.

ten sich Studien auf lokaler Ebene an. Im Folgenden soll eine Analyse des Langzeitwandels kultureller Partizipation am Beispiel der Stadt Köln unternommen werden. Es handelt sich um eine Stadt mit gut ausgebauter kultureller Infrastruktur: einem Opernhaus, mehreren Theatern und Museen sowie einem großen Konzertsaal, der *Philharmonie*. Zwei Erhebungen bieten sich für den Langzeitvergleich an: eine Bevölkerungsumfrage aus dem Jahr 1991 und eine im Jahr 2010 durchgeführte Umfrage. Die Erhebungen haben den Vorteil, zusammen einen Zeitraum von rund zwanzig Jahren zu umspannen, sodass Fragen des Langzeitwandels aufgegriffen werden können. Zudem bieten sie den Vorteil, die Partizipation differenziert nach Art der Einrichtung mit annähernd gleichen Frageformulierungen und Antwortkategorien ermittelt zu haben. Andere Erhebungen, die sich für einen Langzeitvergleich eignen, gibt es für Köln nicht. Und sie liegen auch für andere Städte nicht vor.[3]

Drei Fragestellungen interessieren uns im Folgenden: (1) Wie viele Bürger partizipieren an den unterschiedlichen Kultureinrichtungen, und welche Art von Kultureinrichtung findet den größten Zulauf? (2) Wie sehr werden kulturelle Interessen in die Nutzung entsprechender kultureller Einrichtungen umgesetzt? (3) Welche sozialen Merkmale nehmen Einfluss auf die Nutzung der kulturellen Einrichtungen, und welche Veränderungen haben sich in dieser Hinsicht im Zeitverlauf ergeben?

2. Methodisches Vorgehen

Die Umfrage des Jahres 1991, welche die Ausgangsbasis des Vergleichs darstellt, wurde von uns im Rahmen eines größeren Projektes zu Lebensbedingungen in Köln und aktuellen Fragen, gefördert von der *Deutschen Forschungsgemeinschaft*, erhoben. Sie stützt sich auf eine Randomstichprobe aus dem Einwohnermelderegister der Stadt und umfasst Personen mit deutscher Staatsangehörigkeit, 18 Jahre und älter. Befragt wurden 555 Personen im Rahmen von face-to-face-Interviews (REUBAND/ BLASIUS 1996). Die Umfrage des Jahres 2010, welche zur Beschreibung

---

3   Für Köln gibt es allenfalls noch Daten des Statistischen Amtes der Stadt Köln, die sich auf einzelne Umfragen stützen, vergleichbare Indikatoren für einen Langzeitvergleich jedoch fehlen in diesem Bestand. Wo es an anderen Orten vergleichbare Erhebungen mit identischem Erhebungsinstrumentarium gibt, mangelt es andererseits an notwendiger Differenzierung kultureller Einrichtungen. So z. B. der Fall in Umfragen des Amtes für Stadtforschung Nürnberg, bei denen Schauspielhaus, Kammerspiel und Oper zusammengefasst und nicht einzeln erhoben wurden.

der gegenwärtigen Verhältnisse verwendet wird, fand durch das Institut *Omniquest* im Auftrag des *Kölner Kulturrats* statt. Sie erfolgte telefonisch auf der Basis zufallsgenerierter Telefonnummern und umfasst Personen, 18 Jahre und älter, mit denen auf Deutsch ein Interview möglich war. Durch die Wahl zufallsgenerierter Nummern wurden auch diejenigen Personen in die Randomauswahl einbezogen, die nicht in öffentlichen Telefonverzeichnissen aufgeführt sind. Befragt wurden 1.000 Personen.[4]

Der Wechsel des Erhebungsmodus, wie er sich in den beiden Umfragen wiederspiegelt – von face-to-face zu telefonisch –, ist nicht untypisch für die Änderungen in der Praxis der Sozialforschung der letzten Jahre: telefonische Befragungen haben weitgehend face-to-face-Befragungen ersetzt (ADM 2010). Für die Aussagekraft der Ergebnisse dürfte dieser Wechsel des Modus ohne größere Bedeutung sein (GLAGOW/BÜHLER 1987; FREY et al. 1990; JUNG 1990; REUBAND/BLASIUS 1996; JÄCKLE et al. 2006). Wenn Effekte überhaupt auftreten, betreffen sie in erster Linie sozial erwünschte Sachverhalte. Und zu diesen zählen Fragen der kulturellen Partizipation sicherlich weniger als etwa solche zu Delinquenz, Drogenkonsum oder exzessiven Alkoholgebrauch. Ebenso wenig dürften größere Effekte aus der Tatsache erwachsen, dass die Ausschöpfungsquote in der neuen, telefonisch durchgeführten Umfrage niedriger liegt als in unserer Ausgangsstudie.[5] Denn Ausschöpfungsquoten sagen in der Regel nur bedingt etwas über die Repräsentativität von Umfragebefunden aus (u. a. KOCH 1998; KEETER et al. 2006; TRIPPLET 2002; DIEKMANN 2007: 425).

Weitaus gewichtiger dürfte in unserem Fall die thematische Ausrichtung der Erhebungen sein. So stellt die Erhebung von 1991 eine Mehrthemenumfrage dar und wurde den Zielpersonen gegenüber global als Umfrage zu den Lebensbedingungen in der Stadt und zu aktuellen Fragen bezeichnet. Die Umfrage von 2010 hingegen ist auf ein einziges Thema beschränkt – das der kulturellen Partizipation. Und entsprechend

---

4 Daten dieser Erhebung wurden uns freundlicherweise für eine Sekundäranalyse zur Verfügung gestellt. Was die Erhebung von 1991 angeht, so schließt diese eine kurze zusätzliche Feldphase im Frühjahr 1992 ein (REUBAND/BLASIUS 1996). Da der größte Teil der Befragten auf das Jahr 1991 entfällt, wird im Folgenden die Erhebung als eine des Jahres 1991 bezeichnet.

5 1991 lag die Ausschöpfungsquote bei einer Mehrheit der Zielpersonen (REUBAND/BLASIUS 1996). In der Telefonbefragung von 2010 beläuft sich der Anteil auf eine Minderheit. Letzteres ist nicht untypisch für heutige Befragungen, egal ob sie face-to-face oder telefonisch durchgeführt werden (u. a. WASMER et al. 2010; REUBAND 2012; SCHNEIDERAT/SCHLINZIG 2012).

wurde sie den Zielpersonen gegenüber bei der Kontaktaufnahme am Telefon präsentiert. Dies aber muss angesichts der Bedeutung, die das Umfragethema für die Teilnahme an Befragungen hat (GROVES et al. 2004), zwangsläufig zu einer thematischen Selbstselektion und Überrepräsentation der Kulturinteressierten und Kulturaktiven führen.

Die Überrepräsentation der Kulturinteressierten kann nicht durch Gewichtung der Daten – etwa nach dem Merkmal Bildung (wie dies im Folgenden bei der Schätzung kultureller Partizipation geschieht) – völlig ausgeglichen werden.[6] Sie bleibt auch unter diesen Umständen, wenn auch auf niedrigerem Niveau, bestehen. Und betroffen davon ist nicht nur die ermittelte Verbreitung kultureller Partizipation, sondern ebenso der Zusammenhang zwischen sozialen Merkmalen und kultureller Teilhabe: er wird unterschätzt. In welchem Umfang dies der Fall ist, kann nicht näher quantitativ bestimmt werden. Sicher ist nur: man muss, wenn man eine realistische Schätzung der Verhältnisse treffen will, von stärkeren Zusammenhängen ausgehen, als es die Zahlen der Berechnung nahelegen. Entsprechende Modellberechnungen (s. Anh.) belegen dies.

Trotz der genannten Probleme gilt: Wenn man die methodischen Eigenheiten der neuen Erhebung bedenkt und bei der Interpretation berücksichtigt, kann man sie sehr wohl in einen Trendvergleich einbeziehen. Die grundlegenden Muster dürften auch unter den gegebenen Bedingungen reproduziert werden und Vergleiche ermöglichen. Und was den Einfluss der sozialen Merkmale auf die kulturelle Partizipation angeht, kann man diesen zumindest genauer eingrenzen: Man kann davon ausgehen, dass die Effekte in der neusten Erhebung entweder gleich

---

6 In der Erhebung von 1991 weisen 33 % der Befragten Abitur oder Hochschulbildung auf, im Mikrozensus für Köln sind dies zu dieser Zeit 26 %. Im Jahr 2010 weisen 61 % der Befragten Abitur oder Hochschulbildung auf, im Mikrozensus für Köln sind es 47 %. Das Ausmaß der Überrepräsentation von Personen mit höchstem Bildungsabschluss in der Umfrage ist damit fast identisch (mit einem Faktor von 1,27 bzw. 1,30). Stärker betroffen als 1991 sind 2010 die Personen mit Volks- oder Hauptschulbildung: im Jahr 1991 sind sie mit einem Faktor von 0,85, im Jahr 2010 von 0,50 unterrepräsentiert. Bei der Schätzung der Verbreitung benutzen wir den gewichteten Datensatz, in den Alter und Bildung als Gewichtungsfaktor eingehen. Bei der Analyse des Zusammenhangs zwischen Variablen (Tab. 3ff.) wird der ungewichtete Datensatz verwendet (zu diesem Vorgehen u. a. DIEKMANN 2007; ARZHEIMER 2009). Offen bleiben muss an dieser Stelle die Frage, inwieweit sozial erwünschte Antworttendenzen den ermittelten Zusammenhang zwischen Bildung und kultureller Partizipation beeinflussen. Dass es einen derartigen Effekt gibt und die kulturelle Partizipation der schlechter Gebildeten überschätzt wird, belegt eine Untersuchung zum Opernbesuch in Düsseldorf (REUBAND 2007b). Würde sich dieser Effekt hier ebenfalls auswirken, würde der Einfluss der Bildung in beiden Erhebungen unterschätzt werden.

oder höher – aber auf keinen Fall niedriger – liegen als es die jeweiligen Befunde ausweisen.

3. Verbreitung kultureller Partizipation

Als erstes soll der Frage nach der Verbreitung der Nutzung jener Einrichtungen am Wohnort nachgegangen werden, die der Hochkultur zugerechnet werden: Oper, klassisches Konzert, Theater und Museen. In den beiden Erhebungen wurden die Fragen zur Häufigkeit der Nutzung annähernd gleich gestellt, mit nahezu identischen Antwortkategorien. Diese reichen von „mehrmals die Woche" bis „nie" bzw. „überhaupt nicht". Der einzige nennenswerte Unterschied liegt darin, dass bei der Frage zur Nutzungshäufigkeit 1991 die Kategorie „einmal im Jahr" vorgegeben war, diese 2010 hingegen mit „seltener als einmal im Jahr" zur Kategorie „seltener" zusammengefasst wurde. Die Endkategorie („nie" bzw. „überhaupt nicht") kann für beide Erhebungen als de facto identisch angesehen werden.

	Oper		Theater		klassisches Konzert		Museen	
	1991	2010	1991	2010	1991	2010	1991	2010
mehrmals im Monat	1	1	2	2	1	5	4	8
einmal im Monat	4	2	6	6	3	5	5	10
mehrmals im Jahr	8	14	19	29	15	16	30	32
einmal im Jahr	5	22	10	28	6	23	11	28
seltener	14		18		17		24	
nie	68	61	45	35	58	51	26	23
	100	100	100	100	100	100	100	100
(N=)	(554)	(999)	(554)	(982)	(554)	(998)	(553)	(994)

Basis: gewichteter Datensatz nach Alter und Bildung

Frageformulierung: 1991: „Wie oft nehmen Sie folgende Einrichtungen in Anspruch bzw. wie oft besuchen sie..."; 2010: „Wie oft im Monat besuchen Sie persönlich folgende Kölner Kulturangebote? Oper, Theater, Konzertbesuch Klassische Musik, Museen und bildende Kunst".
Antwortkategorien: 1991: mehrmals in der Woche, einmal die Woche, mehrmals im Monat, einmal im Monat, mehrmals im Jahr, einmal im Jahr, seltener, nie. 2010: mehrmals die Woche, einmal die Woche, mehrmals im Monat, mehrmals im Jahr, seltener, nie. [Hier: mehrmals in der Woche, einmal pro Woche und mehrmals im Monat zu mehrmals im Monat zusammengefasst]

Tab. 1: *Besuch kultureller Einrichtungen im Zeitverlauf* (in %)

Wie man Tab. 1 entnehmen kann, ist in beiden Jahren der Museumsbesuch am häufigsten, gefolgt vom Theaterbesuch und mit weiterem Abstand vom Besuch klassischer Konzerte. Am seltensten ist der Opernbesuch. Die Rangfolge lässt sich nicht nur an der Zahl derer messen, die mehrmals im Jahr die jeweilige Einrichtung aufsuchen. Sie lässt sich auch erkennen an der Zahl derer, die nie von der entsprechenden Einrichtung Gebrauch machen. Das Muster erweist sich im Langzeitvergleich als stabil. Der Museumsbesuch bleibt am populärsten, der Opernbesuch am wenigsten. Bezüglich der Nutzungshäufigkeit variieren die Angaben zwischen den Jahren und weisen für das Jahr 2010 durchgängig höhere Werte auf. Da die jüngste Erhebung aber aus den genannten methodischen Gründen mit einer Überschätzung der kulturellen Nutzung einhergeht, wäre es verfehlt, daraus einen Bedeutungszuwachs der Kultur für die Bürger abzuleiten. Im Gegenteil dürfte die Nutzung – wie die Besucherzahlen nahelegen – sogar erheblich zurückgegangen sein. Die Kölner Entwicklung spiegelt in dieser Hinsicht Veränderungen wider, die sich auch anderswo in Deutschland vollzogen haben – doch die Entwicklung scheint sich in Köln in weitaus verschärfter Form ereignet zu haben.[7]

---

[7] Der Rückgang in Köln ist mehr als doppelt so stark wie im Bundesdurchschnitt. 1990/1991 wurden in Köln im Opernhaus 302.650 Karten verkauft, 2008/2009 194.559 (STADT KÖLN 2004: 165, 2010: 188). Für das Schauspielhaus wurden 1990/91 135.616 Besuche gezählt, 2008/09 86.039, für die städtischen Museen 1995 1.060.299 Besuche, 2009 843.305 (STADT KÖLN 2004: 164, 2010: 185). Danach gibt es, trotz gewisser jährlicher Schwankungen, überall einen rückläufigen Trend je nach Einrichtung zwischen 20 und 37 %. Unbekannt ist, wie groß der Anteil der auswärtigen Besucher in den jeweiligen Jahren war. Angesichts dessen lassen diese Zahlen nur tentative Schlüsse zu. Es ist freilich kaum anzunehmen, dass der Rückgang allein auf die Nicht-Kölner unter den Besuchern zurückgeht. Bedenkt man zudem, dass Köln nicht zu den Städten mit schrumpfender Einwohnerzahl zählt, bedeuten die rückläufigen Besucherzahlen rückläufige Besucherfrequenzen pro Kopf der Bevölkerung. Was die bundesweiten Zahlen im gleichen Zeitraum angeht, so ist die Zahl der Besucher der Musiktheater von 7.502.100 im Jahr 1991/92 auf 6.452.665 gesunken, die Zahl der Theaterbesucher von 6.114.293 auf 5.439.196 (BOLWIN 2010: 143). Im Fall des Musiktheaters entspricht dies einem Rückgang von 14 %, im Fall des Theaters von 11 %. Im Fall des Museumsbesuchs lässt sich – konträr zum allgemeinen Trend – ein Anstieg der Besucherzahlen feststellen (HAGEDORN-SAUPE 2010: 177, 183). Allerdings ist dieser Anstieg z. T. auch eine Folge des Zuwachses in der Zahl (kleiner) Museen, die nicht notwendigerweise als Kunstmuseum gelten können, und einem gestiegenem Meldeverhalten (REUBAND 2010a: 28). Die allgemeinen Besuchertrends widerlegen dem allzu oft vorgebrachten Optimismus, der – wie z. B. bei Rombach (2005) – einen ungebremsten, kontinuierlichen Zuwachs der kulturellen Nutzung in der Bevölkerung als mehr oder minder selbstverständlich unterstellt.

Vergleicht man die Kölner Befunde mit analog erhobenen Befunden anderer Städte, so wird ersichtlich, dass sich in der Häufigkeit des mehrmaligen Besuchs die Kölner in den beiden Erhebungen nicht nennenswert von den Einwohnern anderer Städte unterscheiden. Die Werte liegen innerhalb der Variationsbreite der Zahlen, die für Hamburg, Kiel, Düsseldorf, Stuttgart, München und Dresden nachgewiesen wurden. So liegt z. B. der Anteil der mehrmals pro Jahr unternommenen Opernbesuche in Köln mit 13 bzw. 17 % auf ähnlichem Niveau wie in Stuttgart, München, Dresden oder Düsseldorf. Auf ähnlichem Niveau wie in den anderen Städten – z. T. sogar höher – liegt die Häufigkeit des klassischen Konzert- und des Theaterbesuchs. Und beim Museumsbesuch werden die meisten der anderen genannten Städte sogar überrundet: Die Erhebung von 1991 weist für Köln einen Wert für den mehrmaligen Besuch pro Jahr von 39 % auf (die von 2010 von 50 %). In Hamburg, Kiel, Düsseldorf und Stuttgart liegen die entsprechenden Zahlen – einer Umfrage aus dem Jahr 2002 zufolge – lediglich zwischen 22 % und 36 % (nur in München und Dresden wurden Werte von 40 % und mehr erreicht; REUBAND 2010b).

Gleichwohl gibt es in Köln auch Anzeichen einer im Vergleich zu den anderen Städten größeren Kulturabstinenz der Bürger. Dies ist der Fall, wenn man den Anteil derer zum Maßstab nimmt, die von sich sagen, „nie" die jeweilige Kultureinrichtung zu nutzen. Im Fall des Opernhauses sind es in Köln etwas mehr als 60 %, die sich in dieser Weise äußern, in den anderen genannten Städten sind es nirgendwo mehr als 45 %. Im Fall des Konzertbesuchs liegen die entsprechenden Werte in Köln bei etwas mehr als 50 %, in den anderen Städten bei höchstens 42 %. Auch im Fall des Theater- und des Museumsbesuchs überschreiten die Kölner Zahlen für kulturelle Abstinenz die der anderen Städte. Berücksichtigt man die Verzerrungen aufgrund der thematischen Rekrutierung der Kölner Befragten in der jüngsten Erhebung, so müsste man sogar noch von einem höheren Grad an Kulturabstinenz ausgehen als es die genannten Zahlen ausweisen.[8]

---

8 Der Anteil derer, die in den anderen Städten „nie" in das Theater gehen, liegt zwischen 12 % und 26 % (REUBAND 2010b), in Köln in der Umfrage von 2010 (= der Umfrage mit Überschätzung der kulturellen Partizipation) hingegen bei 35 %. Einer postalischen Umfrage des Statistischen Amtes der Stadt Köln aus dem Jahr 2008/2009 zufolge, in der – mit anderer Fragekonstruktion als in unserer Erhebung (und daher eingeschränkter Vergleichbarkeit) – der Theaterbesuch erfragt wurde, liegt der Anteil derer, die „überhaupt nicht" ein Theater besuchen, gar bei 39 %. Der Anteil derer, die „nie" Museen besuchen, liegt in der Städteumfrage bei Werten um 6-12 % (so in Hamburg, Stuttgart, München, Dresden) bzw. 21-22 % (so in Düsseldorf und Kiel), in der

Was aber bedeutet dieses Paradoxon einer Kölner ‚Normalität' in der Häufigkeit des mehrmaligen Besuchs pro Jahr bei gleichzeitig überproportionalem Anteil von Personen, die von sich sagen, „nie" die kulturelle Einrichtung zu nutzen? Offensichtlich spiegelt sich darin eine Polarisierung in der Bevölkerung wider. Während sich die Bürger anderer Städte im Fall weitgehender Kulturabstinenz der Kategorie des „seltenen" Besuchers zurechnen – und sich damit ihrem Selbstbild gemäß noch als Nutzer sehen – sind die Kölner eher geneigt, sich als Nicht-Nutzer einzustufen. Der Verzicht auf die Nutzung scheint bei ihnen grundlegender zu sein. Dies könnte – so ist zu vermuten – eine prinzipiell andere Haltung zur Nutzung der Hochkultur widerspiegeln: Die Distanz zu ihr scheint größer. Träfe dies zu, so wäre diese umso bemerkenswerter, als Köln in den 50er- und 60er-Jahren als ‚die' deutsche Kulturhauptstadt galt (ALEMANN 1997: 226), und diese Ansicht auch in der Folgezeit noch lange bestand. Der Ruf einer Stadt als „kreativ", so Jürgen Friedrichs (1998: 158) mit Bezug auf Köln, hält sich offensichtlich länger als der Sachverhalt, auf den sich dieser gründet. Und der Ruf muss – wie man aufgrund unserer Befunde ergänzen kann – nicht notwendigerweise ein Pendant in der Nutzung der städtischen Kultureinrichtungen durch die Bürger finden.

4. Kulturelle Interessen und Nutzung kultureller Infrastruktur

Angaben zur Häufigkeit der Nutzung einer kulturellen Einrichtung sagen nichts über deren Popularität auf der Einstellungsebene aus. Denn die Gelegenheit der Nutzung kann variieren und manchen davon abhalten, den eigenen kulturellen Interessen zu folgen. So mag mancher Bürger der Stadt Opernaufführungen hoch schätzen und dennoch das Opernhaus selten aufsuchen – z. B. weil er keine Zeit hat, der Besuch für ihn zu kostspielig ist oder er die Inszenierungen nicht sonderlich schätzt (REUBAND 2008). Umgekehrt mag mancher Bürger Opern nicht son-

---

Kölner Umfrage von 2010 bei 23 %. Der Umfrage der Stadt Köln zufolge besuchen 30 % „überhaupt nicht" Ausstellungen, Museen, Galerien. Würde man in den Vergleich noch den Anteil derer einbeziehen, die in der Umfrage der Stadt Köln „ganz selten (maximal 1-2mal im Jahr)" Ausstellungen, Museen oder Galerien besuchen, wäre die überproportionale Kulturabstinenz der Kölner noch spektakulärer (Die Kölner Zahlen wurden freundlicherweise vom Statistischen Amt der Stadt Köln zur Verfügung gestellt, ausgewählte Ergebnisse der Umfrage von 2008/2009 sind abgedruckt in STADT KÖLN 2011).

derlich goutieren, aber gelegentlich durch den Ehepartner, Freunde oder Bekannte veranlasst werden, sich eine Aufführung anzuschauen. Bei den anderen Kultureinrichtungen, wie Konzerthallen, Theater und Museen, ist von ähnlichen Verhältnissen auszugehen. Einstellungen und Verhalten – so hat die Forschung gezeigt – korrelieren miteinander, stehen aber nicht in einem perfekten Zusammenhang (u. a. CIALDINI et al. 1981). Angesichts dessen wäre es verfehlt, aus Änderungen in den Interessenlagen auf analoge Änderungen in der Nutzung der entsprechenden Kultureinrichtungen zu schließen.[9]

Ermittelt man anhand einer Liste, welche Kunstform bzw. Kultureinrichtung die Befragten persönlich besonders interessiert, so werden – der Umfrage von 2010 zufolge – mit einem Anteil von 59 % am häufigsten die Museen genannt. Ein Interesse am Theater bekunden 55 %, an klassischer Musik 42 % und an Opern 28 %.[10] Die Rangordnung des geäußerten Interesses entspricht der Rangordnung in der Nutzungshäufigkeit, wie wir sie zuvor beschrieben haben. Die Zahlen selbst aber sind damit nicht notwendigerweise identisch. Setzt man die Interessenbekundung mit der Häufigkeit der Nutzung in Beziehung, so wird deutlich (Tab. 2), dass Interesse und Verhalten erwartungsgemäß auseinanderfallen und bestehende Handlungspotentiale nur bedingt realisiert werden: So geben unter denen, die an Opern interessiert sind, nur 42 % an, mehrmals im Jahr in die Oper zu gehen. Und unter denen, die an klassischer Musik interessiert sind, gehen nur 55 % mehrmals im Jahr ins Konzert.[11] Am größten ist die Chance der Handlungsrealisierung bei den Personen, die sich für bildende Kunst und Museen interessieren. Hier setzte eine Mehrheit von 66 % das eigene Interesse in eine entsprechende Nutzung um.

---

9 Wie sehr man vorsichtig sein muss, aus Änderungen in der Interessenlage auf Änderungen des Verhaltens zu schließen, zeigt sich u. a. in einer Publikation von Opaschowski (2006), in der – recht kühn und ohne entsprechend hinreichende Belege – ein kontinuierlicher Anstieg des Interesses an der Hochkultur und ein Anstieg in der Besuchshäufigkeit unterstellt wird, man an anderer Stelle seiner Publikation jedoch einen Rückgang bei der Nutzungshäufigkeit in der gleichen Zeit entnehmen kann.
10 Erfasst wurden weiterhin das Tanztheater (bekundetes Interesse: 24 %), Rock/Pop/Jazz (53 %), Literatur (43 %) und Film (69 %).
11 Siehe dazu auch die Ergebnisse einer bundesweiten Befragung aus dem Jahr 2011. Danach bekundeten bei der Frage nach den kulturellen Freizeitaktivitäten, denen sie mindestens einmal im Jahr nachgehen würden, 44 % der Befragten, „klassische Musik [zu] hören". 24 % gaben auf die gleiche Frage an, „in Klassikkonzert gehen". Bezogen auf den Anteil der Klassikhörer entspricht der Anteil der Konzertgänger – ähnlich wie in den Kölner Befunden zum Klassik-Interesse – 55 % (NEUWÖHNER/KLINGLER 2011: 596, eigene Berechnungen).

	Interesse	
	Ja	Nein
Museen und bildende Kunst	66	25
Theater	54	16
klassische Musik	55	6
Oper	42	7
Basis: gewichteter Datensatz, 2010 Aufgeführt ist der Anteil, der mehrmals im Monat die betreffende Einrichtung benutzt, in Abhängigkeit vom Interesse an der jeweiligen Einrichtung/Kunstform.		

Tab. 2: *Realisierung kultureller Interessen in Form der Nutzung des jeweiligen kulturellen Angebots mehrmals im Jahr* (Mehrfachnennungen in %)

Man kann der Tabelle des Weiteren entnehmen, dass es – je nach Einrichtung in unterschiedlichem Umfang – Personen gibt, die sich für die jeweilige Kunstform oder Kultureinrichtung nicht interessieren, von ihr aber dennoch Gebrauch machen. Die Quote liegt zwar weit unter der, die für die Kulturinteressierten typisch ist. Aber sie weist durchaus nennenswerte Größenordnungen auf. Am häufigsten kommt die Nutzung trotz fehlenden Interesses bei Museen vor: Hier sagen 25 % der Nichtinteressierten von sich, sie würden mehrmals im Jahr in ein Museum gehen. Es folgt mit einem Anteil von 16 % das Theater. Opernhaus und Klassisches Konzert bilden mit 6 bzw. 7 % das Schlusslicht.

Die Reihenfolge in der Häufigkeit der Nutzung kultureller Einrichtungen durch die Nichtinteressierten gleicht der Reihenfolge, die bei den Kulturinteressierten zu beobachten war: Museen sind am populärsten, gefolgt vom Theater und dann erst klassischen Konzerten und Opern. Vermutlich liegt der Grund für diese Ähnlichkeit primär in der Verstärkerwirkung sozialer Beziehungen: Weil bildende Kunst und Museen in der Bevölkerung höheres Interesse genießen als Opern oder Konzertbesuch und die entsprechenden Einrichtungen auch eher genutzt werden als die anderen, ist die Wahrscheinlichkeit, jemanden zu kennen, der in Museen geht, höher als die Wahrscheinlichkeit, auf einen Opern- oder Konzertliebhaber zu treffen. Mit anderen Worten: Die Verbreitung des Verhaltens in der Bevölkerung entscheidet mit über die Chance, mit Personen in Kontakt zu kommen, die dieses Verhalten zeigen. Wer kunstinteressiert ist, wird aufgrund dessen verstärkt motiviert werden, sein Kunstinteresse in entsprechendes Handeln umzusetzen. Und wer nicht kunstinteressiert ist, wird durch die Kontakte veranlasst, einen Besuch zu erwägen – und sei es nur, um mit anderen Menschen mitreden zu können, welche sich öfter oder gelegentlich der jeweiligen Kultureinrichtung zuwenden. Verstärkt wird jeweils, was in dem sozialen Milieu des Einzelnen verbreitet ist.[12]

Die kulturelle Wertschätzung der einzelnen Formen von Hochkultur, wie sie sich in den Elitemedien darstellt, dürfte dagegen nur partiell mit zu dem beschriebenen Muster der Partizipation beigetragen haben. Nimmt man die Berichterstattung über die Hochkultur in den Elitezeitungen *Frankfurter Allgemeine Zeitung* und *Süddeutsche Zeitung* als Maßstab, so wird den bildenden Künsten spätestens seit den 70er-Jahren stets mehr Beachtung geschenkt als der klassischen Musik, und dieser wiederum wird mehr Beachtung entgegengebracht als dem Theater.[13] Die herausgehobene Stellung des Interesses an den Museen steht mit diesem Muster im Einklang, nicht aber die Stellung von Theater und klassischer Musik. Das Interesse am Theater ist in der Bevölkerung größer als das Interesse an Opern oder klassischer Musik, und Theater werden auch häufiger besucht. In der Darstellung der Elitemedien aber ist das Theater der klassischen Musik (in die Opern ebenso wie klassische Konzerte einbezogen sind) nachgeordnet.[14]

---

12 Allgemein gilt: Menschen haben überproportional in ihrem Freundes- und Bekanntenkreis Kontakt zu Personen mit ähnlichen sozialen Merkmalen und Einstellungen wie sie selbst. Dies betrifft die Merkmale Alter, Schichtzugehörigkeit und Parteipräferenz (u. a. SCHNEIDER 1969; REUBAND 1971, 1974; WOLF 1996). Und es betrifft – wenn auch nicht perfekt – die kulturellen Interessen (OTTE 2008). Zur Bedeutung sozialer Netzwerkbeziehungen als Verstärker für Einstellungen, Verhalten und psychische Befindlichkeiten s. insbesondere auch CHRISTIAKIS und FOWLER (2010).

13 Die Inhaltsanalysen beziehen sich auf die Darstellung von Kultur in der jeweils gesamten Ausgabe, nicht auf den Feuilletonteil allein. Die Inhaltsanalysen wurden für die Jahre 1955, 1975, 1995 und 2005 durchgeführt. Nur im Jahr 1955 nahmen die bildenden Künste nicht den herausgehobenen Platz ein, stattdessen das Theater, gefolgt von der klassischen Musik (JANSSEN et al. 2011: 162f., Tab.).

14 Die Tatsache, dass in der Umfrage das Interesse an Opern und das Interesse an klassischer Musik getrennt abgefragt wurde, bietet keine Erklärung für das beschriebene Muster. Berechnet man, wie viele der Befragten ein Interesse an Opern oder klassischer Musik bekunden, kommt man auf einen Wert von 48 %. Und berechnet man, wie viele der Befragten mehrmals im Jahr Opern oder klassische Konzerte besuchen, kommt man auf einen Wert von 31 %. Beide Werte liegen unter den entsprechenden Werten für das Theater. Des Weiteren zeigt sich: Diejenigen, die Opern oder klassische Musik schätzen, besuchen zu 56 % Opern oder Klassische Konzerte mehrmals im Jahr. Diejenigen, die kein Interesse bekunden, tun dies zu 8 %.

5. Egalisierung kultureller Partizipation durch Prozesse der Individualisierung?

Kulturelle Partizipation ist selektiv, nicht nur im Hinblick auf den Anteil der Bevölkerung, der von den kulturellen Einrichtungen Gebrauch macht, sondern auch im Hinblick auf die soziale Zusammensetzung der Nutzer. Besser Gebildete, so hat sich in der Vergangenheit in mehreren Untersuchungen gezeigt, sind überrepräsentiert. Ein wesentlicher Grund dafür liegt darin, dass höhere Bildung mit einem vermehrten Interesse an kulturellen Fragen einhergeht (REUBAND 2006a). Das Interesse dafür wird bereits im Mittelschicht-Elternhaus gelegt (aus dem überproportional die besser Gebildeten stammen), und es setzt sich mit der schulischen Ausbildung und dem weiteren Lebensverlauf fort. Für manche besser Gebildeten mag die Kultur sogar – wie Pierre Bourdieu (1982) es beschrieben hat – als Distinktionsmittel dienen, um sich von den schlechter Gebildeten abzusetzen und sich selbst zu überhöhen. Die soziale Ungleichheit wird gewissermaßen kulturell legitimiert.

Es fragt sich allerdings, ob der Bildungseffekt in dieser Form weiterhin besteht. So glauben manche Autoren, dass gesellschaftliche Individualisierungsprozesse (BECK 1986) den Stellenwert sozialer Merkmale – insbesondere Bildung – gemindert hätten und es heutzutage viel egalitärer zugehe als früher.[15] Und betroffen sei davon auch der Bereich der Hochkultur. Prototypisch für die Annahme einer Individualisierung im Kulturbereich ist z. B. Udo Bermbach (2010: 114), der meint, dass sich für die unterschiedlichen sozialen Schichten keine sie spezifisch definierende kulturelle Selbstverständlichkeiten mehr nachweisen lassen, auch wenn es nach wie vor grobe soziale Raster gibt, die kulturelle Vorlieben und Präferenzen mit sozialen Schichten zu verbinden erlauben. Die an Oper Interessierten würden entsprechend „keine sozial spezifisch umrissene Klientel" mehr darstellen. Sie kämen vielmehr heutzutage aus unterschiedlichen sozialen wie kulturellen Milieus.

Die Frage, die sich stellt und bislang wenig diskutiert wurde, ist allerdings wodurch die Egalisierung in der Zusammensetzung bewirkt sein

---

15 Ob es tatsächlich allgemein zu Individualisierungsprozessen in der Bundesrepublik gekommen ist und zu einer Entkoppelung von sozialen Merkmalen auf der einen Seite und Einstellungen und Verhalten auf der anderen Seite, ist in der sozialwissenschaftlichen Literatur kontrovers und nicht eindeutig empirisch geklärt. Zu empirischen Befunden, primär zum Wahlverhalten, und Kontroversen über die Aussagekraft der Theorie s. u. a. SCHNELL/KOHLER (1998); MÜLLER (1998); zur Frage der Wahrnehmung sozialer Ungleichheit siehe PAPE/RÖSSEL (2008).

sollte. Die eine denkbare Erklärungsvariante besteht darin, dass die schlechter Gebildeten heutzutage für die Hochkultur aufgeschlossener sind als früher (was eher unwahrscheinlich ist).[16] Die andere Variante ist, dass die höher Gebildeten nicht mehr wie früher – quasi automatisch – die Hochkultur als einzig erstrebenswerte Kultur begreifen. Das Bildungsbürgertum, das die Wertschätzung der Hochkultur als ein zentrales Merkmal des eigenen Selbstverständnisses begreift und sich gegenüber anderen Formen der populären Kultur abgrenzt, könnte sich in seinen traditionellen kulturellen Orientierungsmustern aufgelöst haben.

Diese Entwicklung wäre kompatibel mit der Individualisierungsthese, die besagt, dass sich seit längerem eine Lösung von traditionellen kollektiven Gruppenbindungen und ihren Traditionen vollzieht. In der Tat spricht manches dafür, dass die Hochkultur nicht mehr den prominenten Platz in der kulturellen Wertschätzung einnimmt wie noch Jahrzehnte zuvor. Nimmt man die Berichterstattung über kulturelle Themen in den Elitezeitungen[17] als Maßstab, so haben in Deutschland – ähnlich wie in anderen Ländern (aber weniger stark) – Themen der Populärkultur zu Ungunsten von Themen der Hochkultur an Bedeutung gewonnen (JANSSEN et al. 2011). Dies könnte heißen, dass in den höheren Bildungsgruppen, die am ehesten Elitemedien rezipieren, die Bindung an die Themen der Hochkultur längerfristig gelockert sind (es könnte freilich ebenfalls bedeuten, dass bei ihnen das Interesse an der Hochkultur weiterhin besteht, es nunmehr nur ergänzt wird durch das Interesse an Themen der Populärkultur, etwa andere Formen der Musik als nur der klassischen).

---

16 Sicherlich gibt es z. T. – etwa in der Museumspädagogik – Bemühungen auch jene Schichten zu erreichen, die bisher nicht erreicht wurden. Ob dies erfolgreich ist oder nicht, ist ungeklärt. Sicher ist aber auch: Durch die selektive Nutzung der Medien gemäß den eigenen Bedürfnissen – die heutzutage besser realisiert werden kann als früher –, ist es heutzutage eher möglich, Sendungen zu vermeiden, die einen nicht interessieren. Und Kultursendungen im Fernsehen gehören zweifellos für viele Menschen dazu. Die Ausbreitung privater Fernsehender hat zu diesem Trend selektiver Nutzung gemäß dem eigenen Bedürfnisprofil zweifellos mit beigetragen. S. auch MEULEMANN/ GILLES (2011) zum Verhältnis Medien- und Kulturnutzung.

17 Der Inhaltsanalyse zugrunde gelegt wurden in Deutschland die *Frankfurter Allgemeine Zeitung* und die *Süddeutsche Zeitung*, und diese jeweils in ihrer Gesamtheit. Würde man sich nur auf den Kernbereich der Kulturberichterstattung – das Feuilleton – beziehen, würden die Akzente womöglich etwas anders aussehen. Was die Einflussstruktur angeht, so ist zwischen der Berichterstattung und den Rezipienten eine Wechselwirkungen zu unterstellen: Die Leser werden von der Berichterstattung mitbeeinflusst, aber die Inhalte der Berichterstattung spiegeln in gewissem Maße auch die Veränderungen in denjenigen Bildungsgruppen wider, denen die Leser angehören.

Gibt es auf der einen Seite Argumente für eine mögliche Entkoppelung von Bildung und Partizipation an der Hochkultur, so gibt es doch andererseits auch welche, die genau das Gegenteil erwarten lassen. Und dieses könnte aus dem Wandel des Kulturangebots erwachsen. So ist von einer allgemeinen „Intellektualisierung" des Kulturangebots im Langzeitvergleich gesprochen worden (WIESAND 2005: 448). In der Tat hat in den letzten Jahren, vor allem im Theater- und Opernbereich, ein Paradigmenwechsel stattgefunden, der sinngemäß unter dem Schlagwort „Weg von der Kulinarik hin zur Reflexion" – die Hauptfunktion der Kunst im Denkanstoß sieht (z. B. SCHLÄDER 2001: 66; BEYER 2005: 37; SCHRÖDER 2012: 7) und seinen Niederschlag in entsprechenden Inszenierungen gefunden hat. Träfe die Diagnose einer zunehmenden Intellektualisierung des Kulturangebots zu, wäre denkbar, dass sich die soziale Kluft zwischen Kulturnutzern und Nichtnutzern vergrößert hat. Denn die Intellektualisierung des Kulturangebots setzt an die Rezipienten höhere Ansprüche an Dechiffrierungsleistungen – Kompetenzen, die sich eher unter den besser Gebildeten als den schlechter Gebildeten finden. Höher Gebildete sind für Gegenwartskunst und modernes Regietheater aufgeschlossener als schlechter Gebildete (HALLE 1992; REUBAND 2010c; ZAHNER 2010).

6. Befunde bisheriger Forschung

Die bisherigen empirischen Befunde zur Frage des sich wandelnden Einflusses sozialer Merkmale auf die kulturelle Partizipation sind bislang spärlich und mehrdeutig. So schreibt Susanne Keuchel (2006: 64) unter Rekurs auf eigene bundesweite Bevölkerungsumfragen, dass sich im Lauf der Zeit eine zunehmende „kulturelle Bildungsschere" aufgetan hätte und verweist auf die besonders starke Repräsentation der Hochgebildeten unter den jüngeren Nutzern der Hochkultur. In ähnlicher Weise, unter Bezug auf andere bundesweite Umfragedaten, schreibt Horst W. Opaschowski (2006: 330) von einer steigenden „kulturellen Spaltung" der Gesellschaft. Er betont, dass die Hochgebildeten nach wie vor unter den Kulturnutzern überrepräsentiert seien und dass die Kulturpolitik Versäumnisse der Bildungspolitik „kaum oder gar nicht mehr ausgleichen" könne.

Die Tatsache, dass die besser Gebildeten heutzutage stärker als früher Nutzer der Hochkultur darstellen, ist indes noch lange kein Beweis für eine zunehmende „Bildungsschere" oder „kulturelle Spaltung". Der

Anteil muss allein schon aufgrund der zunehmenden Bildungsexpansion in der Bevölkerung steigen. Nur der Vergleich mit der Entwicklung der Nichtnutzer kann genauere Daten liefern. Diese aber werden in den entsprechenden Publikationen nicht aufgeführt. Auch Korrelationen oder andere Maße des Zusammenhangs – etwa mittels multivariater Analysen – werden nicht mitgeteilt.

Die wenigen Untersuchungen, in denen von Anfang an auch die Nichtnutzer in die Analyse einbezogen und auch Korrelationen berechnet werden, helfen hier leider auch nicht viel weiter. Sie stehen nahezu ausschließlich in der Tradition der Analyse alltagsästhetischer Schemata, wie sie einst von Schulze (1997 [1992]) entwickelt wurde. Kennzeichnend für diese Analysetradition ist, dass sie auf der Ebene global gefasster ästhetischer Schemata verbleibt und dass in die Operationalisierung nicht nur Verhalten, sondern auch Einstellungen eingehen. Dies mag für die primär interessierende Fragestellung der Autoren angemessen sein, für unsere Fragestellung ist es weniger der Fall. Denn Einstellungen und Verhalten sind nicht notwendigerweise identisch, und entsprechend kann es auch vorkommen, dass sich die sozialen Einflussfaktoren unterscheiden.

So zeigt eine Untersuchung von Müller-Schneider (2000: 368), die auf einer entsprechend weit gefassten Operationalisierung der ästhetischen Schemata basiert,[18] im Zeitvergleich der Jahre 1985, 1993 und 1998 einen weiterhin bestehenden Einfluss der Bildung auf das Hochkulturschema, jedoch keinen oder allenfalls minimalen Effekt des Alters. Aus Untersuchungen zur Partizipation an der Hochkultur wissen wir andererseits aber, dass das Alter einen Effekt auf der Verhaltensebene ausübt, und steigendes Alter mit vermehrter Partizipation einhergeht (u. a. REUBAND 2006a, 2010b; ISENGARD 2011: 310). Die Einbeziehung der Einstellungsebene in die Operationalisierung in der Untersuchung von Müller-Schneider ist vermutlich primär für die andersgearteten Befunde verantwortlich.

Hinsichtlich der Bildungseffekte dokumentiert die Untersuchung von Müller-Schneider im Vergleich der Jahre 1993 und 1998 eine Zunahme

---

18 In der Untersuchung von Müller-Schneider (2000), in die Erhebungen von 1985, 1993 und 1998 einbezogen wurden, umfasst das Hochkulturschema z. B.: Bücher lesen, Weiterbildung, Besuch von Theatern, klassische Konzertbesuche, Klassische Musik hören, Interesse für Kultursendungen im Fernsehen, Interesse für Politik in der Zeitung und Interesse für Kultur in der Zeitung. Kein Alterszusammenhang mit der Zugehörigkeit zur Hochkulturszene (in deren Operationalisierung ebenfalls Einstellungen einbezogen werden) findet sich auch schon bei Schulze (1997: 190, 704).

der Korrelation zwischen Bildung und dem hochkulturellen Schema. In den vorangegangenen Jahren zwischen 1985 und 1993 verbleibt die Korrelation hingegen auf dem gleichen Niveau. Angesichts der Tatsache, dass die Erhebung von 1985 keine bundesweite, sondern eine lokale Untersuchung ist (die von Schulze), die Erhebungen von 1993 und 1998 jedoch bundesweite Erhebungen sind, muss man gegenüber der Diagnose einer Konstanz allerdings gewisse Vorbehalte haben. Es ist durchaus denkbar, dass sich schon früher gewisse Veränderungen ergeben haben. Doch wie auch immer man den Langzeitvergleich im Einzelnen einschätzen mag, eines ist sicher: Ein Rückgang des Bildungseffektes zeigt sich nicht, eher ein Anstieg.

Besucherumfragen im Kulturbereich bieten eine weitere denkbare Basis für Langzeitanalysen des Besucherpublikums. Doch an ihnen mangelt es, nicht nur weil die Zahl der Besucherumfragen relativ klein ist, sondern auch weil keine Replikationsuntersuchungen mit identischen oder vergleichbaren Instrumentarium zur Verfügung stehen. Wenn Untersuchungen durch Kultureinrichtungen initiiert werden – in Eigenforschung oder mittels Auftragsvergabe –, werden die Ergebnisse zumeist nicht publiziert (allenfalls für eigene Marketingzwecke verwandt). Kumulative Forschung findet unter diesen Umständen nicht statt.

Im Hinblick auf den Opernbesuch und die Bedeutung des Merkmals Bildung lassen sich lediglich Befragungen des Kölner Opernpublikums für einen Zeitvergleich heranziehen, beschränkt auf Aufführungen einzelner Opern (*Fidelio* und *Siegfried* bzw. *Götterdämmerung*). Die Resultate des Vergleichs sind nicht konsistent bezüglich der von ihnen beschriebenen Richtung des Wandels. So findet man auf der einen Seite eine weitgehende Stabilität der Bildungszusammensetzung, auf der anderen Seite eine Zunahme des Anteils besser Gebildeter.[19] Ein Grund für die Unterschiedlichkeit der Ergebnisse mag darin liegen, dass es sich um einzelne Aufführungen handelt und Faktoren ins Spiel kommen, die

---

19 Befunde zur Bildungszusammensetzung der Aufführungen von jeweils zwei Kölner *Fidelio*-Aufführungen in den Jahren 1980 und 2004 finden sich in Reuband (2005b). Sie belegen weitgehende Stabilität über die Zeit – was angesichts des gestiegenen Bildungsniveaus in der Bevölkerung eine (wenn auch generationsbedingte) leichte Abnahme sozialer Exklusivität bedeutet. Vergleicht man andererseits Besucher von Richard Wagners *Ring des Nibelungen* in der Kölner Oper – 2004 am Beispiel der *Götterdämmerung* (REUBAND 2006b) und 2010 am Beispiel des *Siegfried* (VOMBERG 2010) – kommt man für diesen Zeitraum auf eine Zunahme hoch Gebildeter: Während 2004 61 % über einen Hochschulabschluss verfügten, waren es 2010 69 %.

eher idiosynkratischer als genereller Natur sind.[20] Ein anderer Grund könnte darin bestehen, dass unterschiedliche Zeitspannen abgedeckt werden – einerseits der Zeitraum zwischen 1980 und 2004, andererseits der Zeitraum zwischen 2004 und 2010. Der Anstieg im Bildungsniveau fällt bei dem Vergleich auf die jüngste Zeitperiode.

Schließlich ist in unserem Zusammenhang noch eine Sekundäranalyse von Jugendumfragen von Interesse, in denen Fragen zum Musikgeschmack gestellt wurden. Erfasst wird damit zwar nicht die Verhaltensebene, aber das grundlegende Potential für die Nutzung des Kulturangebots im Bereich der klassischen Konzerte und des Musiktheaters. Einbezogen wurden Schüler- und Jugendumfragen unterschiedlichster Provenienz ab den 50er-Jahren. Der Analyse zufolge kann man von einer abnehmenden Bedeutung der Bildung für den Musikgeschmack Jugendlicher nicht sprechen. Klassische Musik bleibt weiterhin eine Musikart, die von den besser Gebildeten überproportional geschätzt wird (OTTE 2010: 88). Ob die Stabilität der Bildungseffekte, die sich in den Jugendumfragen darbieten, ebenfalls für andere kulturelle Präferenzen und Interessen gilt, bleibt zwar offen, doch allein die Tatsache, dass in einem derart zentralen Bereich, wie dem des Musikgeschmacks, Stabilität in einem so langen Zeitraum vorzuherrschen scheint, ist Hinweis genug, um die These einer zunehmenden Entkoppelung der ästhetischen Präferenzen von den sozialen Merkmalen zu problematisieren. Zusammen mit den anderen zuvor referierten Befunden ergeben sich mithin Zweifel an der These einer Individualisierung, die im klassischen Musikbetrieb zu einer Auflösung traditioneller bildungsbezogener ästhetischer Präferenzen und Partizipationsformen geführt haben sollte.

Individualisierungsprozesse werden gewöhnlich im Zusammenhang mit den Merkmalen der Sozialstruktur und der Gruppenzugehörigkeit und dem herausgehobenen Stellenwert der Bildung diskutiert. Von besonderem Interesse im Zusammenhang mit der Frage der kulturellen Partizipation ist aber auch das Merkmal Alter. Alter ist hierbei nicht nur als chronologisches Alter zu verstehen, sondern auch als Merkmal der

---

20 Verwiesen sei etwa auf Schwankungen in der Zusammensetzung des Publikums selbst bei den gleichen Opern. Ursachen für die Schwankungen könnten z. B. im unterschiedlichen Anteil von Abonnenten liegen, die ein anderes demographisches Profil aufweisen als Nicht-Abonnenten (REUBAND 2007a) oder auch in Variationen des Anteils Älterer (REUBAND 2011). Die Schwankungen in der Bildungszusammensetzung können innerhalb eines Jahres so groß sein wie die Unterschiede zwischen den Jahren (REUBAND 2005b: 131, Tab. 2). In diesem Zusammenhang ist auch zu beachten, dass die Untersuchung von Vomberg (2010) für das Jahr 2010 auf lediglich einer Aufführung beruht.

Kohortenzugehörigkeit. Mit beiden Merkmalen können spezifische Sozialisationsprozesse verbunden sein, aber auch Fremd- und Selbstbilder, die mit gesellschaftlichen Rollen einhergehen.

Individualisierungsprozesse können sowohl am Alter als auch der Kohortenzugehörigkeit ansetzen, und sie könnten je nach Art des Einflusses auch unterschiedliche Prozesse in Gang setzen: Mag auch der Individualisierungsprozess dazu führen, dass das Alter als askriptives Merkmal für das Selbstverständnis an Bedeutung verloren hat, so könnte doch aufgrund von Kohorteneffekten die Bedeutung des Alters gleichzeitig wachsen. In dem Maße, wie sich nachwachsende Generationen durch ein sinkendes Interesse an der Hochkultur auszeichnen, muss das Alter an Erklärungskraft für die kulturelle Partizipation gewinnen.

Im Fall der Vorliebe für klassische Musik und Opern hat sich wiederholt ein enger Zusammenhang mit dem Alter gezeigt: Ältere Personen schätzen klassische Musik häufiger als Jüngere. Grund dafür ist zum einen ein Alterseffekt – steigende Vertrautheit begünstigt die Wertschätzung klassischer Musik (HARTMANN 1999), zum anderen ein Kohorteneffekt: Die nachwachsenden Generationen sind weniger als die vorherigen Generationen für klassische Musik aufgeschlossen (KÖCHER 2008; REUBAND 2009). Vieles spricht dafür, dass dieser Kohorteneffekt den größeren Einfluss ausübt und dieser Tatbestand auch für die Partizipation an der Hochkultur nachhaltige Auswirkungen mit sich bringt. So ist das Durchschnittsalter der Opernbesucher in den letzten Jahren überproportional gestiegen und der Verkauf von Tonträgern mit klassischer Musik unter den Jüngeren überdurchschnittlich gesunken (REUBAND 2009).

Manches spricht dafür, dass es auch in anderen Kulturbereichen zu Änderungen aufgrund von Kohortenprozessen gekommen ist. So dürfte die Tatsache, dass jüngere Menschen seltener Tageszeitung lesen als Ältere und sie sich eher selektiv in ihrer Mediennutzung verhalten, – sie mithin mehr als die Vorgängergenerationen ihren eigenen Bedürfnisse und Interessen gemäß die Inhalte auswählen (u. a. KÖCHER 2010: 427ff.) – in den jüngeren Kohorten eine reduzierte Wahrscheinlichkeit bedingen, zufällig auf Berichte über kulturelle Ereignisse am Wohnort zu stoßen. Die Voraussetzungen für die Rezeption von Nachrichten über lokale Ereignisse im Bereich der Hochkultur sind bei ihnen aus dieser Sicht im Laufe der Jahre schlechter geworden. Und damit ist auch die Chance gesunken, dass kulturelles Interesse geweckt wird. Jüngere, obwohl durchschnittlich höher gebildet als Ältere, zeigen selbst in neueren bundesweiten Studien ein generell geringeres Interesse an Kunst und

Kultur als die Älteren (KLINGLER/NEUWÖHNER 2003: 310; NEU-
WÖHNER/KLINGLER 2011: 595).

7. Der Einfluss von Geschlecht, Alter und Bildung auf die kulturelle Teilhabe in Köln

Was bringen nun unsere Analysen? Die in den bisherigen Untersuchungen ermittelten sozialen Determinanten kultureller Nutzung erweisen sich, wie man Tab. 3 entnehmen kann, auch in den hier herangezogenen Kölner Befragungen als erklärungskräftig. So findet sich bei allen Kultureinrichtungen ein Zusammenhang zwischen Bildung und Nutzungshäufigkeit. Am stärksten fällt der Bildungseffekt beim Museum-, Theater- und Konzertbesuch aus, am schwächsten beim Opernbesuch. Besser Gebildete sind zwar auch hier verstärkt unter den Besuchern anzutreffen, aber ihre Überrepräsentation ist nicht so stark wie bei den anderen Kultureinrichtungen.

Der Alterseffekt ist unseren Befunden zufolge beim Opern- und Konzertbesuch am stärksten ausgeprägt,[21] während er beim Theater- und Museumsbesuch schwach oder nicht erkennbar ist. Der Grund für den relativ starken Alterseffekt beim Opern- und Konzertbesuch liegt im Wesentlichen darin, dass das Alter stark mit dem Musikgeschmack korreliert: Ältere schätzen eher als Jüngere Opern und klassische Musik. Dieser Zusammenhang scheint – wie zuvor erwähnt – im Wesentlichen ein Kohorteneffekt zu sein, wie sowohl retrospektive Daten als auch Trenddaten auf Kohortenebene nahelegen (REUBAND 2003, 2009). Vergleichbar starke Korrelationen zwischen Alter und Interesse, wie bei der klassischen Musik und Oper, gibt es im Fall des Interesses an Kunst bzw. Literatur nicht (REUBAND 2006a).

---

21 Auffällig ist, dass der Alterseffekt beim Konzertbesuch noch etwas stärker ausgeprägt ist als beim Opernbesuch. Dies teilt die Untersuchung mit Untersuchungen in anderen Städten (REUBAND 2010b). Inwieweit dieses Muster primär auf den Musikgeschmack zurückgeht und/oder auch die Institution des Konzertwesens und die Aufführungspraxis eine Rolle spielt (TRÖNDLE 2009), muss an dieser Stelle ungeklärt bleiben.

		1991	2010
Oper	Geschlecht	.06	.09**
	Alter	.09	.14***
	Bildung	.17***	.18***
Theater	Geschlecht	.01	.13***
	Alter	-.03	.03
	Bildung	.25***	.26***
Klass. Konzert	Geschlecht	.01	.05
	Alter	.15***	.23***
	Bildung	.28***	.25***
Museen	Geschlecht	.01	.07*
	Alter	.00	.06
	Bildung	.32***	.34***

* p < 0,05 ** p < 0,01 *** p < 0,001

Codierung: 1991: mehrmals pro Woche=8, einmal pro Woche= 7, mehrmals im Monat=6, einmal im Monat=5, mehrmals im Jahr=4, einmal im Jahr=3, seltener=2, nie=1.
2010: wie 1991; Ausnahme: da „einmal im Jahr" und „seltener" hier zu „seltener" zusammengefasst wird, Wert für diese Kategorie=2.5; Geschlecht: Mann=1, Frau=2; Alter in Jahren; Bildung: Volks-/Hauptschule (einschl. ohne Abschluss) =1, Mittelschule =2, Abitur =3, Universität, Hochschule=4

Tab. 3: *Nutzung kultureller Einrichtungen in Abhängigkeit von sozialen Merkmalen im Zeitvergleich* (Korrelationen, Pearson's r)

Anders als es aufgrund traditioneller Vorstellungen über die besondere Affinität der Frauen zur Kunst und Kultur oftmals erwartet wird, erweist sich das Merkmal Geschlecht in unserer Analyse nur partiell als bedeutsam für die Nutzung kultureller Einrichtungen. Ein Effekt wird lediglich in der neueren Erhebung in nennenswerter Größenordnung ausgewiesen. Auch diesen Befund teilt unsere Untersuchung mit Untersuchungen, die in anderen Städten durchgeführt wurden: Der Geschlechtseffekt ist auch dort nicht über die verschiedenen Orte und Einrichtungen hinweg gleichermaßen nachzuweisen. Wenn es ihn gibt, dann freilich ist er konsistent in der Richtung der Beziehung. Danach nutzen die Frauen etwas häufiger die kulturelle Einrichtung als die Männer (REUBAND 2010b).

Nun sind die von uns hier herangezogenen sozialen Merkmale voneinander nicht unabhängig. Alter, Bildung und Geschlecht korrelieren miteinander: Ältere Menschen weisen, generationsbedingt ein niedrigeres Bildungsniveau auf als Jüngere. Und ältere Menschen setzen sich aufgrund unterschiedlicher Lebensdauer überproportional aus Frauen zusammen. Angesichts dessen ist es denkbar, dass manche der hier betrachteten Effekte mit anderen Effekten konfundiert sind – der Alterseffekt z. B. durch die Überlagerung mit dem Bildungseffekt geschwächt ist und aufgrund dessen gar nicht sichtbar wird.

Man kann dieses Problem der Überschneidung unterschiedlicher Effekte durch Einsatz geeigneter statistischer Verfahren bereinigen und die eigenständigen Effekte von Variablen ermitteln. Dies geschieht im Folgenden im Rahmen einer linearen Regressionsanalyse, bei der die Effekte der Variablen unter Kontrolle der übrigen Variablen bestimmt werden. Die Ergebnisse finden sich in Tab. 4. Sie zeigen zum einen, dass die sozialen Merkmale Alter und Bildung gegenüber der Analyse, die sich auf die bloße bivariate Korrelationsberechnung bezieht, z. T. in durchaus nennenswertem Maße an Bedeutung gewinnen. So zeigte sich zunächst kein Alterseffekt beim Museumsbesuch. Nun aber tritt er sehr wohl zutage, und dies sowohl in der Erhebung von 1991 als auch 2010.[22] Desgleichen gewinnt das Merkmal Alter an Bedeutung beim Opern- und Theaterbesuch sowie beim Besuch klassischer Konzerte. Waren einige der Beziehungen 1991 noch statistisch nicht signifikant, werden sie es in der multivariaten Analyse nun sehr wohl.

Wohl am bemerkenswertesten aber ist, dass innerhalb des hier betrachteten Zeitraums die eigenständigen Effekte sozialer Merkmale zunehmen. Dies wird besonders deutlich am Merkmal Alter und Geschlecht, weniger deutlich beim Merkmal Bildung – die standardisierten Koeffizienten bleiben ungefähr auf gleichem Niveau. Bei Berücksichtigung der unstandardisierten Koeffizienten ergibt sich freilich auch bei der Bildung ein leichter Zuwachs. Bedenkt man, dass aus methodischen Gründen in der Erhebung von 2010 der Effekt sozialer Merkmale unterschätzt wird, so bedeutet dieser Befund: Die Effekte sind 2010 realiter größer als es die genannten Zahlen ausweisen. Aufgrund dessen ist auch im Fall der Bildung von einer Steigerung des Effektes auszugehen. Die soziale Spaltung hat zwischen 1991 und 2010 zugenommen.[23]

---

22 Zu ähnlichen Befunden für Museen in anderen Städten – speziell auch für Kunstmuseen – s. REUBAND (2010a, b).
23 Dokumentiert sind in unserer Übersicht die standardisierten Regressionskoeffizienten. Sie erlauben die Bestimmung des relativen Einflusses von Variablen im Vergleich zueinander. Da in sie auch die Streuungsmaße eingehen, die über die Zeit variieren können, ist es für Vergleiche identischer Variablen ratsam, auch die unstandardisierten Regressionskoeffizienten heranzuziehen. Ihnen zufolge hat bei allen Formen kultureller Nutzung der Einfluss des Alters – ebenso wie des Geschlechts – zugenommen. Für den Opernbesuch ergibt sich für das Alter ein Anstieg von .011 auf .016, Theaterbesuch von

		1991	2010
Oper	Geschlecht	.06	.10**
	Alter	.14***	.20***
	Bildung	.21***	.23***
	R²	.05	.08
Theater	Geschlecht	.03	.13***
	Alter	.04	.11***
	Bildung	.26	.28***
	R²	.06	.09
Klass. Konzert	Geschlecht	.01	.05
	Alter	.24***	.32***
	Bildung	.34***	.33***
	R²	.14	.16
Museen	Geschlecht	.02	.08*
	Alter	.09**	.15***
	Bildung	.34***	.38***
	R²	.11	.14

* p < 0,05 ** p < 0,01 *** p < 0,001

Tab. 4: *Einfluss sozialer Merkmale auf die Nutzung kultureller Einrichtungen im Zeitvergleich* (standardisierte beta-Koeffizienten der Regressionsanalyse)

Die Tatsache, dass alle Formen der kulturellen Partizipation von dem Bedeutungszuwachs sozialer Merkmale betroffen sind, darunter auch der Besuch klassischer Konzerte, ist dabei insofern von Interesse, als damit – zumindest auf den ersten Blick hin – zugleich die Hypothese in Frage gestellt wird, derzufolge eine zunehmende „Intellektualisierung" des Kulturangebots zu einem verstärkten Effekt der Bildung beigetragen haben könnte. Träfe dies zu, müsste der Besuch von Museen, Theater und Oper tangiert sein, nicht aber der Besuch klassischer Konzerte. Denn das Repertoire klassischer Konzerte dürfte über die Zeit ziemlich stabil geblieben sein. Sollte sich allerdings der Besuch klassischer Konzerte primär als Funktion eines kulturellen Lebensstils ergeben, der durch den Besuch von Oper, Theater und Museen geprägt ist (REUBAND 2010b), dann wäre die gestiegene Bedeutung der Bildung beim

.004 bzw. .009, Besuch klassischer Konzerte von .021 bzw. 034, Museumsbesuch von .009 zu .014. Für das Merkmal Bildung lässt sich im Modell unstandardisierter Regressionskoeffizienten ebenfalls ein Bedeutungszuwachs nachweisen. Für den Opernbesuch einen Anstieg von .237 auf .276, Theaterbesuch von .348 auf .381, Besuch klassischer Konzerte von .414 auf .530, Museumsbesuch von .456 auf .554.

Besuch klassischer Konzerte sehr wohl noch als Effekt gestiegener Intellektualisierung des Kulturangebots denkbar. Der Konzertbesuch wäre gewissermaßen die Generalisierung des bestehenden kulturellen Partizipationsmusters.[24]

8. Einkommen als ökonomische Ressource und Statusdimension

Bildung, sozialer Status und Einkommen korrelieren untereinander. Heutzutage ist es zwar seltener der Fall als noch in den 50er-Jahren, aber der Zusammenhang ist nicht aufgehoben (u. a. MÜLLER-SCHNEIDER 1994, 1996). Das bedeutet, hinter dem Effekt der Bildung, wie wir ihn in den vorliegenden Analysen ermittelt haben, verbirgt sich möglicherweise auch ein Effekt des Einkommens. Dem Einkommen kommt dabei eine mehrfache Bedeutung zu: Es stellt zum einen die ökonomische Ressource dar, die es dem einzelnen erlaubt, kulturelle Einrichtungen zu nutzen. Und dieser Faktor ist – anders als dies manche Theaterleute meinen – nicht als irrelevant abzutun. Schließlich bedeutet der Besuch kultureller Einrichtungen, dies in der Regel zusammen mit einem Partner zu tun. Die üblichen Kosten sind damit höher als die Kosten für einzelne Karten.[25] Nur im Fall des Museums halten sich die Eintrittsgebühren in Grenzen, sodass hier am wenigsten von ökonomischen Barrieren des Besuchs auszugehen ist.

Das Einkommen, über das ein Haushalt verfügt, hat jedoch nicht nur eine Bedeutung als ökonomische Ressource. Es signalisiert gleichzeitig

---

24 Träfe diese Annahme zu, müsste sich im Zeitverlauf kein Zuwachs sozialer Determinationskraft seitens der sozialen Merkmale beim Konzertbesuch finden lassen, sobald die anderen Formen kultureller Partizipation in der Analyse kontrolliert werden. Unternimmt man eine entsprechende Analyse, zeigt sich, dass man unter diesen Umständen in der Tat von keinem nennenswerten Zuwachs des Bildungseffektes mehr sprechen kann: Der standardisierte Regressionseffekt von Bildung liegt 1991 bei .14 (p<,001) und 2010 bei .15 (p<0,001), der unstandardisierte Koeffizient – der hier die brauchbareren Vergleichsdaten liefert – liegt 1991 bei .18 und 2010 bei .24. Ein derart geringer Zuwachs auf Seiten des unstandardisierten Koeffizienten ist vernachlässigenswert. Ob der Effekt größer ausgefallen wäre, wenn es keine thematisch überproportionale Rekrutierung Kulturinteressierter in der neuen Erhebung gegeben hätte, ist ungewiss. Deshalb können die Ergebnisse unserer Prüfung nur als tentativ angesehen werden.

25 Fragt man Liebhaber von Opern, die keine (oder nur selten) Opernaufführungen besuchen, nach den Gründen für den Verzicht, so werden in nennenswertem Maße die finanziellen Kosten genannt (REUBAND 2008). Für einige Befragten mag dies lediglich eine akzeptable Begründung und Rationalisierung des Nichtbesuchs sein, für den größten Teil jedoch dürften sich darin reale Gründe widerspiegeln.

Statuszugehörigkeit und hat damit eine symbolische Funktion: Je höher das Einkommen ist, desto eher zählt jemand zu den höheren Statusgruppen. Und desto eher könnte eine Neigung zur kulturellen Überhöhung der eigenen Position bestehen – gewissermaßen als sozialer Distinktionsmechanismus gegenüber den niederen Schichten, wie ihn Pierre Bourdieu (1982) für Frankreich beschrieben hat. In dem Maße, wie dieses Bestreben nach sozialer Distinktion in den höheren Schichten schwindet, müsste das Einkommen als soziale Determinante kultureller Partizipation abnehmen.

In seiner Analyse des Langzeitwandels ästhetischer Schemata hat Thomas Müller-Schneider (1994: 80) Hinweise dafür zu finden geglaubt, dass das Einkommen als Determinante seit den 1950er-Jahren in Deutschland an Bedeutung verloren hat, und er hat dies als Zeichen für die Abnahme der Bedeutung von Statussymbolen gedeutet. Hochkulturelle Symbole würden heutzutage kaum noch auf einen gehobenen Einkommensstatus hinweisen. In einer neueren Analyse, die sich auf Umfragedaten aus den 1990er-Jahren stützt, fand der Autor allerdings selbst noch im Jahr 1998 einen – wenn auch schwachen – Zusammenhang zwischen Einkommen und Hochkulturschema, nach Kontrolle der Merkmale Alter und Bildung. Insgesamt bewertete er diesen Befund indes als eher marginal (MÜLLER-SCHNEIDER 2000: 369ff.).

Das Problem des von Müller-Schneider angestellten Vergleichs besteht im Kontext unserer Diskussion darin, dass in das von ihm verwendete Hochkulturschema nicht nur Verhalten, sondern auch Einstellungen und Interessen eingehen und damit Variablen, die nicht notwendigerweise einkommensmäßig determiniert sind. Untersuchungen, die sich auf die Verhaltensebene beschränkten, haben demgegenüber auch in neuerer Zeit noch Effekte des Einkommens auf die kulturelle Partizipation nachweisen können (REUBAND 2006a, 2010b). Angesichts dessen wäre es verfrüht, einen Abgesang auf den Stellenwert des Einkommens für die hochkulturelle Partizipation anzustimmen.

Bezieht man in unsere Untersuchung, zusätzlich zu den Merkmalen Geschlecht, Alter und Bildung, das Haushaltsnettoeinkommen in den Kreis der unabhängigen Variablen ein, so zeigt sich (Tab. 5) dass die beschriebenen Effekte von Alter, Bildung und Geschlecht für beide Zeitpunkte bestehen bleiben. Dem Haushaltseinkommen jedoch kommt je nach Erhebungszeitpunkt ein unterschiedlicher Stellenwert zu: In der Erhebung von 1991 übt das Einkommen auf den Besuch von Opern, Theater und klassischen Konzerten einen Einfluss aus, und dies zum Teil in ähnlich starkem Maße wie andere soziale Merkmale. Nur beim Museumsbesuch wird die statistische Signifikanz verfehlt. Rund 20 Jahre später hat sich der Effekt des Einkommens auf die Praxis der hochkulturellen Nutzung verflüchtigt – mit Ausnahme des Theaterbesuchs, wo er nach wie vor nachgewiesen werden kann.

		1991	2010
Oper	Geschlecht	.09	.10*
	Alter	.13**	.20***
	Bildung	.17***	.21***
	Einkommen	.14**	.04
	R^2	.07	.08
Theater	Geschlecht	.06	.13**
	Alter	.03	.10**
	Bildung	.21***	.24***
	Einkommen	.18***	.11*
	R^2	.09	.10
Klass. Konzert	Geschlecht	.04	.05
	Alter	.23***	.32***
	Bildung	.29***	.32***
	Einkommen	.17***	.04
	R^2	.15	.16
Museen	Geschlecht	.04	.08*
	Alter	.09	.15***
	Bildung	.32***	.35***
	Einkommen	.09	.05
	R^2	.12	.14

* $p < 0{,}05$ ** $p < 0{,}01$ *** $p < 0{,}001$

Paarweiser Ausschluss von Werten
Codierung wie Tabelle 3; Einkommen des Haushalts in DM bzw. Euro auf der Basis der mittleren Werte der vorgegebenen Einkommensklassen. Der Anteil der Befragten, die dazu keine Angaben machten (verweigert, weiß nicht oder aus sonstigen Gründen keine Angabe) und in die Berechnung nicht eingehen, lag 1991 bei 18 %, 2010 bei 35 %.

Tab. 5: Einfluss sozialer Merkmale auf die Nutzung kultureller Einrichtungen im Zeitvergleich (standardisierte beta-Koeffizienten der Regressionsanalyse)

Dass der Bedeutungsverlust des Haushaltseinkommens auf die ökonomische Ressourcendimension des Einkommens zurückgeht, ist unwahrscheinlich. Angesichts eher steigender Eintrittspreise bei gleichzeitig stagnierenden Einkommen im Verlauf der letzten 20 Jahre, dürften die relativen Kosten eines Opern- oder Konzertbesuch eher gewachsen als gesunken sein. Ob – wie Müller-Schneider es behauptet – die Statussymbolik der Hochkulturpartizipation an Bedeutung verloren hat, mithin die symbolische Dimension des Einkommens, ist zwar vorstellbar, ohne weitere empirische Analyse und Befunde jedoch nicht sicher. Inwieweit aufgrund thematischer Selbstselektionsprozesse in der neueren Erhebung der Einkommenseffekte unterschätzt wird, ist zudem eine offene Frage. Würde es sich um einen starken Selektionseffekt handeln, wäre denkbar, dass die realen Effekte des Einkommens für 2010 gleich oder sogar stärker ausgeprägt sein könnten als in der Vorgängeruntersuchung. Doch wie immer man auch den Wandel im Bereich der Einkommensvariablen einschätzen mag – als inhaltlichen oder methodisch bedingten Befund[26] – bedeutsam an dieser Stelle ist, dass sich das Gesamtergebnis der vorherigen Analyse zum Einfluss von Geschlecht, Alter und Bildung durch die Einbeziehung der Einkommensdimension nicht ändert. Nach wie vor gilt, dass sowohl auf der Ebene der standardisierten als auch der unstandardisierten Variablen[27] der Einfluss sozialer Merkmale im Zeitverlauf zunimmt.

9. Schlussbemerkungen

Institutionen der Hochkultur erfreuen sich unter den Bürgern unterschiedlicher Beliebtheit. Wie am Beispiel der Stadt Köln gezeigt wurde – und sich ebenfalls für andere Städte zeigen ließe –, genießen Museen die größte Popularität, Theater, klassische Konzerte und Opern folgen

---

26 Was die methodischen Aspekte angeht, so fällt neben der thematischen Selbstselektion der Befragten in der Erhebung von 2010 die geringe Bereitschaft der Befragten zur Offenlegung der Einkommensverhältnisse auf: In der Umfrage von 1991 waren es 11 % der Befragten, die verweigerten und 7 %, die keine Angaben machten oder vorgaben, es nicht zu wissen. In der Umfrage von 2010 machten 29 % keine Angaben bzw. verweigerten, und 6 % gaben an, es nicht zu wissen. Der Ausfall beläuft sich damit 1991 auf 18 % und 2010 mit 35 % auf rund das Doppelte des Ausgangswerts. Die Wahl eines listenweisen, statt paarweisen Ausschlusses von Werten bei der Regressionsanalyse – sie bezieht nur die Befragten ein, die aller der in die Analyse einbezogenen Fragen beantworteten – ändert an den grundsätzlichen Befunden nichts.

27 In einzelnen Fällen ergeben sich bei den standardisierten Regressionskoeffizienten keine Steigerungen – so z. B. beim Konzertbesuch. Dass es hier gleichwohl tendenziell steigende Effekte gibt, belegen die unstandardisierten Regressionskoeffizienten, die ergänzend hier mit herangezogen werden sollten. Danach steigt der Effekt der Bildung beim Opernbesuch von .193 auf .254, beim Theaterbesuch von .284 auf .325, beim Konzertbesuch von .359 auf .506 und beim Museumsbesuch von .425 auf .522. Auch wenn der Zuwachs meist gering ist, bedeutsam ist die Konsistenz über die verschiedenen Formen kultureller Partizipation hinweg.

mit größerem Abstand. In dieser Hinsicht hat sich im Zeitvergleich der letzten 20 Jahre nichts geändert. Die Rangordnung der Nutzung entspricht der Rangordnung kulturellen Interessen auf Seiten der Bürger. Diese Stabilität in der Rangordnung schließt allerdings nicht aus, dass sich in der Häufigkeit der Nutzung über die Zeit Veränderungen ergeben haben: Die Besucherzahlen in Köln – aber auch bundesweit – sind der Tendenz nach rückläufig (wobei die Museen davon bislang am wenigsten betroffen zu sein scheinen).

Je größer die Popularität einer kulturellen Einrichtung ist – sowohl auf der Ebene der Wertschätzung als auch der Nutzung –, desto größer ist die Wahrscheinlichkeit, in der eigenen Umwelt auf eine Person zu treffen, welche diese Einrichtung besucht. Die eigene Motivation zum Besuch der Einrichtung dürfte dadurch eher gestärkt werden. Aus dieser Sicht kann sowohl ein Rückgang als auch ein Anstieg der Besucherzahlen Prozesse in Gang setzen, die aufgrund der sozialen Verstärkerwirkung umfassender sind als die anfängliche Entwicklung der Besucherzahlen selbst. Gelingt es, den Kreis der Besucher zu erhöhen, so ist mit einer Art Schneeballeffekt zu rechnen, durch den weitere Kreise in den Besucherpool einbezogen werden.

Unklar blieb aufgrund der bisherigen Forschung der Stellenwert sozialer Merkmale für die kulturelle Partizipation im Zeitverlauf. Wie unsere Analyse erbrachte, üben Geschlecht, Alter und Bildung nach wie vor einen Einfluss aus. Demgegenüber erwies sich der Stellenwert des Einkommens als weniger einheitlich: Während 1991 ein Effekt nachgewiesen werden konnte, war dies im Jahr 2010 nur noch bei einer Kultureinrichtung der Fall. Es ist allerdings nicht auszuschließen, dass ein Grund für die Bedeutungslosigkeit des Einkommens in der neusten Erhebung auch methodischer Art ist. Insgesamt gesehen kann man als Fazit ziehen, dass die in der Literatur weit verbreitete Annahme gesellschaftlicher Individualisierungsprozesse, derzufolge der Einfluss sozialer Merkmale geschwächt wird, in unseren Daten keine Bestätigung fand. Im Gegenteil: Die soziale Spaltung des Kulturpublikums scheint größer als zuvor.

Ungewiss ist, ob sich der Befund zunehmender Spaltung auf Köln beschränkt, für Großstädte mit ausgebauter kultureller Infrastruktur typisch oder ganz allgemein exemplarisch für die Entwicklungen in der Bundesrepublik ist. Auch ist eine offene Frage, ob die Tatsache, dass die Besucherzahlen innerhalb des betrachteten Zeitraums in Köln rückläufig waren, Auswirkungen auf den beschriebenen Zusammenhang hat. Womöglich hat sich der Kreis der Besucher verstärkt auf den Kreis der typischen Hochkultur-Nutzer reduziert. Sicher aber ist: Die Forderung nach „Kultur für alle", wie sie in den 70er- und 80er-Jahren vermehrt vorgebracht wurde und auch heute noch das Selbstverständnis der Kulturpolitik kennzeichnet, ist noch längst nicht eingelöst. Die traditionelle soziale Spaltung, wie auch durch andere Studien belegt wird, besteht fort. Das Kulturmanagement ist nach wie vor gefordert, der Frage ungleicher Beteiligungsbereitschaft und Beteiligungschancen von Personen in unterschiedlichen Soziallagen in Theorie und Praxis besondere Beachtung zu schenken.

Anhang
Methodische Probleme des Vergleichs

Die Erhebung von 1991 beschränkte sich auf Personen mit deutscher Staatsangehörigkeit. Durch den Einsatz zufallsgenerierter Nummern werden in der Erhebung von 2010 auch Ausländer mit deutschen Sprachkenntnissen einbezogen. Wie viele es sind, kann nicht festgestellt werden, da Fragen dazu nicht gestellt wurden. Aufgrund der Erfahrungen aus anderen Erhebungen ist jedoch davon auszugehen, dass Ausländer in der Umfrage erheblich unterrepräsentiert sind. Ausländer stellen in Köln unter den Einwohnern, 18 Jahre und älter, einen Anteil von 17 % (STADT KÖLN 2010: 20, eigene Berechnungen). Legt man die von Gunnar Otte für Mannheim ermittelten Angaben zugrunde – danach liegt der Anteil der Ausländer rund halb so hoch in der telefonischen Umfrage wie in der Bevölkerung (OTTE 2008: 393) –, so wäre für die hier verwendete Kölner Umfrage von 2010 ein Anteil von 8-9 % anzunehmen. Die große Mehrheit der Befragten besteht danach also aus Personen mit deutscher Staatsangehörigkeit. Aus dieser Sicht ist die Grundgesamtheit der beiden Erhebungen trotz unterschiedlicher Ausgangsbedingungen annähernd vergleichbar. Um mögliche Effekte des Einschlusses von Ausländern abzuschätzen, haben wir auf der Basis des ALLBUS 2008 eine OLS-Regressionsanalyse auf die Variable für kulturelle Partizipation gerechnet („kulturelle Veranstaltungen besuchen, z. B. Konzerte, Theater, Ausstellungen", s. a. Anm.2 dieses Beitrags). Ob man die Befragten mit oder ohne nicht-deutsche Staatsbürgerschaft einbezieht (der Anteil liegt in etwa auf dem gleichen Niveau wie man ihn für die Kölner Umfrage erwarten würde), hat auf die Regressionskoeffizienten keine nennenswerten Auswirkungen, die standardisierten Koeffizienten bleiben praktisch gleich (Bildung z. B. mit einem Wert von .29). Ein gewichtigeres Problem erwächst aus der Themensetzung der Kölner Umfragen: Bei der Umfrage von 1991 handelte es sich um eine Mehrthemenbefragung, bei der Umfrage von 2010 um eine Ein-Themen-Befragung mit Fokus ausschließlich auf Kunst und Kultur. In welchem Umfang aufgrund dessen Kulturinteressierte überproportional in die Erhebung von 2010 einbezogen wurden (und mit welchen Formen des Kulturinteresses), kann im Rahmen der Analyse hier nicht geklärt werden. Möglich ist jedoch die Bestimmung der Richtung des Effekts. Dies ist möglich, wenn man auf der Basis einer Umfrage, die keiner vergleichbaren thematischen Selektion unterliegt, die Häufigkeit der Kulturnutzung mal für die Gesamtheit der Befragten und mal nur für die Kulturinteressierten ermittelt. Zu diesem Zweck haben wir eine postalische Mehrthemenbefragung der Bevölkerung in Düsseldorf aus dem Jahr 2004 (REUBAND 2006a) herangezogen. Ihr zufolge bekundeten 13 % der Befragten, mehrmals im Jahr die Oper zu besuchen, und 48 % bekundeten, dies „nie" zu tun. Unter Opernliebhabern – denen Opern „sehr gut" oder „gut" gefallen – gaben demgegenüber 26 % einen mehrmaligen Opernbesuch im Jahr an und 25 % bekundeten, „nie" in die Oper zu gehen. Analoge Effekte – wenn auch mit unterschiedlicher Stärke – lassen sich auch für die anderen Formen kultureller Partizipation feststellen. Welche Effekte aus der überproportionalen Rekrutierung Kulturinteressierter für die Analyse sozialer Determination erwachsen, kann ebenfalls unter Rekurs auf die gleiche Untersuchung geprüft werden. Danach ergaben sich für den Opernbesuch für die Gesamtheit der Befragten die folgenden OLS-standardisierten Regressionskoeffizienten: Geschlecht .03 (n. s.), Alter. 35 (p<0,001), Bildung .34 (p<0,001). Würde man sich auf die Personen beschränken, die Opernbesuch als „sehr gut" oder „gut" beurteilen, lägen die Werte deutlich niedriger. Man käme dann auf die folgenden Werte: Geschlecht -.03 (n. s.), Alter .09 (n.s.), Bildung .16 (p<0,05). Im Fall des Museumsbesuchs findet man für die Gesamtheit der Befragten beim Geschlecht einen Wert von .04 (n. s.), Alter .15 (p<0,001), Bildung .47 (p<0,001). Bei Beschränkung auf diejenigen, die sich „sehr stark" oder „stark" für „Kunst, Malerei" interessieren, ergeben sich die folgenden Werte: Geschlecht -.08 (n. s.), Alter .09 (n. s.), Bildung .23 (p<0,01). Würde man anstelle der standardisierten Koeffizienten die unstandardisierten verwenden, würden sich ähnliche Folgerungen ergeben. Bei allen hier vorgenommenen Analysen werden also die Effekte sozialer Merkmale reduziert, sobald man die Kulturinteressierten in den Fokus der Analyse stellt.

Literatur

ADM (2010): *Jahresbericht 2010*. Frankfurt/M.: Arbeitsgemeinschaft Deutscher Marktforschungsinstitute.

ALEMANN, Heine v. (1997): Galerien als Gatekeeper des Kunstmarkts. Institutionelle Aspekte der Kunstvermittlung. – In: Gerhards, Jürgen (Hg.), *Soziologie der Kunst. Produzenten, Vermittler und Rezipienten*. Opladen: Westdt. Verl., 211-240.

ARZHEIMER, Kai (2009): Gewichtungsvariation. – In: Schoen, Harald/Rattinger, Hans/Gabriel, Oscar W. (Hgg.), *Vom Interview zur Analyse*. Baden-Baden: Nomos, 361-388.

BECK, Ulrich (1986): *Risikogesellschaft. Auf dem Weg in eine andere Moderne*. Frankfurt/M.: Suhrkamp.

BERMBACH, Udo (o. J. [ca. 2010]): Oper und Gesellschaft. Zu einigen Aspekten eines komplexen Verhältnisses. – In: Stiftung zur Förderung der Hamburgischen Staatsoper (Hg.), *Die Zukunft der Oper. Die Oper der Zukunft. 50 Jahre Stiftung zur Förderung der Hamburgischen Staatsoper*. Hamburg, 142-151.

BEYER, Barbara (2005): Einleitung. – In: Dies. (Hg.), *Warum Oper?* Berlin: Alexander: 14-20.

BOLWIN, Rolf (2010): Theater und Orchester gestern, heute, morgen – Eine Welt der Kunst in Zahlen. – In: Institut für Kulturpolitik der Kulturpolitischen Gesellschaft (Hg.), *Jahrbuch für Kulturpolitik*. Bd. 10: Kulturelle Infrastruktur. Essen: Klartext, 137-144.

BOURDIEU, Pierre (1982): *Die feinen Unterschiede. Kritik der gesellschaftlichen Urteilskraft*. Frankfurt/M.: Suhrkamp.

CIALDINI, Robert B./PETTY, Richard E./CACIOPPO, John T. (1981): Attitude and attitude change. – In: *Annual Review of Psychology* 32, 357-404.

CHRISTIAKIS, Nicholas A./FOWLER James H. (2010): *Connected! Die Macht sozialer Netzwerke und warum Glück ansteckend ist*. Frankfurt/M.: Fischer.

DEUTSCHER STÄDTETAG (2004): *Methodik von Befragungen im Kulturbereich*. Köln.

DIEKMANN, Andreas (¹⁸2007): *Empirische Sozialforschung. Grundlagen, Methoden, Anwendungen*. Reinbek b. Hamburg: Rowohlt.

FÖHL, Patrick S. (2010): Kooperation und Fusion von öffentlichen Theatern. Entwicklung oder Abwicklung kultureller Infrastruktur. – In: Institut für Kulturpolitik der Kulturpolitischen Gesellschaft e.V. (Hg.), *Jahrbuch für Kulturpolitik*. Bd. 10: Kulturelle Infrastruktur. Essen: Klartext, 291-298.

FREY James H./KUNZ, Gerhard/LÜSCHEN, Günther (1990): *Telefonumfragen in der Sozialforschung. Methoden, Techniken, Befragungspraxis*. Opladen: Westdt. Verl.

FRIEDRICHS, Jürgen (1998): Soziale Netzwerke und die Kreativität einer Stadt. – In: Kirchberg, Volker/Göschel, Albert (Hgg.), *Kultur in der Stadt. Stadtsoziologische Analysen zur Kultur*. Opladen: Leske + Budrich, 145-163.

GLAGOW, Helga/BÜHLER, Erika (1987): *CATI. Das Antwortverhalten, Sample Workshop 2*. Mölln: Sample Institut.

GROVES, Robert M./PRESSER, Stanley/DIPKO, Sarah (2004): The Role of Topic Interest in Survey Participation Decisions. – In: *Public Opinion Quarterly* 68, 1, 2-31.

HAGEDORN-SAUPE, Monika (2010): Entwicklung der Museumslandschaft in Deutschland seit 1990. – In: Institut für Kulturpolitik der Kulturpolitischen Gesellschaft e.V. (Hg.), *Jahrbuch für Kulturpolitik*. Bd 10: Kulturelle Infrastruktur. Essen: Klartext, 177-188.

HALLE, David (1992): The Audience for Abstract Art: Class, Culture and Power. – In: Lamont, Michéle/Founier, Marcel (Hg.), *Cultivating Differences Symbolic Boundaries and the Making of Inequality*. Chicago: Chicago UP, 131-151.

HARTMANN, Peter (1999): *Lebensstilforschung. Darstellung, Kritik und Weiterentwicklung*. Opladen: Leske + Budrich.

HARTMANN, Peter (2004): Geschmackskulturen in Düsseldorf: Präferenzen für Musik und Essen. – In: Keskes, Robert/Wagner, Michael/Wolf, Christof (Hgg.), *Angewandte Soziologie*. Wiesbaden: VS, 289-308.

HUTH, Radoslaw/WEISHAUPT, Horst (2009): Bildung und hochkulturelle Freizeitaktivitäten. – In: *Journal für Bildungsforschung Online* 2009, 224-240.

ISENGARD, Irgmard (2011): Die Prägung von Lebensstilen im Lebensverlauf: Eine alters- und kohortenanalytische Perspektive. – In: Rösssel, Jörg/Otte, Gunnar (Hgg.), *Lebensstilforschung*. Wiesbaden: VS, 295-315

JÄCKLE, Annette/ROBERTS, Caroline/LYNN, Peter (2006): *Telephone versus Face-to-Face Interviewing: Mode effects on data quality and likely causes*. ISER Working Paper 2006-41. Institute for Social and Economic Research.

JANSSEN, Susanne/ VERBOOD, Marc/KUIPERS, Giselinde (2011): Comparing cultural classification: high and popular arts in European and U.S. elite newspapers, 1955-2005. – In: Rösssel, Jörg/Otte, Gunnar (Hgg.), *Lebensstilforschung*. Wiesbaden: VS, 139-168.

JUNG, Matthias (1990): Ausschöpfungsprobleme bei repräsentativen Umfragen. – In: Forschungsgruppe Telekommunikation (Hg.), *Telefon und Gesellschaft*. Bd. 2: Internationaler Vergleich – Sprache und Telefon – Telefonseelsorge und Beratungsdienste – Telefoninterviews. Berlin: Spiess, 386-398.

KEETER, Scott/KENNEDY, Courtney/DIMOCK, Michael/BEST, Jonathan/CRAIGHILL, Peyton (2006): Gauging the impact of growing nonresponse on estimates from a national RDD telephone survey. – In: *Public Opinion Quaterly* 70/5, 759-779.

KEUCHEL, Susanne (2003): *Rheinschiene – Kulturschiene. Mobilität, Meinungen, Marketing.* Bonn: ARCult Media.

KEUCHEL, Susanne (2005): Das Kulturpublikum zwischen Kontinuität und Wandel – Empirische Perspektiven. – In: Institut für Kulturpolitik der Kulturpolitischen Gesellschaft e.V. (Hg.), *Jahrbuch für Kulturpolitik* Bd. 5: Kulturpublikum. Essen: Klartext, 111-125.

KEUCHEL, Susanne (2006): Das (un)bekannte Wesen – Analysen des Kulturpublikums. – In: Kulturpolitische Gesellschaft (Hg.), *publikum.macht.kultur. Kulturpolitik zwischen Angebots- und Nachfrageorientierung. Dokumentation des Dritten Kulturpolitischen Bundeskongresses am 23./24. Juni 2005 in Berlin.* Bonn/Essen: Kulturpolitische Gesellschaft/Klartext, 54-65.

KEUCHEL, Susanne/GRAFF, Frederik (2011): *Kulturforschung in Südniedersachsen.* St. Augustin: Zentrum für Kulturforschung.

KLINGLER, Walter/NEUWÖHNER, Ulrich (2003): Kultur in Fernsehen und Hörfunk. – In: *Media Perspektiven,* 2003/7, 310-319.

KOCH, Achim (1998): Wenn „mehr" nicht gleichbedeutend mit „besser" ist: Ausschöpfungsquoten und Stichprobenverzerrungen in Allgemeinen Bevölkerungsumfragen. – In: *ZUMA-Nachrichten* 42, 66-99.

KÖCHER, Renate (2008): *AWA 2008 – Die junge Generation als Vorhut gesellschaftlicher Veränderungen.* Allensbach: Verl. f. Demoskopie.

KÖCHER, Renate (2010): *Allensbacher Jahrbuch der Demoskopie 2003-2009.* Berlin/Allensbach: De Gruyter/Verl. f. Demoskopie. <http://www.ifd-allensbach.de/awa/ergebnisse/archiv.html>.

MEULEMANN, Heiner/GILLES, David (2011): Beliebt und immer beliebter? Fernsehen und Freizeit in Deutschland 1987-2007. – In: *Kölner Zeitschrift für Soziologie und Sozialpsychologie* 63, 255-278.

MÜLLER, Walter (1998): Sozialstruktur und Wahlverhalten. Eine Widerrede gegen die Individualisierungsthese. – In: Friedrichs, Jürgen (Hg.), *Die Individualisierungs-These.* Opladen: Leske + Budrich, 249-261.

MÜLLER-SCHNEIDER, Thomas (1994): *Schichten und Erlebnismilieus. Der Wandel der Milieustruktur in der Bundesrepublik Deutschland.* Wiesbaden: DUV.

MÜLLER-SCHNEIDER, Thomas (1996): Wandel der Milieulandschaft in Deutschland. Von hierarchisierenden zu subjektorientierten Wahrnehmungsmustern. – In: *Zeitschrift für Soziologie* 25, 190-206.

MÜLLER-SCHNEIDER, Thomas (2000): Stabilität subjektzentrierter Strukturen. Das Lebensstilmodell von Schulze im Zeitvergleich. – In: *Zeitschrift für Soziologie* 29, 361-374.

NEUWÖHNER, Ulrich/KLINGLER, Walter (2011): Kultur, Medien und Publikum 2011. Eine Analyse auf der Basis der Ergebnisse einer Repräsentativbefragung. – In: *Media Perspektiven* 12, 592-607.

OPASCHOWSKI, Horst W. (2005): Die kulturelle Spaltung der Gesellschaft. Die Schere zwischen Besuchern und Nichtbesuchern öffnet sich weiter. – In: Institut für Kulturpolitik der Kulturpolitischen Gesellschaft e.V. (Hg.), *Jahrbuch für Kulturpolitik.* Bd. 5: Kulturpublikum. Essen: Klartext, 211-215.

OPASCHOWSKI, Horst W. (^{2}2006): *Deutschland 2020: Wie wir morgen leben – Prognosen der Wissenschaft.* Wiesbaden: VS.

OTTE, Gunnar (2008): *Sozialstrukturanalysen mit Lebensstilen. Eine Studie zur theoretischen und methodischen Neuorientierung der Lebensstilforschung.* Wiesbaden: VS.

OTTE, Gunnar (2010): „Klassenkultur" und „Individualisierung" als soziologische Mythen? Ein Zeitvergleich des Musikgeschmacks Jugendlicher in Deutschland, 1955-2004. – In: Berger, Peter A./Hitzler, Ronald (Hg.), *Individualisierungen. Ein Vierteljahrhundert „jenseits von Stand und Klasse"?* Wiesbaden: VS, 73-95.

PAPE, Simone/RÖSSEL, Jörg (2008): Die visuelle Wahrnehmbarkeit sozialer Ungleichheit – Eine alternative Methode zur Untersuchung der Entkoppelungsthese. – In: *Zeitschrift für Soziologie* 37, 25-41.

REUBAND, Karl-Heinz (1971): Die Bedeutung der Primärumwelten für das Wahlverhalten. – In: *Kölner Zeitschrift für Soziologie und Sozialpsychologie* 23, 544-567

REUBAND, Karl-Heinz (1974): *Differentielle Assoziation und soziale Schichtung.* Diss. Universität Hamburg. Hamburg.

REUBAND, Karl-Heinz (2002): Opernbesuch als Teilhabe an der Hochkultur. Vergleichende Bevölkerungsumfragen in Hamburg, Düsseldorf und Dresden zum Sozialprofil der Besucher und Nichtbesucher. – In: Heinrichs, Werner/ Klein, Armin (Hgg.), *Deutsches Jahrbuch für Kulturmanagement.* Bd. 5. Baden-Baden: Nomos, 42-55.

REUBAND, Karl-Heinz (2003): Musikalische Geschmacksbildung und Generationszugehörigkeit. Klassik-Präferenzen im internationalen Vergleich. – In: Klein, Armin (Hg.), *Deutsches Jahrbuch für Kulturmanagement.* Bd. 6. Baden-Baden: Nomos, 5-17.

REUBAND, Karl-Heinz (2005a) Moderne Opernregie als Ärgernis? Eine Fallstudie über ästhetische Bedürfnisse von Zuschauern und Paradoxien in der Bewertung „moderner" Inszenierungen. – In: Institut für Kulturpolitik der Kulturpolitischen Gesellschaft (Hg.), *Jahrbuch für Kulturpolitik.* Bd. 5: Kulturpublikum. Essen: Klartext, 225-241.

REUBAND, Karl-Heinz (2005b): Sterben die Opernbesucher aus? Eine Untersuchung zur sozialen Zusammensetzung des Opernpublikums im Zeitvergleich. – In: Klein, Armin/ Knubben, Thomas (Hgg.), *Deutsches Jahrbuch für Kulturmanagement.* Bd. 7. Baden-Baden: Nomos, 123-138.

REUBAND, Karl-Heinz (2006a): Teilhabe der Bürger an der „Hochkultur". Die Nutzung kultureller Infrastruktur und ihre sozialen Determinanten. – In: Labisch, Alfons (Hg.), *Jahrbuch der Heinrich-Heine-Universität Düsseldorf 2005/06.* Düsseldorf, 263-283 [ebenfalls <http://www.uni-duesseldorf.de/Jahrbuch/2005>].

REUBAND, Karl-Heinz (2006b): Das Publikum der „Götterdämmerung". Eine vergleichende Untersuchung der Opernhäuser Köln und Düsseldorf. – In: Bermbach, Udo/Borchmeyer, Dieter et al. (Hgg.), *Der Ring des Nibelungen, Teil 2* (= wagnerspectrum, 2). Würzburg: Königshausen und Neumann, 143-167.

REUBAND, Karl-Heinz (2007a): Die soziale Stellung der Opernbesucher. Krise der Oper oder des Klassikpublikums? – In: *Stadtforschung und Statistik. Zeitschrift des Verbandes deutscher Städtestatistiker* 2007/1, 15-21.

REUBAND, Karl-Heinz (2007b): Partizipation an der Hochkultur und die Überschätzung kultureller Kompetenz. Wie sich das Sozialprofil der Opernbesucher in Bevölkerungs- und Besucherbefragungen (partiell) unterscheidet – In: *Österreichische Zeitschrift für Soziologie* 32, 46-70.

REUBAND, Karl-Heinz (2008): Kosten – Interessen – Lebensstil. Warum Opernliebhaber nicht häufiger in die Oper gehen und andere die Oper meiden. – In: *Stadtforschung und Statistik. Zeitschrift des Verbandes deutscher Städtestatistiker* 2008/1, 24-30.

REUBAND, Karl-Heinz (2009): Die Institution Oper in der Krise? Generationsbedingte Änderungen des Opernbesuchs und des Musikgeschmacks im Langzeitvergleich. – In: *KM. Das Monatsmagazin von Kulturmanagement Network* 38 (Generationen), 8-12.

REUBAND, Karl-Heinz (2010a): Sinkende Nachfrage als Determinante zukünftiger Museumskrisen? Der Einfluss von Alter und Bildung auf den Museumsbesuch und kulturelle Interessen. – In: *KM. Das Monatsmagazin von Kulturmanagement Network* 41 (Museum in der Krise), 21-28, 48.

REUBAND, Karl-Heinz (2010b): Kulturelle Partizipation als Lebensstil. Eine vergleichende Städteuntersuchung zur Nutzung der lokalen kulturellen Infrastruktur. – In: Institut für Kulturpolitik der Kulturpolitischen Gesellschaft (Hg.), *Jahrbuch für Kulturpolitik*. Bd. 10: Kulturelle Infrastruktur. Essen: Klartext, 235-246.

REUBAND, Karl-Heinz (2010c): Erwartungen an den Opernbesuch und bevorzugte Inszenierungsstile. Eine empirische Analyse der ästhetischen Präferenzstrukturen von Opernbesuchern. – In: *Jahrbuch für Kulturmanagement* 1 (Theorien für den Kultursektor), 247-272.

REUBAND, Karl-Heinz (2011): Das Opernpublikum zwischen Überalterung und sozialer Exklusivität. Paradoxe Effekte sozialer Merkmale auf die Häufigkeit des Opernbesuchs. – In: Institut für Kulturpolitik der Kulturpolitischen Gesellschaft (Hg.), *Jahrbuch für Kulturpolitik*. Bd. 11. Essen: Klartext, 397-406.

REUBAND, Karl-Heinz (2012): Vertrauen in die Polizei und staatliche Institutionen. Konstanz und Wandel in den Einstellungen der Bevölkerung 1984-2011. – In: *Soziale Probleme* 23, 5-39.

REUBAND, Karl-Heinz/BLASIUS, Jörg (1996): Face-to-face, telefonische und postalische Befragungen. Ausschöpfungsquoten und Antwortmuster in einer Großstadtstudie. – In: *Kölner Zeitschrift für Soziologie und Sozialpsychologie* 48, 296-318.

ROMBACH, Julia (2005): Kultur im 21. Jahrhundert. Kultureinrichtungen als Lebens-, Lern- und Erlebnisorte. – In: Popp, Reinhold (Hg.), *Zukunft: Freizeit: Wissenschaft*. FS Horst W. Opaschowski zum 65. Geburtstag. Münster: Lit, 485-497.

SCHLÄDER, Jürgen (2001): Kontinuität der Geschichte? Die Oper in München, ihre Veranstaltungen und ihr Publikum. – In: Bayrische Staatsoper (Hg.), *Kraftwerk der Leidenschaft. Die Bayerische Staatsoper*. München, London, New York: Prestel, 33-72.

SCHNEIDER, Annerose (1969): *Expressive Verkehrskreise: eine empirische Untersuchung zu freundschaftlichen und verwandtschaftlichen Beziehungen*. Diss. Universität zu Köln. Köln.

SCHNELL, Rainer/KOHLER, Ulrich (1998): Eine empirische Untersuchung einer Individualisierungshypothese am Beispiel der Parteipräferenz von 1953-1992. – In: FRIEDRICHS, Jürgen (Hg.), *Die Individualisierungs-These*. Opladen: Leske + Budrich, 221-247.

SCHRÖDER, Till (2012): Mein Werk, dein Werk. – In: *Oper/pur/Köln. Das Magazin der Oper* (Februar-März-April), 7

SCHULZE, Gerhard (^{7}1997 [1992]): *Die Erlebnisgesellschaft. Kultursoziologie der Gegenwart*. Frankfurt/M.: Campus.

SPELLERBERG, Annette (2011): Kultur in der Stadt – Autopflege auf dem Land? Eine Analyse sozialräumlicher Differenzierungen des Freizeitverhaltens auf der Basis des SOEP 1998- 2008. – In: Rösssel, Jörg/Otte, Gunnar (Hg.), *Lebensstilforschung*. Wiesbaden: VS, 316-338.

STADT KÖLN (2004): *Statistisches Jahrbuch 2004*. Köln.

STADT KÖLN (2010): *Statistisches Jahrbuch 2010*. Köln.

STADT KÖLN (2011): *Statistisches Jahrbuch 2011*. Köln.

TRIPPLET, Timothy (2002): *What is gained from additional attempts & refusal conversion and what are the cost indications?* Washington: The Urban Institute.

TRÖNDLE, Martin (Hg.) (2009): *Das Konzert. Neue Aufführungskonzepte für eine klassische Form*. Bielefeld: transcript.

VOMBERG, Elfi (2010): *Wagnerianer heute*. Magisterarbeit. Musikwissenschaftliches Institut der Universität zu Köln. Köln.

WASMER, Martina/SCHOLZ, Evi/BLOHM, Michael (2010): Konzept und Durchführung der „Allgemeinen Bevölkerungsumfrage der Sozialwissenschaften" (ALLBUS) 2008. – In: *GESIS-Technical Reports* 2010/4.

WIESAND, Andreas J. (2005): Was zählt: Angebot oder Nachfrage? Fünf Fragen an die empirische Kulturforschung und erste Antworten. – In: Institut für Kulturpolitik der Kulturpolitischen Gesellschaft (Hg.), *Jahrbuch für Kulturpolitik*. Bd. 5: Kulturpublikum. Essen: Klartext, 441-450.

WOLF, Christof (1996): *Gleich und gleich gesellt sich gern. Individuelle und strukturelle Einflüsse auf die Entstehung von Freundschaften*. Hamburg: Kovac.

ZAHNER, Nina Tessa (2010): Die Selektivität des Publikums zeitgenössischer Kunst als Herausforderung für die Rezeptionstheorie Pierre Bourdieus? – In: *Jahrbuch für Kulturmanagement* 1 (Theorien für den Kultursektor), 55-75.

Sind Besucherbefragungen vertrauenswürdig?
Der Implizite Assoziationstest in der Kulturnutzerforschung
SIGRID BEKMEIER-FEUERHAHN

1. Problemstellung

Besucherbefragungen in Kulturinstitutionen haben in den vergangenen Jahren stetig zugenommen. Viele Häuser haben erkannt, dass es von großer Bedeutung für ein zielgerichtetes Kulturmarketing ist, die Wahrnehmung und Bewertung der gebotenen Leistungen durch das eigene Publikum zu kennen. So erhalten sie Erkenntnisse darüber, wo sie schon besonders gute Leistungen anbieten und wo gegebenenfalls Verbesserungspotenzial vorhanden ist. Besucherbefragungen dienen ebenso als Legitimationsgrundlage gegenüber gesellschaftlichen Anspruchsgruppen und Geldgebern, indem sie die (erfolgreiche) Arbeit der Häuser aufzeigen, wie sie auch gern als Basis für die Presse- und Öffentlichkeitsarbeit genutzt werden (WITTENBERG 2010; GERBICH 2009; TOURISEUM 2005b; EURAC 2005a; MÜRITZEUM 2010).

Kulturinstitutionen, von ihrem Zweck her eher Non-Profit- denn Wirtschaftsunternehmen, gelten aus der Perspektive des Kulturmarketings zunehmend als Dienstleister, bei denen Besucher (Konsumenten) im Mittelpunkt der Bemühungen stehen (ZIMMER 1996; TERLUTTER 2000; BEKMEIER-FEUERHAHN/TROMMERSHAUSEN 2006; REUSSNER 2010). Und als Dienstleister werden sie auch von der Öffentlichkeit wahrgenommen. In einer Erlebnis- und Freizeitgesellschaft ringen vielfältige Konkurrenten um das knappe Gut der Kunden respektive der Besucher – die Zeit. Der Kulturmarkt, und dazu zählen auch Institutionen der sogenannten Hochkultur, ist ein Käufermarkt, in dem Besucher aus einem Überangebot wählen können und dies auch tun. Die einstige Kernaufgabe von Museen – Sammeln, Bewahren, Erforschen, Ausstellen, Bilden – reicht in Zeiten knapper öffentlicher Kassen oft nicht mehr aus, damit ein Haus am Markt langfristig bestehen kann. Museen als Dienstleister müssen ihr Publikum mit einem qualitativ hochwertigen Angebot begeistern und ihre Besucherkreise ausbauen. Dennoch dürfen ökonomische Prinzipien nicht zu einem Eingriff in die

Kulturhoheit führen – eine Gratwanderung, denn erst Wirtschaftlichkeit ermöglicht eine nachhaltige Erfüllung des Kulturauftrages.

Der ökonomische Erfolg eines Dienstleistungsunternehmens, also auch eines Museums, ist maßgeblich von den Faktoren Kundenzufriedenheit und Kundenbindung abhängig (NERDINGER/NEUMANN 2007; STAUSS/SEIDEL 2006). Letztlich entscheidet das Museumspublikum darüber, ob ein Haus am Markt, in Konkurrenz zu anderen Häusern, anderen Kultureinrichtungen wie Theatern und Opernhäusern oder weiteren Möglichkeiten der Freizeitgestaltung bestehen kann. Immer mehr Museen analysieren daher regelmäßig ihr Publikum, um detaillierte Informationen über seine Zusammensetzung zu erhalten – vor allem aber um zu erfahren, ob es mit dem Angebot ‚zufrieden' ist (MATZLER/BAILOM 2009; zu Besucherzufriedenheit in Museen während des Besuchs RUYTER et al. 1997; BEKMEIER-FEUERHAHN et al. 2011). Nur zufriedene Kunden kommen wieder und nur zufriedene Kunden empfehlen weiter (CALDWELL 2000). In diesem Sinne ist Besucherzufriedenheit eine Grundvoraussetzung für den ökonomischen Erfolg beziehungsweise Misserfolg und damit ein bedeutendes strategisches Ziel.

Besucher bewerten einen Museumsbesuch subjektiv, was eine objektive Beurteilung der musealen Dienstleistung erschwert beziehungsweise unmöglich macht. Dies liegt in den drei Dienstleistungsaspekten eines Museumsbesuchs begründet: das Uno-Actu-Prinzip, die Intangibilität und die Integration des Besuchers als externer Faktor. Produktion und Rezeption der erbrachten Leistung finden gleichzeitig statt, der Besucher ist als Rezipient der Leistung unmittelbar an der Leistungserstellung beteiligt. Die immaterielle, intangible Leistung liegt im geistigen Gewinn, dem Erlebnisgefühl oder in einem Zuwachs an sozialer Kompetenz während eines Museumsbesuchs oder danach (BEKMEIER-FEUERHAHN et al. 2011).

Für die Erfassung der Zufriedenheit mit dieser Leistung eignen sich insbesondere subjektive Messverfahren, die die individuelle Wahrnehmung erfassen (HOMBURG/KOSCHATE 2007; MATZLER/BAILOM 2009). Sie lassen sich in implizite und explizite Messverfahren unterteilen. In der Regel führen Museen während des Besuchs oder im Anschluss schriftliche Befragungen durch. Mittels vorgegebener Kriterien bewerten die Befragten die wahrgenommenen Kern- und/oder Zusatzleistungen des Hauses und geben an, wie zufrieden sie damit sind.

Der Vergleich verschiedener Museumsbesucherstudien ergibt: Ein Großteil der Antworten in Bezug auf die Zufriedenheit mit dem Besuch liegen mit geringen Standardabweichungen im oberen Drittel der Skala

(GRUBER 2004). Die Ergebnisse der meisten Museumsstudien zeigen hohe Zufriedenheitswerte. Exemplarisch hierfür stehen zufällig ausgewählte Besucherbefragungen in Museen (HUMMEL et al. 1996; GRÜNEWALD 2002; GRUBER 2004; LIEBERS-HELBIG/PODSZUK 2009; BEKMEIER-FEUERHAHN et al. 2011).

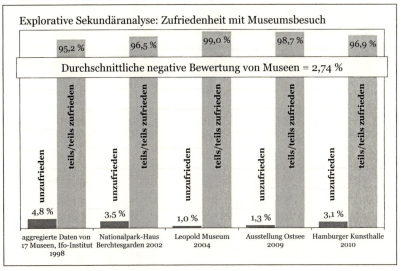

Abb. 1: *Ermittelte Zufriedenheitswerte in Besucherbefragungen*

Außer Acht gelassen wird hierbei, dass viele Häuser, trotz hoher angegebener Zufriedenheiten, mit einem Besucherrückgang und finanziellen Engpässen zu kämpfen haben. Auch wenn in Deutschland auf der Makroebene im Jahr 2010 ein Anwachsen der Besuchszahlen zu verzeichnen ist, spiegelt sich das auf der Mikroebene der einzelnen Häuser nicht unbedingt wider.[1] Insgesamt meldeten im Jahr 2010 19,4 % der Museen in Deutschland einen starken Anstieg der Besuchszahlen, 24,5 % aber

---

1 Der Zuwachs an Besuchern schwankt je nach Bundesland oder Museumsart. Der absolute Anstieg erklärt sich unter anderem durch besonders attraktive Sonderausstellungen sowie durch spektakuläre Wieder- und Neueröffnungen in Großstädten und Metropolregionen (INSTITUT FÜR MUSEUMSFORSCHUNG 2011). Für die einzelnen Häuser bedeutet dies aber auch einen zunehmenden Wettbewerbsdruck. Zurückgegangen sind die Besuchszahlen unter anderem in Hamburg (-10,5 %), Sachsen-Anhalt (-12,7 %) und Bremen (-9,6 %) (INSTITUT FÜR MUSEUMSFORSCHUNG 2011: 27). Auch bei Sonderausstellungen verzeichneten einige Bundesländer einen eklatanten Rückgang an Besuchern bei gleichzeitig gesunkener Anzahl an Sonderausstellungen: um fast 30 % in Rheinland-Pfalz, um 23 % in Hamburg und um fast 20 % in Schleswig-Holstein (INSTITUT FÜR MUSEUMSFORSCHUNG 2011: 60).

mussten 2010 einen starken Rückgang von mehr als 10 % hinnehmen (INSTITUT FÜR MUSEUMSFORSCHUNG 2011: 11).

Vor diesem Hintergrund thematisiert dieser Beitrag die Frage, wie die durchgängig positiven Zufriedenheitswerte im Kulturbereich zustande kommen. Bilden Sie die tatsächliche Meinung, also die ‚echte' Zufriedenheit der Besucher ab? Oder beeinflussen psychologische Konstrukte wie das der sozialen Erwünschtheit das Antwortverhalten? Explizite Befragungen sind anfällig für Verzerrungen. Der Beitrag behandelt die Frage, ob in der Besucherforschung sozial erwünschtes Antwortverhalten die Verlässlichkeit der Aussagen ernsthaft gefährden kann.

2. Sozial erwünschtes Antwortverhalten

Sozial erwünschtes Antwortverhalten gehört zu den am weitesten verbreiteten Verzerrungen in Befragungen und kann deren Gültigkeit in Frage stellen. Es gibt keine einheitliche Definition dieses Phänomens (STOCKÉ 2004; DEMAIO 1984; PAULHUS 1984, 1998, 2002; PAULHUS/JOHN 1991). Allen Auslegungen gemein ist die Annahme, dass Befragte versuchen, sich durch das Zuschreiben positiver beziehungsweise durch das Verleugnen negativer Eigenschaften oder Verhaltensweisen in einem guten Licht zu präsentieren. Zugrunde gelegt wird ff. Definition:

> Socially desirable responses are answers that make the respondent look good, based on cultural norms about the desirability of certain values, traits, attitudes, interests, opinions, and behaviors. (STEENKAMP et al. 2010: 200)

Sozial erwünschtes Antwortverhalten beschreibt eine Beschönigungstendenz und stellt eine Neigung der Befragten dar, in ihrer Umwelt nach Anzeichen für eine ‚richtige', allgemeingesellschaftlich legitimierte Meinung zu suchen, um diese gegebenenfalls zu antizipieren und wiederzugeben (STOCKÉ 2004; WINKLER/KROH/SPIESS 2006).

Die Problematik verzerrter Werte bei expliziten Befragungen durch sozial erwünschtes Antwortverhalten in seinen verschiedenen Facetten ist seit langem bekannt. Dennoch bleibt eine hinreichende Kontrolle des Phänomens weiter schwierig. Bereits in den 1950er- und 1960er-Jahren gab es erste Ansätze, sozial erwünschtes Antwortverhalten zu messen (EDWARDS 1957; CROWNE/MARLOWE 1960/64; WIGGINS 1964). Seitdem sind zahlreiche Studien und verschiedene Messverfahren zu diesem Phänomen erschienen. Überblicke über die Forschungsansätze bieten unter anderem Demaio (1984), Paulhus (1984, 2002), Paulhus und John (1991) Paulhus und Reid (1991), Paulhus und John (1998), Steenkamp et al. (2010) sowie Tourangeau und Yan (2007), wobei letztere sich auf Studien zum Thema sensible Fragen in Umfragen beschränken. Sozial erwünschtes Antwortverhalten wird unterschiedlich interpretiert. Ein grundlegendes Unterscheidungskriterium ist die Frage, ob es sich bei dem Phänomen um ein stabiles Persönlichkeitsmerkmal oder um eine zeitlich begrenzte soziale Strategie der Versuchsperson handelt. So differenziert beispielsweise der kanadische Psychologe Delroy L. Paulhus, der das Phänomen der sozialen Erwünschtheit seit mehr als dreißig Jahren untersucht, zwischen einem ‚response style' der Versuchsperson – „consistent across time and questionnaire" – und einem ‚response set' – einem kurzlebigen Bias „attributable to some temporary distraction or motivation" (PAULHUS 2002: 49). Ein weiteres Unterscheidungskriterium ist die Frage, ob soziale Erwünschtheit nur eine Eigenschaft des Items ist oder auch eine Eigenschaft der Versuchsperson. Im Gegensatz zu frühen Studien, die sozial erwünschtes Antwortverhalten eindimensional als das Streben nach sozialer Anerkennung und als persönlichen Stil behandeln (EDWARDS 1957; CROWNE/MARLOWE 1960), operationalisiert Paulhus das Konstrukt zweidimensional (PAULHUS 1984, 1991; PAULHUS/JOHN 1998; MUSCH et al. 2002). Er unterscheidet soziale Erwünschtheit in die beiden Dimensionen Selbst- und Fremdtäuschung (Self-Deception und Impression-Management). Dabei versteht Paulhus unter Selbsttäuschung die Manipulation der eigenen Wahrnehmung. So würden Menschen zum Schutze ihres Selbstbildes und des Selbstwertgefühls die Realität in optimistisch verzerrter Art und Weise perzipieren. Im Gegensatz dazu bedeutet Fremdtäuschung, dass Menschen dazu in der Lage sind, ihr Gegenüber bewusst zu täuschen, um sich selbst in einem besonders guten Licht zu präsentieren (PAULHUS 1984; Paulhus 1991; PAULHUS/REID 1991; WINKLER/KROH/SPIESS 2006).

Paulhus und John (1998) sehen als treibende Motive für sozial erwünschtes Antwortverhalten zwei fundamentale Dimensionen der Selbstwahrnehmung von Individuen: Agency und Communion.[2] Communion meint die Einbindung des Individuums in eine größere soziale Einheit und legt den Fokus auf soziale Interaktion. Agency stellt die eigene Person und die Verfolgung persönlicher Ziele in den Mittelpunkt und bezieht sich daher auf Aspekte wie Individualität, Kompetenz oder Status. Jedes Individuum verfügt über agentische und kommunale Selbstaspekte (UCHRONSKI 2010). In diesem Zusammenhang unter-

---

2   Die Begriffe Agency und Communion gehen zurück auf David Bakan (1966), die dieser in seinem philosophischen Werk *The Duality of Human Existence: An Essay on Psychology and Religion* einführt (UCHRONSKI 2010).

teilen Paulhus und John (1998) das Phänomen des sozial erwünschten Antwortverhaltens in egoistische (Agency) und moralistische (Communion) Verzerrungstendenzen („egoistic bias' und ‚moralistic bias'). Den Egoistic Bias interpretieren sie als selbsttäuschenden Stil, der einen übertriebenen Selbstwert in Hinsicht auf den eigenen sozialen und intellektuellen Status widerspiegelt. Befragte übertreiben Qualitäten, die den sozialen Status und die soziale Prominenz heben, wie Macht oder Intellekt. Der Moralistic Bias (Communion) kann sich sowohl als bewusste Täuschung (Impression Management) oder ebenfalls als selbsttäuschender Stil auswirken. Er spiegelt eine übertrieben positive Selbstsicht in Bezug auf soziale Kompetenzen wider. Befragte, die dazu neigen, sehen sich selbst als ‚gut' (im Sinne von ‚normal'), als nette Person oder guten Bürger, als angemessen und nicht außerhalb der Masse stehend. Agentische Aspekte beruhen auf dem Bedürfnis nach Macht und Status, kommunale Aspekte auf dem Bedürfnis nach Anerkennung (PAULHUS/ JOHN 1998; UCHRONSKI 2010; TRAPNELL/PAULHUS 2012).

Sozial erwünschtes Antwortverhalten kann die Validität expliziter Befragungen gefährden. Empirische Studien belegen, dass die mehr oder weniger bewusste kognitive Filterung des Antwortverhaltens in Befragungssituationen von verschiedenen Rahmenbedingungen abhängig ist. Einfluss haben unter anderem die Persönlichkeit der befragten Person, situative Bedingungen der Befragungssituation oder die Sensibilität des Themas.

Zunächst einmal liegt es nahe, dass ein hinreichendes Anerkennungsbedürfnis der befragten Person vorhanden sein muss, damit sie bereit ist, gegebenenfalls nicht die Antworten anzukreuzen, die ihrem wahren Standpunkt entsprechen. Für die Anpassung der Antworten von Testpersonen an die vermutete Erwartungshaltung gibt es in der Literatur verschiedene Erklärungsansätze: Insbesondere sozialpsychologische Studien sehen in der Tendenz einer Versuchsperson zu sozial erwünschtem Antwortverhalten ein Persönlichkeitsmerkmal, in dem deren Bedürfnis nach positiver Selbstdarstellung und sozialer Anerkennung zum Ausdruck kommt (MERZBACHER 2007). Dieses Bedürfnis steht auch im Fokus der Eindrucks- oder Impression-Management-Theorie, die von folgendem Prinzip ausgeht: „Individuen kontrollieren [...] in sozialen Interaktionen den Eindruck, den sie auf andere Personen machen" (MUMMENDEY 1995: 111). Die Motivation dafür kann die Aufrechterhaltung oder Erhöhung des Selbstwertes sein. Es ist wichtig darauf hinzuweisen, dass der intentionale Einsatz von Selbstdarstellungen nicht der eigenen Überzeugung widersprechen muss, authentisch zu agieren und sie auch mehr oder weniger bewusst eingesetzt werden können (MERZBACHER 2007; PAULHUS 1991).

Andere Studien untersuchen das Konstrukt des sozial erwünschten Antwortverhaltens als Reaktion auf die Rahmenbedingungen der Datenerhebung. Hierbei wäre zum Beispiel bei prekären oder gesellschaftlich unerwünschten Themen (Drogenkonsum, Rassismus, sexuelle Präferenzen etc.) eine Furcht der Testperson vor möglichen Konsequenzen auf wahre Antworten ein Erklärungsansatz. Eine Methode, um den Einfluss sozial erwünschten Antwortverhaltens zu mindern, ist die Verringerung des situativen Drucks der Befragungssituation, indem den Probanden Anonymität (z. B. schriftliche Befragung, kein anwesender Interviewer) zugesichert wird (PAULHUS 1991; STOCKÉ 2004).³

Darüber hinaus lassen sich kontextabhängige Faktoren identifizieren, die das Auftreten der sozialen Erwünschtheit verstärken. So kommen unter anderem Tourangeau und Yan (2007) zu dem Ergebnis, dass der Effekt verstärkt bei heiklen, sozial tabuisierten Themen wie Suchtverhalten, politischem Radikalismus oder Einkommen auftritt. Sie kommen zu dem Schluss, dass insbesondere solche Themen anfällig für sozial erwünschtes Antwortverhalten sind, die gesellschaftliche Werte und Normen berühren. Gerade für den Kulturbereich ist nun zu vermuten, dass es sich hier um einen von Normen und Werten geprägten Bereich innerhalb der Gesellschaft handelt.

Dies zeigt auch die empirische Studie des Eurobarometers von 2006, in der Menschen aus 27 Staaten der Europäischen Union zum Thema ‚Kulturelle Werte' befragt wurden (EUROBAROMETER 2006; EUROPEAN COMMISSION 2011). Die Interviewten geben Auskunft über ihre Wahrnehmung von Kultur, nach deren Rolle und Bedeutung. Unabhängig von der jeweiligen Definition von Kultur antworteten rund 77 % der Befragten, dass Kultur für sie persönlich wichtig sei (in Deutschland: 65 %), nur 22 % sagten, Kultur sei ihnen unwichtig. Mit kulturellen Aktivitäten assoziiert ein Großteil der Befragten

> ‚activities' require free time, i.e., leisure time, although leisure activities are not in themselves necessarily regarded as cultural in the ‚valued' and ‚worthy' sense of the

---

3 Befragungen unter ‚bogus pipeline'-Bedingungen erhöhen den Druck dagegen. Bei der von Jones und Sigall (1971) verwendeten Methode handelt es sich um einen Pseudo-Lügendetektor, mit dem die Probanden verkabelt werden. Ihnen wird gesagt, damit werde eine ‚pipeline to the soul' aufgebaut. Um nicht von der Maschine der Unwahrheit überführt zu werden, würden Probanden eher die Wahrheit sagen, so die Annahme. Des weiteren gibt es so genannte fake-good/fake-bad-Instruktionen, die sozial erwünschtes Antwortverhalten gezielt provozieren (PAULHUS 1991; TOURANGEAU/YAN 2007).

term. Here we can see once again the idea of culture as a form of ‚luxury' reserved for the favoured classes. (EUROBAROMETER 2006: 18)

Eine besondere Rolle nimmt die Bewertung von Museen und Ausstellungen ein:

This is one of the most valued aspects of culture in the ‚worthy' sense of the term. It is connected to artistic national heritage and, in a wider sense, to the heritage of humanity as a whole. (EUROBAROMETER 2006: 22)

Kultur, insbesondere Hochkultur, wird, so zeigen die folgenden Ausführungen, bereits seit langem eine bedeutende Rolle bei der Zuweisung von Status und gesellschaftlichem Prestige in der Gesellschaft zugesprochen. Es scheint sich hier um ein gesellschaftlich erwünschtes Themenfeld zu handeln, das in besonderer Weise symbolträchtig für die Selbstdarstellung scheint.

3. Relevanz von sozial erwünschtem Antwortverhalten für die Bewertung von Kultur

Vor allem die strukturalistisch geprägten Ansätze aus dem Bereich der Sozialwissenschaften gehen davon aus, dass der Besuch von Kulturinstitutionen für die Positionierung eines Individuums in der Gesellschaft eine Rolle spielt.[4] Zu nennen sind hier in besonderer Weise die einflussreichen Erklärungsansätze zum Kulturkonsum von Veblen (1899), Linton (1945) und Bourdieu (1982). Alle drei gehen im Wesentlichen davon aus, dass eine Gesellschaft aus verschiedenen Klassen innerhalb eines sozialen Raumes besteht, die sich aufgrund unterschiedlicher Sozialisation und damit verbundenen Lebensstilen voneinander unterscheiden. Distinktion, zum Beispiel durch Geschmack, strukturiert demnach das soziale Gefüge. Dabei streben Individuen in die Nähe der ‚besseren Kreise' ihrer Klasse oder der über ihnen positionierten Klasse zu kommen, indem sie versuchen, den anderen Gruppenmitgliedern zu imponieren. Im Folgenden sollen die Ansätze nur fragmentarisch und im Hinblick auf die Fragestellung des Beitrags skizziert werden.

Der norwegisch-amerikanische Nationalökonom Thorstein Veblen vertrat vor mehr als 110 Jahren die Ansicht, dass mit einem bestimmten sozialen Status eine bestimmte Art der Lebensführung einhergeht (VEBLEN 2011; BARZ/LIEBENWEIN 2009). 1899 erschien seine *Theo-*

---

4 Kulturalistisch geprägte Ansätze werden in diesem Artikel nicht berücksichtigt.

ry of the Leisure Class (*Theorie der feinen Leute. Eine ökonomische Untersuchung der Institutionen*) – eine Kritik an Lebensgewohnheiten der amerikanischen Oberschicht seiner Zeit. Darin stellt er fest, dass diese dazu neigt, ihren Reichtum demonstrativ durch Nichtarbeit und durch verschiedene Formen des demonstrativen Konsums zur Schau zu stellen, um so ihr Sozialprestige zu stärken. Seinen Müßiggang beweise man zum Beispiel durch das Bemühen um „nutzlose Gegenstände" wie

> quasi-gelehrte und quasi-künstlerische Werke sowie die [...] Kenntnis toter Sprachen oder der okkulten Wissenschaften, [...] die Beherrschung der Hausmusik und andere häusliche Künste [...]. (VEBLEN 2011: 59f.)

Diese Ausführungen zeigen, dass Veblen bereits Ende des 19. Jahrhunderts erkannt hat, dass das Präsentieren von Kunst- und auch im weiteren Sinne von Kulturkenntnissen innerhalb der westlichen Kulturen als eine probate Sozialtechnik gilt, um gesellschaftliche Anerkennung zu erlangen. In diesem Fall ist sozial erwünschtes Antwortverhalten bei verbalen Besucherbefragungen in einem agency-bezogenen Kontext zu betrachten. So können Probanden zu positiven Antworten neigen, um zu demonstrieren, dass sie über genügend Sozialprestige im Sinne von Bildung oder Kunstverstand verfügen, um kulturelle Angebote schätzen und genießen zu können.

Der US-amerikanische Kulturanthropologe Ralph Linton stellt den Status, also den Platz, den ein Mensch zu einer bestimmten Zeit in einem spezifischen System einnimmt, in den Mittelpunkt seiner Studien. 1945 erschien sein Buch *The Cultural Background of Personality*. Er kommt zu dem Ergebnis, dass insbesondere einander fremde Personen ihrem Gegenüber aufgrund von bestimmten, signifikant wahrnehmbaren Merkmalen einen bestimmten Status zuschreiben. Zu diesen so genannten Statussymbolen zählen beispielsweise Kleidung, Schmuck und in ganz besonderer Weise Bildung, die in der Regel mit Kulturinteresse und positiver Affinität zur Hochkultur assoziiert wird (ABELS 2007). Je nach Ausprägung können diese Statussymbole mit einer besonders hohen Wertschätzung und damit einem hohen Sozialprestige einhergehen. Im Zusammenhang mit dem Phänomen des sozial erwünschten Antwortverhaltens lässt dieser Erklärungsansatz vermuten, dass Besucher von typischen Institutionen der Hochkultur oftmals deshalb so zufrieden mit der wahrgenommenen Leistungsqualität dieser Häuser sind, weil es nicht ihrem angestrebten (elitären) Status entspräche, sich negativ über den Kulturbesuch zu äußern. Dieser Ansatz spiegelt eindrucksvoll wieder, dass zum Selbstkonzept eines Menschen sowohl agentische als auch kommunale Aspekte gehören: Berichte über kulturelle Partizipation unterstreichen das eigene (hohe) Sozialprestige und die eigene Integrationsfähigkeit in die für die eigene Person relevante Gesellschaftsschicht.

Der französische Soziologe Pierre Bourdieu stellt in seiner Analyse des kulturellen Konsums, *La distinction, Critique sociale du jugement*, von 1979 (*Die feinen Unterschiede. Kritik der gesellschaftlichen Urteilskraft*) fest, dass Individuen sich ihren Platz im sozialen Raum durch den Besitz von Kapital beschaffen. So sieht er neben dem ökonomischen und sozialen Kapital insbesondere das kulturelle Kapital dafür verantwortlich, wie viel Ansehen, Ehre, Reputation und Distinktion ein Individuum innerhalb des sozialen Raums erlangt (ABELS 2007; DIAZ-BONE 2010; KOHL 2006; REHBEIN 2006; GERHARDS 2008). Diaz-Bone (2010) vertritt die Auffassung, dass diese Einschätzung auch heute noch Gültigkeit besitzt. Die Gesellschaft bewerte Kultur als etwas Positives und Prestigeverheißendes und den Besuch von Kultureinrichtungen, insbesondere der Hochkultur, als eine den Eliten vorbehaltene Konsumform. Sie verspräche Exklusivität und stelle eine Möglichkeit dar, das eigene symbolische Kapital zu erhöhen (DIAZ-BONE 2010). Auch in dem Ansatz von Bourdieu lassen sich die Aspekte Agency (also das Bedürfnis nach Macht und Status) und Communion (Bedürfnis nach Anerkennung) wiederfinden.

Auch wenn die Erklärungsansätze von Veblen, Linton und Bourdieu selbstverständlich in ihrem jeweiligen zeitlichen und regionalen Kontext zu betrachten sind, besitzen sie doch auch heute noch Gültigkeit und haben großen Einfluss zum Beispiel auf die Lebensstilforschung (FRÖHLICH/MÖRTH 1994; KOHL 2006; GERHARDS 2008).

Der Prestigewert von Kulturleistungen, insbesondere der Hochkultur, ist unbestritten (BEKMEIER-FEUERHAHN et al. 2011; KEUCHEL 2005). Sie verfügen über das Potenzial, als ‚Status-Maker' zu wirken (BEKMEIER-FEUERHAHN/TROMMERSHAUSEN 2006). Wenn eine Person regelmäßig von ihren kulturellen Aktivitäten berichtet, so kann dies ihren Status als gebildete und kulturell interessierte Person stärken und somit die gesellschaftliche Anerkennung steigern. Für Kirchberg (2004) und Terlutter (2000) gilt Prestige sogar als grundlegendes Motiv von Kulturbesuchern. Besonders durch die Demonstration seiner kulturellen Bildung kann der Einzelne seinen sozialen Status sichern oder sogar steigern. Reuband (2007) verweist darauf, dass diese Hochachtung auch zu dem Phänomen des so genannten ‚overreporting' führen kann – das heißt, Befragte schätzen im Rahmen von Befragungen ihre eigene kulturelle Partizipation oftmals höher ein, als sie tatsächlich ist.

Sozial orientierte Erklärungsansätze wie die von Veblen (2011), Linton (1945) und Bourdieu (1982) sowie jüngere Studien aus dem Bereich der Kulturforschung von Bekmeier-Feuerhahn et al. (2011), Bekmeier-Feuerhahn und Trommershausen (2006), Terlutter (2000), Kirchberg (2004), Gruber (2004), Mandel (2005), Reuband (2007) sowie Gerhards (2008), aber auch sozialpsychologische Studien zum Thema Selbstkonzept von Individuen im Rahmen von Agency und Communion (PAULHUS/JOHN 1998; PAULHUS 2002; UCHRONSKI 2010; TRAPNELL/PAULHUS 2012) bieten Erklärungsmuster für das ungewöhnlich positive Antwortverhalten in Kulturinstitutionen. Ein solches Verhalten kann als Versuch gewertet werden, mit der so genannten legitimen Kultur konform zu gehen, um das eigene Selbst- und Fremdbild zu bestätigen.

Berücksichtigt man diese Erkenntnisse zum Kulturkonsum, ist es erstaunlich, dass nach Kenntnis der Autorin bislang kaum empirische Studien vorliegen, die sich mit der Bedeutung von sozial erwünschtem Antwortverhalten im Kulturbereich auseinandersetzen. Eine Ausnahme sind die Arbeiten von REUBAND (2006, 2007), der das Phänomen in Bezug auf Besuchsverhalten im Bereich der Oper untersucht. Im Folgenden wird daher eine empirische Studie vorgestellt, die den Einfluss sozial erwünschten Antwortverhaltens auf Besucherbefragungen bezüglich der Bewertung und Nutzung von Museen untersucht.

4. Messung sozial erwünschten Antwortverhaltens im Kulturbereich

Um den Einfluss sozial erwünschten Antwortverhaltens im Kulturbereich zu untersuchen, geht die vorliegende Studie der Frage nach, inwieweit indirekt erhobene Bewertungen bezüglich Kulturinstitutionen – hier Museen – mit direkt erfassten verbalen Antworten der Befragten übereinstimmen. Gegenstand der Messung ist die Einstellung gegenüber Museen. Eine Einstellung beschreibt die subjektiv wahrgenommene Eignung eines Objektes zur Befriedigung einer Motivation. Einstellungen richten sich dabei stets auf Gegenstände unserer Umwelt. Über sie wird ein subjektives, emotionales und kognitiv fundiertes Urteil gefällt (KROEBER-RIEL et al. 2009; WENTURA/DEGNER 2006). Aus der Marketingperspektive handelt es sich um ein mehrdimensionales Bewertungskonstrukt, welches das in der Psyche relevanter externer Zielgruppen fest verankerte, verdichtete, wertende Vorstellungsbild von einem Objekt wiedergibt (BURMANN et al. 2007). Nach der Drei-

Komponenten-Theorie umfassen Einstellungen affektive, kognitive und konative Komponenten, die im klassischen Verständnis aufeinander abgestimmt und miteinander konsistent sind (TRIANDIS 1975).

Die vorliegende Untersuchung misst die unspezifische, also die allgemeine Einstellung der Befragten gegenüber Museen, nicht deren spezifische Einstellung in Bezug auf ein bestimmtes Museum. Solch eine allgemeine Einschätzung eines Objektes kann im Sinne von Voreinstellung oder auch Prädispositionen spezifische Einstellungen beeinflussen und modellieren. Die Studie kombiniert zwei Messverfahren. Zunächst bedient sie sich der klassischen Methode, unspezifische und spezielle Einstellungen durch direkte verbale Befragungen zu messen. Sie befragt Probanden bezüglich ihrer emotionalen, kognitiven und konativen Bewertungen bezüglich Museen im Allgemeinen. Die Messung der emotionalen Bewertung erfolgt über Statements, die das emotionale Engagement bezüglich Museen widerspiegeln. Die kognitive Dimension wird erfasst, indem eine spezifische Situation konstruiert und gefragt wird, inwieweit Museumsbesuche bewusst überlegt und geplant durchgeführt werden: ‚Sie gewinnen einen Urlaubsgutschein für eine zweiwöchige Reise, z. B. nach London oder Barcelona und erhalten dazu noch ein üppiges Taschengeld. Bitte geben Sie an, inwieweit sie den folgenden Aussagen zu diesem Urlaub zustimmen.' Die konative Komponente erschließt sich aus direkten Fragen nach dem konkreten Verhalten. Die folgende Tabelle zeigt die auf Basis dieser Einstellungsdimensionen formulierten Statements.

Dimension	Statement
emotionale Bewertung	- Am Museumsbesuch habe ich viel Freude. - Es macht mir Spaß, Museen zu besuchen. - Museumsbesuche sind für mich sehr wichtig. - Ich kann auf Museumsbesuche nicht verzichten.
kognitive Bewertung	- Ich freue mich schon heute auf ausgiebige Museumsbesuche und werde mich entsprechend vorbereiten (informieren). - Ich werde nach einem Plan, den ich mir vorher erarbeitet habe, mindestens zwei Museen besuchen, die ich als lohnend empfinde.
konative Bewertung	- Häufigkeit des Museumsbesuch während der letzten 2 Jahre - Wahrscheinlichkeit des Museumsbesuchs in den nächsten 2 Jahren - Ich gehe nicht ins Museum, sondern werde mich anderweitig beschäftigen (z. B. shoppen).[5]

Tab. 1: *Operationalisierung der Einstellungsdimensionen*

---

5 Dieses Statement wurde noch indirekt durch die Konstruktion einer spezifischen Situation (hier Urlaub) erhoben (s. auch Erfassung der kognitiven Einstellungsvariante).

Um den Einfluss sozial erwünschten Antwortverhaltens zu untersuchen, kommt in dieser Studie neben der direkten verbalen Befragung ein reaktives implizites Messverfahren zum Einsatz, das versucht, die kognitiven Filter der Befragten zu umgehen: ein dem Untersuchungsgegenstand angepasster ‚Impliziter Assoziationstest' (IAT). Greenwald et al. (1998) haben den IAT ursprünglich als Messverfahren der Sozialpsychologie entwickelt. Er besteht aus zwei computergestützten Diskriminationsaufgaben und erfasst die Stärke einer Assoziation zwischen einem Zielkonzept und einer Attributdimension (FAZIO/OLSEN 2003; HAINES/ SUMNER 2006; MIERKE 2004). Implizite Assoziationstests haben sich trotz kontroverser Diskussionen als Standardverfahren zur Erfassung von Voreinstellungen unter den impliziten Verfahren behaupten können (HAINES/SUMNER 2006; MESSNER/VOSGERAU 2010). Neuere Forschungsergebnisse (HUANG/HUTCHINSON 2008; GIBSON 2008) kommen zu dem Ergebnis, dass sich der Implizite Assoziationstest als valides und reliables Verfahren zur Erfassung von Voreinstellungen beziehungsweise Präferenzen von Einstellungsobjekten in besonderer Weise eignet.

Bei einem IAT geben die Versuchsteilnehmer keine expliziten Informationen zu einer Fragestellung. Sie haben die Aufgabe, Objekt- und Attributstimuli zweier dichotomer Dimensionen so schnell wie möglich zu kategorisieren (GAWRONSKI 2006). Aufbauend auf der Priming-Methode erfasst ein IAT millisekundengenau die Zeiten, die Probanden benötigen, um zwei verschiedene Zielkonzepte mit positiven und negativen Stimuli in Verbindung zu bringen. Auf diese Art und Weise sollen die automatischen Präferenzen erkannt werden, über die ein Mensch aufgrund seines spezifischen Einstellungssystems verfügt (GAWRONSKI 2006; GREENWALD et al. 1998; SCHNABEL et al. 2008). Die gewünschte Information wird durch einen Auswertungsprozess von Leistungsdaten gewonnen. Dieser Inferenz liegen eine Reihe von Annahmen zugrunde, etwa dass kognitive Repräsentationen in einem assoziativen Netzwerk organisiert sind (MIERKE 2004; COLLINS/LOFTUS 1975; COLLINS/ QUILLIAN 1969; GREENWALD et al. 2002). Daran anknüpfend stellt der IAT ein reaktionszeitbasiertes Verfahren zur Messung der Stärke assoziativer Verknüpfungen im Netzwerk dar.

Ein IAT kann nicht die Stärke und Richtung einer Voreinstellung bezüglich eines Einstellungsobjekts allein messen, sondern nur in Relation zu einem zweiten, divergierenden Zielkonzept. Die vorliegende Studie stellt der nichtkommerziellen Freizeiteinrichtung Museum die kommerzielle Freizeiteinrichtung Einkaufszentrum als Zielkonzept gegenüber.

Der Vergleich eignet sich, weil beide, bezogen auf die Oberkategorien Kultur und Kommerz auf einer vergleichbaren Größendimension liegen: Museen sind – wie Theater oder Konzerthäuser – Untergruppen des Bereichs Kultur, analog wie das Einkaufszentrum – das neben Kaufhäusern oder Outlet-Parks dem Bereich Kommerz zuzuordnen ist. Museen und Einkaufszentren lassen sich wiederum in Unterkategorien einteilen: zum Beispiel stellen Kunst-, Technik- oder Freilichtmuseen Unterkategorien für Museen dar und für Einkaufszentren sind an dieser Stelle beispielsweise Supermarkt, Parfümerien oder Sportgeschäfte zu nennen. In enger Verbindung zu den interessierenden Einstellungsobjekten Museum und Einkaufsstätte sind in empirischen Vorstudien trennscharfe Objektstimuli gewonnen worden: Jeweils vier repräsentative verbale und visuelle Stimuli, die die Probanden dann in der Befragung den jeweiligen Attribut-Zielkategorien so schnell wie möglich zuordnen müssen (zur detaillierten Vorgehensweise PEPER 2011: 125ff.).

Stimuli	Zuordnung Museum	Zuordnung Einkaufsstätte
Verkäufer		x
Rolltreppe		x
Geschäfte		x
Schaufensterpuppe		x
Sammlung	x	
Exponat	x	
Audioguide	x	
Eintritt	x	

Tab. 2: *Verbale Objektstimuli der Zielkonzepte 'Museum' und 'Einkaufsstätte'*

Abb. 2: *Visuelle Objektstimuli für das Zielkonzept ‚Museum'*

Abb. 3: *Visuelle Objektstimuli für das Zielkonzept ‚Einkaufsstätte'*

Da die Attributstimuli auf die Valenz zielen und unabhängig von den beiden Zielkonzepten formuliert sind, mussten sie nicht weiter spezifiziert werden und konnten aus bereits existierenden klassischen IAT-Verfahren übernommen werden. Auch hier werden insgesamt 16 Adjektive verwendet, wobei im Normalfall acht positiv und acht negativ besetzt sind.

positive Attribute		negative Attribute	
glücklich	Liebe	Qual	Übel
Frieden	Lachen	verletzt	schrecklich
Vergnügen	Freude	Misserfolg	grausam
prachtvoll	wundervoll	böse	scheußlich

Tab. 3: *Verbale Attributstimuli für beide Zielkonzepte*

Probanden führen den Test an einem Computer durch. Als Stimuli dienen wahlweise eingeblendete Wörter oder Bilder, die die Testperson den Zielkategorien zuordnen müssen. Die Zuordnung erfolgt über zwei vorab bestimmte Antworttasten. Der IAT geht von der Vorstellung aus, dass es Individuen leichter fällt, mit der gleichen Antworttaste auf subjektiv assoziierte Konzepte zu reagieren, als mit einer entgegengesetzten Antworttaste (MIERKE 2004). Die Probanden legen ihre Zeigefinger auf die beiden Tasten der Computertastatur und kategorisieren über sie die Objekt-Zielkategorien (Museum und Einkaufsstätte) mit den Attribut-Zielkategorien (positiv und negativ). Ist eine Versuchsperson der Kategorie Museum gegenüber positiv eingestellt, fällt ihr die Zuordnung leichter, wenn das positiv bewertete Objekt und die positiven Adjektive einer Taste zugeordnet sind. Die Antwortlatenz fällt dann geringer aus, als wenn das positiv bewertete Objekt und die negativen Adjektive einer Taste zugeordnet sind.

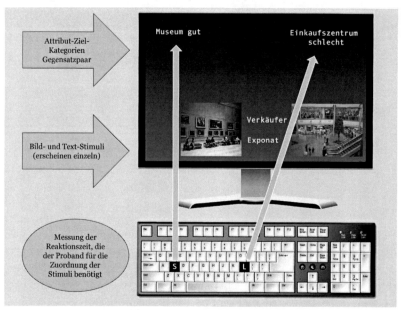

Abb. 4: *Skizze der computergestützten IAT-Messung*

Ein IAT besteht aus fünf Phasen, von denen drei lediglich der Einübung dienen. Der eigentliche Test findet in den Phasen drei und fünf statt. Folgende Tabelle veranschaulicht das Phasenmodell des IATs.

Phase	Funktion	Items, die mit der linken Taste beantwortet werden sollen	Items, die mit der rechten Taste beantwortet werden sollen
1	Üben	Museum (Attribute und Bilder)	Einkaufszentrum (Attribute und Bilder)
2	Üben	Positive Attribute	Negative Attribute
3	Test	Positive Attribute und Museum	Negative Attribute und Einkaufszentrum
4	Üben	Einkaufszentrum (Attribute und Bilder)	Museum (Attribute und Bilder)
5	Test	Positive Attribute und Einkaufszentrum	Negative Attribute und Museum

Tab. 4: *Charakteristische Phasen des IATs*

Während Phase eins und zwei dem Einüben der Tastenbelegung – links: Museum/positive Attribute, rechts: Einkaufszentrum/negative Attribute – dienen, müssen die Probanden in Phase drei erstmals kategorisieren – und zwar Museum = positiv, Einkaufszentrum = negativ. In der vierten Phase wird die Tastenbelegung vertauscht: nun liegen Einkaufszentrum/negative Attribute auf der linken Taste und Museum/positive Attribute auf der rechten. In Phase fünf erfolgt die umgekehrte Kategorisierungsaufgabe: Einkaufszentrum = positiv, Museum = negativ.

Kerngedanke der Studie ist, dass Probanden, die positivere Einstellung zu Museen als zu Einkaufszentren haben, positive Stimuli mit Museen schneller in Verbindung bringen als mit Einkaufsstätten. Dann sollte die Reaktionszeit in der kompatiblen Testphase (linke Computertaste für Museum und positiv) kürzer sein als in der inkompatiblen Phase, in der Probanden negativ aufgeladene Stimuli mit Museen in Verbindung bringen müssen. Die unterschiedliche Reaktionszeit, die Probanden benötigen, um auf subjektiv kompatible und inkompatible Kategorienpaare zu reagieren, ist der sogenannte IAT-Effekt. Er ist die zentrale abhängige Variable. Er berechnet sich wie folgt: Mittelwert der trials ‚museum+neg' minus Mittelwert der Trials ‚museum+pos'. Auf der Grundlage der Reaktionszeit lassen sich so Aussagen über die relativierte unspezifische Einstellung zu Museen ableiten. Die folgende Abbildung verdeutlicht die Auswertung und Interpretation des IATs.

Beschreibung	Exemplarische Vorgehensweise
In den Test-Phasen jeweils unterschiedliche Kategorienkombination: **(Museum/negativ; EKZ/positiv) (Museum/positiv; EKZ/negativ)**	In den Test-Phasen jeweils unterschiedliche Kategorienkombination: **(Museum/negativ; EKZ/positiv) (Museum/positiv; EKZ/negativ)**
⬇	⬇
Auswertung: Differenz der Reaktionszeiten: [(museum+neg)+(EKZ+pos)] − [(museum+pos)+(EKZ+neg)]	**Auswertung:** Differenz der Reaktionszeiten: 804,75 ms − 625,5 ms = 179,25 ms
⬇	⬇
Interpretation: Wert > 0 : (relational) positive Voreinstellung gegenüber Museen Wert < 0 : (relational) negative Voreinstellung gegenüber Museen	**Interpretation:** Dieser Proband besitzt eine (relational) positive Voreinstellung gegenüber Museen

Abb. 5: *Auswertung und Interpretation des IATs*

Der Nachteil des IATs besteht darin, dass weder die Richtung noch die Stärke einer einzelnen Leistung gemessen werden kann, sondern im besten Fall eine Differenz oder ein Verhältnis der Stärke zweier Einstellungen (MIERKE 2004).

5. Ergebnisse der Studie

Die Datenerhebung erfolgte im Juni und Juli 2011 mittels einer internetgestützten Befragung. Die Probanden wurden nach dem Zufallsverfahren des Schneeballprinzips ausgewählt. Insgesamt nahmen 399 Befragte an der Studie teil. Die Stichprobe setzt sich in den soziodemografischen Merkmalen wie folgt zusammen (Abb. 6).

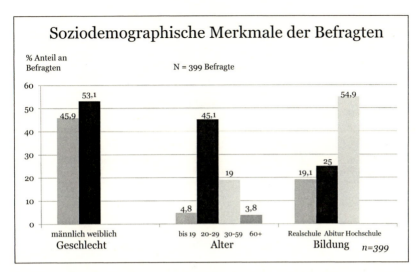

Abb. 6: *Soziodemografische Merkmale der Befragten*

Die erste Phase der Studie erfasst die allgemeine Einstellung zu Museen mithilfe des IATs. Der reaktive Charakter der Messmethodik lässt die Annahme zu, dass diese Angaben frei von sozial erwünschtem Antwortverhalten sind und so die mehr oder weniger bewusste (tatsächliche) Einstellung wiedergeben. Die zweite Phase der Studie fragt die standardisierten Statements zu den postulierten Komponenten der Einstellung (s. o.) ab. Darüber hinaus fanden diverse Kontrollfragen Verwendung.

Die Berechnung des IAT-Effektes erfolgt in Anlehnung an das von Greenwald et al. (1998) entwickelte Programm. Zunächst wird der absolute IAT-Effekt interpretiert. Dieser gibt den Roheffekt in Millisekunden[6] an, der direkt als Schätzung der Stärke einer assoziativen Verknüpfung interpretiert werden kann.

---

6 Wie bereits erwähnt, wird hierbei der IAT-Effekt verstanden als die Differenz der Reaktionszeiten aus inkompatiblen und kompatiblen Blöcken.

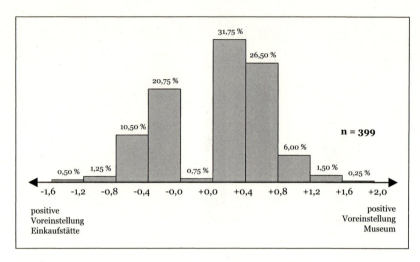

Abb. 7: Relative Häufigkeit der gemessenen IAT-Effekte

Das Ergebnis zeigt, dass die Befragten überwiegend positiv gegenüber Museen eingestellt sind (66 % der Befragten). Der häufigste IAT-Wert befindet sich in der Spanne 0,01 bis 0,4 (31,8 % der Befragten). Je weiter die Werte im positiven Bereich angesiedelt sind, desto positiver ist die Einstellung zu Museen im Vergleich zur Einkaufsstätte. Je stärker die Werte in den negativen Bereich übergehen, desto positiver ist die Einstellung zu Einkaufsstätten in Relation zu Museen. Der Nullpunkt markiert das Ausbleiben eines IAT-Effektes und wird so damit interpretiert, dass beide Zielkategorien gleich stark mit positiven und negativen Stimuli in Verbindung gebracht werden – es kann jedoch auch sein, dass eines der beiden Zielkonstrukte ambivalent ist. In diesem Zusammenhang ist darauf hinzuweisen, dass die überdurchschnittlich positive Voreinstellung nicht zu verallgemeinern ist, sondern auch durch die Stichprobenstruktur determiniert sein kann. So zeigt sich, dass überwiegend Befragte mit Hochschulabschluss, die in der Stichprobe sehr stark vertreten sind, eine positive Voreinstellung zu Museen haben. Für die weitere Analyse wird der um Messfehler bereinigte ‚improved scoring algorithm' (berechnet nach GREENWALD et al. 2003) eingesetzt. Dieser standardisierte Wert ist nicht mehr unmittelbar interpretierbar, bietet aber im Hinblick auf seine Messgenauigkeit bessere Werte.

Beide Messmethoden der Studie werden nun miteinander verknüpft. Um zu prüfen, ob bei den verbal erhobenen Einstellungswerten sozial erwünschtes Antwortverhalten im Kulturbereich vorliegt, wird untersucht, inwieweit die Ergebnisse der verbalen Statements mit den Ergebnissen des IATs korrelieren. Im Falle einer geringen Neigung der Versuchsperson zu sozial erwünschtem Antwortverhalten sollten die Messungen des IATs mit denen der verbal erhobenen Einstellungsmessungen korrelieren. Für diese Betrachtung werden die Befragten nach dem ermittelten IAT-Effekt zunächst in zwei Gruppen eingeteilt:

- Cluster 1: Befragte, die in Relation zu Einkaufsstätten eine stärker positive Einstellung zu Museen haben (n= 266),
- Cluster 2: Befragte, die in Relation zu Museen eine stärker positive Einstellung zu Einkaufsstätten haben (n= 133).

Für jedes Cluster getrennt wird mittels der bivariaten Korrelationsanalyse die Stärke des Zusammenhangs zwischen verbalen Messwerten und IAT-Messungen ermittelt. Die folgende Abbildung stellt die ermittelten Korrelationskoeffizienten und deren Signifikanz dar.

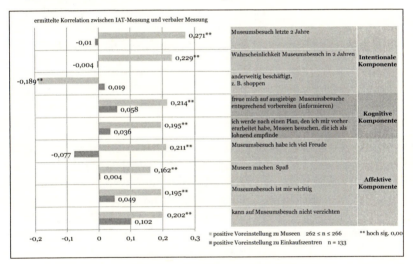

Abb. 8: *Zusammenhang zwischen IAT-Messung und verbale Messung*

Die ermittelten Korrelationen[7] zeigen bei den Befragten, die nach IAT-Zuordnung eine vergleichsweise positive Prädisposition zu Museen haben (Cluster 1), einen durchgängig hochsignifikanten Zusammenhang zwischen den IAT-Werten und den verbalen Messungen auf. Mit anderen

---

7 Der Korrelationskoeffizient (r) ist ein Maß für die Stärke eines linearen Zusammenhangs zwischen zwei Merkmalen. Das Vorzeichen des Korrelationskoeffizienten bestimmt die Richtung, sein Betrag die Stärke des linearen Zusammenhangs: Ist das Vorzeichen positiv, ist auch der Zusammenhang positiv; ist es negativ, ist der Zusammenhang negativ. Der Betrag kann im Intervall von -1 bis +1 liegen.

Worten: Je positiver der IAT-Wert der Person, desto positiver ist auch die Zustimmung zu den verbal gemessenen Statements der emotionalen, kognitiven und konativen Einstellungsdimension.

Im Gegensatz hierzu lässt sich bei den Befragten, die eine vergleichsweise positive Einstellung zu Einkaufsstätten haben (Cluster 2), kein Zusammenhang zwischen den IAT-Werten und den verbalen Messungen nachweisen. Bei verschiedenen Statements zeigt sich sogar eine tendenziell negative Beziehung, was auf einen gegenläufigen Zusammenhang zwischen IAT-Ergebnissen und verbal gemessenen Einstellungswerten hinweist. Insgesamt belegen die Ergebnisse einen deutlichen Einfluss des sozial erwünschten Antwortverhaltens bei Personen mit einer weniger positiven Voreinstellung zu Museen. Das lässt vermuten, dass diese Personen in Befragungen zur Besucherzufriedenheit dazu neigen, nicht ihre realen (echten) Bewertungen mitzuteilen, sondern stattdessen beschönigende Antworten zu geben. Mit anderen Worten: Die Gültigkeit verbaler Messungen bei Personen, die eine weniger positive Prädisposition gegenüber Museen haben, scheint durch den Einfluss sozialer Erwünschtheit unverkennbar gefährdet.

6. Zusammenfassung und Ausblick

Ausgehend von überraschend hohen Zufriedenheitswerten bei expliziten Befragungen im Kultur-, respektive Museumsbereich geht der vorliegende Beitrag der Frage nach, inwieweit diese Werte möglicherweise keine ‚echte' Zufriedenheit widerspiegeln, sondern das Ergebnis von Beschönigungstendenzen sind. Angesichts der starken Symbolträchtigkeit insbesondere der Hochkultur sowie der gesellschaftlich positiven Bewertung von Kulturleistungen lässt sich vermuten, dass in diesem Feld das Phänomen der sozialen Erwünschtheit besonders stark ausgeprägt ist und zu starken Antwortverzerrungen führt. Die empirische Studie untersucht dieses Thema am Beispiel der verbalen Messung der Voreinstellung zu Museen, der sogenannten unspezifischen Einstellung in Relation zu Einkaufsstätten. Weil nach dem Ausmaß von sozial erwünschtem Antwortverhalten nicht direkt gefragt werden kann, besteht eines der größten Probleme in dieser Studie in der Identifikation dieses Phänomens. Hilfestellung bietet hier ein Impliziter Assoziationstest, der als reaktives implizites Messverfahren nicht auf verbale Auskünfte angewiesen ist. Er eignet sich in besonderer Weise zur Erfassung von Prädispositionen gegenüber Einstellungsobjekten. Analysiert wird der Zusammenhang zwischen der evaluativen Befragung von Probanden und den Ergebnissen der impliziten Messung. Dafür wurde der klassische IAT der Thematik entsprechend modifiziert.

Der Vergleich der Ergebnisse der Verbalbefragung zur Einstellung mit den erhobenen IAT-Messwerten zeigt, dass nur bei Probanden, die nicht nur explizit sondern auch implizit eine positive Voreinstellung zu Museen in Relation zu Einkaufsstätten haben (Cluster 1), eine signifikante Korrelation zwischen den Ergebnissen der beiden Erhebungsmethoden festzustellen ist. Im Gegensatz hierzu ist bei Probanden, die eine deutlich positive Voreinstellung zu Einkaufsstätten haben (Cluster 2), kein eindeutiger Zusammenhang zwischen verbalen Bewertungen und IAT-Messungen festzustellen. Haben die Probanden aus Cluster 2 bei der Verbalbefragung eine positive Voreinstimmung in Bezug auf Museen angegeben, obgleich der nicht willentlich beeinflussbare gemessene IAT-Einstellungswert auf eine geringe positive Voreinstellung in Bezug auf Museen hinweist, so kann diese Diskrepanz als eindeutiger Beleg für sozial erwünschtes Antwortverhalten interpretiert werden.

Es liegt nahe zu vermuten, dass die Probanden, die implizit eine weniger positive Einstellung zum Museum haben (Cluster 2), auch über geringere Kenntnisse über diese Institution und deren Leistungsangebot verfügen. Für diese Annahme spricht, dass in diesem Cluster der größte Anteil von Befragten mit geringem Bildungsniveau vertreten ist. In diesem Sinne bestätigen die Ergebnisse der Studie in beeindruckender Weise die im Kontext der sozialwissenschaftlichen und sozialpsychologischen Erklärungsansätze vorgestellte Vermutung, dass besonders Personen, die nicht über ein spezifisches Wissen verfügen, dazu tendieren, explizit mit der legitimen Kultur konform zu gehen und hier legitime Beflissenheit zeigen, um ihr Selbst- und Fremdbild zu bestätigen (PAULHUS/JOHN 1998; ABELS 2007). Sozial erwünschtes Antwortverhalten im Zusammenhang mit fundamentalen Antriebskräften wie Agency (repräsentiert das Bedürfnis nach Macht und Status) und Communion (repräsentiert das Bedürfnis nach Anerkennung) scheint im Kulturbereich deutlich ausgeprägt zu sein.

Diese Ergebnisse legen nahe, dass der Informationsgehalt evaluativer Befragungen im Bereich der Kulturnutzerforschung, die sich auf Prädispositionen und Bewertungen beziehen, wenig verlässlich ist. Dies gilt vor allem bei Kulturnutzern mit weniger positiven Einstellungen zur Kultur – in der Regel Gelegenheitsnutzer, in besonderem Ausmaß aber auch Nichtkulturnutzer. Vor allem bei positiven Kulturbewertungen scheint hier die Gefahr von Antwortverzerrungen durch sozial erwünschtes Antwortverhalten groß zu sein. Wichtig sind diese Ergebnisse für das Audience Development, das sich im besonderen Maße mit der Analyse der Wertvorstellungen dieser Zielgruppe beschäftigt, um darauf aufbauend neue Wege der Besucheransprache zu entwickeln.

Offen bleibt die Frage, inwieweit diese Ergebnisse auf den Kulturbereich insgesamt übertragbar sind. Zum einen basiert die vorliegende empirische Studie nicht auf einer repräsentativen Stichprobe, und zum anderen ist durch die Fokussierung auf die Objektbereiche Museen und Einkaufsstätten der Allgemeinheitsgrad der Ergebnisse eingegrenzt. Auch wenn Museum und Einkaufszentrum stellvertretend für die beiden Oberkategorien Kultur und Kommerz stehen, bedarf es weiterer Studien, die auch andere Kulturbereiche (z. B. Theater, Literatur, Konzert) einbeziehen. Zudem muss bei der Interpretation der IAT-Werte berücksichtigt werden, dass die Prädisposition gegenüber Museen immer in Relation zu Einkaufsstätten betrachtet werden muss.

Literatur

ABELS, Heinz (³2007): *Einführung in die Soziologie*: Band 2: *Die Individuen in ihrer Gesellschaft*. Wiesbaden: VS.

BAKAN, David, (1966), *The Duality of Human Existence: An Essay on Psychology and Religion*. Oxford: Rand McNally.

BARZ, Heiner, LIEBENWEIN, Sylvia (2009): Kultur und Lebensstile. – In: Tippelt, R./Schmidt, Bernhard (Hgg.), *Handbuch Bildungsforschung*. Wiesbaden: VS, 915-936.

BEKMEIER-FEUERHAHN, Sigrid/SIKKENGA, Jörg/DIPPMANN, Anne (2011): Markenvorstellung als Determinante des Weiterempfehlungsverhaltens im Kulturbereich. – In: Höhne, Steffen/Bünsch, Nicola/Ziegler, Ralph P. (Hgg.), *Kulturbranding III – Positionen, Ambivalenzen, Perspektiven zwischen Markenbildung und Kultur* (= Weimarer Studien zu Kulturpolitik und Kulturökonomie, 7). Leipzig: UV, 137-159.

BEKMEIER-FEUERHAHN, Sigrid/TROMMERSHAUSEN, Anke (2006): Kulturbranding. Lassen sich Kulturinstitutionen zu Marken aufbauen? – In: Strebing, Andreas/Mayerhofer, Wolfgang/Kurz, Helmut (Hgg.), *Werbe- und Markenforschung*. Wiesbaden: Gabler, 213–244.

BOURDIEU, Pierre (1982): *Die feinen Unterschiede. Kritik der gesellschaftlichen Urteilskraft*. Frankfurt/M.: Suhrkamp.

BURMANN, Christoph/MEFFERT, Heribert/FEDDERSEN, Christian (2007): Identitätsbasierte Markenführung. – In: Florack, Arndt/Scarabis, Martin/Primosch, Ernst (Hgg.), *Psychologie der Markenführung*. München: Vahlen, 3-30.

CALDWELL, Niall G. (2000): The Emergence of Museum Brands. – In: *International Journal of Arts Management* 2/3, 28-34.

COLLINS, Allan M/LOFTUS, Elizabeth F. (1975): A Spreading-Activation Theory of Semantic Processing. – In: *Psychological Review* 82, 407-428.

COLLINS, Allan M./QUILLIAN, M. Ross (1969): Retrieval Time from Semantic Memory. – In: *Journal of Verbal Learning and Verbal Behavior* 8, 240-247.

CROWNE, Douglas P./MARLOWE, David (1960): A New Scale of Social Desirability Independent of Psychopathology. – In: *Journal of Consulting Psychology* 24/4, 349-354.

DEMAIO, Theresa J. (1984): Social Desirability and Survey Measurement: A review. – In: Turner, Charles F./Martin, Elisabeth (Hgg.), *Surveying Subjective Phenomena*. Bd. 2. New York: Russell Sage Foundation, 257-282.

DIAZ-BONE, Rainer (^{2}2010): *Kulturwelt, Diskurs und Lebensstil: Eine diskurstheoretische Erweiterung der Bourdieuschen Distinktionstheorie*. Wiesbaden: VS.

EDWARDS, Allen L. (1957): *The Social Desirability Variable in Personality Assessment and Research*. Ft. Worth: Dryden.

EURAC (2005): *Zufriedenheitsanalyse der Besucher des Touriseums*. EURAC Research. Hrsg. vom Institut für Management und Tourismus. Bozen. <http://www.eurac.edu/en/research/institutes/regionaldevelopment/NewsDetails.html?entryid=5033> [26.07.2012].

EUROBAROMETER (2006): *The Europeans, Culture and Cultural Values. Qualitative Study in 27 European Countries. Summary Report*. <http://ec.europa.eu/culture/documents/report-synth-cult-06-en_en.pdf>.

EUROPEAN COMMISSION (2011): *Cultural statistics. Population and social conditions*. Luxembourg: Publications Office of the European Union. http://epp.eurostat.ec.europa.eu/cache/ITY_OFFPUB/KS-32-10-374/EN/KS-32-10-374-EN.PDF.

FAZIO, Russel H./OLSON, Michael A, (2003): Implicit Measures in Social Cognition Research: Their Meaning and Use. – In: *Annual Review of Psychology* 54, 297–327.

FRÖHLICH, Gerhard/MÖRTH, Ingo (1994): Lebensstile als symbolisches Kapital? Zum aktuellen Stellenwert kultureller Distinktionen. – In: Mörth, Ingo (Hg.), *Das symbolische Kapital der Lebensstile*. Frankfurt/M. [u.a.]: Campus, 2–15.

GAWRONSKI, Bertram (2006): Die Technik des Impliziten Assoziationstests als Grundlage für Objektive Persönlichkeitstests. – In: Ortner, Tuulia M. (Hg.), *Theorie und Praxis objektiver Persönlichkeitstests*. Bern: Huber, 53-69.

GERHARDS, Jürgen (2008): Die kulturell dominierende Klasse in Europa: Eine vergleichende Analyse der 27 Mitgliedsländer der Europäischen Union im Anschluss an die Theorie von Pierre Bourdieu. – In: *Kölner Zeitschrift für Soziologie und Sozialpsychiatrie* 60, 723-748.

GERBICH, Christine (2009): *Experimentierfeld Museologie: Ergebnisse der Besucherbefragung am Museum für Islamische Kunst in Berlin im September-Oktober 2009*. Museum für Islamische Kunst. Staatliche Museen zu Berlin. <http://freunde-islamische-kunst-pergamonmuseum.de/app/download/5780859489/Ergebnisse+der+Besucherbefragung+Museum+f%C3%BCr+Islamische+Kunst+im+Pergamonmuseum+Berlin.pdf> [26.07.2012].

GIBSON, Bryan (2008): Can Evaluative Conditioning Change Attitudes toward Mature Brands? New Evidence from the Implicit Association Test. – In: *Journal of Consumer Research* 35/1, 178-188.

GREENWALD, Anthony G./McGHEE, Debbie E./SCHWARTZ, Jordan L. K. (1998): Measuring Individual Differences in Implicit Cognition: The Implicit Association Test. – In: *Journal of Personality and Social Psychology* 74/6, 1464-1480.

GREENWALD, Anthony G./BANAJI, Mahzarin R./RUDMAN, Laurie A./FARNHAM, Shelly D./NOSEK, Brian A./MELLOTT, Deborah S. (2002): A Unified Theory of Implicit

Attitudes, Stereotypes, Self-Esteem, and Self-Concept. – In: *Psychological Review* 109/1, 3-25.

GREENWALD, Anthony G./NOSEK, Brian A./BANAJI, Mahzarin R. (2003): Understanding and Using the Implicit Association Test: I. An Improved Scoring Algorithm. – In: *Journal of Personality and Social Psychology* 85/2, 197-216.

GRUBER, Claudia A. (2004): *Museumsbesuch und Erlebniswelt: Eine soziokulturelle Besucherstudie am Beispiel des Leopold Museums im MuseumsQuartier Wien*. Diss. Universität Innsbruck.

GRÜNEWALD, Ilona (2002): *Besucherforschung und Ausstellungsevaluation: Nationalpark Berchtesgaden, Nationalpark-Haus Berchtesgaden und Informationsstelle Holzstube St. Bartholomä*. Projektbericht Profi-Projekt BG2. Berchtesgaden: Nationalpark-Haus Berchtesgaden.

HAINES, Elizabeth L./SUMNER, Kenneth E. (2006): Implicit Measurement of Attitudes, Stereotypes, and Self-Concepts in Organizations: Teaching Old Dogmas New Tricks. – In: *Organizational Research Methods* 9/4, 536-553.

HOMBURG, Christian/KOSCHATE, Nicole (2007): Kundenzufriedenheit und Kundenbindung. – In: Albers, Sönke/Herrmann, Andreas (Hgg.), *Handbuch Produktmanagement*. Wiesbaden: Gabler, 843-867.

HUANG, Yanliu/HUTCHINSON, Wes (2008): Counting Every Thought: Implicit Measures of Cognitive Responses to Advertising. – In: *Journal of Consumer Research* 35, 98-118.

HUMMEL, Marlies/BECKER, Lisa/SAUL, Christoph/GRAF, Bernhard/HAGEDORN-SAUPE, Monika (1996): *Eintrittspreise von Museen und Ausgabeverhalten der Besucher* (= Gemeinschaftsgutachten des ifo Instituts für Wirtschaftskunde und des Instituts für Museumsforschung, 46). Berlin.

INSTITUT FÜR MUSEUMSFORSCHUNG (2011): *Materialien aus dem Institut für Museumsforschung. Statistische Gesamterhebung an den Museen der Bundesrepublik Deutschland für das Jahr 2010*. Heft 65. Mit einem Vorwort von Bernd Graf. Berlin: Staatliche Museen zu Berlin – Preußischer Kulturbesitz/Institut für Museumsforschung. <http://www.smb.spk-berlin.de/ifm>.

JONES, Edward/SIGALL, Harold (1971): The bogus pipeline: A new paradigm for measuring affect and attitude. – In: *Psychological Bulletin* 76, 349-364.

KEUCHEL, Susanne (2005): *Akzeptanz nutzen als Chance für mehr Publikum in Musiktheatern und Konzerten. Ein erster zusammenfassender Bericht zum 8. Kulturbarometer*. www.miz.org/artikel/kulturbarometer_zusammenfassung.pdf.

KIRCHBERG, Volker (2004): Lebensstil und Rationalität als Erklärung des Museumsbesuchs. – In: Kecskes, Robert/Wagner, Michael/Wolf, Christof (Hgg.), *Angewandte Soziologie*. Wiesbaden: VS, 309-328.

KOHL, Manuela (2006): *Kunstmuseen und ihre Besucher: Eine lebensstilvergleichende Studie*. Wiesbaden: DUV.

KROEBER-RIEL, Werner/WEINBERG, Peter/GRÖPPEL-KLEIN, Andrea ([9]2009): *Konsumentenverhalten*. München: Vahlen.

LIEBERS-HELBIG, Dorit/PODSZUCK, Ines (2009): *Bericht. Evaluation der Ausstellung Ostsee*. Stralsund: Deutsches Meeresmuseum.

LINTON, Ralph (1945): *The Cultural Background of Personality*. New York, London: D. Appleton-Century.

MANDEL, Birgit (2005): *Einstellungen zu Kunst und Kultur und ihr Einfluss auf kulturelle Partizipation.* Hildesheim: Univ. Hildesheim.

MATZLER, Kurt/BAILOM, Franz (⁶2009): Messung von Kundenzufriedenheit. – In: Hinterhuber, Hans H. (Hg.): *Kundenorientierte Unternehmensführung: Kundenorientierung, Kundenzufriedenheit, Kundenbindung.* Wiesbaden: Gabler.

MERZBACHER, Georg (2007): *Persönlichkeitsbeschreibung aus selbstdarstellungs- und eigenschaftstheoretischer Perspektive.* Diss. Bamberg. <http://opus4.kobv.de/opus4-bamberg/files/.../Dissertation_Merzbacher.pdf>.

MESSNER, Claude/VOSGERAU, Joachim (2010): Cognitive Inertia and the Implicit Association Test. – In: *Journal of Marketing Research* 47/2, 374-386.

MIERKE, Jan (2004): *Kognitive Prozesse bei der indirekten Messung von Einstellungen mit dem Impliziten Assoziationstest.* Diss. Freiburg. <http://www.freidok.uni-freiburg.de/volltexte/1591/pdf/Mierke_IAT_Dissertation.pdf>.

MUMMENDEY, Hans Dieter (²1995): *Psychologie der Selbstdarstellung.* Göttingen: Hogrefe.

MUSCH, Jochen/BROCKHAUS, Robbi/BRÖDER, Arndt (2002): Ein Inventar zur Erfassung von zwei Faktoren sozialer Erwünschtheit. – In: *Diagnostica* 48/3, 121-129.

MÜRITZEUM (2010): *Pressemitteilung Müritzeum: Zufriedene und begeisterte Besucher im Erlebnis-Museum Müritzeum* (29.04.2010). <http://www.touristiklounge.de/freizeit/zufriedene-und-begeisterte-besucher-im-erlebnis-museum-m%C3%BCritzeum> [26.07.2012].

NERDINGER, Friedemann W./NEUMANN, Christina (2007): Kundenzufriedenheit und Kundenbindung. – In: Moser, Klaus (Hg.), *Wirtschaftspsychologie.* Heidelberg: Springer, 128-146.

PAULHUS Delroy, L. (1984): Two-Component Models of Socially Desirable Responding. – In: *Journal of Personality and Social Psychology* 46/3, 598-609.

PAULHUS, Delroy L. (1991): Measurement and Control of Response Bias. – In: Robinson, John P./ Shaver, Phillip R./Wrightsman, Lawrence S. (Hgg.), *Measures of personality and social psychological attitudes.* San Diego/CA: Academic, 17-59.

PAULHUS, Delroy L./REID, Douglas B.(1991): Enhancement and Denial in Socially Desirable Responding. – In: *Journal of Psychology and Social Psychology* 60/2, 307-317.

PAULHUS, Delroy L./JOHN, Oliver P. (1998): Egoistic and Moralistic Biases in Self-Perception: The Interplay of Self-Deceptive-Styles with Basic Traits and Motives. – In: *Journal of Personality* 66/6, 1025-1060.

PAULHUS, Delroy L. (2002): Socially Desirable Responding: The Evolution of a Construct. – In: Braun, Henry I./Jackson, Douglas N./Wiley, David E./Messick, Samuel (Hgg.), *The Role of Constructs in Psychological and Educational Measurement.* New York: Mahwah, 49-69.

PAULHUS, Delroy L./TRAPNELL, Paul D. (³2008): Self-presentation of personality: An Agency-Communion Framework. – In: John, Oliver P./Robins, Richard W./Pervin, Lawrence A. (Hgg.), *Handbook of Personality Psychology: Theory and Research.* New York: Guilford, 492-517.

PEPER, Robert (2011): *Messung von Zufriedenheit in Museen. Konzeption eines impliziten Assoziationstests.* Magister-Arbeit Universität Lüneburg [unveröff.]. Lüneburg.

REHBEIN, Boike (2006): *Die Soziologie Pierre Bourdieus.* Konstanz: UVK.

REUBAND, Karl-Heinz (2006): Teilhabe der Bürger an der „Hochkultur" –Die Nutzung kultureller Infrastruktur und ihre sozialen Determinanten. – In: *Jahrbuch der Heinrich-Heine-Universität Düsseldorf 2005/2006*, 263-283.

REUBAND, Karl-Heinz (2007): Partizipation an der Hochkultur und die Überschätzung kultureller Kompetenz. Wie sich das Sozialprofil der Opernbesucher in Bevölkerungs- und Besucherumfragen unterscheidet. – In: *Österreichische Zeitschrift für Soziologie* 32/3, 46-79.

REUSSNER, Eva M. (2010): *Publikumsforschung für Museen. Internationale Erfolgsbeispiele*. Bielefeld: transcript.

RUYTER, Ko de/WETZELS, Martin/LEMMINJA, Jos/MATTSON, Jan (1997): The dynamics of the service delivery process: A value-based approach. – In: *International Journal of Research in Marketing* 14/3, 231-243.

SCHNABEL, Konrad/ASENDORPF, Jens B./GREENWALD, Anthony G. (2008): Understanding and Using the Implicit Association Test: V. Measuring Semantic Aspects of Trait Self-Concepts. – In: *European Journal of Personality* 22/8, 695-706.

STAUSS, Bernd/SEIDEL, Wolfgang (2006): Prozessuale Zufriedenheitsermittlung und Zufriedenheitsdynamik bei Dienstleistungen. – In: Homburg, Christian (Hg.), *Kundenzufriedenheit: Konzepte – Methoden – Erfahrungen*. Wiesbaden: Gabler, 173-195.

STEENKAMP, Jan-Benedict E.M/De JONG, Martin G./BAUMGARTNER, Hans (2010): Socially Desirable Response Tendencies in Survey Research. – In: *Journal of Marketing Research* 47, 199-214.

STOCKÉ, Volker (2004): Entstehungsbedingungen von Antwortverzerrungen durch soziale Erwünschtheit: Ein Vergleich der Prognosen der Rational-Choice Theorie und des Modells der Frame-Selektion. – In: *Zeitschrift für Soziologie* 33/4, 303-320.

TERLUTTER, Ralf (2000): *Lebensstilorientiertes Kulturmarketing: Besucherorientierung bei Ausstellungen und Museen*. Wiesbaden: DUV.

TOURANGEAU, Roger/YAN, Ting (2007): Sensitive Questions in Surveys. – In: *Psychological Bulletin* 133/5, 859-883.

TOURISEUM (2005): *Touriseum: Besucher loben Informations- und Dienstleistungsangebot*. Pressemitteilung 13.09.2005. Hrsg. vom Landespressedienst der Autonomen Provinz Bozen Südtirol. <http://www.provinz.bz.it/lpa/285.asp?aktuelles_action=4&aktuelles_article_id=113285> [26.07.2012].

TRAPNELL, Paul D./PAULHUS, Delroy L. (2012), Agentic and Communal Values: Their Scope and Measurement. – In: *Journal of Personality Assessment* 94/1, 39-52.

TRIANDIS, Harry C. (1975): *Einstellungen und Einstellungsmessungen*. Basel: Weinheim.

UCHRONSKI, Mirjam (2010): *Das agentische und kommunale Selbstkonzept. Die situative Variabilität von Selbstbeschreibungen*. Diss. Erlangen-Nürnberg. <http://www.opus.ub.uni-erlangen.de/opus/volltexte/2010/1850/>.

VEBLEN, Thorstein (2011 [1899]): *Theorie der feinen Leute. Eine ökonomische Untersuchung der Institutionen*. Frankfurt/M.: Fischer.

WEISMANN, Annabella (2007): Das AERONAUTICUM: Empirische Fallstudie zum Interaktionsgeflecht musealer Technikpräsentation in einer strukturschwachen Küstenregion. – In: Meiners, Reinhard/Reich, Gert (Hgg.), *Unternehmen Museum: Bericht über ein von der EU gefördertes Kooperationsprojekt zwischen dem Aeronauticum und der Carl-von-Ossietzky-Universität Oldenburg*. Oldenburg: BIS-Verl. der Ossietzky-Universität, 119-177.

WENTURA, Dirk/DEGNER, Juliane (2006), Indirekte Messung von Einstellungen mit kognitionspsychologischen Verfahren: Chancen und Probleme. – In: Witte, Erich H. (Hg.), *Evolutionäre Sozialpsychologie und automatische Prozesse.* Lengerich: Pabst, 50-66.

WIGGINS, Jerry S. (1964): Convergences among Stylistic Response Measures from Objective Personality Tests. – In: *Educational and Psychological Measurement* 24/3, 551-562.

WINKLER, Niels/KROH, Martin/SPIESS, Martin (2006): *Entwicklung einer deutschen Kurzskala zur zweidimensionalen Messung von sozialer Erwünschtheit.* Berlin.

WITTENBERG, Reinhard (2010): *Evaluation der „Blauen Nacht" 2009 in Nürnberg. Ausgewählte Ergebnisse aus schriftlichen, mündlichen und Onlineumfragen sowie aus Inhaltsanalysen der Presseberichterstattung* (= Berichte des Lehrstuhls für Soziologie und Empirische Sozialforschung, 2010-1). <http://www.soziologie.wiso.uni-erlangen.de/publikationen/berichte/b_10-06.pdf>.

ZIMMER, Annette (1996): *Das Museum als Non-Profit-Organisation: Management und Marketing.* Frankfurt/M. [u.a.]: Campus.

Neue Beteiligungsformen im Kulturmarketing
HELGE KAUL

Am 23. August 2009 richten sich etwa 50 Digitalkameras auf die Bühne des *Exhibition Center* in Prag: Sie dokumentieren das Konzert einer der gegenwärtig einflussreichsten und erfolgreichsten Rockbands: *Radiohead*. Die einzelnen Aufnahmen, mitunter amateurhaft verwackelt, erfassen den Auftritt aus so vielen Perspektiven wie möglich und werden sorgfältig ediert und zu mehreren Videofilmen zusammengeschnitten. Für die Band selbst ist der Produktionsaufwand überschaubar: Planung, Kamera und Schnitt erarbeitete nicht etwa eine Produktionsfirma, sondern eine Gruppe engagierter Fans – kostenlos. *Radiohead* steuert lediglich den hochwertigen Ton eines eigenen Konzertmitschnitts bei.[1]

Die Band, die das Internet wie kaum eine andere zu nutzen weiß, stellt die Videos kostenlos auf *YouTube* zur Verfügung. Innerhalb von wenigen Tagen sehen Hunderttausende weltweit den Livemitschnitt. Wie unzählige öffentliche Dankesschreiben bekunden, festigt die freie Publikation des „Bootleg-Videos" die ohnehin enorme Loyalität der eingeschworenen Fangemeinde.[2] Für diesen Kommunikationserfolg ist wiederum keine Werbeagentur oder Medienkooperation verantwortlich, sondern allein die Weiterempfehlungen begeisterter Fans auf Internet-Plattformen wie *Twitter* oder *Facebook*.

1. Die aktive Rolle von Kundennetzwerken

Diese Form der Mund-zu-Mund-Kommunikation wird im Management üblicherweise unter dem Begriff Social Media gefasst. Tatsächlich lässt sich beobachten, dass die Interaktion im Social Web eine neue Dynamik entwickelt: Über Blogs oder Wikis vernetzen sich die Nutzer digital und kommunizieren unabhängig von räumlicher und zeitlicher Präsenz. Zu bestimmten Themen oder Marken bilden sich „soziale Plattformen",

---

1 Einen Bericht über die Aktion findet sich unter anderem auf dem Blog *Tonspion*: <http://www.tonspion.de/musik/radiohead/musik/1156069> [29.05.2009].
2 Einen Eindruck gewinnt man über die Kommentare auf *YouTube*: <http://www.youtube.com/watch?v=nzKHJkA8keg&feature=related> [29.05.2009].

über die Menschen ihre Interessen koordinieren. Diese mediale und technische Perspektive wird heute im Kulturmanagement intensiv diskutiert und ist Gegenstand zahlreicher Untersuchungen.[3]

Allerdings ist nicht die Interaktion selbst das Bezeichnende des einleitenden Beispiels, sondern dass sich die Fans, also die Kunden, in unterschiedlicher Form an betrieblichen Prozessen beteiligen. Mag Social Media noch als Ansatz dienen, um den Kommunikationserfolg zu erklären, so lässt sich die gemeinschaftliche Produktion des Bootleg-Videos damit nicht kausal fassen. Dass Social Media als Erklärungsansatz für diese neuen Beteiligungsformen allgemein zu kurz greift, verdeutlicht die erweiterte Betrachtung paralleler Entwicklungen, die nicht technischen, sondern soziokultureller Ursprungs sind.

Mit zunehmendem Einkommen, mehr Freizeit und einem höherem Bildungsniveau pluralisieren sich individuelle und gesellschaftliche Wertsysteme. Kaufkräftige Konsumenten versuchen, ihre Persönlichkeit durch individuelle Produktwahl auszudrücken, was nicht zuletzt der ausufernde Markt für Smartphone-Apps verdeutlicht. Hedonistisches Verhalten und Erlebnisorientierung verstärken die fortschreitende Fragmentierung der Nachfrage (LITZENROTH 1997). Auch in den Kulturmärkten wächst der Wunsch nach individuellen Angeboten: Kunst und Kultur werden zur individuellen Erfahrung, die der Nutzer oder Besucher selbst macht, in jedem einzelnen Kontakt mit dem Kulturanbieter.

Diese Entwicklungen auf Nachfrageseite verändern, gemeinsam mit einer zunehmenden Rivalität in den Branchen, die Machtverhältnisse in den Märkten. Kunden nutzen ihre Verhandlungsmacht, um öffentliche Debatten über Marken oder Produkte zu initiieren oder um Problemlösungen mit Nachdruck einzufordern. MacDonald und Tobin (1998) sprechen vom Empowerment der Abnehmer, das im Kultursektor über ein intensives Audience Development der Kulturanbieter zusätzlichen Schub erhält. Im Bemühen, den Menschen kulturelles Wissen zu vermitteln und damit Zugang zu ästhetischen Erfahrungen zu verschaffen, verstärkt sich der strategisch relevante Trend, dass die Nutzer zunehmend selbständig, kompetent und aktiv mit kulturellen Angeboten in Beziehung treten.

Parallel zeichnet sich in den Märkten und Gesellschaften seit Ende der 90er-Jahre ein Wertewandel ab, der keine Gegenbewegung, sondern vielmehr eine optionale Ergänzung zum Hedonismus und Individualis-

---

3   Im deutschsprachigen Raum konzentriert sich die Forschung derzeit auf qualitative Untersuchungen (MINDER/VOGELSANG 2010) und Fallstudien (*StART conference* 2010/2011 in Duisburg).

mus darstellt: Kunden erweitern ihr Freizeit- und Konsumverhalten um eine soziale Komponente. Die „Gemeinschaft an sich" wird zum Wert erhoben (LÖWENFELD 2006: 25). Wichtiger als das funktionale Produkt ist häufig die gemeinsame Erfahrung, die man bei dessen Nutzung teilt – wie sich nicht nur am Erfolg von von netzwerkfähigen Produkten wie der *Sony Playstation* ablesen lässt, sondern auch an der Popularität des Livekonzerts. Mögliche Partner für den Erfahrungsaustausch sind die Anbieter, aber auch die anderen Kunden. Kunden vernetzen sich untereinander, um soziale Kontakte zu pflegen, oder einfach nur um Interaktion zu erleben, die das Gefühl von Spaß, Kompetenz und Kreativität vermittelt (REICHWALD/PILLER 2006: 75, 179).

Empowerment und soziale Interaktion sind der Nährboden, auf dem Anbieter und Kunden im Marketing zusammenarbeiten. Wie bereits angedeutet, haben Kunden nicht nur Bedürfnisse, sondern auch Kompetenzen. Aus ihren individuellen und sozialen Bedürfnissen heraus sind die Kunden bereit, ihre Kompetenzen – etwa Wissen, Erfahrung und Fähigkeiten – anderen Personen und Organisationen zur Verfügung zu stellen (HERRMANN/ALGESHEIMER/HEITMANN 2005: 8). Interagieren viele Beteiligte in offenen Netzwerken, so werden die individuellen Kompetenzen verknüpft, erweitert und ausgeformt. Auf diese Weise werden Kundennetzwerke zu interaktiven Werkstätten: Hier findet arbeitsteilige Kooperation zwischen Gleichgesinnten statt – angetrieben durch den Wunsch nach individueller Selbstverwirklichung und sozialer Identität (LÖWENFELD 2006: 29).

2. Die bisherige Reaktion des Kulturmarketing

Die Relevanz dieser Entwicklungen und Trends für das Kulturmarketing ist außerordentlich hoch einzuschätzen. Ein Grund dafür ist nicht zuletzt das kulturelle Produkt selbst. Die gegenwärtigen Kulturmärkte – und dies gilt keineswegs nur für die digitale Netzkunst – lassen sich als komplexe Netzwerke begreifen. Künstler, Kulturbetriebe, Medien, Staat, Sammler, Käufer und das Publikum bilden einen Interaktionsraum, in dem sich Kunst als kommunikativer Prozess entwickelt: „Kunst ist Kommunikation, [...] ist Thematisierung" (SCHMID-ISLER 2006: 28). Je mehr die Grenzen zwischen (physischem) Produkt und Kommunikation verschwimmen, desto eher sind Kunden motiviert und in der Lage, im Netzwerk aktiv auf Angebote einzuwirken und sich ihr Marktumfeld selbst zu schaffen.

Diese Herausforderung lässt sich im Kulturmanagement nicht einfach „ignorieren", denn Kultureinrichtungen, auch die öffentlich geförderten, sind ein immanenter Teil des Interaktionsraums, ob sie es wollen oder nicht. Wer als Kulturmanager einen Eindruck von der zunehmenden Aktivität der Kunden gewinnen will, muss nicht unbedingt Internetsuchmaschinen konsultieren, um in Blogs oder Online-Communities die aktuellen Diskurse über eigene Konzerte, Ausstellungen oder Aufführungen zu verfolgen (wobei ein solches Monitoring natürlich zu empfehlen ist).[4] Museen, Theater und Konzerthäuser erfahren häufig bereits im persönlichen Gespräch mit ihren Besuchern, dass sich Kunst und Kultur immer weniger einseitig durch die Institution definieren lässt, sondern immer mehr im Austausch mit und zwischen den Kunden.

Angesichts des veränderten Marktumfelds hat auch das Marketing seine Perspektive geändert. Bereits zu Beginn der 90er-Jahre wandelte sich ein rein produkt- und transaktionsorientiertes Marketing hin zu einer Konzeption, die auf eine individuelle Beziehung zwischen Marke und Kunde abstellt (Relationship Marketing; BRUHN 2009: 10). Diese Beziehungsorientierung versucht, der Fragmentierung und dem Individualismus (BECK 1986: 119) durch Nähe zum Kunden gerecht zu werden. Ein Anbieter setzt dabei auf individualisierte Services mit bestmöglicher Anpassung, und führt unter dieser Vorgabe einen intensiven und persönlichen Dialog mit dem Kunden. Das Kulturmarketing reflektiert diese Konzeption in zahlreichen Studien und Veröffentlichungen zur Besucherorientierung oder zur (dialogorientierten) Besucherbindung.[5]

Zu den Streitpunkten im Marketing gehört die Frage, ob die Situation in den Märkten heute eher durch einen starken Individualismus oder durch eine (Wieder-)Entdeckung der Gemeinschaft gekennzeichnet ist. Im vorangehenden Kapitel wurden Phänomene dargestellt, die beide Entwicklungsrichtungen beschreiben. Es ist leicht ersichtlich, dass die Beziehungsorientierung in der oben beschriebenen Form allein den Individualismus betont und dabei die diametrale, kollektive Bewegung außer Acht lässt. Dies wird von einer soziologischen Forschungsrichtung kritisiert, die das Konzept ‚postmoderner tribes' zum Gegenstand hat. Cova und Cova (2002: 602) definieren den postmodernen „tribe" als ein Netzwerk heterogener Personen, die über eine gemeinsame Leidenschaft oder über Emotionen verbunden sind. Ein zentrales Erkennt-

---

4 Zum Beispiel setzte *Coca Cola* sogenannte „Brand Cops" (Markenwächter) ein, die das Internet kontinuierlich überwachen. Markenrechtsverletzungen auf Fan-Websites wurden streng verfolgt (PFEIFFER 2002: 138).

5 S. unter anderem KLEIN (2008), HAUSMANN/HELM (2006).

nisproblem dieser Forschung ist die Suche nach neuen Communities. Communities sind, einer Definition von Herrmann, Algesheimer und Heitmann (2005: 6) folgend, soziale Netzwerke von miteinander in kontinuierlicher Interaktion stehenden Individuen, die sich innerhalb eines bestimmten Zeitraums wechselseitig beeinflussen und ein Zugehörigkeitsgefühl entwickeln.

Cova und Cova (2002: 596) betonen, dass diese Neuorientierung nicht als Substitut, sondern als ‚Erweiterung' eines Marketings angesehen werden soll, das sich an individuellen Kundenbeziehungen orientiert. Dahinter steht der Gedanke, dass sich hedonistische Bedürfnisse in Communities mit gemeinschaftlichen Werten verbinden. Vor diesem Hintergrund richtet sich auch die Marketingpraxis zunehmend an neuen Communities aus, die sowohl offline als auch online existieren können. Ein bekanntes Beispiel für die kundengerechte Möglichkeit, individuelle Interessen und Fähigkeiten herauszustellen und zugleich gemeinsame Leidenschaften und Emotionen zu teilen, ist das soziale Netzwerk *Facebook*. Die allgemeine Entwicklung der Marketingperspektive, von der dialogischen Kundenorientierung hin zur Werte- und Netzwerkorientierung, stellt Abb. 1 in einer Übersicht dar.

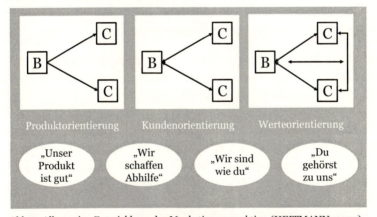

Abb. 1: *Allgemeine Entwicklung der Marketingperspektive* (HEITMANN: 2007)

Den einleitenden Ausführungen entsprechend wird die netzwerkorientierte Perspektive im Kulturmanagement zumeist auf den Medienaspekt (Social-Media-Marketing) reduziert, womit die zugrundeliegenden, langfristig angelegten Beziehungen zwischen Kulturanbietern und Kulturnutzern nur unzureichend berücksichtigt werden können. Für ein Kulturmarketing, das seine strategische Ausrichtung konsequent auf Kundennetzwerke erweitert, eröffnen sich jedoch neue Erfolgspotenziale.

Diese Potenziale ergeben sich zum einen aus den veränderten Bedürfnisstrukturen im Markt. Die soziale Interaktion in Communities unterliegt stets einem bestimmten Fokus, sei es das Interesse an einem Künstler, einer Stilrichtung oder an der Kultureinrichtung selbst. Während in den Kultur- und Erlebnismärkten ehemals homogene Marktsegmente zerfallen, lassen sich Communities gezielt und effizient mit Kulturangeboten ansprechen. Zugleich verstärkt die gezielte Unterstützung sozialer Beziehungen die Bindungen an die Institution und ihre Marken.

Würde man sich allein an diesen Marktpotenzialen orientieren, so wäre in der operativen Umsetzung kaum ein Unterschied zu Clubkonzepten (Kundenclubs) auszumachen, die dem rein individualistischen, dialogorientierten Marketingansatz zuzuordnen sind. Die Mitglieder einer Community profitieren jedoch nicht nur durch die Befriedigung ihrer Bedürfnisse, sondern auch dadurch, dass sie aufgrund ihrer Kompetenzen die Bedürfnisse anderer Mitglieder erfüllen können. Zum Beispiel können die öffentlichen Rezensionen auf *Amazon* einen erheblichen Mehrwert für die anderen Kunden darstellen.

Der Verfasser dieses Artikels ist der Auffassung, dass in diesen Kooperationspotenzialen (die allerdings niemals losgelöst von Marktpotenzialen gesehen werden können) eine zentrale Chance für das Kulturmarketing besteht. Die Kultur hat nicht nur positive Praxiserfahrungen mit der institutionellen Einbindung von ‚Keyworkern' oder engagierten Freiwilligen gemacht, sondern stellt in der pädagogischen Vermittlung bereits theoretische Ansätze bereit, die das Wissen und die individuellen Fähigkeiten der Kulturnutzer zum Gegenstand haben.

Da aber diese Ansätze abweichende Ziele verfolgen, reichen die vorhandenen Erkenntnisse nicht aus, um die netzwerkbasierte Kooperation zwischen Kulturanbietern und Kulturnutzern in ihrer Komplexität zu verstehen und, soweit möglich, zu erklären. So mangelt es im Kulturmarketing nicht nur an einer systematischen Konzeptualisierung der neuen Kooperationsformen, sondern auch an einem analytischen Bezugsrahmen, der kooperationsrelevante Einflussfaktoren in einen Gesamtzusammenhang bringt. Erst auf diesen Grundlagen lassen sich empirische Erkenntnisse gewinnen, aus denen sich generalisierbare Aussagen sowie strategische Implikationen für das Kulturmanagement ableiten lassen.

3. Interaktive Wertschöpfung als Erfolgsposition

Im Zuge der Konzeptualisierung stellt sich die Frage, was unter erfolgreicher Kooperation zwischen Anbieter und Kunde konkret zu verstehen ist. Dazu müssen die Begriffe Erfolg und Kooperation im Problembereich definiert werden. Grundsätzlich ist es möglich, die aktive Beteiligung von Kunden in sämtlichen Aufgabenbereichen der Kulturinstitution zu untersuchen – neben dem Marketing etwa auch in der Kulturvermittlung oder im Fundraising. Es ist wichtig zu betonen, dass dieser Artikel explizit dem Marketinginteresse folgt, das sich in zunehmend gesättigten Kultur- und Erlebnismärkten immer stärker auf den Aufbau nachhaltiger Wettbewerbsvorteile[6] konzentriert. Unter dieser Vorgabe ist der Erfolg einer Kooperation danach zu bewerten, ob es dem Kulturanbieter gelingt, einen Nutzen, der (1) für die Kunden wichtig und (2) deutlich wahrnehmbar ist, (3) in einzigartiger Weise und (4) dauerhaft zu besetzen (KUSS/TOMCZAK/REINEKE 2007: 177ff.).

In der Marketingforschung beschäftigt sich die Gruppe um von Hippel (1978a, b) bereits seit Ende der 70er-Jahre mit neuen Formen der Arbeitsteilung zwischen Unternehmen und Kunden. Dabei geht es nicht um Selbstbedienungsläden oder IKEA-Möbel, bei denen der Kunde aus Rationalisierungsgründen vom Anbieter ‚gezwungen' wird, bestimmte Aufgaben selbst zu erledigen. Es geht dieser Forschung um den aktiven Kunden, der aus eigenem Antrieb und freiwillig mit dem Anbieter in Interaktion tritt und dabei in Aktivitäten und Bereiche einbezogen wird, die bislang als interne und zentrale Domäne des Unternehmens angesehen wurden. Diese neue Organisation der Arbeitsteilung bezeichnet Reichwald als interaktive Wertschöpfung.

> Interaktive Wertschöpfung beschreibt einen Prozess der kooperativen (und freiwilligen) Zusammenarbeit zwischen Hersteller und Kunde (Nutzer) zwischen den Extremen einer gänzlich hersteller- bzw. gänzlich kundendominierten Wertschöpfung. (REICHWALD 2006: 44)

In der Praxis setzt die Zusammenarbeit allerdings sowohl aufseiten des Unternehmens als auch auf der des Kunden stets eine gewisse Mindestaktivität voraus. Zum einen lässt sich die Kundeninteraktion aufgrund der zunehmenden Vernetzung nicht vollständig „deaktivieren" – sei sie nun negativ, neutral oder positiv für das Unternehmen (KAUL 2008:

---

6 Unter Wettbewerbsvorteil versteht man die Fähigkeit einer Unternehmung, Leistungen zu erbringen, die für Kunden wertvoller sind als die von konkurrierenden Anbietern, oder vergleichbare Leistungen mit geringeren Kosten zu erbringen (KUSS/TOMCZAK/REINEKE 2007: 55).

62f.). Zum Anderen sind es in der Regel die Symbole einer Marke, die Kundeninteraktion überhaupt erst entstehen lassen (s. o.). Auch Community-Brands wie *Facebook* oder *YouTube* erfordern eine gewisse unternehmerische Eigeninitiative, die den Markenaufbau ermöglicht, die Kundeninteraktion fördert und diese auf die Marke ausrichtet. Abb. 2 stellt die Intensität der Zusammenarbeit zwischen Unternehmen und Kunden als Kontinuum dar.

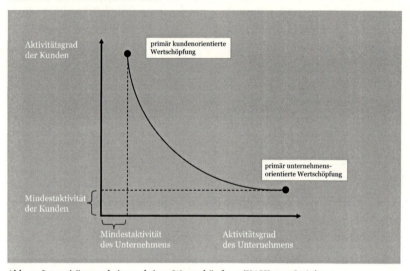

Abb. 2: *Intensitätsgrade interaktiver Wertschöpfung* (KAUL 2008: 63)

Die unterschiedlichen Intensitätsgrade sollen anhand des Online-Buchhandels veranschaulicht werden. Ein primär unternehmensorientierter Buchhändler kann auf seiner Website die Interaktion zwischen den Kunden unterbinden und anhand der Kaufdaten eigene Buchempfehlungen aussprechen. Zusätzliche Beratung könnte er über ein Callcenter anbieten. Oder der Händler kooperiert arbeitsteilig mit seinen Kunden und ermöglicht es ihnen, Rezensionen für andere Kunden zu veröffentlichen. Im Extremfall einer primär kundenorientierten Wertschöpfung ist es denkbar, dass der Händler seine Kunden dazu ermutigt, öffentliche Profile anzulegen und sich autark in eigenen Netzwerken über Bücher oder literarische Themen auszutauschen.

An dieser Stelle sei kurz die Rolle diskutiert, welche eine professionelle Kunstkritik, beziehungsweise die mediale Kulturberichterstattung, in diesem autarken Austausch spielt oder noch spielen kann. Als angewandte Kunsttheorie hat Kunstkritik häufig die Funktion, Künstler oder Kultureinrichtungen kunstwissenschaftlich abzusichern und ihren

Marktwert zu legitimieren (ZEMBYLAS 1997: 149, 162). In dieser Funktion steht sie vor ähnlichen Herausforderungen wie die Kulturanbieter – und sie stellt sich dem aktiven Rezipienten mit ähnlichen Konzepten. Plattformen wie *literaturkritik.de* oder *nachtkritik.de* zeigen, dass kritische und fachjournalistische Begleitung auch im Social Web gefragt ist. Allerdings müssen Kulturjournalisten ihre Expertenmacht auch hier gegen andere kompetente User verteidigen, und es ist eine spannende Frage, welche Kooperationsformen zwischen Fachjournalisten und Lesern zukünftig möglich und fruchtbar sind.

Dieser Artikel beschäftigt sich allerdings speziell mit Kooperationsformen zwischen Kulturanbietern und Kunden, die nun klassifiziert werden sollen. Das Beispiel des Buchhandels zeigt, dass interaktive Wertschöpfung nicht nur in der Produktion stattfinden kann. Das Konzept geht weit über die selektive Verwendung des Prosumerbegriffs[7] hinaus. Kunden können sich grundsätzlich an allen Marketingprozessen beteiligen, etwa auch in der Beratung wie im Beispiel oben. Um interaktive Wertschöpfung im Marketing ganzheitlich zu erfassen, bietet sich ein universelles Ordnungsraster an. Nach Tomczak und Reineke (1996) verfügt das Unternehmen über vier mögliche Wertgeneratoren (Marketingaufgaben):

- Kundenakquisition umfasst sämtliche Maßnahmen, die Kunden dazu bewegen, erstmalig beim Unternehmen zu kaufen.
- Kundenbindung soll attraktive Kunden zu Wiederkäufen verleiten oder einen Wechsel zum Wettbewerber verhindern.
- Leistungsinnovation umfasst die Tätigkeiten von der Ideenfindung bis hin zur Einführung neuer Angebote.
- Leistungspflege soll zu einer möglichst lang andauernden und erfolgreichen Marktpräsenz eines Angebots führen.

Aus Marketingsicht ist die Kooperation nur dann erfolgreich, wenn es dem Anbieter gelingt, die interagierenden Kunden an einer oder mehreren dieser Aufgaben zu beteiligen.

Bei *Amazon* beteiligen sich die Kunden vor allem in der Kundenbindung. Mit ihren Rezensionen bewegen die Kunden andere, bestehende Kunden dazu, weitere Bücher zu kaufen. Zurück zum einleitenden Beispiel: Indem *Radiohead* die ‚Bootleg-Videos' auf *YouTube* veröffentlicht, animiert die Band ihre bestehenden Kunden, ihre (Live-)Erlebnisse mit

---

7   Der Begriff, nicht sein häufig unreflektierter Einsatz, geht auf Alvin Toffler (1983) zurück; zur Einordnung der Konzeption des Prosumers s. BLÄTTEL-MINK/HELLMANN (2010).

Freunden und Bekannten zu teilen. Die Weiterempfehlungen sowie die Identifikation neuer Interessenten unterstützen die Kundenakquisition erheblich. Die Videos selbst sind hingegen ein wertvoller Kundenbeitrag zur Leistungspflege. Die Fans liefern nicht etwa – im Sinne einer Innovation – Ideen und Beiträge für ein neues Repertoire. Die Videos sorgen vielmehr dafür, dass die Marke *Radiohead* aus anderen Perspektiven diskutiert und neu belebt wird. Die Einbindung der Fans ist dabei ungewöhnlich stark und umfasst nahezu alle Stufen der Wertschöpfung – von der Idee bis zur Veröffentlichung.

4. Management der interaktiven Wertschöpfung

In der Marketingforschung wird interaktive Wertschöpfung heute als eine Quelle nachhaltiger Wettbewerbsvorteile gesehen (GRUNER/ HOMBURG 2000; ERNST 2001). Für die Marketingpraxis ist interessant, ob sich die Kundenbeteiligung über bestimmte Faktoren steuern und positiv beeinflussen lässt. In Bezug auf diese Erfolgsfaktoren ist der Forschungsstand gering. Immerhin gibt es Erkenntnisse, die den geringen Erklärungsgehalt sozialer Medien bekräftigen (s. o.): In einer Studie der *ZHAW School of Management and Law* (KAUL 2010) wurde untersucht, ob Social Media, die von Kulturanbietern eingesetzt werden, einen Einfluss auf die Kundenbeteiligung in den vier Marketingaufgaben entfalten. Die Analyse weist deutlich darauf hin, dass nicht die „Tools" entscheidend sind, sondern ihre Bedeutung im strategischen Gesamtzusammenhang.

Damit rückt das strategische Management ins Zentrum der Betrachtung. Ansoff (1966) sieht Strategien als ein gedankliches Konstrukt, welches in Handlungen umgesetzt werden muss. Die Kontigenztheorie (STAEHLE 1976) geht weiterhin davon aus, dass die optimale Handlungsalternative stets von der konkreten Situation des Unternehmens abhängt. Die klassische Kontingenzforschung unterscheidet dabei unternehmensinterne und -externe Kontextfaktoren (diese kommen in der bekannten SWOT-Analyse zum Ausdruck). Die zwei Untersuchungsebenen, Strategie und situativer Kontext, werden nun unter dem Aspekt der interaktiven Wertschöpfung betrachtet.

Da sich Kundennetzwerke kaum direkt beeinflussen lassen, stellt sich die Frage, ob und wie sich ein Unternehmen strategisch im Netzwerk verhalten kann. Anhänger der netzwerkorientierten Perspektive stellen hier die Möglichkeit des Enabling heraus (SCHÖGEL/TOM-

CZAK/WENTZEL 2005: 4): Ein Anbieter kann das Kundennetzwerk aktivieren, indem er die Interaktion zwischen den Kunden fördert. So motivierte vor dem Start des Films *Blair Witch Project* eine geheimnisvolle Website die Kunden, eigene Assoziationen zum Film zu entwickeln und diese über Foren und Blogs zu verbreiten. Während das kollektive Wissen beim Enabling in der Domäne des Kunden verbleibt, geht es beim Bridging darum, Kundenwissen in das Unternehmen zu integrieren (REICHWALD/PILLER 2006: 75ff.). Hier können Mitarbeiter als Gatekeeper eingesetzt werden, um Vorschläge und Kritik aufzunehmen, zu filtern und in der Organisation zu verbreiten. Die strategischen Dimensionen Enabling und Bridging, die sich im konkreten Verhalten des Anbieters niederschlagen, sollen hier unter den Begriff Kooperationsstrategie gefasst werden. Interessant ist die Frage, ob ein Audience Development, welches die „Konzertierung der Vermittlungsmöglichkeiten" (SIEBENHAAR 2007) von pädagogischer Vermittlung und Marketing anstrebt, mit dieser Strategie in einem (positiven) Wirkungszusammenhang steht.

Bei den Kontextfaktoren sind unter der gegebenen Fragestellung interne und externe Kooperationspotenziale zu unterscheiden. Wie bereits in Kap. 1 dargelegt, sind externe Potenziale in erster Linie bei den Kunden zu suchen. Dabei sind sowohl ihre Motive zu erfassen, die in den beschriebenen individuellen und sozialen Bedürfnissen bestehen, als auch spezifisches Wissen, Erfahrungen und Fähigkeiten, die Voraussetzung dafür sind, dass sich die Kunden nutzenstiftend an den Marketingaufgaben beteiligen können.

Die Suche nach unternehmensspezifischen Kooperationspotenzialen gestaltet sich dagegen schwieriger. Über welche Ressourcen und Fähigkeiten muss ein Anbieter verfügen, damit interaktive Wertschöpfung stattfinden kann? Beim Aufbau dieser Interaktionskompetenz „stehen die empirische Forschung und die Ableitung erfolgreicher Praktiken im Unternehmen [...] erst am Anfang der Untersuchung" (REICHWALD/PILLER 2006: 91). In Kap. 2 wurde darauf hingewiesen, dass die Produkte selbst interaktionsförderliche Wirkungen entfalten können. Zudem wird die Schaffung innerbetrieblicher Anreize als zentral angesehen, damit sich die Mitarbeiter aktiv an Kundendiskussionen beteiligen und Kundenwissen in der Organisation verbreiten. Ein möglicher Anreiz ergibt sich zum Beispiel aus einer dezentralen Organisation, die Entscheidungen an Mitarbeiter auf der operativen Ebene überträgt – jene Ebene, die am stärksten in den Kundendialog involviert ist.

Die Spezifizierung der internen Ressourcen und Fähigkeiten ist insofern zentral, als sich hier nicht nur Möglichkeiten verbergen, einen Wettbewerbsvorteil zu generieren, sondern diesen auch dauerhaft vor der Konkurrenz zu schützen (Kernkompetenzen). Da hier eine netzwerkorientierte Perspektive zugrunde liegt, kommt in diesem Zusammenhang eine weitere Untersuchungskategorie zum Tragen, die in der klassischen Kontingenztheorie nicht berücksichtigt wird: die Ressourcen im Netzwerk. Dies sind zum Beispiel bestehende Beziehungen zwischen Besuchern und der Kulturinstitution. Die Offenheit und der Vertrauenscharakter, der sich daraus für die Zusammenarbeit ergibt, können ebenfalls zu nachhaltigen Wettbewerbsvorteilen führen (DUSCHEK/ SYDOW 2002).

Abb. 3. gibt den analytischen Bezugsrahmen der interaktiven Wertschöpfung zusammenfassend wieder. Dieser umfasst alle in diesem Artikel beschriebenen Kategorien und Beziehungszusammenhänge.

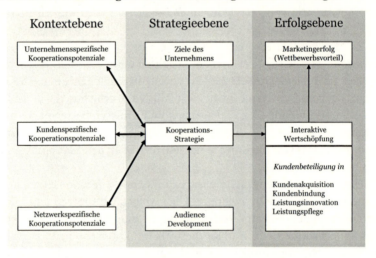

Abb. 3: *Bezugsrahmen für die Analyse interaktiver Wertschöpfung*

Literatur

ANSOFF, Harry Igor (1966): *Management-Strategie*. München: Moderne Industrie.

BECK, Ulrich (1986): *Risikogesellschaft. Auf dem Weg in eine andere Moderne*. Frankfurt/M.: Suhrkamp.

BLÄTTEL-MINK, Birgit/HELLMANN, Kai-Uwe (Hgg.) (2010): *Prosumer Revisited. Zur Aktualität einer Debatte*. Wiesbaden: VS.

BRUHN, Manfred (²2009): *Relationship Marketing: das Management von Kundenbeziehungen.* München: Vahlen.

COVA, Bernard/COVA, Véronique (2002): Tribal Marketing: The Tribalisation of Society and Its Impact on the Conduct of Marketing. – In: *European Journal of Marketing* 36/5-6, 595-620.

DUSCHEK, Stephan/SYDOW, Jörg (2002): Ressourcenorientierte Ansätze des strategischen Managements – Zwei Perspektiven auf Unternehmenskooperation. – In: *WiSt Wirtschaftswissenschaftliches Studium* 31, 1-14.

ERNST, Holger (2001): *Erfolgsfaktoren neuer Produkte: Grundlagen für eine valide empirische Forschung.* Wiesbaden: Gabler.

GRUNER, Kjell E./HOMBURG, Christian (2000): Does Customer Interaction Enhance New Product Success? – In: *Journal of Business Research* 49, 1-14.

HAUSMANN, Andrea/HELM, Sabrina (2006): *Kundenorientierung im Kulturbetrieb: Grundlagen – Innovative Konzepte – Praktische Umsetzungen.* Wiesbaden: VS.

HEITMANN, Mark (2007): *Community Management.* Skript. St. Gallen: Forschungsstelle für Business Metrics, Univ. St. Gallen.

HERRMANN, Andreas/ALGESHEIMER, René/HEITMANN, Mark (2005): Brand Community Management – Ansatz für eine netzwerkorientierte Perspektive im Marketing. – In: *Thexis – Fachzeitschrift für Marketing* 5, 6-10.

HIPPEL, Eric v. (1978a): Successful Industrial Products from Costumer Ideas. – In: *Journal of Marketing* 42/1, 39-49.

HIPPEL, Eric v. (1978b): A Customer-Active Paradigm for Industrial Product Idea Generation. – In: *Research Policy* 7, 240-266.

KAUL, Helge (2008): Integriertes Community Marketing – Kunden- und Leistungspotenziale erfolgreich verknüpfen. – In: Ders./Steinmann, Cary (Hgg.), *Community Marketing. Wie Unternehmen in sozialen Netzwerken Werte schaffen.* Stuttgart: Schäffer-Poeschel, 53-71.

KAUL, Helge (2010): *Social Media Marketing in Kunst und Kultur.* Winterthur: ZHAW School of Management and Law.

KLEIN, Armin (²2008): *Besucherbindung im Kulturbetrieb. Ein Handbuch.* Wiesbaden: VS.

KUSS, Alfred/TOMCZAK, Torsten/REINEKE, Sven (2007): *Marketingplanung: Einführung in die marktorientierte Unternehmens- und Geschäftsfeldplanung.* Wiesbaden: Gabler.

LITZENROTH, Heinrich (1997): Dem Verbraucher auf der Spur. – In: *Marketing Journal* 30, 242-244.

LÖWENFELD, Fabian v. (2006): *Brand Communities – Erfolgsfaktoren und ökonomische Relevanz von Markengemeinschaften.* Wiesbaden: DUV.

MACDONALD, John/TOBIN, Jim (1998): Customer Empowerment in the Digital Economy – In: Tapscott, Don et al. (Hgg.), *Blueprint to the Digital Economy. Creating Wealth in the Era of E-business.* New York: McGraw-Hill, 202-220.

MINDER, Bettina/VOGELSANG, Axel (2010): *Audience+ – Museen und das partizipative Web.* Hochschule Luzern.

PFEIFFER, Markus (2002): *Interactive Branding. Eine interaktions- und wissensorientierte Perspektive.* München: FGM.

REICHWALD, Ralf/PILLER, Frank (2006): *Interaktive Wertschöpfung: Open Innovation, Individualisierung und neue Formen der Arbeitsteilung.* Wiesbaden: Gabler.

SCHMID-ISLER, Salome (2006): *Kunst der Gegenwart, Organisation und Markenbildung.* Skript. St. Gallen: Univ. St. Gallen.

SCHÖGEL, Marcus/TOMCZAK, Torsten/WENTZEL, Daniel (2005): Communities – Chancen und Gefahren für die marktorientierte Unternehmensführung. – In: *Thexis – Fachzeitschrift für Marketing* 5, 2-5.

SIEBENHAAR, Klaus (2007): *Vortrag zur Eröffnung des Zentrums für Audience Development* am 5. Juni 2007. Berlin: FU Berlin.

STAEHLE, Wolfgang H. (1976): Situational Approach to Management. – In: *Management International Review* 16/3, 59-69.

TOMCZAK, Torsten/REINEKE, Sven (1996): Der aufgabenorientierte Ansatz – eine neue Perspektive für das Marketing Management. – In: *Thexis – Fachzeitschrift für Marketing* 5.

TOFFLER, Alvin (1983): *Die dritte Welle, Zukunftschance. Perspektiven für die Gesellschaft des 21. Jahrhunderts.* München: Goldmann.

ZEMBYLAS, Tasos (1997): *Kunst oder Nichtkunst. Über die Bedingungen und Instanzen ästhetischer Beurteilung.* Wien: WUV.

Erfolgsfaktoren von Brand Communities im Kultursektor
Wie lassen sich aus Freundeskreisen Gemeinschaften von Freunden bilden?[1]
CARSTEN BAUMGARTH, MARINA KALUZA

1. Freundeskreise mehr als ein notwendiges Finanzierungsinstrument?

Die Tradition der Freundeskreise (synonym: Förderkreise) in der Kultur reicht mit der Entwicklung der ersten Kunstvereine wie der *Albrecht-Dürer-Gesellschaft* in Nürnberg (1792) und dem *Kunstverein in Hamburg* (1817) bis ins 18. Jahrhundert zurück. Seit dem 19. Jahrhundert etablierten sich Freundeskreise als klassisches Instrument der Kulturförderung (WELLING et al. 2007: 17).[2] Mittlerweile sind Freundeskreise wichtige Instrumente des Kulturmanagements. Dies belegen auch internationale Zusammenschlüsse wie die *World Federation of Friends of Museums* (WFFM), oder nationale Dachorganisationen wie die *British Association of Friends of Museums* (BAFM) als Zusammenschluss von rund 300 Freundeskreisen mit insgesamt rund 230.000 Mitgliedern (SLATER 2004: 239) sowie in Deutschland der *Bundesverband der Fördervereine deutscher Museen für bildende Kunst* (<http://www.bundesverband-der-foerdervereine.de>), die Initiative *Junge Freunde Kunstmuseen* oder die *Arbeitsgemeinschaft Freundeskreise der Berliner Kultur* (<http://www.freundeskreis-kultur.de>) unter dem Dach der *Stiftung Zukunft Berlin*.

Speziell in Zeiten abnehmender staatlicher Förderung pro Kulturinstitution dienen diese Freundeskreise insbesondere der Generierung von zusätzlichen Einnahmen zur Finanzierung von Sonderausstellungen oder zum Erwerb neuer Kunstwerke oder Unterstützung von Gastspielen bzw. Tournen sowie als Sammelbecken für ehrenamtliche Tätig-

---

1 Dieser Forschungsbeitrag wurde unterstützt durch das Projekt *Hochschulbasierte Weiterbildung für Betriebe*, gefördert durch den Berliner Senat, die Europäische Union und den *Europäischen Sozialfonds* (ESF).
2 S. a. <http://www.kunstvereine.de/web/index.php?id=87> (Stand 04.02.2012) sowie <http://www.kunstverein.de/derkunstverein/info/index.php> (Stand 18.02.2012).

keiten z. B. im Rahmen von Museumsführungen oder der Mitarbeit im Museumsshop.

Allerdings mehren sich die Stimmen, welche die Bedeutung von Freundeskreisen über diesen monetären und individuellen Charakter hinaus erweitern. Beispielsweise betonte die Vizepräsidentin der Berliner *Akademie der Künste* Nele Hertling 2011 auf einem Symposium, dass Freundeskreise auch für den inneren Dialog von Kulturanbietern bedeutend seien, weil diese mit dem Blick von außen „aktiv bei der Neudefinition der gesellschaftlichen Rolle von Kultur mithelfen" und den Wert von Kultur erklären und vermitteln (zit. n. HANSSEN 2011). Damit übernehmen Freundeskreise und ihre Mitglieder eine Legitimationsfunktion für die Kulturanbieter in der Gesellschaft. Auch das Potential von Freundeskreisen für die Bindung von Besuchern, die Gewinnung von neuen Besuchern und als Türöffner für neue Zielgruppen via Word-of-Mouth-Kommunikation wird zunehmend von Kulturanbietern erkannt (SLATER 2004: 238). Noch weiter gehen Ansichten, die Freundeskreise als Gemeinschaften interpretieren, die sich für ihre Kulturinstitution aktiv einsetzen und als eingeschworene Gruppen fungieren. Freundeskreise sind demnach nicht mehr nur eine Ansammlung von Gleichgesinnten, die den Künstlern oder Kunstwerken näher kommen wollen, vielmehr „organisieren die Mitglieder nun mit derselben Leidenschaft Protestaktionen, um ‚ihre' Museen oder Theater vor dem Rotstift zu schützen" (HANSSEN 2011).

Diese erweiterten Funktionen können Freundeskreise aber nur dann übernehmen, wenn diese nicht als Instrument des Kulturanbieters fungieren, der die einzelnen Besucher und Interessenten in einer unidirektionalen Format anspricht, sondern wenn sich die Freundeskreise hin zu echten Gemeinschaften und Netzwerken von Freunden fortentwickeln, die auch autonom Inhalte und Kommunikation organisieren. Die gemeinsame Klammer für ein solches Netzwerk bildet die Kulturinstitution als Marke. Ein theoretisches Konzept aus dem klassischen Markenumfeld, welches die Bildung und Relevanz von Netzwerken rund um die Marke thematisiert, bilden sog. Brand Communities.

Ziel des vorliegenden Beitrags ist es daher zu überprüfen, ob die Erkenntnisse der Brand-Community-Forschung fruchtbar für die Erklärung von Freundeskreisen im Kulturumfeld sein können bzw. welche Anpassungen des Konzeptes notwendig sind. Konkret soll der vorliegende Beitrag Erfolgsfaktoren von Brand Communities identifizieren, diese auf Freundeskreise anwenden und schließlich Empfehlungen für das Management von Freundeskreisen ableiten.

2. Terminologische und konzeptionelle Grundlagen

2.1 Brand Communities

Brand Community bezeichnet eine Markengemeinschaft oder Markengemeinde. Wegweisend für den Begriff und die Forschung ist der Beitrag mit dem bezeichnenden Titel *Brand Community* von Muniz und O'Guinn (2001). Die Autoren übertrugen das allgemeine sozialwissenschaftliche Konzept der Community auf den Bereich der Konsumgüter. Markengemeinschaften beziehen sich danach auf ein mit einer Marke versehenes Produkt oder eine Dienstleistung, sie sind nicht ortsgebunden und basieren auf den sozialen Beziehungen der Bewunderer und Brand-Community-Mitgliedern einer Marke (MUNIZ/O'GUINN 2001: 412). Als zentrale Merkmale von Markengemeinschaften wurden die folgenden Wesensmerkmale identifiziert (MUNIZ/O'GUINN 2001: 415-425):

1) Kollektive Identität (‚consciousness of a kind'): Brand Communities basieren auf einem kollektivem Bewusstsein, welches auch als Wir-Gefühl beschreibbar ist. Diese kollektive Identität beinhaltet auch die Abgrenzung zu Nichtmitgliedern sowie zur Binnendifferenzierung (‚harter Kern' der Markenliebhaber vs. Mitläufer).
2) Vielzahl von Ritualen, Traditionen und Mythologien (‚celebrating the history of the brand', ‚sharing brand stories'): Brand Communities zeichnen sich durch Wiederholungen mit einem ritualisierten Charakter aus. Diese Rituale dienen auch dem Erlernen von gemeinsamen Werten und Symbolen (z. B. Logos, Werbung).
3) Moralisches Verantwortungsgefühl (‚moral responsibility'): Brand Communities führen zu einer starken Solidarität untereinander.

McAlexander, Schouten und Koenig (2002) erweitern in ihrem Beitrag *Building Brand Community* das Triasmodel der Beziehungsstruktur von Muniz und O'Guinn zu einem dynamischen Netzwerk mit dem Konsumenten als zentralen Kern. Abb. 1 vergleicht schematisch die Ideen von Brand Communities von Muniz und O'Guinn mit denen von McAlexander, Schouten und Koenig.

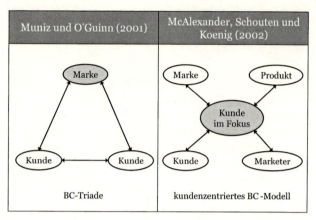

Abb. 1: *Interpretation von Brand Communities* (LOEWENFELD 2006: 125)

2.2 Freundeskreise im Kulturbereich

Eine zentrale Definition für Freundeskreise liefert Slater (2004: 238f.) indem sie auf die gemeinsamen Ziele der Mitglieder eingeht:

> Friends' schemes, however, can be a source of loyal supporters who often volunteer, make donations and act as advocates for museums and galleries [...] they share a common purpose of supporting the host organisation.

Die ersten Kunstvereine, literarischen Gesellschaften und die bürgerliche Konzertbewegung entwickelten sich aus dem Wunsch des Bürgertums heraus, Kunst und Kultur dem alleinigen Zugriff des Adels und der Kirche zu entziehen, und selbst Einfluss auf die Gestaltung zu nehmen. Heute kann man von einer Renaissance der Freundeskreise sprechen. Mehr als die Hälfte der heute aktiven Freundeskreise sind nach 1990 gegründet worden (WELLING et al. 2007: 17). Die ersten Freundeskreise sind als Fördervereine nicht zuletzt aus finanzieller Not der Institutionen gegründet worden. 1886 wurde von Justus Brinckmann, dem damaligen Direktor des Museum für Kunst und Gewerbe Hamburg, die heutige *Justus Brinckmann Gesellschaft e.V.* als Kunstgewerbeverein gegründet (JUSTUS BRINCKMANN GESELLSCHAFT 2012). Weil diese 1969 zu Ehren des Museumsgründers umbenannt wurde, wird der *Kaiser Friedrich-Museums-Verein*, der Förderverein der Skulpturensammlung und der Gemäldegalerie in Berlin (Gründungsjahr 1897) als ältester deutscher Förderverein eines Kunstmuseums genannt.[3] Ein weiteres frühes Beispiel ist die Gründung der *Freunde der Kunsthalle e.V.* im Jahre 1923 durch den damaligen Direktor der Kunsthalle Gustav Pauli, der das Museum der breiten Öffentlichkeit zugänglich machen wollte.[4] Noch heute sind die *Freunde der Kunsthalle e.V.* in Hamburg mit über 17.000 Mitgliedern der größte Freundeskreis in Deutschland. Die Mehrzahl der Freundeskreise haben Mitgliederzahlen zwischen 100-300, einige sehr große heben sich davon ab. Neben dem klassischen Mäzenatentum und Kultursponsoring durch Unternehmen sind Freundeskreise als Förderer von Kunst eine wichtige Säule privatwirtschaftlicher Kulturfinanzierung. Der Beitrag der Freundeskreise zum Gesamtetat der unterstützten Kulturinstitution liegt nach einer Studie des *Kulturkreises der Deutschen Wirtschaft* aus dem Jahr 2007 bei durchschnittlich 14 % (WELLING et al. 2007: 8). Der Großteil der Freundeskreise arbeitet als eingetragener Verein.

3. Erfolgsfaktorenmodell

3.1 Forschungsstand

In diesem Teil der Ausführungen werden Motive und Erfolgsfaktoren für Freundeskreise dargestellt, sowohl aus Nutzer- als aus Anbietersicht. Diese sind aus relevanter Literatur zu Brand Communities und aus den bestehenden Forschungsergebnissen zu Freundes- und Förderkreisen extrahiert worden (s. Tab. 1). Die Literatur wurde einer Inhaltsanalyse unterzogen und die relevanten Faktoren wurden identifiziert, systematisiert und verdichtet.

---

[3] <http://www.kaiserfriedrich-museums-verein.de/cms/front_content.php?idcat=23&idcatart=3> (Stand 18.02.2012).
[4] <http://www.freunde-der-kunsthalle.de/> (Stand: 02.02.2012).

Autor/Jahr	Methode/Daten	Untersuchungs-gegenstand/ Marke	Inhalt
Brand-Community-Forschung			
Muniz/O'Guinn (2001)	Ethnographie	*Saab, Macintosh, Ford Bronco*	Vorstellung, Beschreibung und Begriffsdefinition von Brand Communities (im Folgenden BCs) und Darlegung der BC-Triade
McAlexander/ Schouten/Koenig (2002)	Ethnographie, schriftlicher Fragebogen (Studie 1: n=453, Studie 2: n=259)	*Jeep, Harley Davidson*	Beschreibung von BCs und Entwicklung eines kundenzentrierten BC-Modells (Weiterentwicklung der Triade)
Algesheimer (2004)	Experteninterviews und Online-Fragebogen, Kovarianzstrukturanalyse	Automobilmarken	Analyse der Wirkung von BCs auf intendierte und tatsächliche Markenloyalität, Weiterempfehlung (inkl. Moderatoreffekte, Markenwissen und Größe der BC) => netzwerkorientierte Marketingperspektive
Algesheimer/ Herrmann/ Dimpfel (2006)	Online-Fragebogen (n=529)	Automobil-Fanclubs	Einflussfaktoren und Konsequenzen von BCs auf intendiertes und tatsächliches Verhalten von Kunden
Loewenfeld (2006)	Online-Fragebogen (Sony: n=863; Auto: n=371)	*Sony-Playstation, BMW, Mercedes, Škoda*	Entwicklung des Konstrukts BC-Qualität und Untersuchung des Einflusses auf die Markenloyalität und die Weiterempfehlung
Fournier/Lee (2009)	Forschungsergebnisse aus 30 Jahren => Ableitung	Beispiele; *Apple, Ironman, Hannah Montana*	Handlungsanweisungen für Umgang mit BCs, formulieren Mythen und Reality, Design online „Community Readiness Audit"
Hoppe (2009)	Empirische Studie, Befragung standardisierter Fragebogen (n=662)	*Golf-GTI*-Treffen (Volkswagen)	Einflussfaktoren/Motive der Identifikation mit BCs, Konzeptualisierung der informellen Mitgliedschaft in BCs, Typologisierung, Segmentierung der Gruppenunterschiede

Autor/Jahr	Methode/Daten	Untersuchungs-gegenstand/ Marke	Inhalt
Popp (2011)	Empirische Überprüfung Strukturgleichungsmodell (n=2228)	Brand-Community-Mitglieder (alkoholisches Getränk)	Analyse ökonomischer Erfolgsfaktoren, Erweiterung Service-Profit-Chain, Beleg des Erfolgsfaktors Identifikation mit der Marke
Freundeskreisforschung			
Bhattacharya/ Rao/Glynn (1995)	Empirische Studie, Online-Fragebogen (n=306)	Mitglieder Kunstmuseen	Untersuchung der Mitgliederidentifikation, Charakterisierung der Faktoren => Marketingstrategien
Slater (2003)	Fragebögen (n=1440), per Post	Freundeskreis eines nationalen Museums in London	Untersuchung der Motivation und des Verhaltens von Museumsmitgliedern => Anweisungen für Praktiker zum Freundeskreismanagement
Slater (2004)	Fragebögen (n= 127) (90 Freundeskreise, UK)	Freundeskreismitglieder von Museen und Galerien	Definition, Charakteristiken und Kriterien der Freundeskreise, die für Manager nutzbar sind, Typologisierung der Freundeskreise
Hellmann (2005b)	konzeptionell	kein konkreter Bezug zu einzelnen Kulturinstitutionen	Kundenbindung zentral, Ausführungen zur ethischen Markenführung
Welling et al. (2007)	Fragebögen (n=236)	Freundeskreise/ Förderkreise Museen	Statistische Datenerhebung, erste deutsche Erhebung zu Freundeskreisen in der Kultur
Bundesverband der Fördervereine Deutscher Museen für bildende Kunst e.V. (Hg.) (2010)	Fallbeispiele, Aufzählung und Beschreibung	Junge Freundeskreise Kunstmuseen	Publikation *So macht man sich Junge Freunde*: Sammlung, Aufzählung junger Freundeskreise in Deutschland, mit inhaltlicher Beschreibung => Relevanz von Freundeskreisen

Autor/Jahr	Methode/Daten	Untersuchungs-gegenstand/ Marke	Inhalt
Slater/Armstrong (2010)	Semi-Structured-Interviews, face to face (n=59)	*Tate*-Mitglieder (London)	Untersuchung Involvement-Konstrukt, Identifizierung von sechs Merkmalen: 1) centrality and pleasure, 2) desire to learn, 3) escapism, spirituality and creativity, 4) sense of belonging and prestige, 5) physical, 6) drivers of involvement
Slater/Armstrong (2011)	Qualitative Untersuchung, 5 Fokusgruppen	*Southbank Centre*	Untersuchung der Barrieren der Mitgliedschaft, Motivationskonstrukte
Camarero/Garrido (2011)	Empirische Studie, Befragung (n=231)	Mitglieder Kunstmuseen (Spanien)	Analyse der Benefits: positiv beeinflusst wird die Bindung durch organisationale Identifikation (Qualität der Bez.). Daneben Gegenleistungen (materiell + immateriell). Der Zusammenhang Zufriedenheit-Vertrauen-Commitment wurde nicht bestätigt
Schmalhaus (2011)	Qualitative Untersuchung, Online-Fragebögen (n=79), in 3 Freundeskreisen	Junge Freundeskreise Museen, Mitglieder	Mitgliedschaft als Szenetreffpunkt, aber Freundeskreise in der Hauptsache als monetäres Förderinstrument (aus Institutionenperspektive)

Tab. 1 (S. 314ff.): *Literaturübersicht*

3.2 Motive aus Mitgliedersicht

Weltweit sind Schätzungen zufolge über achtzig Millionen Menschen in Brand Communities vernetzt (ALGESHEIMER/HERRMANN/DIMPFEL 2006: 933), addiert man Freundeskreise im Kultursektor und Communities in anderen Gebieten (z. B. Fanclubs im Sport und Showbusiness) hinzu, dürfte diese Zahl noch weitaus höher ausfallen. Für die Gestaltung solcher Brand Communities ist es notwendig zu verstehen, welche Motive Menschen antreiben, solchen Netzwerken beizutreten, zu verbleiben und sich aktiv zu engagieren. Daher wurden in einem ersten Schritt die Literatur zur Brand-Community- und Freundeskreisforschung zum Thema Motive ausgewertet, wobei insgesamt fünf verschiedene Motivklassen identifiziert werden konnten.

(1) Soziale Interaktion und Zugehörigkeit. Ein erstes Motiv bildet das Zugehörigkeits- und Interaktionsmotiv. Darunter ist die Zugehörigkeit und Teilhabe an einer Gemeinschaft zu verstehen, welche die soziale Identität des Einzelnen stark beeinflusst. Die Brand-Community-Forschung zeigte in empirischen Studien, dass dieses Motiv einen zentralen Treiber aus Sicht der Mitglieder darstellt. Studien belegen die Relevanz des Wir-Gefühls, der sozialen Interaktion, der Freundschaft sowie den Wunsch nach Anerkennung (ALGESHEIMER 2004; McALEXANDER/ SCHOUTEN/KOENIG 2002; MUNIZ/O'GUINN 2001). Auch die Forschung zu Freundeskreisen zeigte, dass die Zugehörigkeit ein zentrales Motiv darstellt. Die sozialen Kontakte und die Vernetzung mit Gleichgesinnten stehen im Vordergrund, vor anderen Motiven wie direkten Gegenleistungen durch die Kulturinstitutionen (BHATTACHARYA/RAO/ GLYNN 1995; CAMARERO/GARRIDO 2011: 266, 268; SLATER/ARMSTRONG 2010).

(2) Unterhaltung und Erlebnis. Das Motiv der Bedürfniserfüllung durch Unterhaltung und Erlebnis gründet sich in der heutigen Möglichkeit der Freizeitgestaltung. Darunter sind alle Aktivitäten zu verstehen, die den Nutzer subjektiv unterhalten und Erlebnisse, die sich von seinem Alltag unterscheiden. Brand Communities bilden durch Aktivitäten wie Feste, Partys und Versammlungen gemeinsame Rituale und Traditionen aus (HOPPE 2009; MUNIZ/O'GUINN 2001; LOEWENFELD 2006). Auch gemeinsame Konsumaktivitäten im Bezug auf die Marke werden hier genannt (McALEXANDER/SCHOUTEN/KOENIG 2002). In Freundeskreisen kann dieses Motiv durch Angebote für Freizeitaktivitäten und gemeinsames Erleben von Kultur und Kunst befriedigt werden (BHATTACHARYA/RAO/GLYNN 1995; HOLLEIN 2010: 9; NÜMANN 2010: 7; WELLING et al. 2007). Positive Kulturerlebnisse erzeugen Begierde und Freude, welche auch als spirituelle und kreative Stimuli auf das Freundeskreismitglied wirken und die emotionale Verbindung zur Kulturinstitution fördern. Die Mitgliedschaft wird somit Teil des Lebens (SLATER/ARMSTRONG 2010, 2011).

(3) Persönlichkeitsentwicklung. Darüber hinaus ist das Motiv der Persönlichkeitsentwicklung zu nennen. Inhaltlich umfasst diese Motivation

individuelle Bildung, die Entwicklung von Interessen und Fähigkeiten und das Streben zu einem größeren Ganzen beizutragen. Es werden die gegenseitige emotionale Unterstützung, Hilfe und Förderung unter Brand-Community-Mitgliedern beschrieben (FOURNIER/LEE 2009: 106). In Langzeitstudien zu Automobilmarken konnte nachgewiesen werden, dass die Beziehung zur Marke als besonders intensiv wahrgenommen wird, je stärker sie in die jeweilige Lebens- und Erfahrungswelt eingebunden ist (McALEXANDER/SCHOUTEN/KOENIG 2002: 43, 48). In der Freundeskreisliteratur wird die persönliche Erfahrung und Befriedigung durch Bildung, Stimulation und Emotionen identifiziert (CAMARERO/GARRIDO 2011: 270). Die Beteiligung in Freundeskreisen ermöglicht Diskurse und Kontroversen, die neue Sichtweisen und Fragestellungen hervorbringen können. Darüber hinaus werden teilweise durch die Mitglieder eigene Projekte mit Inhalten gefüllt. Mitsprache und Gestaltungsfreiraum ist den Freunden von Kulturinstitutionen wichtiger geworden, direkten Einfluss auf die Programmgestaltung gibt es aber in der Regel bislang nicht (HOLLEIN 2010: 9; GUSTORF 2010: 12-14).

(4) Extrinsische Vorteile. Die extrinsischen Vorteile beschreiben alle expliziten Gegenleistungen, die das Mitglied als Vorteil wahrnimmt, die erstrebenswert wirken und damit seine Motivation und Handlungsbereitschaft als Mitglied beeinflussen. In der Brand-Community-Literatur werden insbesondere Informationen und die Hilfe bei der Nutzung der Marke hervorgehoben (MUNIZ/O'GUINN 2001). In der Freundeskreisliteratur gibt es ganz konkrete und vielgestaltige Bespiele. Gegenleistungen und direkte Vorteile werden von den Freundeskreismitgliedern beispielsweise in Form von freien oder vergünstigten Eintritten, speziellen Events, Führungen, Gesprächen, Reisen oder Publikationen in Anspruch genommen (BHATTACHARYA/RAO/GLYNN 1995; SCHMALHAUS 2011; SLATER 2003; SLATER/ARMSTRONG 2010; WELLING et al. 2007). Camarero und Garrido (2011) haben empirisch die Bedeutung dieser materiellen und immateriellen Vorteile analysiert und deren Einfluss für die Zufriedenheit und die Identifikation im Kontext von Freundeskreisen nachgewiesen.

(5) Prestige. Die Motivation, Prestige und Exklusivität zu erleben, ist eng mit dem persönlichen Status verbunden. Haupttreiber ist hierbei die Möglichkeit vom guten Ruf und Umfeld einer Marke zu profitieren. Das Engagement in einer Brand Community kann diese Motivation be-

friedigen, indem ein Gefühl von Exklusivität durch Kennzeichnung und ebenso durch Abgrenzung der Community zu anderen Gruppen erzeugt wird. Die jeweilige Subkultur und der Lebensstil sind demnach einer begrenzten Gruppe zugänglich (McALEXANDER/SCHOUTEN/KOENIG 2002; MUNIZ/O'GUINN 2001). Den Brand Community Mitgliedern werden beispielsweise besondere exklusive Veranstaltungen geboten. Mit Bezug auf Kulturinstitutionen werden Partys und Events als Motivatoren für Kulturfreunde beschrieben. Auch das ästhetische Interesse und physische Dimensionen wie Architektur und Atmosphäre, die im repräsentativen Rahmen von vielen Kulturinstitutionen wirkungsvoll erzeugt werden, haben Einfluss auf das Prestigegefühl. Daneben fördern Symbole, wie z. B. die begehrte *Tate-Membershipcard* (Tate, London), das Gefühl von Exklusivität. Ebenso motivierend wirkt die gemeinnützige Dimension des Engagements, sowie der positive Charakter von Spenden und Mitgliedsbeiträgen (BHATTACHARYA/RAO/GLYNN 1995; SLATER 2004: 248; SLATER/ARMSTRONG 2010, 2011). Tab. 2 fasst die Unterstützung der fünf identifizierten Motivklassen durch die Brand-Community- und Freundeskreisforschung zusammen.

Quellen	soziale Interaktion & Zugehörigkeit	Unterhaltung & Erlebnis	Persönlichkeitsentwicklung	extrinsisch Vorteile	Prestige
Brand-Community-Forschung					
Muniz/O'Guinn (2001)	x	x	x	x	
McAlexander/Schouten/Koenig (2002)	x	x	x		
Algesheimer (2004)	x	x	x	x	
Algesheimer/Herrmann/Dimpfel (2006)	x	x	x	x	
Loewenfeld (2006)	x	x	x		x
Fournier/Lee (2009)	x		x		
Hoppe (2009)	x	x		x	
Popp (2011)	x				
Freundeskreisforschung					
Bhattacharya/Rao/Glynn (1995)	x	x	x	x	x
Camarero/Garrido (2011)	x	x	x	x	x
Slater (2003)	x	x	x	x	x
Slater (2004)	x	x	x	x	x
Hellmann (2005b)	x				
Welling et al. (2007)			x	x	x
Slater/Armstrong (2010)	x	x	x	x	x
Bundesverband der Fördervereine Deutscher Museen für bildende Kunst e.V. (Hg.) (2010)	x	x	x	x	x
Slater/Armstrong (2011)	x	x	x		
Schmalhaus (2011)	x		x	x	

Tabelle 2: *Motive für die Mitgliedschaft*

Die Gründe, sich in einer Brand Community oder einem Freundeskreis zu engagieren, sind für jeden einzelnen individuell. Insgesamt ist festzuhalten, dass es in der Realität Überschneidungen der Motivklassen gibt und die Teilnahmeentscheidung und das Engagement häufig nicht nur aus einer Motivklasse heraus resultiert. Die Einteilung in Motivklassen ist gleichwohl für die Ableitung von Erfolgsfaktoren und für die Entwicklung von Instrumenten aus der Sicht von Kulturinstitutionen bedeutend.

3.3 Erfolgsfaktoren aus Institutionensicht

Die Erfüllung der Motive der Mitglieder führt dann auch dazu, dass die Kulturinstitution ihrerseits die Ziele besser erfüllen kann. Die Erfüllung der Ziele wie u. a. Stärkung der Marke, Feedback und aktive Unterstützung der Kulturinstitution, Bindung und Gewinnung von Mitgliedern, Weiterempfehlung sowie erhöhtes Spendenaufkommen stellen im Rahmen der Logik der Erfolgsfaktorenforschung den Erfolg als mehrdimensionale abhängige bzw. zu erklärende Größe dar.

Aus Sicht der Kulturinstitution sind Rahmenfaktoren zu gestalten, damit die in Abschnitt 3.2 behandelten Motive der Mitglieder erfüllt werden. Die Literatur diskutiert dabei entweder einzelne, konkrete Maßnahmen (Instrumente) oder abstraktere Ausprägungen einer Brand Community bzw. eines Freundeskreises (Erfolgsfaktoren). Im Folgenden wird auf der Ebene der Erfolgsfaktoren diskutiert, wobei auch immer typische Instrumente aus dem Kulturbereich erwähnt werden. Dabei ist zu beachten, dass die einzelnen Instrumente häufig nicht nur einen Erfolgsfaktor positiv beeinflussen, sondern bei entsprechender Gestaltung auch mehrere Erfolgsfaktoren beeinflussen können.

(1) Marke. Unter Marke versteht man nachfrager- bzw. wirkungsbezogen solche Objekte, die beim Abnehmer im Vergleich zu Konkurrenzobjekten einen höheren Bekanntheitsgrad und ein differenzierendes Image aufweisen, welches zu Präferenzen führt (BAUMGARTH 2008: 4). Die Markenstärke ist eine zusammenfassende (Mess-)Größe für die Wirkung der Marke bei den Abnehmern. Die Brand-Community-Forschung hat sowohl konzeptionell (MUNIZ/O'GUINN 2001: 426ff.) als auch empirisch (ALGESHEIMER/HERRMANN/DIMPFEL 2006: 936) auf die hohe Bedeutung der Markenstärke für die Mitglieder hingewiesen. Besonders erfolgreich ist die Brand Community oder der Freundeskreis, wenn die Mitglieder die Marke und ihre Werte in ihr persönliches Leben als ‚Way of Life' und Lebensstil integrieren (MUNIZ/O'GUINN 2001; McALEXANDER/SCHOUTEN/ KOENIG 2002). Die Identifikation der Mitglieder mit der Marke sollte strategisch gestärkt werden. Dies ist erfolgreich, wenn die Identität der Kulturinstitution gleiche oder ähnliche

Werte aufweist wie die Selbstkonzepte der Freundeskreismitglieder. In der Freundeskreisforschung findet sich das Argument einer starken Marke u. a. bei Slater und Armstrong (2010: 743) sowie Hellmann (2005a). Markenspezifische Erfolgsdeterminanten sind die Attraktivität der Marke und die Beziehungsqualität zur Marke. Auf dieser Grundlage ist die Markenloyalität und damit der Erfolg für Weiterempfehlungsverhalten durch den Anbieter beeinflussbar (ALGESHEIMER 2004: 417ff.).

Zur Generierung von Markenstärke im Kulturbereich sind alle Instrumente zum Markenaufbau und zur Markenpflege sinnvoll. Diese reichen von der expliziten Formulierung einer Markenpositionierung oder Markenphilosophie (KLEIN 2007: 67-86; KOTLER/KOTLER/KOTLER 2008: 114-149) über eine interne Verankerung der Marke innerhalb der Kulturinstitution (BAUMGARTH/FREUND 2009; KLEIN 2009) und einer Übersetzung der Markenpositionierung in ein entsprechendes Branding (JÜRRIES 2008; MEYER 2008; PROKOP 2008) sowie externe Kommunikation (WACH/LACHERMEIER 2011; ZIEGLER/MÜLLER-BOLLENHAGEN 2009) hin zu einem Markencontrolling (BAUMGARTH 2011; CAMARERO/GARRIDO/VINCENTE 2010).

(2) Unternehmenskultur. Die Unternehmenskultur, ein aus der Organisationstheorie stammendes Konzept, bezeichnet in diesem Fall alle von der Kulturinstitution tatsächlich gelebten Werte (SCHEIN 2004). Eine solche Unternehmenskultur hat starken Einfluss auf die Arbeit und das Verhalten der Institution. Die Unternehmenskultur hat demnach direkte Wirkungen auf alle Bereiche des Managements, sowohl für die internen Strukturen wie interne Kommunikation und Mitarbeiterführung als auch für die externe Kommunikation und Handlungen mit verschiedenen Anspruchsgruppen. Ein wichtiger Aspekt der Unternehmenskultur für die vorliegende Problemstellung ist die gelebte Relevanz des Freundeskreises auf der Führungsebene (FOURNIER/LEE 2009). Weiterhin wird in der Brand Community Literatur eine offene Unternehmenskultur als Erfolgsfaktor genannt (FOURNIER/LEE 2009). Ein Freundeskreis entwickelt im besten Fall eine Eigendynamik, die der Kulturinstitution nutzt. Diese Eigendynamik erfordert allerdings, dass teilweise Macht und Steuerung abgegeben werden. Für die Institutionen kann sich aus dem Netzwerk mit Freundeskreisen die Chance zu inhaltlichem Austausch und der Konfrontation mit zeitgemäßen Fragestellungen ergeben. Das kreative Potential junger Menschen kann – insbesondere im Fall junger Freundeskreise – genutzt werden (HOLLEIN 2010: 9). Der Kulturjournalist Koerner von Gustorf (2019: 13) argumen-

tiert, dass „die Jungen Wilden [gebraucht werden], um nicht in gemächliche Fahrwasser und repräsentative Erstarrung zu geraten". Es kann zu Misserfolgen führen, wenn es der Unternehmenskultur an Offenheit mangelt. Das *Museum für Kunst und Gewerbe* (MKG) Hamburg initiierte beispielsweise 2007 die gut besuchte Veranstaltungsreihe *Date-the-Museum*. Zweimal im Monat wurden Führungen oder Gespräche mit speziellen Gästen, Zusammenkommen an der Bar und Musik unter dem Slogan *Kunst anders erleben, jeder ist willkommen!* geboten. Dabei wollten die Veranstalter den Besucher als aktiven Teilnehmer und nicht als Betrachter begreifen. Grundprinzipien waren Aktion und Partizipation sowie Treffpunkt und Kommunikation.[5] *Date-the-Museum* wurde 2011 abgesetzt, nicht weil die Veranstaltungsreihe zu wenige Besucher angezogen hat, sondern vermutlich weil nicht erwünschte Formen der Interaktion und Teilnahme zustande kamen und die tatsächlichen Besucher nicht der Zielgruppe entsprachen. In einem Statement hieß es: „Das MKG wird sich zukünftig in der Ansprache eines jungen Publikums auf andere Maßnahmen, u. a. im Bereich Onlinekommunikation konzentrieren" (zit. n. SCHMALHAUS 2011: 19, 108). Dieses Beispiel belegt die Notwendigkeit einer offenen Unternehmenskultur, wenn man Besucher und Freundeskreismitglieder aktiv beteiligen möchte.

Trotz der immer noch anhaltenden Grundsatzdiskussion zur Gestaltbarkeit von Unternehmenskultur (MACHARZINA/WOLF 2005: 249ff.) lassen sich einige Konzepte identifizieren, die Impulse zur Weiterentwicklung einer Unternehmenskultur setzen. Im Einzelnen kann eine Kulturinstitution durch Change-Management (BEMMÉ 2011; NJAA 2000; STOCK-HOMBURG 2007), Führungsverhalten (ESCH/KNÖRLE 2008) und Maßnahmen der internen Kommunikation (VALLASTER/ CHERNATONY 2006) die Unternehmenskultur in Richtung Offenheit und Relevanzerhöhung von Freundeskreisen fortentwickeln.

(3) Freundeskreisinhalte. Mit Inhalten ist in diesem Fall die konkrete Umsetzung in Brand Communities und Freundeskreisen gemeint. Die Inhalte umfassen alle Aktivitäten der Freundeskreise, deren Angebote und Programminhalte und die jeweilige Gestaltung. In der Brand-Community-Literatur werden in der Hauptsache Markenfeste, Versammlungen und Erlebnisqualitäten genannt, ebenso spielt der Kundenservice eine zentrale Rolle (MUNIZ/O'GUINN 2001; McALEXANDER/SCHOUTEN/KOENIG 2002; LOEWENFELD 2006). Für die Mitgliedschaft in

---

5 <http://www.justusbrinckmann.org/date-the-museum> (Stand 18.02.2012).

einem Freundeskreis ist das gesellschaftliche Renommee, anders als in den frühen Förderkreisen (Abschnitt 2.2), nicht mehr alleiniger Motivationsgrund. Die Arbeit von Freundeskreisen hat sich hier gewandelt. Um für die Mitglieder attraktiv zu sein, sind Gegenleistungen, Vorteile und konkrete Angebote für Aktivitäten notwendig. Beispiele für solche extrinsischen Vorteile liefert die Studie *Förder- und Freundeskreise der Kultur in Deutschland,* die zwischen ideellen und geldwerten Vorteilen unterscheidet. Tab. 3 listet einige ideelle und geldwerte Vorteile für die Mitglieder von Freundeskreisen auf.

ideelle Vorteile	geldwerte Vorteile
• kostenlose Informationen (z. B. Newsletter, Mitgliederzeitschrift) • erleichterter Kartenzugang (Vorkaufsrecht oder Last-Minute-Tickets) • Gespräche mit Künstlern oder Intendanten • Probenbesuche und Atelierbesuche • Einführungsgespräche, Previews • Mitwirkung an inhaltlicher Arbeit • Führungen hinter die Kulissen • Seminare • Tourneebegleitung (z. B. bei Orchester, auf eigene Kosten) • besondere Reisen (gegen Gebühr) • Nutzung von Räumlichkeiten (teilw. gegen Gebühr)	• Publikationen (Kataloge, CDs etc.) • Vergünstigungen oder kostenfreie Eintrittskarten • (vergünstigte) Eintritte bei Partnerinstitutionen • Art Card • verbilligte Anzeigen • Jahresabgabe • Prozente auf Produkte (im Shop) • kostenlose Bilderberatung • kostenlose Bücherbringdienste • Reisen • Raumnutzung

Tab. 3: *Vorteile der Freundeskreismitglieder* (WELLING et al. 2007: 18, 19)

(4) Plattform. Für die räumliche und inhaltliche Vernetzung eines Freundeskreises sind Plattformen notwendig, die die Möglichkeit des Zugangs und der Begegnung bieten. Diese können neben den Kulturinstitutionen als Gebäude und Ort, klassische Formate wie Versammlungen, Feste und Reisen, aber auch digitale Plattformen wie Online Communities oder Social-Media-Anwendungen sein (HELLMANN 2005b; SLATER 2004: 248). Im besten Fall wird eine enge Vernetzung auch zwischen den Freundeskreismitgliedern untereinander geschaffen. Aus dem Verständnis der Beziehungskonstellation und deren Qualität können aus der Anbieterperspektive Instrumente abgeleitet werden, die positive Einflüsse auf die Bindung haben. Identifikationsfläche, Sympathie und vertrauensvoller Umgang sollten durch die Institution geboten werden. Unter den Mitgliedern sollten Gemeinsamkeiten, Freundschaften und gegenseitige Unterstützung gefördert werden (LOEWENFELD 2006:

146). Unter den Punkten *Freundeskreisinhalte* (3) und *Marketing und Service* (5) sind weitere konkrete Instrumente genannt worden.

(5) Marketing und Service. Marketing und Service sind für Organisation und Umsetzung von Freundeskreisen elementar. Wer in welcher Form und in welche Richtung kommuniziert, sollte dabei professionell geplant und implementiert werden. Im besten Fall findet Austausch nicht als Einwegkommunikation statt, sondern die Mitglieder werden integriert und es kommt ebenfalls zu Kommunikationsbeziehungen der Freundeskreismitglieder untereinander (s. Abb. 1: das kundenzentrierte Brand-Community-Modell). Neben der direkten Kommunikation bei Veranstaltungen und Aktivitäten sind die klassischen Printmedien, Newsletter, Webseiten aber auch soziale Netzwerke bedeutend. Ebenfalls sollte die strukturelle Organisation des Freundeskreises daraufhin geprüft werden, ob ein professioneller Service für die Mitglieder sichergestellt ist. Diese ist auch als Basis für die Ansprache neuer Mitglieder relevant. Wichtig sind klare Zuständigkeiten, verfügbare Ansprechpartner und eine Institutionalisierung des Managements der Freundeskreise (SLATER 2004: 249, 255). Insbesondere in Kulturinstitutionen mit wenig Personal kommt es vor, dass die Organisation des Freundeskreises an ehrenamtliche Mitarbeiter delegiert wird. Der Erfolg kann durch ein Management beeinflusst werden, wenn das Unternehmen die Wünsche und Ziele der Mitglieder versteht und unterstützt (ALGESHEIMER/ HERRMANN/DIMPFEL 2006: 933; LOEWENFELD 2006). Sowohl durch Kommunikationsmaßnahmen als auch durch entsprechende Plattformen und Inhalte ist dies zu erfüllen. Dabei sollten die Freundeskreismitglieder als Akteure und nicht als Konsumenten wahrgenommen werden (GUSTORF 2010: 12-14). Aus den Forschungsergebnissen von Susan Fournier und Lara Lee (2009) zu Brand Communities können auch Empfehlungen für den Umgang mit Freundeskreisen abgeleitet werden. Die Betreuung der Freundeskreise sollte nicht ans Marketing delegiert werden, sondern als Topführungsaufgabe behandelt werden. Soziale und individuelle Bedürfnisse der Mitglieder müssen verstanden werden, es sollte keine Kontrolle durch das Management sondern Unterstützung für die Freundeskreise erfolgen. Diese sind eigendynamische soziale Gebilde und brauchen gewissen Freiraum. Brand Communities und damit auch Freundeskreise dienen nicht der Kulturinstitution, sondern ihren Mitgliedern, stellen Susan Fournier und Lara Lee (2009) heraus. Konflikte innerhalb der Freundeskreise können bereichernd sein

und die Gemeinschaft stärken, also sollte inhaltlich mehr möglich sein als nur die Bewunderung als „Lovefest" (FOURNIER/LEE 2009: 108).

(6) Exklusivität. Die Exklusivität eines Freundeskreises, das hiervon ausgehende Prestige und der Status eines Freundeskreismitgliedes sind eng an den Wert und die Reputation der Kulturinstitution gekoppelt. Ein guter Ruf und Reputation erfordern konsequentes einwandfreies Handeln und die entsprechende Kommunikation, insbesondere im Krisenfall. Die Grundlagen hierfür müssen in der Markenstrategie angelegt sein und können nicht einfach erzeugt werden. In Bezug auf die Mitgliedschaft in einem Freundeskreis kann aber das Gefühl von Exklusivität auch durch besondere, den Mitgliedern vorbehaltene Angebote und Veranstaltungen erzeugt werden. Am wirkungsvollsten sind dabei Aktivitäten die im repräsentativen Rahmen stattfinden. Diese Wirkung kann durch sichtbare kennzeichnende Symbole der Mitgliedschaft wie beispielsweise Membershipcards, Anstecker etc. verstärkt werden. Die Exklusivität wird durch begrenzten Zugang zur Mitgliedschaft erhöht. Diese Begrenzung kann allgemein durch Mitgliedsbeiträge und speziell auch durch gestaffelte Beiträge geschaffen werden. Teilweise gibt es verschiedene Stufen der Mitgliedschaft, bei höheren Beiträgen erhöhen sich in der Regel die Vorteile und Gegenleitungen, die das Mitglied erhält (u. a. BHATTAHCHARYA/ RAO/GLYNN 1995; SLATER/ARMSTRONG 2010; LOEWENFELD 2006). Ebenso eignen sich wohltätige Ausrichtung, Veranstaltungen und Spenden als Werkzeuge zur Befriedigung des Exklusivitätsmotivs (SLATER 2004: 248; BHATTACHARYA/RAO/ GLYNN 1995). Auch das Spenden wird als positive Aktivität wahrgenommen (BHATTACHARYA/RAO/GLYNN 1995). Dies ist ein großer Unterschied zu Brand Communities, welche angebunden an Unternehmen meist ohne monetäre Beiträge existieren.

Bei der Gestaltung von Erfolgsfaktoren für Freundeskreise können die Aktivitäten zur Markenführung und die Unternehmenskultur als langfristig angelegte Makrofaktoren verstanden werden. Diese sind stark von der Führungsebene in den Kulturinstitutionen abhängig. Etwas kurzfristiger gestaltbare Mikrofaktoren sind Freundeskreisinhalte, die jeweiligen Plattformen der Aktivitäten, das Marketing & Service und die Exklusivität eines Freundeskreises. Diese können einfacher von Freundeskreisverantwortlichen beeinflusst und gestaltet werden. Eine positive Wertschätzung des Freundeskreises aus der Perspektive des Managements einer Kulturinstitution durch Geschäftsführer, Direktoren und Intendanten ist somit ein Makroerfolgsfaktor für die Arbeit von

Freundeskreisen. Tab. 4 fasst die diskutierten Erfolgsfaktoren zusammen.

Quellen	Makrofaktoren		Mikrofaktoren			
	Marken	Unternehmenskultur	Inhalte	Plattform	Marketing & Service	Exklusivität
Brand-Community-Forschung						
Muniz/O'Guinn (2001)	x	x	x	x		x
McAlexander/Schouten/Koenig (2002)	x		x	x	x	x
Algesheimer (2004)	x			x		
Algesheimer/Herrmann/Dimpfel (2006)	x			x		x
Loewenfeld (2006)	x	x	x	x		x
Fournier/Lee (2009)	x	x	x	x	x	
Hoppe (2009)			x	x		x
Popp (2011)				x		x
Freundeskreisforschung						
Bhattacharya/Hayagreeva/Glynn (1995)	x	x	x	x	x	x
Camarero/Garrido (2011)		x	x	x	x	x
Slater (2003)			x	x	x	
Slater (2004)			x	x	x	x
Hellmann (2005b)	x	x		x		
Welling et al. (2007)				x	x	x
Slater/Armstrong (2010)	x	x	x	x		x
Bundesverband der Fördervereine Deutscher Museen für bildende Kunst e.V. (Hg.) (2010)				x	x	x
Slater/Armstrong (2011)	x		x		x	
Schmalhaus (2011)			x	x	x	x

Tab. 4: *Erfolgsfaktoren aus Institutionensicht*

3.4 Modell

Das in Abb. 2 dargestellte Modell verdeutlicht die Zusammenhänge zwischen den Motiven der Nutzer einem Freundeskreis beizutreten und den Erfolgsfaktoren aus Institutionensicht. Die identifizierten Motive und Erfolgsfaktoren führen im Wechselspiel von Erwartungen der Nutzer und deren Erfüllung über verschiedene Instrumente der Anbieter zu Erfolgen für die Freundeskreise. Es ist zu vermuten, dass der Erfolg für

Freundeskreise besonders befördert wird, wenn Makro- und Mikroebenen aufeinander abgestimmt sind und die Ausrichtung und Ziele der Führungsebene in Kulturinstitutionen zur jeweiligen Umsetzung durch Freundeskreismanagement und Kommunikationsabteilungen passen.

Es ist festzuhalten, dass es Überschneidungen der Motivklassen und Erfolgsfaktoren gibt, also kein einfaches Aktions-Reaktionsschema vorliegt. Ein eingesetztes Instrument kann verschiedene Motive beeinflussen (z. B. kann eine „Mitglieder-Reise" als Instrument sowohl die Motive Unterhaltung und Erlebnis, Prestige als auch Zugehörigkeit und wahrscheinlich sogar Persönlichkeitsentwicklung betreffen). Für das Management eines Freundeskreises ist die Kenntnis der Motive der Mitglieder elementar, um darauf aufbauend durch die Gestaltung der Erfolgsfaktoren und dem Einsatz konkreter Instrumente, diese entsprechend zu befriedigen.

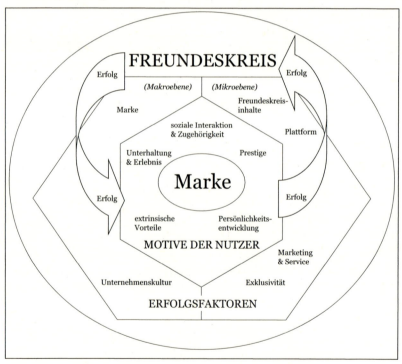

Abb. 2: *Erfolgsfaktorenmodell zum Management von Freundeskreisen*

4. Fallbeispiel Berlinische Galerie[6]

Im Folgenden wird anhand eines Beispiels die Anwendbarkeit des Erfolgsfaktorenmodells aufgezeigt. Das Fallbeispiel *Berlinische Galerie* wurde ausgewählt, da es aufgrund des Erfolgs (gemessen an der Mitgliederzahl und -entwicklung) als ein Best-Practice-Beispiel gelten kann. Die Fallstudie basiert auf der Auswertung der entsprechenden Internetseiten, sonstigen Materialien sowie persönlichen Gesprächen mit den Verantwortlichen (Ulrike Andres/Marketing und Kommunikation, Anke Kugelmann/Förderverein und Paula Schwarz/*Jung und Artig*).

4.1 Steckbrief

Die *Berlinische Galerie: Landesmuseum für Moderne Kunst, Fotografie und Architektur* ist eines der jüngsten Museen der Hauptstadt und sammelt in Berlin entstandene Kunst von 1870 bis heute. 1975 gegründet, eröffnete das Landesmuseum 2004 sein eigenes Haus in einer umgebauten Industriehalle (*Altes Glaslager*). Davor war das Museum in der Jebensstraße und im *Martin-Gropius-Bau* angesiedelt. Der Schwerpunkt des Hauses liegt auf Bildender Kunst in Form von Malerei, Grafik, Skulptur, Multimedia, Fotografie und Architektur, daneben gibt es ein Künstlerarchiv. Herausragende Sammlungsbereiche sind Dada Berlin, die Neue Sachlichkeit und Osteuropäische Avantgarde. Die Kunst des geteilten Berlin und der wiedervereinten Metropole bildet einen weiteren Schwerpunkt.

Der *Förderverein der Berlinischen Galerie e.V.* wurde 1975 als privater Verein kunstsinniger Bürger gegründet. Heute hat er etwa 1.600 Mitglieder. Über 20 Jahre hatte der Verein die Trägerschaft der Sammlung inne, bis das Museum 1995 in eine öffentlich-rechtliche Stiftung überführt wurde. Der Verein hat somit für die Geschichte des Hauses eine große Bedeutung. Unter dem Motto *Gute Freunde braucht die Kunst* gibt es vier verschiedene Mitgliedschaftsstufen und bis zu zwanzig Veranstaltungen pro Jahr. Inhaltlich unterstützt der Förderverein über die Mitgliedsbeiträge und Spenden Ausstellungen den Erwerb von Kunstwerken, die Katalogproduktion und realisiert museumsspezifische Veranstaltungen.

---

6 Wir danken Ulrike Andres, Anke Kugelmann, Stephanie Krumbholz und Paula Schwarz für die Unterstützung bei der Erstellung der Fallstudie *Berlinische Galerie*.

Förderverein und Berlinische Galerie verfolgen in enger Kooperation ein großes gemeinsames Ziel: das Sammeln, Erforschen, Präsentieren und Vermitteln von Kunst, die seit 1870 bis in die aktuelle Gegenwart in Berlin entsteht.[7]

Die Entwicklung der Mitgliederzahlen seit Mitte der 1990er-Jahre verläuft stark ansteigend. Während 1996 der Förderverein rund 720 Mitglieder umfasste, wuchs diese Zahl bis 2004 (Eröffnung des neuen Standorts) langsam aber stetig auf rund 800 Mitglieder an. Die Zahl der Mitglieder vergrößerte sich sprunghaft durch die Eröffnung und gleichzeitige Professionalisierung des Freundeskreises. Bereits einen Monat nach der Eröffnung stieg die Zahl von rund 800 auf knapp über 900 Mitglieder. 2005 wurde dann fast die 1.000er-Grenze erreicht. Den bisherigen Höhepunkt an Mitgliedern erreicht der Freundeskreis aktuell mit 1.561 Mitgliedern. Die Aktivitäten während der Phase ohne Räumlichkeiten waren weniger dem Vergnügen vorbehalten, vielmehr bezogen sich die Bemühungen hauptsächlich darauf, neue Ausstellungsflächen zu finden.

Jung und Artig, die jungen Freunde der Berlinischen Galerie, ist 2006 gegründet worden und hat im Jahr 2012 ca. 150 Mitglieder. Er ist Teil des Fördervereins, beschreibt sich selbst als eines der größten Berliner Netzwerke junger Kunstbegeisterter. Die Mitgliedschaft kostet 30 € Jahresbeitrag. Die Idee für *Jung und Artig* entstand aufgrund der Altersstruktur des Fördervereins. Die erste Umsetzung erfolgte in Zusammenarbeit mit Absolventen des *Freiwilligen Sozialen Jahres in der Kultur.* Für die weitere Entwicklung wurden u. a. Studenten der Universität der Künste einbezogen. Ziel ist es, junges Publikum unkonventionell anzusprechen. Es gibt bei verschiedenen Veranstaltungen Plattformen für Vernetzung und Mitgestaltung. *Jung und Artig* fördert auch ideell (HILLERS 2010: 29-31) und durch Publicity fürs Haus. Ab dem 36. Lebensjahr sollen die Mitglieder in den mäzenatisch orientierten Förderverein übergehen.

Die längerfristige Bindung der Mitglieder im Förderverein ist im Vergleich zu *Jung und Artig* deutlich stärker. Der Fördergedanke ist bei älteren Mitgliedern viel deutlicher ausgeprägt. Bei *Jung und Artig* ist die Fluktuation höher und die Dauer der Mitgliedschaft oft kurz. Es ist weitaus schwieriger, die jungen Menschen langfristig an die Institution zu binden. Insbesondere weil das Angebot in Berlin so vielfältig ist, muss man auffallen. Die Konkurrenz ist groß. „Die Pinakothek in München

---

[7] <http://www.berlinischegalerie.de/de/freunde/foerderverein.html> (Stand: 25.04.2012).

nimmt 200 € Mitgliedsbeitrag für den jungen Freundeskreis, das würde in Berlin nicht funktionieren" (Paula Schwarz, Interview am 26.04.2012). Gut funktioniert die Weiterempfehlung durch Freunde. Das Programm von *Jung und Artig* wird zudem an Berliner Institutionen vorgestellt (z. B. Kooperationen mit Universitäten und politischen Stiftungen).

4.2 Erfolgsfaktoren

Im Folgenden wird das Erfolgsfaktorenmodell auf das Fallbeispiel angewandt, um die Fruchtbarkeit des Modells zu verdeutlichen und potentielle Verbesserungsmöglichkeiten der *Berlinischen Galerie* aufzudecken.

(1) Marke Berlinische Galerie. Die *Berlinische Galerie* betreibt strategische und professionell ausgerichtete Markenführung. Extern werden Brandingmaßnahmen durch festgelegtes Corporate Design professionell implementiert. Hierzu wurde 2008 eine umfassende Markenanalyse (unterstützt durch *MetaDesign*) durchgeführt. Seit 2004 gibt es ein Corporate-Design-Handbuch mit festgelegten Gestaltungsrichtlinien, welches mit der Analyse 2008/2009 vollständig überarbeitet und seitdem angewendet wird. Intern wird die Umsetzung durch Controllingmaßnahmen und interne Kommunikation befördert.

Indikator für eine starke Marke ist u. a. eine Verdopplung der Besucherzahlen in den letzten 5 Jahren (2007: 65.000 Besucher; 2011: 130.000 Besucher). Für die Stärke der Marke *Berlinische Galerie* spricht auch die Listung in Reiseführern, Magazinen und Internetportalen (z. B. *Lonely Planet*, ADAC, *National Geographic, Prinz, Zitty* und Bewertungen auf *Qype, tripadvisor, Google Maps*). Ein weiterer Indikator für Interesse an der Marke und deren Bekanntheit ist ein Anstieg der Webseitenzugriffe, insbesondere nach dem Relaunch der Seite 2011.

Der Name *Berlinische Galerie* sorgt ohne den Untertitel *Landesmuseum für Moderne Kunst, Fotografie und Architektur* teilweise für Verwirrung, da immer wieder Anfragen an den Freundeskreis herangetragen werden, die das Museum mit einer Galerie verwechseln und Kunst kaufen möchten.

(2) Unternehmenskultur. Es findet eine intensive Zusammenarbeit zwischen dem Förderverein, *Jung und Artig* und der *Berlinischen Galerie* statt. Durch die gemeinsame Entwicklungsgeschichte besteht die Wertschätzung des Fördervereins auch auf der Führungsebene der *Berlini-*

schen Galerie und wird vom Förderverein als positive und sich gegenseitig verstärkende Interaktion beschrieben. Die Ausrichtung ist eng miteinander abgestimmt. Hin und wieder kommt es zu unterschiedlichen Interessen, aber es bestand nie eine Konkurrenzsituation. „Museum und Förderverein können sich gegenseitig aufeinander verlassen" (Anke Kugelmann, Interview am 26.04.2012). 2009 gab es in der *Berlinischen Galerie* einen Direktorenwechsel, damit ging eine zeitgenössischere Ausrichtung einher. Die Formate sind insgesamt jünger geworden und *Jung und Artig* ist Teil davon. Auch personell ist eine Vernetzung erkennbar, der Direktor der *Berlinischen Galerie*, Thomas Köhler, ist qua Amt auch Vorstandsmitglied des Fördervereins. Der Förderverein samt *Jung und Artig* hat großen Gestaltungsspielraum bei seiner Arbeit und wird im Management der *Berlinischen Galerie* ernst genommen, auch als Verteiler für die Kommunikation. Mitarbeiter des Hauses bringen sich aktiv in die Programmgestaltung des Freundeskreises ein, im Vorstand wird darüber entschieden und die Ideen – wenn möglich – von den Mitarbeitern der Geschäftsstelle des Fördervereins umgesetzt. Monatlich finden Absprachen zwischen der Vorsitzenden des Fördervereins und dem Direktor der *Berlinischen Galerie* statt. Ähnlich erfolgt auch eine enge Abstimmung mit der Abteilung Marketing und Kommunikation sowie bei der Gestaltung von Jahresplänen oder der gemeinsamen Planung und Ausrichtung von Veranstaltungen (z. B. Sommerfest).

(3) Freundeskreisinhalte. Förderverein: Mit den Beiträgen der Mitglieder und darüber hinausgehenden Spendengeldern unterstützt der Verein in entscheidendem Maße die Museumsarbeit. So ist es dem Freundeskreis in den vergangenen Jahren gelungen, jährlich eine große Sonderausstellung zu finanzieren, die ohne ihn nicht hätte realisiert werden können.

Neben freien Eintritten zu allen Ausstellungen und Einladungen zu Sonderveranstaltungen wird es den Mitgliedern ermöglicht, an regelmäßigen Informationen, Publikationen, am exklusiven Vereinsprogramm mit Tagesausflügen, Reisen (z. B. 2012: 5-tägige Kunstreise nach Bayern, 7-tägige Kunstreise nach Israel) und Kooperationen mit Partnerinstitutionen zu partizipieren. Mit den Kooperationspartnern (u.a. *Brücke Museum, Jüdisches Museum Berlin, Stiftung Stadtmuseum* [7 Museen], *Kunsthalle Emden, SK Stiftung Kultur in Köln*) finden auch gegenseitige Besuche und Austausch statt.

Jung und Artig: Die Mitglieder können alle Aktivitäten des Fördervereins mitnutzen, zusätzlich gibt es eigene Veranstaltungen wie Führungen, Atelierbesuche, Besuche von privaten Sammlungen zeitgenössischer Kunst in Berlin, (Artists-)Talks, Architektur-Stadtrundgänge, Tagestrips und die *Kunstnacht*. Beispielsweise öffnet sich zur *Kunstnacht* die *Berlinische Galerie* mit DJs, VJs, Live-Acts, Guides, Bars und Installationen einem jungen Publikum (HILLERS 2010: 29, 30). 2012 wird zudem eine Mitgliederreise nach Griechenland veranstaltet. Der Kontakt zur Berliner Kunstszene wird betont. Enge Beziehungen zu anderen Institutionen werden gepflegt.

(4) Plattform. Förderverein: Die wichtigsten Plattformen für den Förderverein sind die regelmäßigen Treffen und Veranstaltungen für die Mitglieder, daneben Führungen, Tagesausflüge und Reisen und die jährliche Mitgliederversammlung sowie das Sommerfest. Da die Mitglieder ähnliche Interessen haben und oft selbst künstlerisch aktiv sind, ergeben sich auch Netzwerke unter den Freunden. Bei *Jung und Artig* stellt *Facebook* eine weitere Plattform der Interaktion dar. Es findet mittlerweile ein lebhafter Austausch mit den Nutzern statt. Es gibt viele Kommentare und Rückmeldungen und somit Raum für Partizipation. Für den Umgang mit Social Media nutzen die Mitarbeiter des Freundeskreises teilweise Hilfe aus dem Netzwerk der Berliner Kulturinstitutionen. Der Förderverein unterhält zudem enge Beziehungen zu anderen Institutionen, in diesem Netzwerk ergeben sich weitere Plattformen zur Interaktion. Beispielsweise konnte kürzlich spontan ein Generalprobenbesuch mit 40 Personen in der *Berliner Staatsoper* verwirklicht werden, insbesondere durch ein persönliches Netzwerk zwischen den Freundeskreisverantwortlichen.

(5) Marketing und Service. Zu den wichtigsten Marketingaktivitäten des Vereins zählen das Fundraising (Spendenaufrufe zu Sonderprojekten wie eine große Sonderausstellung im Jahr oder Ankäufe für die Sammlung) sowie die Werbung von neuen Mitgliedern auf Ausstellungseröffnungen oder während anderer Veranstaltungen in der Berlinischen Galerie.

Für den Förderverein ist klassische Kommunikation mit E-Mail und auch Postversand relevant. Social Media spielt bislang keine große Rolle. Zweimal jährlich wird das Programm mit Anmeldeformularen versendet, Rückmeldungen werden ebenfalls überwiegend auf dem Postweg bearbeitet. Das Logo der Berlinischen Galerie wird mit dem Zusatz „Förderverein" genutzt. Für *Jung und Artig* ist ein regelmäßiger E-Mail-Newsletter die wichtigste Kommunikationsform. Social Media, welches für diesen Freundeskreis eine zentrale Rolle spielt, wird für Informationsverteilung und spontane Ankündigungen genutzt. Um den

Umgang mit Kritik zu professionalisieren, belegen Mitarbeiterinnen des Fördervereins zurzeit einen Beschwerdemanagementkurs. Im Vergleich zu anderen Kulturinstitutionen weist die *Berlinische Galerie* in Bezug auf den Freundeskreis eine relativ gute Personalstruktur mit klaren Verantwortlichkeiten auf. Für die Organisation des gesamten Vereins gibt es drei Mitarbeiterinnen in Teilzeit. Zusätzlich wird für die Organisation von *Jung und Artig* eine Studentin auf Minijobbasis beschäftigt, wobei diese Stelle komplett von einem Mäzen getragen wird. Zusätzlich gibt es eine externe Beraterin, die sich strategisch um die Einbindung und Organisation von Ehrenamt und freiwilligen Mitarbeitern bemüht. Diese Infrastruktur erlaubt ein relativ großes Repertoire an Kommunikation und professioneller Gestaltung. Dies beinhaltet auch Facebookseiten sowohl für die *Berlinische Galerie*, als auch für *Jung und Artig* (gefällt das: 5.582; sprechen darüber: 23; waren hier: 43; Stand: 10.05.2012). Darüber hinaus wird voraussichtlich ab Juni 2012 im Eingangsbereich des Museums ein Counter für den Förderverein eingerichtet. Dort wird ein Bildschirm mit einem Werbespot für den Förderverein ständig laufen und man kann direkt Mitglied werden. Der Counter wird bei Veranstaltungen von ehrenamtlich tätigen Freundeskreismitgliedern besetzt.

(6) Exklusivität. Im Förderverein wird ein gestaffeltes Beitragssystem verfolgt. Die Gegenleistungen unterscheiden sich je nach Mitgliedschaftsstufe und die Beiträge staffeln sich von 90 € bis 1.400 €. Beispielsweise beinhaltet die Mitgliedschaftsstufe ‚Freund Plus' (120 €) die Mitgliedschaft für zwei Personen, weshalb diese insbesondere von Ehepaaren genutzt wird. In dieser Stufe gibt es mit Abstand die meisten Mitglieder. Die Mitgliedschaftsstufen ‚Förderer' (200 €) und ‚Mäzen' (400 €) umfassen rund 60 Mitglieder und beinhaltet u. a. exklusive Veranstaltungen und ein Vorkaufsrecht für Mitgliederreisen. ‚Firmenmitglieder' (1.400 €), die insbesondere bei Spendenaufrufen engagiert sind, zählt der Förderverein derzeit 15. Neben diesem gestaffelten Beitragssystem wird das Vereinsprogramm des Fördervereins in der Selbstdarstellung als exklusiv beschrieben. Dennoch versteht sich der Verein nicht als elitär. Die Kunstreisen sind beispielsweise immer ausgebucht. Das Gefühl von persönlicher Nähe der Mitglieder zur *Berlinischen Galerie* wird eher über Veranstaltungen erreicht, die den Mitgliedern vorbehalten sind. Für Mäzene und Firmenmitglieder gibt es hier wiederum spezielle exklusive Veranstaltungen mit Künstlern, Direktor oder Kuratoren. Firmenmitglieder werden zudem auf der Internetseite namentlich genannt.

Bei *Jung und Artig* gibt es keine unterschiedlichen Mitgliedschaftsstufen. Im Zentrum steht, den jungen Kunstfreunden Gelegenheiten zu bieten, bei Veranstaltungen die Mitarbeiter des Museums persönlich kennenzulernen, beispielsweise über Previews zu Ausstellungen oder bei Kuratorenführungen".[8] Das Netzwerk und der Kontakt zur Berliner Kunstszene können hier als Exklusivvorteil gewertet werden. Tabelle 5 fasst die Erfolgsfaktoren für den Freundeskreis der „Berlinischen Galerie" zusammen.

Erfolgsfaktoren	Förderverein Berlinische Galerie e. V.	Jung und Artig (Junge Freunde im Förderverein der Berlinischen Galerie e. V.)
(1) Marke Berlinische Galerie	Nutzung gleiches Logo mit dem Zusatz „Förderverein", lange inhaltliche Tradition und Entwicklung, deutliche Einbindung und Bezugnahme	Demnächst neues Corporate Design, stärkere Verbindung zur Berlinischen Galerie
(2) Unternehmenskultur	Starke Anbindung an Berlinische Galerie, Wertschätzung; hohe Relevanz auf Direktorenebene	Intensive Kommunikation mit der Berlinischen Galerie, Verjüngung, Publicity und Trends
(3) Freundeskreisinhalte	Förderung durch Mitgliedsbeitrag und Spenden, Finanzierung von Ausstellungen und Katalogen; Veranstaltungen, Mitgliederversammlung, Sommerfest, Reisen	Förderung durch Mitgliedsbeitrag; Veranstaltungen, Vernetzung, Austausch, Reisen, Kooperationen mit anderen Institutionen
(4) Plattform	regelmäßige Veranstaltungen, Mitgliederversammlung, Newsletter	Social Media Plattformen spielen große Rolle, sowohl für Information als auch Interaktion mit den Mitgliedern
(5) Marketing und Service	Klassische E-Mail und Postverteiler; relativ gute Personalausstattung	Schnelle Kommunikation und Interaktion per E-Mail und Social Media
(6) Exklusivität	Besonders durch höhere Mitgliedschaftsstufen mit Vorkaufsrecht für Reisen und exklusiven Veranstaltungen	Eine Mitgliedschaftsstufe, aber Vorteile des Fördervereins plus eigene Veranstaltungen, Zugang zur Berliner Kulturszene

Tab. 5: *Erfolgsfaktorenmodell am Beispiel des Freundeskreises der* Berlinischen Galerie

---

8 <http://facebook.com/jungundartig/page_map> (Stand 31.08.2012)

5. Fazit und Forschungsausblick

Bislang wurden Freundeskreise insbesondere als Finanzierungsinstrument für Kulturinstitutionen eingesetzt. Dieser Beitrag erweitert diese Betrachtung indem Freundeskreise als Netzwerke von Freunden interpretiert werden. Eine solche Betrachtung zeigt eine hohe inhaltliche Ähnlichkeit zum Thema der Brand Communities in der klassischen Markenforschung. Daher wurden im Rahmen des Beitrags sowohl die bislang spärliche Literatur zu Freundeskreisen als auch die deutlich umfangreichere Literatur zu Brand Communities synthetisiert.

Um die Gestaltung solcher so verstandener Freundeskreise zu unterstützen, ist es zum einen notwendig zu verstehen, welche Motive Personen dazu veranlassen, solchen Freundeskreisen beizutreten, dort zu verbleiben und sich aktiv zu beteiligen. Insgesamt identifizierte der Beitrag die fünf Motivklassen soziale Interaktion und Zugehörigkeit, Unterhaltung und Erlebnis, Persönlichkeitsentwicklung, extrinsische Vorteile sowie Prestige.

Zum anderen ist es für das Management von Freundeskreisen hilfreich zu verstehen, welche Erfolgsfaktoren und konkreten Instrumente zur Verfügung stehen, um die Motive der Mitglieder zu befriedigen. Dabei unterscheidet das vorgeschlagene Modell zwischen zwei schwer veränderbaren Makrofaktoren (Marke, Unternehmenskultur) und vier direkter gestaltbaren Mikrofaktoren (Inhalte, Plattformen, Marketing und Service, Exklusivität).

Das Fallbeispiel *Berlinische Galerie* zeigte zum einen, dass das Modell in der Lage ist, einen konkreten Freundeskreis zu beschreiben (deskriptive Modellfunktion) und zum anderen Verbesserungspotentiale (technologische Modellfunktion) abzuleiten.

Allerdings ist zu berücksichtigen, dass das vorgeschlagene Modell zwar die bisherigen Erkenntnisse zu Freundeskreisen und Brand Communities integriert, jedoch sind in zukünftigen Studien sowohl der Einfluss der Motive auf das Verhalten der Mitglieder eines Freundeskreises als auch der Einfluss der Erfolgsfaktoren auf die Motivbefriedigung in eher quantitativ angelegten Studien zu analysieren. Weiterhin ist zu berücksichtigen, dass die durchgeführte Fallstudie überwiegend auf Selbstdarstellungen und Interviews mit den Verantwortlichen auf Seiten der *Berlinischen Galerie* basieren. Zukünftige Studien sollten stärker den Fokus auf die Mitglieder und den Zusammenhang zwischen Erfolgsfaktoren und Befriedigung der Motive legen. Mögliche methodische Zugänge für eine solche holistischere Betrachtung könnten eine teilnehmende Beobachtung oder ein Action-Research-Ansatz sein.

Literatur

ALGESHEIMER, René (2004): *Brand Communities; Begriff, Grundmodell und Implikationen.* Wiesbaden: DUV.

ALGESHEIMER, René/HERRMANN, Andreas/DIMPFEL, Marcus (2006): Die Wirkung von Brand Communities auf die Markenloyalität – eine dynamische Analyse im Automobilmarkt. – In: *Zeitschrift für Betriebswirtschaft* 76/9, 933-958.

BAUMGARTH, Carsten (³2008): *Markenpolitik.* Wiesbaden: Gabler.

BAUMGARTH, Carsten/FREUND, Christina (2009): Markenführung von Museen: Markenorientierung als Erfolgsfaktor? – In: Höhne, Steffen/Ziegler, Ralph Philipp (Hgg.), *Kulturbranding II: Konzepte und Perspektiven der Markenbildung im Kulturbereich.* Leipzig: UV, 57-71.

BAUMGARTH, Carsten (2011): Markenaudit für Kulturinstitutionen – Skizze eines Instruments zur Professionalisierung der Markenführung im Kultursektor. – In: Höhne, Steffen/Bünsch, Nicola/Ziegler, Ralph Philipp (Hgg.), *Kulturbranding III: Positionen, Ambivalenzen, Perspektiven zwischen Markenbildung und Kultur.* Leipzig: UV, 161-179.

BEMMÉ, Sven-Oliver (2011): Managing Change – Die Kunst gezielten Wandels in der Kulturorganisation: Erfolgsfaktoren der Kultur-Organisationsentwicklung. – In: Klein, Armin (Hg.), *Taten. Drang. Kultur. Kulturmanagement in Deutschland 1990-2030.* Wiesbaden: VS, 133-155.

BHATTACHARYA, CB/RAO, Hayagreeva/GLYNN, Mary Ann (1995): Understanding the Bond of Identification: An Investigation of Its Correlates among Art Museum Members. – In: *The Journal of Marketing* 59/4 (Oct.), 46-57.

BUNDESVERBAND DER FÖRDERVEREINE DEUTSCHER MUSEEN FÜR BILDENDE KUNST (2010): <http://www.bundesverband-der-foerdervereine.de/> (Stand: 02.02.2012).

CAMARERO, Carmen/GARRIDO, Maria José/VINCENTE, Eva (2010): Components of Art Exhibition Brand Equity for Internal and External Visitors. – In: *Tourism Management* 31/4, 495-504.

CAMARERO, Carmen/GARRIDO, Maria José (2011): Incentives, Organisational Identification, and Relationship Quality among Members of Fine Arts Museums. – In: *Journal of Service Management* 22/2, 266-287.

ESCH, Franz-Rudolf/KNÖRLE, Christian (2008): Führungskräfte als Markenbotschafter. – In: Tomczak, Torsten/Esch, Franz-Rudolf/Kernstock, Joachim/Herrmann, Andreas (Hgg.), *Behavioral Branding.* Wiesbaden: Gabler, 351-365.

FOURNIER, Susan/LEE, Lara (2009): Getting Brand Communities Right. – In: *Harvard Business Review* 87/4 (April), 105-111.

GUSTORF, Koerner v. (2010): Forever Young. In: Bundesverband der Fördervereine Deutscher Museen für bildende Künste e.V. (Hgg.): *So macht man sich Junge Freunde.* Hamburg, 12-14.

HANSSEN, Frederik (2011): Hobby & Lobby. Eine Berliner Tagung zu Kultur-Freundeskreisen. – In: *Der Tagesspiegel* (23.01.2011).

HELLMANN, Kai-Uwe (2005a): Marken und ihre Anhänger: Zur Subkultur von Markengemeinschaften. – In: *Planung & Analyse, Sonderheft „Marken", Sonderbeilage „Neue Ansätze in Markenforschung und Markenführung"*, p & a Wissen, Brandsboard mit Planung & Analyse (Juni), 38-44. <http://www.markeninstitut.de/fileadmin/user_upload/dokumente/Subkultur.pdf> (Stand 30.01.2012).

HELLMANN, Kai-Uwe (2005b): Funktionen und Folgen von Brand Communities. – In: *Münsteraner Diskussionsforum für Handel, Distribution, Netzwerk- und Markenforschung*. Münster: Vereinszeitung, 50-66.

HOPPE, Melanie (2009): *Informelle Mitgliedschaft in Brand Communities: Einflussfaktoren, Konsequenzen und Gruppenunterschiede*. Wiesbaden: Gabler.

HILLERS, Lia Marie (2010): Jung und Artig Freunde der Berlinischen Galerie. – In: Bundesverband der Fördervereine Deutscher Museen für bildende Künste e.V. (Hg.), *So macht man sich junge Freunde*. Hamburg, 29-31.

HOLLEIN, Max (2010): Plattform Museum. – In: Bundesverband der Fördervereine Deutscher Museen für bildende Künste e.V. (Hg.), *So macht man sich Junge Freunde*. Hamburg, 8-9.

JÜRRIES, Alexander (2008): Bedeutung und Möglichkeiten der Namensgebung für Museen. – In: John, Hartmut/Günter, Bernd (Hgg.), *Das Museum als Marke: Branding als strategisches Managementinstrument für Museen*. Bielefeld: transcript, 69-82.

KLEIN, Armin (2007): *Der exzellente Kulturbetrieb*. Wiesbaden: VS.

KLEIN, Armin (2009): *Leadership im Kulturbetrieb*. Wiesbaden: VS.

KOTLER, Neil G./KOTLER, Philip/KOTLER, Wendy I. (^{2}2008): *Museum Marketing and Strategy: Designing Missions Building Audiences Generating Revenue and Resources*. San Francisco: Jossey-Bass.

LOEWENFELD, Fabian v. (2006): *Brand Communities: Erfolgsfaktoren und ökonomische Relevanz von Markengemeinschaften*. Wiesbaden: DUV.

MACHARZINA, Klaus/WOLF, Joachim (^{5}2005): *Unternehmensführung: Das internationale Managementwissen – Konzepte – Methoden Praxis*. Wiesbaden: Gabler.

McALEXANDER, James H./SCHOUTEN, John W./KOENIG, Harold F. (2002): Building Brand Community. – In: *Journal of Marketing* 66 (January), 38-54.

MUNIZ, Albert M. Jr./O'GUINN, Thomas C. (2001): Brand Community. – In: *Journal of Consumer Research* 27 (March), 412-432.

MEYER, Henning (2008): Architektur als Marke? Corporate Architecture für Museen. – In: John, Hartmut/Günter, Bernd (Hgg.): *Das Museum als Marke: Branding als strategisches Managementinstrument für Museen*. Bielefeld: transcript, 115-128.

NJAA, Nicole (2000): *Instrumente des Change Management aus einstellungstheoretischer Sicht*. Berlin: Logos.

NÜMANN, Ekkehard (2010): Vorwort. – In: Bundesverband der Fördervereine Deutscher Museen für bildende Künste e.V. (2010) (Hg.), *So macht man sich junge Freunde*. Hamburg. S. 6-7.

POPP, Sebastian (2011): *Markenerfolg durch Brand Communities: Eine Analyse der Wirkung psychologischer Variablen auf ökonomische Erfolgsindikatoren*. Wiesbaden: Gabler.

PROKOP, Josephine (2008): Corporate Design für Museumsmarken: Mehr Wirksamkeit durch mehr Aufmerksamkeit. – In: John, Hartmut/ Günter, Bernd (Hgg.): *Das Museum als Marke: Branding als strategisches Managementinstrument für Museen.* Bielefeld: transcript, 83-114.

SCHEIN, Edgar H. (2004): *Organizational Culture and Leadership.* San Francisco: Jossey-Bass.

SCHMALHAUS, Hanna (2011): *Junge Freundeskreise an Kunstmuseen. Eine empirische Untersuchung.* Unveröff. Magisterarbeit. Kunst und Bildwissenschaften, Universität Lüneburg. Lüneburg.

SLATER, Alix (2003): Users or Supporters? Understanding Motivations and Behaviors of Museum Members. – In: *Curator* 46/2, 182-207.

SLATER, Alix (2004): Revisiting Membership Scheme Typologies in Museums and Galleries. – In: *International Journal of Nonprofit and Voluntary Sector Marketing* 9/3, 238-260.

SLATER, Alix/ARMSTRONG, Kate (2010): Involvement, Tate, and Me. – In: *Journal of Marketing Management* 26/7-8 (July), 727-748.

SLATER, Alix/ARMSTRONG, Kate (2011): Understanding Motivational Constraints to Membership at the Southbank Centre. – In: *Journal of Customer Behavior* 10/4, 353-373.

STOCK-HOMBURG, Ruth (2007): Nichts ist so konstant wie die Veränderung. – In: *Zeitschrift für Betriebswirtschaft* 77/7-8, 795-861.

VALLASTER, Cristine /CHERNATONY, Leslie de (2006): Internal Brand Building and Structuration. – In: *European Journal of Marketing* 40/7-8, 761-784.

WACH, Antonia/LACHERMEIER, Johannes (2011): Zielsetzungen, Maßnahmen und Erfolgsmessungen im Web 2.0: Strategisches Vorgehen am Beispiel der Bayerischen Staatsoper. – In: Janner, Karin/Holst, Christian/Kopp, Axel (Hgg.), *Social Media im Kulturmangement: Grundlagen, Fallbeispiele, Geschäftsmodelle, Studien.* Heidelberg: Mitp., 285-302.

WELLING, Annette/ ROLL, Stephanie/REDEN, Friederike von/OTTEN, Maren/CHRIST Marlene/FRUCHT, Stephan (2007): *Förder- und Freundeskreise der Kultur in Deutschland. Ergebnisse einer umfassenden Untersuchung des Kulturkreises der deutschen Wirtschaft.* Berlin: Kulturkreis der deutschen Wirtschaft im Bundesverband der Deutschen Industrie e.V. (BDI-Bericht).

ZIEGLER, Ralph Philipp/MÜLLER-BOLLENHAGEN, Sonja (2009): Klassische Werbung für klassische Musik – Werbe- und Markenstrategien professioneller Agenturen für öffentliche Kulturinstitutionen an zwei Fallbeispielen. – In: Höhne, Steffen/Ders. (Hgg.), *Kulturbranding II: Konzepte und Perspektiven der Markenbildung im Kulturbereich.* Leipzig: UV, 213-236.

BERICHTE/DOKUMENTATIONEN

Musikwirtschaft 2.0: Perspektiven für die Musik
2. Wissenschaftliche Tagung zur Kultur- und Kreativwirtschaft in Weimar (13.-15.10.2011)
ANDREAS LANGE, WOLF-GEORG ZADDACH

Unter dem Titel *Musikwirtschaft 2.0: Perspektiven für die Musik* luden der Studiengang Kulturmanagement der *Hochschule für Musik FRANZ LISZT Weimar* (HfM) und der Studiengang Medienmanagement der *Bauhaus-Universität* Weimar vom 13.-15. Oktober 2011 zu einem interdisziplinären Fachkongress nach Weimar, der sich mit den wirtschaftlichen, kulturpolitischen und sozialen Folgen des tiefgreifenden Strukturwandels in der Musikwirtschaft seit der digitalen Revolution auseinandersetzte. Die dreitägige Veranstaltung fand in Kooperation mit der *Kulturpolitischen Gesellschaft e.V.* und dem Thüringer Ministerium für Wirtschaft, Arbeit und Technologie statt. Rund zwanzig Experten aus den Bereichen Musikwirtschaft, Kulturpolitik und Forschung gaben detaillierte Einschätzungen zu Entwicklungen und Tendenzen, präsentierten neueste Forschungsergebnisse und stellten innovative Projekte vor. Der Studiengang Kulturmanagement setzte damit sein Tagungskonzept zur Kultur- und Kreativwirtschaft fort.

Die Weimarer Konferenz untergliederte sich in drei Schwerpunkte: Der erste Tag widmete sich dem Strukturwandel in der Musikwirtschaft, im Mittelpunkt des zweiten Tages standen die Digitalisierung und die digitale Ökonomie, während am letzten Tag konkrete Anpassungsstrategien der Akteure thematisiert wurden.

Zum Auftakt der Tagung reflektierte Steffen Höhne, Leiter des Studiengangs Kulturmanagement an der HfM Weimar, die gesellschaftliche Verortung des Künstlers sowie dessen Selbstbild in historischer Perspektive. Insbesondere die Erkenntnis, dass sich der Künstler seit der Moderne als hybrides Subjekt – ästhetisch, ökonomisch, rechtlich etc. – positionierte und positioniert wurde, führte zur der Frage, welche Veränderungen in der Gegenwart und im Kontext des Social Web zu konstatieren seien. Höhne betonte, dass die Annäherung von Kunst und Wirtschaft zur Entwicklung eines Künstlertypus beitrage, die ihn partiell als Kreativunternehmer definiere, seine Tätigkeiten mit zunehmend managerialen Kompetenzen strukturiere – hierzu gehöre allerdings auch, seinen Unterhalt mit musiknahen Berufen wie Unterrichten zu bestreiten. Festzuhalten sei, dass sich das Rollenbild unter dem Einfluss der Professionalisierung, Ökonomisierung und Medialisierung grundsätzlich gewandelt habe.

Christian Müller von der *Goethe-Universität Frankfurt* stellte seine laufende Dissertation zum Strukturwandel in der Tonträgerindustrie der BRD zwischen 1950 und 1980 vor. In wirtschaftshistorischer Perspektive zeichnete er den Wandel der Absatz- und Produktionsbedingungen in der BRD nach. Die Analyse verdeutlicht dabei die regionalen und temporären Besonderheiten einer in Ansätzen globalen Tonträgerindustrie.

Mit Pia Kreus (*JAMK University of Applied Science Jyväskylä*) und Stuart Moss (*Leeds Metropolitan University*) wurden weitere regionale Musikwirtschaften in den Fokus genommen. Nach Fakten und Einschätzungen zur finnischen und schwedischen Musikwirtschaft reflektierte Kreus über gegenwärtige Fragen der Musikwirtschaft im Web 2.0. Sie stellte fest, dass der Musikmanager mit ökonomischen und kulturellen Kompetenzen eine Schlüsselposition in der Vermarktung des Künstlers einnehme und neue Wirtschafts- und Unternehmenskooperation erforderlich seien, um neue, den Anforderungen des Social Web gerecht werdende Marketingstrategien entwickeln zu können.

Stuart Moss reflektierte insbesondere über die Entwicklungen zum Urheberrecht in UK (*ACS-Law* und *Digital Economy Law* 2010). Durch eine Betrachtung des Live Entertainment-Sektors, der in 2011 entgegen einem allgemeinen Trend in UK eher rückläufige Tendenzen aufwies, rundete er seine Ausführungen ab.

Matthias Meier, Mitveranstalter und Leiter des Studienganges Medienmanagement an der *Bauhaus-Universität*, übertrug kulturökonomische (Douglas North) und soziologische (Bruno Latour) Theorien auf die Musikwirtschaft. Seine Ausführungen eröffneten dabei eine aufschlussreiche Perspektive auf die Akteure: Mit der Akteur-Netzwerk-Theorie Bruno Latours rückt stärker das Netzwerk und die Frage nach den Verbindungen der einzelnen Akteure in den Fokus – eine vielversprechende Herangehensweise für der Erklärung von Handlungsweisen und Entwicklungen.

Der zweite Tag wurde mit Vertretern des *Fraunhofer-Instituts für Digitale Medientechnologie* (IDMT) in Ilmenau eröffnet. Holger Großmann stellte zwei aktuelle Projekte des Instituts vor: die Musik-Lernsoftware *Songs2See* und die Musiksuche *GlobalMusic2one*. Karlheinz Brandenburg, der an der Entwicklung des MPEG-1-Audio-Layer-III-Formats (MP3) beteiligt war, betrachtete zunächst die Geschichte der Musikindustrie aus medientechnologischer Perspektive. Anschließend thematisierte er die Möglichkeiten der Verschlüsselung digitaler Musikformate, wies jedoch darauf hin, dass diese Kopierschutzsysteme keine geeigneten Modelle der digitalen Musikvermarktung darstellten.

Jutta Emes vom Studiengang Medienmanagement der *Bauhaus-Universität Weimar* thematisierte die Rahmenbedingungen der Musikbranche und ging dabei auf die Entwicklung von tragfähigen Geschäftsmodellen digitaler Musik ein. Ausgehend von der Erkenntnis, dass Potenziale der Digitalisierung insbesondere von den Major-Labels zu spät erkannt worden und technische Innovationen und Impulse für neue Geschäftsmodelle vor allem aus ursprünglich branchenfremden Bereichen – als Beispiele dienten *Apple* und *Napster* – gekommen seien, thematisierte sie die Entwicklungen von Anreizstrukturen seitens der Musikbranche. Diesen Ausführungen stellte sie Überlegen zur Zahlungsbereitschaft der Musikkonsumenten gegenüber.

Tiago de Oliveira Pinto, Professor für Transcultural Music Studies and der HfM Weimar, und sein Mitarbeiter Philipp Küppers stellten die Musikdatenbank *Global Music Database* vor, ein gemeinsames Projekt des Instituts für Musikwissenschaft der HfM Weimar und des *Fraunhofer-Instituts für Digitale Medientechnologie* in Ilmenau. *Global Music Database* fungiert als digitale Klangdatenbank, mit deren Hilfe umfangreiche Informationen über Musikstücken ermittelt werden können. Auf Grundlage musikalischer Parameter und Eigenschaften wie Rhythmus, Tonalität oder Harmonik soll das Musikarchiv eine zuverlässige Methode für die automatische Musikklassifizierung darstellen. Der Benutzer erhält mit der Datenbank ein Werkzeug, mit dem er Musikstile eindeutig zuordnen, Ähnlichkeitsbeziehungen herstellen und Musikstücke nach bestimmten Eigenschaften suchen kann.

Die zunehmende Synthese von Unternehmer- und Künstlertum griff auch Elmar Konrad (Mainz) auf. Er verortet den Künstler in einem Spannungsfeld zwischen freier Kunstausübung und einer durch Angebot und Nachfrage charakterisierten Marktwirtschaft. Er betonte die Bedeutung und Synthese von fachlichen, sozialen, unternehmerischen und methodischen Handlungskompetenzen. Gerade vor dem Hintergrund der Entwicklungen in der Musikwirtschaft 2.0 sei die Tendenz zu erkennen, dass Musiker häufig unternehmerische Rollen übernehmen und als Entrepreneure auftreten. Die Betonung einer ökonomisch-rationellen Handlungskompetenz eines Musikers erzeugte beim anwesenden Publikum ein unterschiedliches Echo und wurde in der anschließenden Diskussionsrunde kritisch hinterfragt. Teile des Publikums widersprachen der Auffassung, Kunst als reine Dienstleistung oder Wirtschaftsbranche aufzufassen. Sein Plädoyer für die bessere Verankerung von managerialen Komponenten in der künstlerischen Ausbildung fand hingegen breite Zustimmung.

Uwe Wagner (*Rheingau-Musikfestival*) thematisierte das Festival als Bereich einer zunehmend digitalisierten Musikwirtschaft. Anschaulich vermittelte er die Besonderheit von Festivals, die insbesondere in der zeitlichen und räumlichen Herausgehobenheit liegen und dadurch intensive emotionale Erfahrungen schaffen würden. Zugleich ergebe sich dadurch ein über das Event hinauswachsender medialer Stellenwert, der sich wiederum gut vermarkten ließe. Wagner bescheinigte dem Festival als Veranstaltungsform Zukunftsfähigkeit, wobei die Felder des Eventmanagements und der digitalen Musikwirtschaft in Zukunft vermutlich stärker verschmelzen werden.

Aus rechtswissenschaftlicher und rechtspraktischer Perspektive betrachtete Pascal Charles Amann den Umbruch des deutschen und internationalen Musikmarktes in den vergangenen 15 Jahren durch die digitale Revolution der Kommunikationstechnologien. In seinen Ausführungen machte er unter anderem darauf aufmerksam, dass auf der einen Seite viele Unternehmen der Musikbranche die Entwicklungen wenig antizipiert haben und auf der anderen Seite die Justiz in Form der Gesetzgebung und der Rechtsprechung der Dynamik der technischen Entwicklungen systemimmanent nur schwer standhalten kann. In der Praxis der Bewertung konkreter Geschäftsabschlüsse und Vertragsverhandlungen bedeute dies z. B., dass zukünftige Entwicklungen für die Wirtschaftlichkeitsanalysen bereits frühzeitig bestmöglich berücksichtigt und entsprechend fixiert werden müssten. Amann stellte die Frage in den Raum, warum es den internationalen Musikkonzernen nicht selbst gelungen ist, eine einheitliche Plattform für die Online-Musikverwertung aufzubauen und machte zugleich auf die Machtpositionen von Unternehmen wie *Apple* oder *Amazon* aufmerksam. Mit dem Hinweis, dass kommerzieller Erfolg etlicher Unternehmen im Internet auf den kreativen Content von Musikern, Produzenten beruhe, schlug er vor, dass die Rechteinhaber auch an den Einnahmen von Geräten und Nutzungen angemessen beteiligt werden könnten.

Paul W. Hertin (Berlin) thematisierte die GEMA und ihre Ausschüttungspraxis. Anhand aufschlussreicher Beispiele erläuterte er die Verteilungspraxis, die bereits in der Trennung von E- und U-Musik große Unterschiede aufweise. Aufzeigen konnte er dabei anhand eines konkreten

Falles, dass bereits diese Trennung zu Problemen in der Aufnahme und Beurteilung von Musik führte.

Konrad Sommermeyer (Berlin) referierte über Markteintrittschancen junger Musiker und Bands und thematisierte eine Entwicklung, die in diesem Zusammenhang in den letzten Jahren deutlich an Bedeutung gewonnen hat: das Musiksponsoring und der daraus resultierende positive Imagetransfer für die beteiligten Kooperationspartner. Um sich als wiedererkennbare Marke am Musikmarkt zu etablieren, sei neben der Einzigartigkeit der eigenen Musik, die ein Alleinstellungsmerkmal aufweisen solle, das Eigenengagement der Musiker ein entscheidender Faktor. Eine professionelle Medienarbeit sei dabei ebenso wichtig wie der Aufbau von Netzwerken, die er als Schlüssel für den Markteintritt bezeichnete.

Der Komponist Ludger Vollmer (Weimar) reflektierte die Arbeitsbedingungen von Musikern und Komponisten. Entgegen einigen bereits referierten Thesen sprach er sich gegen eine zu starke Vereinnahmung des Künstlers durch manageriale Praktiken aus. Paradigmatisch betonte er, wie unentbehrlich die Zusammenarbeit mit seinem Verlag sei, um sich einen schöpferischen Freiraum zu bewahren, in dem er kreativ arbeiten könne.

Zum Abschluss des Tages stellte die LAG Jazz Thüringen ein von der Initiative Musik und des Thüringischen Ministerium für Wirtschaft, Arbeit und Technologie gefördertes Projekt zur Erstellung einer Online-Datenbank vor. Ziel sei es, ein interaktives Interface zu erstellen, dass Musiker, Veranstalter und Interessierte durch das Internet vernetzen soll, um Synergieeffekte für alle Beteiligten zu schaffen.

Den letzten Konferenztag eröffnete Ian Pascal Volz (Leipzig), der über die Bedeutung von Musiknachfrage im Internet für das Musikmarketing sprach. Er präsentierte dabei seine 2011 erschienene Dissertation, die als empirische Studie detaillierte Erkenntnisse über die Entwicklung der Nachfragestruktur von Musikkonsumenten im Internet eröffnete. Demnach gebe es nicht ausschließlich Musikkonsumenten im Internet, die freien Content suchen, sondern auch zahlungsbereite Nutzergruppen, die es aus Sicht der Tonträgerindustrie zu erreichen gelte.

Simone Dollmann (Berlin) thematisierte die Anpassungsstrategien von Labels insbesondere in den Bereichen Organisation und Personalmanagement. Neben Stellenabbau, den sie am Beispiel von *Decca* veranschaulichte, betonte sie insbesondere die gewachsene Bedeutung von zeitlich begrenzt arbeitenden Projektteams. Darüber hinaus stelle die freiberufliche Tätigkeit zunehmend eine mögliche Strategie der Personalpolitik dar.

Gernot Rehrl (Berlin), bis 2012 Intendant des ROC Berlin und ab 1. März 2013 neuer Intendant der *Internationalen Bachakademie* sowie des *Musikfestes Stuttgart*, thematisierte die Integration von digitalen Technologien in öffentlichen Kultureinrichtungen. Insbesondere die Pflege von Datenbanken mit Besucherumfragen stellen hierbei einen wesentlichen Grundstock dar, wobei tendenziell eine Ausweitung auf Möglichkeiten des Internets sinnvoll und zu beobachten sei. Darüber hinaus lenkte er den Blick auf Bildungs- und Integrationskonzepte und betonte die Verankerung und Bildung politischen Denkens in der Kultur-/Musikmanagementausbildung.

Martin Tröndle (Ludwigshafen) referierte über das Ausbildungskonzept *Concerto.21*. Tröndle resümierte, dass die Selbsterfahrung und Implementierung dieser Erfahrung als Erweiterung der oftmals nur auf das Künstlerische konzentrierte subjektive Welt der Musiker eine Grundvoraussetzung zeitgemäßer Ausbildung sei. Die Ausbildung im Musikmanagement solle in konkreten Ausbildungsmodulen für die Anforderungen in der Praxis vorbereiten, welche durch zunehmende Diversifizierung nach unterschiedlichen Medien und Kommunikationsplattformen wie Print oder Social Web komplexer und somit anspruchsvoller werde.

Mit einem abschließenden Impulsvortrag zu Rolle und Anforderung einer modernen Musikhochschule beendete der Präsident der HfM Weimar, Christoph Stölzl, die Tagung und dankte den Anwesenden und Organisatoren für die aufschlussreiche und richtungsweisende Veranstaltung.

Die mit 75 Teilnehmern gut besuchte Tagung demonstrierte eindrücklich das Spektrum und die Dynamik einer Musikwirtschaft, die insbesondere durch die sozio-technischen Bedingungen und Potenzialitäten des Internet enormen Veränderungen ausgesetzt war und ist. Darüber hinaus ermöglichte die Tagung in lebhaft geführten Diskussionen einen konstruktiven Dialog zwischen Kulturunternehmern, Kulturvermittlern, Künstlern und Studenten. Obwohl die Musikwirtschaft auch in den kommenden Jahren gewaltigen Herausforderungen gegenübersteht, zeigte sich der Großteil der Referenten optimistisch. Die veränderten Rahmenbedingungen der Branche wurden vornehmlich als Chance aufgefasst. Auffallend war dennoch, dass keine Vertreter der Major- oder von Indiependent-Labels anwesend waren. Ein Tagungsband, der noch 2012 in der Schriftenreihe *Weimarer Studien zu Kulturpolitik und Kulturökonomie* erscheinen soll, möchte darüber hinaus einen ertragreichen Beitrag zur Musikwirtschaftsforschung leisten.

Zukunft Publikum
Neue Beteiligungsformen und interaktive
Kulturwahrnehmung. 6. Jahrestagung des
Fachverbands für Kulturmanagement
an der Universität Lüneburg
(12.-14. Januar 2012)
NICOLA BÜNSCH

Ganz gleich, ob Besucher, Publikum, Kulturnutzer oder gar Kunden – die Kunst braucht ihre Rezipienten. Wer aber sind die Kulturnutzer von heute, wie lassen sich neue Besuchergruppen erschließen und welche Beteiligungsformen sind, angesichts einer verschwimmenden Grenze zwischen Produktion und Rezeption, für das Kulturpublikum denkbar? Unter dem Titel *Zukunft Publikum. Neue Beteiligungsformen und interaktive Kulturwahrnehmung* stellte sich der *Fachverband für Kulturmanagement* auf seiner diesjährigen Arbeitstagung die Aufgabe, gesellschaftliche Entwicklungen in diesem Bereich aufzuzeigen sowie mögliche Strategien und Instrumente zu diskutieren, mit denen kulturelles Schaffen zukunftsgerichtet gestaltet werden kann. Gleichzeitig sollten – im Sinne des vom Fachverband geforderten wissenschaftlichen Metadiskurses des Kulturmanagements – die übergeordneten Paradigmen der aktuellen Kulturnutzerforschung beleuchtet werden. Ebenso wurde nach den Konsequenzen gefragt, die entsprechende Ergebnisse der Kulturnutzerforschung a) für die kulturelle Praxis und b) in politischer Dimension haben.

Zur Einführung sprach Birgit Mandel (*Universität Hildesheim*) über *Audience Development als Teil von Kulturmanagement-Forschung*. Jede Kulturinstitution stehe heute vor der Aufgabe, Stammpublikum zu halten und gleichzeitig neues Publikum zu gewinnen. Das wachsende Interesse an Audience Development werde verstärkt durch die Internationalisierung der Kulturlandschaft, die Konkurrenz durch das Internet, das Überangebot an Kultur im Vergleich zur stagnierenden Nachfrage und den Verlust einer ‚Leitkultur', bei der die Nutzung von Hochkultur zum ‚guten Ton' gehöre. Dennoch fehle es an verbindlichen Auflagen für öffentliche Einrichtungen in Bezug auf Vermittlungsaufgaben, kulturelle Bildung und strategische Publikumsentwicklung, kritisierte Mandel. Großbritannien gehe hier mit gutem Beispiel voran; auch im deutschsprachigen Raum müsse das traditionelle Produzentenparadigma, welches sich stets durch die Unabhängigkeit der Kunst zu legitimieren versuche, überwunden werden. Ebenso verurteilte Mandel die Folgenlosigkeit bestehender Studien zur Kulturnutzerforschung sowie deren häufig unzureichende inhaltliche und methodische Anlage und stellte ein Interkulturelles Audience Development als neue Herausforderung des Kulturmanagements dar.

In der folgenden Sektion wurde der von Mandel bereits geforderte Paradigmenwechsel im Umgang mit dem Publikum – vom Konsumenten zum ‚Prosumenten' – thematisiert. Steffen Höhne (*Hochschule für Musik FRANZ LISZT Weimar*) gab dazu in seinem Beitrag *Das Kulturpublikum und seine Veränderungen vom 19. Jahrhundert bis in die Gegenwart* einen historischen Überblick über die Rolle des Publikums am Beispiel der Theateraufführung. Im 18. Jahrhundert habe das Publikum noch durch Krawalle, Pfiffe und Ausrufe Mitsprache gefordert; erst im Zuge der Aufklärung sei eine „Aufwertung der Bühne" und damit das „räsonierende Publikum" als Ideal und Maßgabe entstanden, deren Vorgaben, Normen und Verbote z. T. bis heute gälten. Nach Höhne war dieses schweigende Publikum, welches keine lauten Zeichen von Gefallen oder Missfallen gibt, während der Vorstellung nicht herumläuft und sämtliches kommunikatives oder affektives Verhalten ins (erst nach 1800 eingerichtete) Foyer verlegt, eine Voraussetzung für die Verfeinerung der theatralen Darstellung. Anhand zahlreicher Beispiele stellte Höhne anschaulich dar, dass dieser „normierende Prozess der Affekt- und Interaktionskontrolle" des Publikums ein „bis heute wirksamer Disziplinierungsvorgang" ist, der aber in seinem entmündigenden Charakter nicht mehr als zeitgemäß betrachtet werden kann. Folglich müsse, so Höhne, auch das Produzentenparadigma, welches durch ein diszipliniertes Publikum erst möglich geworden sei, überdacht und aufgebrochen werden.

An eben dies Postulat knüpfte Carsten Winter (*Hochschule für Musik, Theater und Medien Hannover*) mit seinen Ausführungen über die *Die On-Demand-Kultur und ihre Prosumenten* an. Am Beispiel der Berliner Musikwirtschaft zeigte er auf, an welchen Punkten der Wertschöpfungskette vom Internet beeinflusste, die Nutzung und Aufführung von Musik betreffende Veränderungen geschehen: Das Vertrauen in Institutionen und die damit verbundene Markentreue nimmt ab, C2C-Aktivitäten (*Facebook, Sound Clouds, LastFM, MySpace* etc.) nehmen zu, die Nutzung erfolgt, z. B. durch persönliche ‚Playlists' immer stärker individualisiert. Das bedeutet: „Die lineare Logik der Vermittlung ist aufgebrochen." Künstler und Publikum agieren über

Online-Netzwerke deutlich direkter miteinander. Nach Winter ist jedoch kaum erforscht, wie sich das auf die Angebotsgestaltung auswirkt. Klar sei nur: Kundenbeziehungen lassen sich nicht mehr steuern; aus CRM (Customer Relationship Management) wird CMI (Customer Managed Interaction). Die Herausforderung, die sich den Veranstaltern stelle, sei diejenige, in den (Online-)Lebenswelten der Nutzer vorzukommen. Dafür müssten sie sich weiter vernetzen und professionalisieren. Der Wettbewerb entscheidet sich demnach heute darüber, wer Künstler und Fans „integrativer, intelligenter und kreativer" einzubinden versteht.

In der die Sektion abschließenden Diskussion wurde das Beispiel des *Thalia Theater* in Hamburg aufgegriffen, das erst kürzlich im Rahmen der ausgerufenen „Spielplanwahl 2012/13" erste (schmerzhafte) Erfahrungen mit der Mitbestimmung des Publikums gemacht hat. Der Vorstoß an sich wurde im Allgemeinen als positiv bewertet, nur seien bezüglich des internetbasierten Stimmabgabeverfahrens handwerkliche Fehler gemacht worden. Die empörten Reaktionen des Feuilletons seien kein Beleg für den Unsinn dieser Aktion, sondern Zeugnis der konservativen Haltung deutscher Kulturjournalisten zum Kulturpublikum. Allerdings müsse trotz aller Ambitionen in Richtung jüngerer Zielgruppen berücksichtig werden, dass die meisten Institutionen der ‚Hochkultur' finanziell gesehen von ihrem Stammpublikum leben, welches immer noch die konventionellen Formen und Angebote vorzieht.

Um die Suche nach neuen Wegen zum Publikum konkret werden zu lassen, wurden in vier Poster-Präsentationen verschiedene Ansätze aus Theorie und Praxis vorgestellt. Vom *Sonic Chair* als Weg zum neuen Hörerlebnis (Michael Theede, *Hochschule für Musik und Theater Hamburg*) über Forschungsergebnisse zu jugendlichen Niebesuchern der Kunstmuseen (Kathrin Hohmaier, *Universität Leipzig*) bis hin zur Präsentation empirischer Kulturnutzerdaten der Region Südniedersachsen (Olaf Martin, *Landschaftsverband Südniedersachsen*) und der Vorstellung des Projekts *Mobiles Museum. Ein Museum geht auf Reisen!* (Michaela Conen und Stefan Schöbinger, *Jüdisches Museum Berlin*) reichte die thematische Bandbreite, die hier nur angerissen werden kann.

Methodische Fragen der (Nicht-)Kulturnutzerforschung standen wiederum im Fokus der anschließenden parallelen Themensessions. Die Soziologin Vanessa Schröder stellte in Session 1 empirische Besucherstudien aus vier Museen vor, nach denen sich Besucher gemäß ihrer Rezeptionsgewohnheiten unterscheiden lassen. Besonders interessant für das Kulturmarketing sei der Besuchertypus „aktiver Besucher", der sich gezielt ein museales Angebot aussuche, das ihm gefalle und die speziellen Erlebnispräferenzen bediene. Eine ebenfalls breite empirische Datensammlung machten Peter Schmidt, Astrid Kurzeja-Christinck und Jutta Schmidt (*Hochschule Bremen*) zum Ausgangspunkt für ihre Ausführungen zur Typisierung von Kulturnutzern und Kulturnichtnutzern. Dabei wurden u. a. sinnvolle Differenzierungen nach Kultursparte oder Nutzungsintensität herausgearbeitet. Ursachen und Motive des Nicht-Besuchs von institutionaler Hochkultur untersucht Volker Kirchberg (*Leuphana Universität Lüneburg*) und stellte hierzu seinen Mehrmethodenansatz vor, der sowohl eine repräsentative Bevölkerungsumfrage als auch eine qualitative Analyse vorsieht. Als Nicht-Besucher definierte er dabei diejenigen, die nicht einmal „kulturaffin" seien. Es gelte, deren Einstellungen und Verhalten zu institutionalisierter Hochkultur im internationalen Vergleich zu analysieren. Als theoretische Basis zog er verschiedene Studien heran, die die einschlägigen Thesen der Kulturnutzung unterstützen (Individualisierungsthese, Homologiethese, These der Erlebnisrationalität, These der Kohortenabhängigkeit). Ziel des Forschungsprojektes ist ebenfalls eine (Nicht-)Besuchertypologie.

Patrick Glogner-Pilz (*Pädagogische Hochschule Ludwigsburg*) stellte in Sektion 2 den *Multimedia-Fragebogen in der Kulturpublikumsforschung* vor. Derzeit werden nach Glogner-Pilz noch 80 bis 90 % aller Erhebungen im Kulturmanagement mit Papier und Bleistift durchgeführt. Dabei ermögliche ein am Computer auszufüllender Multimedia-Fragebogen neben der Integration von bewährten verbalen Fragetypen auch experimentellere Designs, verdeckte Beobachtungen (z. B. Zeitmessungen) sowie klingende, visuelle oder audiovisuelle Fragefeatures. Die Möglichkeit der zufallsgesteuerten Randomisierung von Antwortmöglichkeiten, die Reduzierung von Interviewereffekten oder die elektronische Datenaufzeichnung erhöhen zudem die methodische Genauigkeit, sodass Glogner-Pilz dafür plädierte, diese Möglichkeiten zukünftig stärker zu nutzen und, im Sinne besserer Ergebnisse, methodisch experimentierfreudigere Wege zu gehen. Nina Tessa Zahner (*Universität Leipzig*) wählte die *Feldanalyse als Forschungsprogramm für die Publikumsforschung am Beispiel des Besuchs von Kunstmuseen* und legte zuerst dar, wie sehr bestehende Studien in diesem Sektor auch heute noch auf den Argumentationen Pierre Bourdieus aufbauen. Um das strukturalistisch angelegte Bourdieu'sche Paradigma zu überwinden, forderte sie die stärkere Berücksichtigung der Autonomie des Rezipienten: Dieser müsse nicht, wie Bourdieu nahelegt, dem Kunstwerk die ‚richtige' Bedeutung entnehmen. Diese Annahme unterstelle, dass einige Wahrnehmungen ‚legitimer' seien als andere. Vielmehr müsse man in der Publikumsforschung wegkommen von der „Idee der ‚falschen' Rezeption" und den Fokus auf die lebensweltliche Anschlussfähigkeit legen, die Kunstwerk und Ausstellungsbesuch für den (ganz gleich, mit welchen Kapitalien ausgestatteten) Rezipienten enthalten. Die kulturelle Bildung sei nicht allein verantwortlich für die Motive des Ausstellungsbesuchs. Sigrid Bekmeier-Feuerhahn (*Leuphana Universität Lüneburg*) beleuchtete schließlich mit ihrem Vortrag *Kann man Besucherbefragungen vertrauen? Der implizite Assoziationstest in der Besucher und Nichtbesucher-Forschung* einen methodenkritischen Aspekt der Kulturnutzerforschung. Sozial erwünschtes Antwortverhalten im Zuge von Befragungen im Kulturbereich sei, so Bekmeier-Feuerhahn, vor allem bei Personen mit geringer Affinität zur Kultur nachweisbar. Dies führe gerade im Bereich der Nichtbesucherforschung zu Ergebnisverzerrungen, die methodisch berücksichtigt werden sollten.

Wurden bisher vor allem die Methoden und Paradigmen der Kulturnutzerforschung in den Blick genommen, standen im zweiten Teil die Konsequenzen der Kulturnutzerforschung für Kulturmanagement, Kulturpolitik und Audience-Development-Strategien im Mittelpunkt. Susanne Keuchel *(Zentrum für Kulturforschung)* verdeutlichte in ihrem einführenden Vortrag, welche Folgerungen sich aus exemplarisch ausgewählten Forschungsergebnissen des *Zentrums für Kulturforschung* schließen lassen. Die kulturellen Interessen von Jugendlichen, die Heterogenität der „Generation 50+" und Aussagen über jeweils persönliche Definitionen von Kultur können hier nur beispielhaft aufgezählt werden. Die entsprechenden, statistisch verifizierten Ergebnisse seien, so Keuchel, nicht wegzudiskutieren und sollten u. a. in politischen Entscheidungsprozessen, bei der Gestaltung zukünftiger Konzepte als auch bei der Bewertung der Akzeptanz bestehender Angebote Berücksichtigung finden. Im Zuge der Diskussion um den berühmten „Silbersee" in den Publikumsreihen betonte Keuchel, dass jede Generation aufs Neue als Zielpublikum für die Hochkultur gewonnen werden müsse. Denn auch die jetzige „Generation 50+" entscheidet sich nicht plötzlich von selbst, bei Beantragung der Rente auch gleich das Opernabonnement zu buchen.

In parallelen Dialogvorträgen wurden weitere Ergebnisse der Kulturnutzerforschung und deren Konsequenzen für Kulturmanagement- und Audience-Development-Strategien vorgestellt, sortiert nach den künstlerischen Sparten Musik/Oper, Bildende Kunst und Theater.

Irene Kletschke (*Universität der Künste Berlin*) sprach über innovative Vermittlungs- und Audience-Development-Strategien im Bereich der Neuen Musik – einer Sparte, bei der die Aufführung als Ereignis im Fokus steht und die generell für Formen kollektiver Kreativität („Kunst als Vermittlung") aufgeschlossen ist. Opernintendant Christoph Meyer (*Deutsche Oper am Rhein*) stellte seine Strategien einer „Oper für alle" vor, zu denen Public Viewings und kreative Werbemaßnahmen genauso gehören wie der Ausbau der Theaterpädagogik und der Einsatz der „Opernscouts" – ausgewählter Opernbesucher, die nach dem Vorstellungsbesuch in der *Rheinischen Post* und auf einem eigens eingerichtete Blog ihre Kritik veröffentlichen.

Martin Tröndle (*Zeppelin University*) erläuterte in seinem Vortrag das Forschungsprojekt *eMotion – mapping museum experience* und zeigte, dass das Sozialverhalten von Museumsbesuchern während des Ausstellungsbesuchs maßgeblichen Einfluss auf die Kunstrezeption bzw. die Wirkung der Kunstwerke hat. Der Stellenwert von Freundes- und Förderkreisen für die Museumsarbeit angesichts der hohen Erwartungen auf Seiten der Träger und Museen einerseits und der rechtlichen wie finanziellen Beschränkungen andererseits, war das Thema von Kathrin Erggelet (*Bundesverband der Fördervereine Deutscher Museen für Bildende Kunst*).

Spielgruppen als Partizipationsmodell im Theaterbetrieb stellte Thomas Heskia (*Landestheater Württemberg-Hohenzollern Tübingen Reutlingen*) vor. Das Nebeneinander von Laienspiel und professionellem Schauspiel sei, so Heskia, nicht nur Teil des theaterpädagogischen Instrumentariums, sondern auch ein Weg der multiplikativen Kundenbindung. Amelie Deuflhard (*Kampnagel Internationale Kulturfabrik*) betonte in ihrem Beitrag, dass sie genug über ihr Publikum wisse, als dass sie auf weitere Besucherbefragungen verzichten könne. Vielmehr sei die Aufgabe, „neue Formate für fragmentierte Öffentlichkeiten" zu entwickeln, um auch jenseits der konventionellen Formen performativer Kunst neue Publikumsschichten anzusprechen.

Im letzten Plenumsvortrag plädierten schließlich Gernot Wolfram (*Macromedia Hochschule für Medien und Kommunikation*) und Verena Teissl (*Fachhochschule Kufstein Tirol*) für *Neue Dialoge mit dem Zuschauer*. Man erreiche das Publikum heute nicht mehr über Marketing, sondern über sinnliche, reflexive Partizipation jenseits eines Mitmachapells. Statt weiterhin über die Ausdifferenzierung von Zielgruppen zu sprechen, solle daher lieber nach „dynamischen Formen aktivierender Partnerschaften" gefragt werden. Wolfram und Teissl verstehen das Publikum als Dialogpartner des kulturellen Angebots und sehen die kulturtheoretische Grundlage dieser Auffassung in der „Figur des Dritten" (KOSCHORKE 2010): das Publikum als drittes, konstituierendes Element im Dreieck Künstler/Werk/Rezipient. Folglich postulierten sie die Ergänzung des Audience Development um ein Dialogue Development.

In der Abschlussdiskussion wurde eine zentrale Forderung an die Kulturpolitik evident, die im Zusammenhang mit den hier multiperspektivisch diskutierten Methodikfragen immer wieder herausgearbeitet wurde: Empirische Studien bringen nur dann einen hohen Ertrag, wenn sie sich mit anderen, ähnlich oder identisch konzipierten Studien vergleichen lassen. Längst überfällig ist daher eine Längsschnittstudie, die alle 2-3 Jahre die Nutzung und Nichtnutzung von Kultur auf breiter Datenbasis erhebt und, so der Konsens im Fach, vom Beauftragten der Bundesregierung für Kultur und Medien unterstützt bzw. getragen werden sollte. Als ein weiterer Aspekt, gleichwohl nicht im Fokus der Veranstaltung, wurde die kulturelle Bildung als Grundvoraussetzung für jegliches Audience Development identifiziert. Insgesamt zeigte sich ein Bedarf an empirischer Forschung vor allem hinsichtlich der Nichtnutzer von Hochkultur sowie der Evaluation neuer Partizipations- und Interaktionsformen. Aber auch theoretische Fragen wie diejenige nach einem zeitgemäßen Kulturbegriff verlangen eine weitergehende Diskussion.

Literatur

KOSCHORKE, Albrecht (2010): Ein neues Paradigma der Kulturwissenschaft. – In: Eßlinger, Eva/ Schlechtriemen, Tobias/Schweitzer, Doris/Zons, Alexander (Hgg.), *Die Figur des Dritten. Ein kulturwissenschaftliches Paradigma*. Frankfurt/M.: Suhrkamp, 9-33.

Auf dem Weg zum Publikum der Zukunft
Die neue mobile Ausstellung des
Jüdischen Museums Berlin
MICHAELA CONEN

„Die Zukunft bauen, heißt die Gegenwart bauen. Es heißt, ein Verlangen erzeugen, das dem Heute gilt." (SAINT-EXUPÉRY 1985: 340f.) Doch wie sieht ein solches „Verlangen" des Kulturpublikums aus? Wie möchte sich das Publikum künftig in den Kulturbetrieb einbringen und von welchen gesellschaftlichen Veränderungen wird es selbst beeinflusst?

Es zeichnet sich immer mehr ab, dass ein offener Diskurs mit den Kulturanbietern (SIEVERS 2011: 15f.) erwünscht ist und sich eine Bewegung von einer einseitigen, anbietergesteuerten Ansprache zu einer stärkeren Publikumsbeteiligung vollzieht. Soll das Publikum also künftig mitbestimmen? Das *Thalia Theater* in Hamburg erprobt dies bereits, indem es per Onlinevotum über vier Aufführungen der Spielzeit 2012/2013 abstimmen lässt (KÜMMEL 2011). Vorbei also die Zeiten eines ruhig auf die Bühne schauenden Publikums. Statt einfach still zu sitzen, nimmt es aktiv am Dialog und an der Programmgestaltung teil. Diese Entwicklung fordert auch die Kultureinrichtungen dazu auf, sich und ihr Angebot neu zu bestimmen.

Öffnen sich die bisherigen Entscheidungsträger für diesen Prozess, können auch aktuelle Fragen aus Gesellschaft und Politik leichter in die Kunst- und Kulturszene einfließen und dort lebendig werden. Die neue *Akademie des Jüdischen Museums Berlin* wird bspw. künftig vermehrt gesellschaftliche Fragen aufgreifen (HILGENSTOCK 2011) und sich damit im Zentrum des öffentlichen Lebens verankern. Dabei geht es nicht nur um eine zielgruppengerechte Kommunikation, sondern auch um eine Veränderung des Selbst- und Leitbilds.

Im Social Web gehören gleichberechtigt geführte Dialoge von und mit Nutzern längst zum Alltag und eine ähnliche Besucherorientierung ist auch in Museen erreichbar. Die neue mobile Ausstellung *on.tour – Das Jüdische Museum Berlin macht Schule* informiert über die Vielfalt jüdischen Lebens in Geschichte und Gegenwart und stellt das Jüdische Museum Berlin vor. Sie kann nicht nur – je nach Publikum – jedes Mal anders aufgebaut werden, sondern Schülerinnen und Schüler können sich sogar die gezeigten Objekte individuell zusammenstellen. Dazu wählen sie Schlüsselbänder mit aufgedruckten Fragen aus. Über darin eingebaute RFID-Chips werden an den Medienstationen dann Interviews mit jüdischen Jugendlichen in Deutschland aufgerufen. Die Fragen, mit denen sich jüdisches Leben unter einer jeweils anderen Perspektive erschließt, lauten etwa: „Was bedeutet Freiheit für dich?" oder „Wofür lohnt es sich zu kämpfen?"

Die modular und in vier Farben gestaltete Ausstellung ermöglicht somit einen flexiblen Zugang zu den präsentierten Inhalten und orientiert sich konsequent am Interesse und der Lebenswelt der Besucher. Die Farbe Türkis repräsentiert mit jüdischen Biografien aus dem 20. und 21. Jahrhundert den Themenkomplex *Lebenswege*. Gelb steht für die fünf Sinne des Menschen. Über sinnlich erfahrbare Objekte wie etwa koschere Gummibärchen entsteht ein unmittelbarer Zugang zum Thema „koscher". Im magentafarbenen Bereich dreht sich alles um einmalige Ereignisse wie die Bat- oder Bar-Mitzwa, eine jüdische Feier zur Religionsmündigkeit. Bei der Farbe Lila geht es schließlich um das *Who is Who* in der Ausstellung. Objekte und Zitate von Persönlichkeiten wie Albert Einstein animieren zur Diskussion und zum Austausch. Begleitend zur Ausstellung erhalten die Schülerinnen und Schüler mit dem neu entwickelten Workshop *Meine Seite(n)* in virtuellen Büchern auf *iPads* einen Einblick in das Leben ihrer jüdischen Altersgenossen. David (17) aus Berlin besitzt zum Beispiel einen deutschen und israelischen Pass: Ist er nun Deutscher oder Israeli, oder beides? Geht das überhaupt? Albina (20) aus Dresden hat eine jüdische Mutter und einen muslimischen Vater: Ist sie deshalb Jüdin oder Muslima, oder gar beides?

Durch die interaktive Vermittlung regen Ausstellung und Workshop die Schülerinnen und Schüler dazu an, sich die Themenvielfalt des *Jüdischen Museums Berlin* selbstständig zu erschließen und sie auch auf sich selbst zu beziehen. Agate, Schülerin an einer Neuköllner Oberschule, sagte bei einem Workshop vor Ort: „Deutschland ist meine Heimat, ich spreche Deutsch, aber ich weiß, dass auch Indien mein Zuhause ist." (RICHTER 2012)

Die Museumspädagogen des Jüdischen Museums Berlin, die die Ausstellung auf den Schulhöfen aufbauen, begleiten die Schülerinnen und Schüler nicht nur durch die Ausstellung, sondern stehen auch als Dialogpartner bereit. Um mögliche Hemmschwellen abzubauen, knüpfen sie direkt an die Lebenswelten der Jugendlichen an, indem sie zum Beispiel erzählen, dass die bekannte *Levi´s*-Jeans ihren Namen dem aus Deutschland emigrierten jüdischen Unternehmer Levi Strauss verdankt.

Auf die Frage, wie ihm die mobile Ausstellung des Jüdischen Museums gefallen hat, antwortete ein Schüler einer Oberschule in Berlin-Kreuzberg: „Ich habe mir Museen ganz anders vorgestellt" und ergänzte auf Nachfrage: „Langweiliger". Vielleicht gelingt es den Kultureinrichtungen ja, sich zunehmend für ihr Publikum und für aktuelle gesellschaftliche Diskussionen zu interessieren und mit neuen, interaktiven Ausstellungsformen sogar ein „Verlangen" nach mehr zu erzeugen und sich so dauerhaft neue Publika zu erschließen.

Literatur

SAINT-EXUPÉRY, Antoine de (^{33}1985): *Die Stadt in der Wüste. Gesammelte Schriften.* Bd. 2. Düsseldorf: Rauch.

SIEVERS, Norbert (2011): „netz.macht.kultur" – Kulturpolitik in der digitalen Gesellschaft. Anmerkungen zum 6. Kulturpolitischen Bundeskongress. http://www.netz-machtkultur.de/fileadmin/user_upload/Dokumente_und_Bilder/News_Dokumente/Jahrbuch2011-Beitrag_Sievers.pdf (Zugriff: 22.06.2012).

KÜMMEL, Peter (2011): Schwarmgeschmack – In Hamburg soll das Publikum den Theaterspielplan bestimmen. – In: *Die Zeit.* <http://www.zeit.de/2011/51/Theater-Spielplan-Voting> (Zugriff 23.08.2012).

RICHTER, Katrin (2012): Anfassen, hören, lernen. – In: *Jüdische Allgemeine.* <http://www.juedische-allgemeine.de/article/view/id/12953> (Zugriff Stand 25.08.2012).

HILGENSTOCK, Andrea (2011): Neue Akademie – Zum Zehnjährigen schenkt sich das Jüdische Museum einen Anbau. – In: *Berliner Morgenpost.* <http://www.morgenpost.de/printarchiv/kultur/article1710205/Zum-Zehnjaehrigen-schenkt-sich-das-Juedische-Museum-einen-Anbau.html> (Stand 26.08.2012).

Der Sonic Chair – ein neuer Weg zum anspruchsvollen Hörerlebnis
MICHAEL THEEDE

Bei den Fragen, wie die Kulturangebote der Zukunft aussehen könnten, wer die Besucher und Kulturschaffenden von morgen sind und wie sich gar zukünftige Überschneidungen zwischen Kulturnutzung, Kulturproduktion und Kulturgestaltung äußern, sind neue Beteiligungsformen und interaktive Musikwahrnehmung von Bedeutung, um die im Musikbetrieb notwendige innovative Musikvermittlung voranzutreiben.

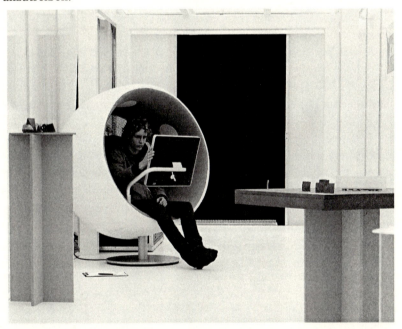

Abb. 1: *Der Sonic Chair als Klangsessel mit iMac-Touchscreen* (© Copyright Institut für kulturelle Innovationsforschung an der Hochschule für Musik und Theater Hamburg, 2012 – Alle Rechte vorbehalten)

Der mit mehreren Designpreisen ausgezeichnete *Sonic Chair* ist eine individualistische Multimediastation, die dem Nutzer ermöglicht, die Beschallung selbst auszuwählen (Abb. 1). Dieser Klangsessel öffnet Türen für selbstbestimmtes Hören.

Dort sitzt der Hörer mitten im Klang, umhüllt von einer runden Muschel, die eine besonders fein justierte Innenakustik besitzt. Eine speziell entwickelte Körperschallmembran dient als Rückenlehne. Mit Hilfe eines *iMac*-Touchscreens wird der Hörer systematisch durch die Musikgeschichte des 20. und 21. Jahrhunderts hindurchgeführt.

In meinem Beitrag werde ich einleitend musikpsychologische Aspekte heutigen Hörerlebnisses erläutern, anschließend auf sich daraus ergebene Herausforderungen für die Musikvermittlung eingehen und schließlich den *Sonic Chair* als neue Beteiligungsform, interaktive Musikwahrnehmung und Instrument innovativer Musikvermittlung für das Publikum der Zukunft vorstellen.

1. Einleitung – musikpsychologische Aspekte des Hörerlebnisses

Das Musikhörerlebnis findet heutzutage überwiegend über elektronische Medien statt (MAEMPEL 2008: 231; MÜNCH 2008: 266). Diese Kultur der Musikrezeption über musikalische Übertragungsmedien ist das Ergebnis immer weiter fortschreitender technologischer Entwicklungen der vergangenen 135 Jahre wie das Radio, die Stereophonie und das Internet. Die Zweikanal-Stereophonie beförderte die Erforschung psychoakustischer Effekte und deren Ausnutzung in Bezug auf Lokalisation und Raumeindruck. Alle technologischen Entwicklungen führten zu neuen Hörformaten und Audioproduktionstechniken in Begleitung einer eigenen Klangästhetik (MAEMPEL 2008: 231 ff.; SPITZER 2003: 15, 65).

In der heutigen Zeit gibt es eine große Tendenz, alles über Ohrhörer zu hören. Jugendliche hören Musik überwiegend über mobile Tonträger wie MP3-Player. Im Rahmen ihrer Untersuchungen zur alltäglichen Nutzung von Musik stellten Holger Schramm und Reinhard Kopiez (2008) vor Kurzem fest, dass 70 % aller Jugendlichen in Deutschland täglich bis mindestens mehrmals pro Woche einen MP3-Player bzw. iPod nutzen. Sogar 79 % sind bereits im persönlichen Besitz eines MP3-Players/iPods (SCHRAMM/KOPIEZ 2008: 255). Dabei wird Musik oft nebenbei gehört – wie auch bei der herkömmlichen Steoreoanlage. Aus den vorliegenden Daten zu Medienbesitz und Mediennutzung ergeben sich für Thomas Münch (2008) folgende Konsequenzen:

- Vergleicht man heutige mit früheren Generationen, haben sich musikbezogene Umgangsweisen aufgrund der Erweiterung der Möglichkeiten musikalischer Erfahrungen vermehrt.
- Die Erwartungen an das Musikhören sind aufgrund völlig unterschiedlicher Nutzungsmotive sehr differenziert zu betrachten. Beispielsweise wird vom Radio nicht selten eher Musik erwartet, die wenig Aufmerksamkeit verlangt.
- Die Allgegenwart der Musik führt zu der Gefahr, dass Musik immer weniger ‚intensiv' erlebt wird (MÜNCH 2008: 271).

Es gibt aber ‚zwei' Modi des Hörens im zeitgenössischen Bereich:

1. Funktionales Hören: Dies ist das Hintergrundhören, Hören in Supermärkten, beim Autofahren oder in anderen Alltagssituationen mit den dazugehörigen Maskierungseffekten (SPITZER 2003: 401ff.). Das funktionale Hören führt zu einer Art des Hörens, wo das Ohr nicht mehr so intensiv gefordert ist. Das Ohr zu ‚fordern' ist aber eine grundlegende Voraussetzung zur Rezeption zahlreicher Werke klassischer Musik.
2. Konzentriertes Hören: Dies ist das Hören im Konzert (NOLTZE 2010: 265). Die Konzentration ist für das Hören klassischer Musik von großer Bedeutung (KALIES/LEHMANN/KOPIEZ 2008: 303). Es wird immer wichtiger, Möglichkeiten für konzentriertes Musikhören zu schaffen. Dies betrifft besonders zeitgenössische Musik mit größtmöglichem dynamischem Ambitus – das heißt vom Piano-Pianissimo bis zum Forte-Fortissimo – bzw. breitestem Amplitudenspektrum und den damit verbundenen unterschiedlichsten Hüllkurven (SPITZER 2003: 39).

Musikhören ist für zahlreiche Menschen eines der wichtigsten sowie auch zeitlich aufwendigsten Alltagsaktivitäten. Von zentraler Bedeutung hierbei ist die medial vermittelte Musik, die allerdings häufig nur im Hintergrund wahrgenommen wird. Der Musikeinsatz der Hörer ist meistens zielgenau auf ihre jeweiligen Bedürfnisse abgestimmt, wenn auch nicht selten ‚unbewusst'. Der Besuch eines Konzerts bleibt oft lange in Erinnerung, die ‚beiläufige' Radio- oder Tonträgernutzung verliert aber schon kurz danach ihre Wirkung (SCHRAMM/KOPIEZ 2008: 253).

Zu den Motiven der ‚bewussten' Nutzung von Musik im Alltag gehören nach Schramm und Kopiez (2009) vor allem das ‚emotionale', ‚assoziative' und ‚kognitive Involvement', also der Wunsch nach intensiv emotionaler, assoziativer und kognitiver Hingabe bzw. Anregung und Forderung (SCHRAMM/KOPIEZ 2008: 257). Dabei nehmen viele Hörer gerne ‚Backgroundinformationen' wie z. B. Programmhefte beim Konzertbesuch zu der ausgewählten Musik in Anspruch, deren Gestaltung allerdings nicht selten Unzufriedenheit erzeugt.

2. Herausforderungen für die Musikvermittlung

Dies führt zu Fragen und Problemen gegenwärtiger Musikvermittlung, die derzeit in aller Munde sind (u. a. ALLWARDT 2010: 283ff.; RAUHE 2008: 196ff.; THEEDE 2007: 225ff., 2010: 218ff.). Allerdings wird der Musikvermittlungsbegriff häufig sehr unterschiedlich verstanden. Er kann nach Allwardt (2010: 283f.) folgendermaßen zusammengefasst werden:

> Der Begriff versammelt die Entwicklung und Anwendung von Methoden, Formen und Techniken künstlerischer, reflexiver und kommunikativer Art, deren Ziel es ist, Musik in unterschiedliche gesellschaftliche Kontexte zu bringen. Die weitgefasste Idee hinter dem Begriff vereint die Ausformung differenzierter Formate, um Musik einem heterogenen Publikum zu erschließen, Verständnisbrücken zu bauen und Menschen aller Altersgruppen unabhängig von musikalischer Vorbildung neugierig auf das Kulturgut Musik zu machen und für das Hören von Musik zu sensibilisieren. Künstlerische Praxis, sinnliche Wahrnehmung und gesellschaftliches Verantwortungsbewusstsein immer wieder neu in einen Austausch zu bringen und in Resonanz auf Raum und Zeit eine je eigene Idee und Sprache zu Musik zu entwickeln, ist das Ziel von Musikvermittlung auf unterschiedlichen Ebenen und aus variablen Perspektiven.

Musikvermittlung ist mit der Aufgabe verbunden, Begeisterung für Musik zu wecken und zur Beschäftigung mit ihr anzuregen.

Es ist zu beobachten, dass der Bedarf an ‚neuen' Wegen der Musikvermittlung ständig wächst. Dies stellt auch Noltze (2010: 23, 25) fest, der bei den Musikvermittlungsansätzen heutiger Medien-, Musik- und Bildungsinstitutionen eine Tendenz zur Unterforderung durch Vereinfachung der musikalischen Inhalte sowie durch Komplexitäts- und Anstrengungsvermeidung sieht. ‚Innovative' und zukunftsweisende Vermittlungsansätze sollten nach seiner Auffassung aber vor allem auf die ‚Vermeidung' von Unterforderung abzielen (NOLTZE 2010: 225). Sie sollten folgende Aspekte berücksichtigen:

- Die Ermöglichung einer Gewohnheitsdurchbrechungsanstrengung bezüglich einer oberflächlichen, bereits bekannten und unkonzentrierten Musikrezeption (NOLTZE 2010: 257, 260).

- Die Schaffung von Voraussetzungen, um eine Art Plattform für eine weniger zerstreute Rezeption und einen nichtreduktionistischen Komplexitätsumgang überhaupt zu ermöglichen (NOLTZE 2010: 263).
- Die Zumutung und sogar Anstiftung zu einer positiv verstandenen Anstrengung als Bereitschaft zur Einlassung auf Komplexität mit dem Gegenstand selbst als Ziel und nicht nur der Aneignung von Bildungsgut durch Wissen (NOLTZE 2010: 13f., 24).
- Die Begegnung mit und Einlassung auf Komplexität, die einer Selbstunterforderungsmechanik wie der Angst, etwas nicht zu verstehen, entgegenwirkt (NOLTZE 2010: 192, 260).
- Die Förderung von „Offenohrigkeit", um auch intensivste Erfahrungen mit Musik zu ermöglichen (NOLTZE 2010: 240).
- Die Förderung der genussvollen Erfahrung von und des entspannten Umgangs mit Komplexität in der Musik (NOLTZE 2010: 233, 272ff.).
- Die Schaffung einer Ahnung von Entdeckungsmöglichkeiten nach der Anfangserfahrung (NOLTZE 2010: 28, 272ff.).

Entsprechend entwickelt Noltze (2010) ein „Trainingsprogramm des ‚guten' Hörens" (NOLTZE 2010: 272), zu dem Folgendes gehört: „Herstellung von Aufmerksamkeit; Kenntnis des Vokabulars und der Syntax, also von Strukturen; Offenheit im Sinne von Komplexitätstoleranz" (NOLTZE 2010: 272).

3. Der Sonic Chair als Instrument innovativer Musikvermittlung

Das Institut für kulturelle Innovationsforschung an der *Hochschule für Musik und Theater Hamburg*, das daran arbeitet, innovative Musikvermittlungsprojekte ins Leben zu rufen, hat ein Instrument innovativer Musikvermittlung entwickelt, das den genannten Forderungen Noltzes (2010) entspricht: Den *Sonic Chair*, der u. a. auch auf das Klangerlebnis als Hörerlebnis abzielt (FLENDER 2010: 89). Flender (2010: 89) stellt ihn folgendermaßen vor:

> In Anlehnung an die Erfahrung, die die Jugendlichen mit einem I-Pod machen, nämlich das Selber-hören-Lernen durch die persönliche Auswahl von Musikstücken aus einem großen Angebot von Hörmöglichkeiten, wurde der Klangsessel ‚Sonic Chair' entwickelt. Hier hat der Jugendliche – aber auch jeder Erwachsene – die Möglichkeit, sich durch die Klangwelten der Neuen Musik des 20./21. Jh. nach

eigenem Gusto durchzuhören. Nicht die musikgeschichtliche Ausrichtung steht hier im Vordergrund, sondern der ‚Supermarkt' der verschiedenen stilistischen Ausrichtungen. In Kooperation mit dem Software-Entwickler Montale wurde ein iMac Touchscreen so programmiert, dass der Hörer in der Klangkugel Hunderte von Klangbeispielen ansteuern kann, die in bester Audioqualität erklingen. Vielleicht gehen die meisten Benutzer zunächst nach dem Zufallsprinzip vor. Gefällt ein Klangbeispiel nicht, so kann schnell ein anderes ausgewählt werden. Man kann sich so durch die Musik des letzten Jahrhunderts ‚durchzappen'. Findet man aber Gefallen an einem Stück, erhält man sofort Informationen, die auf dem Touchscreen durchgelesen werden können. Hier wird also eine Plattform geschaffen, die die autodidaktische Form des Lernens Neuer Musik unterstützt.

So kann Lernen als erfahrungsbasierter Prozess mit den damit verbundenen Informationsaufnahmen, Bewertungen, Transformationen und Reaktionen stattfinden (GERRIG/ZIMBARDO 2008: 193). Durch Erfahrungen in Form von Musikerlebnissen können sich Hörer hier auch eine fundierte Meinung über ihnen bisher unbekannte Musikrichtungen, Komponisten, Werke oder Interpreten bilden und aufgrund dessen entscheiden, ob sie sich im *Sonic Chair* oder darüber hinaus in ihrer Freizeit weiter mit der entsprechenden Musik beschäftigen möchten oder nicht. Diese innovative Form der Musikvermittlung eröffnet neue Wege, dem zunehmenden Problem des Fehlens von Vorkenntnissen im heutigen Konzertleben entgegenzuwirken (THEEDE 2007: 225ff., 2010: 221).

Der *Sonic Chair* des Instituts für kulturelle Innovationsforschung als ‚musikalische Hörstation' befindet sich seit 2008 in der Erprobungsphase und wurde bereits an zahlreichen traditionellen, aber auch neuen ungewöhnlichen Spielstätten im Konzertbetrieb eingesetzt, u. a. im Rahmen des niederländischen Musikfestivals *Gaudeamus Muziekweek* und des Förderprojektes der Kulturstiftung des Bundes *KLANG! – Netzwerk für zeitgenössische Musik in Hamburg* zur innovativen Vermittlung Neuer Musik (RAUHE 2008: 201ff.). In der Anfangsphase hat eine Besucherbefragung im Rahmen von *KLANG!* ergeben, dass der *Sonic Chair* ein Vermittlungstool mit hoher Attraktivität darstellt (THEEDE 2009: 8ff.). Seitdem wird sein Hörangebot ständig ausgebaut und verbessert (FLENDER 2010: 89).

Der *Sonic Chair* öffnet Türen für selbstbestimmtes Hören, das heißt, dank seiner Festplatte hat der Nutzer einen Zugang zu einer großen Menge an Musikwerken, Podcasts und Radiosendungen, auf die man schnell zugreifen kann. Dies ist eine völlig neue Möglichkeit nicht nur bedienungsfreundlicher, sondern auch raum- bzw. platzsparender Musikvermittlung.

Die Entwicklung des Sonic Chairs war von Anfang an mit verschiedenen konzeptionellen Entscheidungen verbunden. So wurden drei Nutzerzielgruppen definiert, die eine völlig unterschiedliche Benutzerführung mit sich bringen, um gleich das für das jeweilige Nutzerniveau am besten geeignete Klangmaterial bereitzustellen und frei und schnell entscheiden zu können, was man länger hören möchte oder nur kurz. Diese sind ‚Experten', ‚Einsteiger' und ‚Kinder'.

Die klingende Klangenzyklopädie des *Sonic Chairs* ist für Anfänger eher in Epochen gegliedert und die damit verbundenen Erklärungen einfacher gestaltet als die für Experten. Bei jeder Epoche gelangt der Hörer zu einer alphabetisch nach Komponisten geordneten Übersicht der dazugehörigen Musikwerke. Hat er ein Stück ausgewählt, erklingt es und gleichzeitig erscheint eine Detailansicht mit dazugehörigen Informationen. In der Detailansicht kann der User beim Hören ein Foto des Komponisten ansehen und folgende weiterführende Informationen durchlesen: Einen Kurzkommentar zum Werk, die Lebensdaten und das Herkunftsland des Komponisten, seine Biographie, Informationen zur Kompositionsweise und teilweise das Werkverzeichnis. Wer also noch keine Erfahrung mit Neuer Musik hat, bekommt hier einen Überblick über die unterschiedlichen stilistischen Strömungen. Einen besonderen Einstieg in die neuen Klänge zeitgenössischer Komponisten bieten 44 dreiminütige Komponistenportraits. Der Hörer kann teilweise die Partitur des ausgewählten Musikwerkes mitlesen und beliebig darin vor- oder zurückblättern. Im Rahmen des Kinder-Buttons sind zielgruppengerechte, frei erzählte Geschichten eingebaut.

Die beste Vermittlung ist das Erlebnis selbst. Alles Weitere ist Hilfestellung. Aufgrund der besonderen Qualität der Klangrezeption ist der *Sonic Chair* nach dem Life-Erlebnis die intensivste Stufe des Musikhörens. Denn in dieser Hörsituation wird dem Nutzer ein völlig konzentriertes Hören ermöglicht. Der *Sonic Chair* stellt also einen Miniraum dar, der für konzentriertes Zuhören geschaffen ist. Er bietet eine Mikroakustik, die dem Life-Erlebnis sehr nahekommt, auch wenn Musik als Live-Erlebnis und übertragene Musik physikalisch und als Wahrnehmungsinhalt keinesfalls identisch sind (MAEMPEL 2008: 232). Der *Sonic Chair* entspricht der Forderung Noltzes (2010) nach einer ästhetischen Erfahrung als Möglichkeit, einen offenen, gegenüber Widerständen toleranten, also kreativen Komplexitätsumgang zu trainieren (NOLTZE 2010: 263). Er kann als Mikrobereich angesehen werden, der es erlaubt, Musik in bester Qualität zu hören und zu erleben, um dadurch einen neuen Weg zum anspruchsvollen Hörerlebnis zu ebnen sowie auch breiteren Bevölkerungsschichten den Zugang zu einem weiten Spektrum an Werken Klassischer Musik zu erleichtern und das Interesse an dem Besuch der damit verbundenen Konzerte zu steigern.

4. Schlussfolgerung

Der *Sonic Chair* ist ein Individualereignis, das Konzert hingegen ein Kollektivereignis. Viele Menschen besuchen gerne ein Konzert. Ein Teil dieser Konzertbesucher wünscht sich aber eine besondere Vorbereitung auf das Konzert.

Kollektiv beschallte Räume und eine individualistisch abgestimmte Musikauswahl können sich ergänzen. Der Konzertbesuch kann beide Bedürfnisse bedienen – erst das Individualerlebnis *Sonic Chair*, dann das Kollektiverlebnis ‚Konzert'. Denn durch diesen Klangsessel ergibt sich die Chance, multimediale Möglichkeiten im Foyer eines Konzerthauses zu nutzen – also nicht nur im Programmheft zu lesen oder, wie es altertümlich früher üblich war, in der Partitur zu lesen. Dies betrifft aber nicht nur ein Konzerthausfoyer, sondern ebenso weitere, auch ungewöhnliche Räume an anderen Konzert- und Festivalspielstätten als Orte der Vorbereitung auf das Konzert. Diese Punkte können optimiert werden in Form einer individualistischen Multimediastation, die einen Miniraum schafft, der besonders auf die individuellen Bedürfnisse des Konzerts zugeschnitten ist und dem Besucher ermöglicht, die Beschallung selbst anzuwählen und dadurch ‚sein eigener Intendant' zu sein.

Der Schritt von Klangsesseln im Raum mit transitorischer Atmosphäre kann für diese Räume – dies kann auch eine Lounge sein oder ein anderer Ort mit kurzer Muße – zu einer ausgesprochenen Belebung führen, und sie sind perfekte Vermittlungstools. Entsprechend hat das Institut für kulturelle Innovationsforschung auch kurze Hörformate entwickelt, wie zum Beispiel die bereits erwähnten dreiminütigen Komponisten-Podcasts. Eines hiervon kann man problemlos in der Konzertpause vollständig anhören – im Gegensatz zu einem zweistündigen Musikwerk.

Es reicht aber nicht aus, mehrere dieser Klangsessel in das Foyer eines Konzerthauses oder bei Spielstätten von Musikfestivals aufzustellen. Ihr Inhalt müsste auf die Bedürfnisse des Konzertbesuchers abgestimmt und dies von Ort zu Ort justiert werden. Der *Sonic Chair*-Nutzer müsste die Win-win-Situation sehen, sonst verliert er das Interesse.

Aber nicht nur im öffentlichen, sondern auch im privaten Raum gibt es ein großes Potential bezüglich des *Sonic Chairs*.

Das Institut für kulturelle Innovationsforschung wird die Einsatzfähigkeit des *Sonic Chairs* in den kommenden Jahren gezielt erforschen und dabei auch empirisch vorgehen, zum Beispiel durch die Planung und Durchführung von Befragungen. Das Institut ist mit dem *Sonic Chair* allerdings noch ganz am Anfang. Als Forschungsinstitut macht es sich aber weiterhin zur Aufgabe, Räume neu zu denken und innovative Musikvermittlungsprojekte weiterzuentwickeln.

Literatur

ALLWARDT, Ingrid (2010): Musikvermittlung – Musica Spumante? Von der Kunst, zwischen Tradition und Innovation für Musik zu sensibilisieren und Hörräume zu gestalten. – In: Institut für kulturelle Innovationsforschung (Hg.), *Innovation aus Tradition. Festschrift Hermann Rauhe zum 80. Geburtstag.* Mainz: Schott Music, 283-288.

BRUHN, Herbert/KOPIEZ, Reinhard/LEHMANN, Andreas C. (Hgg.) (2008): *Musikpsychologie. Das neue Handbuch.* Reinbek b. Hamburg: Rowohlt.

FLENDER, Reinhard (2010): Aus Alt mach Neu, aus Neu wird Alt – die Dialektik der kulturellen Innovation. – In: Institut für kulturelle Innovationsforschung (Hg.), *Innovation aus Tradition. Festschrift Hermann Rauhe zum 80. Geburtstag.* Mainz: Schott Music, 81-92.

GERRIG, Richard J./ZIMBARDO, Philip G. ([18]2008): *Psychologie.* München: Pearson.

HELLBRÜCK, Jürgen (2008): Das Hören in der Umwelt des Menschen. – In: Bruhn, Herbert/Kopiez, Reinhard/Lehmann, Andreas C. (Hgg.), *Musikpsychologie. Das neue Handbuch.* Reinbek b. Hamburg: Rowohlt, 17-36.

INSTITUT FÜR KULTURELLE INNOVATIONSFORSCHUNG (Hg.) (2010): *Innovation aus Tradition. Festschrift Hermann Rauhe zum 80. Geburtstag.* Mainz: Schott Music.

KALIES, Christoph/LEHMANN, Andreas C./KOPIEZ, Reinhard (2008): Musikleben und Live-Musik. – In: Bruhn, Herbert/Kopiez, Reinhard/Lehmann, Andreas C. (Hgg.), *Musikpsychologie. Das neue Handbuch.* Reinbek: Rowohlt, 293-315.

MAEMPEL, Hans-Joachim (2008): Medien und Klangästhetik. – In: Bruhn, Herbert/Kopiez, Reinhard/Lehmann, Andreas C. (Hgg.), *Musikpsychologie. Das neue Handbuch.* Reinbek b. Hamburg: Rowohlt, 231-252.

MÜNCH, Thomas (2008): Musik in den Medien. – In: Bruhn, Herbert/Kopiez, Reinhard/Lehmann, Andreas C. (Hgg.), *Musikpsychologie. Das neue Handbuch.* Reinbek b. Hamburg: Rowohlt, 266-289.

NOLTZE, Holger (2010): *Die Leichtigkeitslüge. Über Musik, Medien und Komplexität.* Hamburg: edition Körber-Stiftung.

RAUHE, Hermann (2008): *Musikstadt Hamburg. Eine klingende Chronik.* Hamburg: Ellert & Richter.

SCHRAMM, Holger/KOPIEZ, Reinhard (2008): Die alltägliche Nutzung von Musik. – In: Bruhn, Herbert/Kopiez, Reinhard/Lehmann, Andreas C. (Hgg.), *Musikpsychologie. Das neue Handbuch.* Reinbek b. Hamburg: Rowohlt, 253-265.

SPITZER, Manfred (2003): *Musik im Kopf. Hören, Musizieren, Verstehen und Erleben im neuronalen Netzwerk.* Stuttgart: Schattauer.

THEEDE, Michael (2007): *Management und Marketing von Konzerthäusern. Die Bedeutung des innovativen Faktors.* Frankfurt/M.: Lang.

THEEDE, Michael (2009): *Ausstellung und Konzerte im KLANG!-Container. Bericht der Besucherbefragung im KLANG!-Container.* Hamburg: Institut für kulturelle Innovationsforschung.

THEEDE, Michael (2010): Modernes Konzerthausmanagement – Innovation aus Tradition. – In: Institut für kulturelle Innovationsforschung (Hg.), *Innovation aus Tradition. Festschrift Hermann Rauhe zum 80. Geburtstag.* Mainz: Schott Music, 213-227.

Nachruf auf Dr. Bernd Wagner

„Wir müssen uns Sisyphos als einen glücklichen Menschen vorstellen", so schrieb Bernd Wagner, Albert Camus zitierend, auf seiner letzten Weihnachtsgrußkarte, und so steht es nun auch auf seiner Traueranzeige.

Wir trauern um einen unserer engagiertesten, scheinbar unermüdlichen und bis zuletzt hoffnungsfrohen Mitstreiter im *Fachverband für Kulturmanagement*: Bernd Wagner, der am 19. September nach langer Krankheit in Frankfurt am Main mit 64 Jahren verstorben ist.

Bernd Wagner war seit vielen Jahren wissenschaftlicher Leiter der Kulturpolitischen Gesellschaft, verantwortlich für zahlreiche Forschungsprojekte, Tagungen, verantwortlich für die Redaktion der wissenschaftlichen Jahrbücher der *Kulturpolitischen Gesellschaft* sowie für die vierteljährlich erscheinenden *Kulturpolitischen Mitteilungen*. Er war Lehrbeauftragter an zahlreichen Kulturmanagementstudiengängen.

Bernd Wagner war von Beginn involviert in Tagungen und Diskurse unseres Fachverbandes und stellte in seinen Beiträgen und durch seine Person die wichtige Brücke zur *Kulturpolitischen Gesellschaft* und die Verbindung zu den dortigen Diskursen her. Denn Kulturpolitik sowohl als wissenschaftlich-theoretische Disziplin wie in ihren praktischen, strukturellen und administrativen Dimensionen bildet eine zentrale Referenzrahmen für unsere ‚Collagendisziplin' Kulturmanagement.

Bernd Wagner lieferte fundierte Analysen zu einer großen Bandbreite kulturpolitischer und kulturmanagerialer Themen. Für unseren Fachverband vor allem relevant ist seine seit Anfang der 90er-Jahre kontinuierliche wissenschaftliche Beschäftigung mit dem Arbeitsmarkt Kultur sowie mit dem Wechselverhältnis von Kulturmanagement und Kulturpolitik. Seine Artikel waren und sind fester Bestandteil der Lehre im Kulturmanagement, denn sie zeichnen sich immer durch fundiertes und breites Wissen, große Präzision und Strukturiertheit und zugleich eine anschauliche journalistische Schreibweise aus.

Ohne ideologische Scheuklappen – dafür umso präziser und differenzierter – setzte er sich mit einem weiten Spektrum jeweils aktueller Fragestellungen auseinander: Von der Soziokultur über die „kulturelle Stadtentwicklung" und „Kulturentwicklungsplanung" bis zur Kulturwirtschaft, vor allem und immer wieder unter dem Aspekt, wie Kulturpolitik auch Gesellschaftspolitik sein kann.

Bernd Wagner war neugierig und offen für immer neue Themen und so begegnete er auch in der Lehre den Studierenden mit großer Offenheit und Wertschätzung für ihre Anliegen. Zeitunglesen war eine von Bernd Wagners Leidenschaften, der wir eine fundierte Presseschau über aktuelle kulturpolitische Themen in jeder neuen Ausgabe der *Kulturpolitischen Mitteilungen* verdanken.

Seine wissenschaftliche Leidenschaft galt viele Jahre lang der Geschichte der Kulturpolitik, die er akribisch in Archiven und vorhandener Literatur recherchierte und in seinem 500 Seiten starken Buch *Fürstenhof und Bürgergesellschaft – Zur Entstehung, Entwicklung und Legitimation moderner Kulturpolitik* zusammentrug, die zugleich seine Dissertation an der *Universität Hildesheim* war.

Bernd Wagner war nicht nur ein für mich immer anregender wissenschaftlicher Partner, mit dem ich bei unserer gemeinsamen jährlichen Schreibklausur am und im österreichischen Frauensee inspirierende Fachgespräche führte, sondern auch ein guter Freund, mit dem mich viele schöne Abende verbinden, die von seiner großen Freundlichkeit und seinem, die Aufgeregtheiten des kulturpolitischen Betriebs relativierenden Humor lebten.

Birgit Mandel
(Für den Fachverband für Kulturmanagement)

REZENSIONEN

INSTITUT FÜR INTERKULTURELLE INNOVATIONSFORSCHUNG (Hg.): Innovation aus Tradition. Festschrift Hermann Rauhe zum 80. Geburtstag. Mainz (Schott) 2010, 420 Seiten.

Als letzte Gründungstat in einer langen Innovationskette, die er in den 26 Jahren seiner Hochschulpräsidentschaft in Hamburg schmiedete, ermöglichte Hermann Rauhe den Aufbau eines Instituts für Innovationsforschung – weltweit die erste Institution, welche die aus den Wirtschaftswissenschaften stammende Methodik auf das Gebiet der Kultur anwendet. So schien es dem Gründungsdirektor des Instituts, dem Musikwissenschaftler, Komponisten und Verleger Reinhard Flender, nur recht und billig, dem „Unruheständler" zum Achtzigsten eine würdige Festschrift auszurichten.

Der Paradigmenwechsel, den Rauhe nach seiner Erstwahl zum Hochschulpräsidenten (1978) im Hause in Gang setzte, lässt sich trefflicher kaum kennzeichnen, als Flender ihn in der Einleitung des im Herbst 2010 erschienen Bandes skizziert: „Der Impuls der 68er Studentenbewegung löste das alte hierarchische Prinzip der Hochschulleitung ab [...]. In dieser Aufbruchsstimmung blühte Hermann Rauhe förmlich auf. Von nun an ging es Schlag auf Schlag". Gemeint sind Rauhes Initiativen, das Lehrangebot der Hochschule zu verbreitern und zu aktualisieren, wie zur baulichen Erweiterung des Budge-Palais, welche nicht nur Raum schuf für die Forums-Bühne, den Tatort des integrierten Studiengangs Musiktheater-Regie, sondern auch Voraussetzung war für die Einführung neuer Ausbildungssparten wie Jazz, Popularmusik, Musiktherapie, Kulturmanagement oder Medienpädagogik.

In einem Aufsatz zog Rauhe zum Millennium Bilanz. Seine (im vorliegenden Band nachgedruckten) *Gedanken zum Selbstverständnis unserer Hochschule* unter dem Leitwort *Innovation aus Tradition* hatte Flender allen Beiträgern der Festschrift mit der Bitte zugeschickt, ihr jeweiliges Arbeitsfeld von diesem Grundsatz her zu bedenken.

Herausgekommen ist ein Sammelband mit breit gestreutem Themenspektrum, das Einblick gewährt in rund dreißig Berufswelten, die ihre Autoren in die Studienlandschaften der Hamburger *Hochschule für Musik und Theater* einbringen – in engem Wechselbezug von Theorie und Praxis. Inhaltlich, stilistisch und methodisch zwangsläufig höchst verschiedenartig, lässt das Mosaik der Einzelbeiträge gleichwohl das Panorama einer kulturellen Baustelle durchscheinen, die in ihrer Universalität unter den Musikhochschulen der Republik ihresgleichen sucht.

Auch vermeidet die Festschrift, deren redaktionelle und logistische Betreuung in den Händen des stellvertretenden Institutsdirektors Michael Theede lag, das dieser Publikationsart eigene Themensammelsurium. Den Buchtitel aufnehmend, gliedert sich der Band in sechs unterschiedlich gefüllte Hauptkapitel, die alle mit dem Schlagwort *Innovation aus Tradition* beginnen: in der Kunst, im Kulturmanagement, im Medienmanagement, in Bildung und Ausbildung, in Kirche und Religion sowie in der Wirtschaft.

Eingangs beantwortet der komponierende Kulturmanager Peter Ruzicka die von ihm selbst aufgeworfene Frage, ob Richard Wagner gegenwärtigen Intendanten und Theaterdirektoren zum Vorbild tauge, mit einem klaren „Nein". Wohl aber sollten sie „den Fall Wagner" als Herausforderung und Mahnung begreifen, sich nicht mit Halbheiten und Kompromissen geschlagen zu geben.

Simone Young, lehrbeauftragte Generalmusikdirektorin der Hamburger Philharmoniker, berichtet über ihre Quellenstudien, die sie in Bayreuther Archiven trieb, um die Neueinstudierung des Hamburger *Ring* vorzubereiten. Die ehemalige Kultursenatorin der Hansestadt Karin von Welck sieht Hamburg – elbphilharmonischen Misstönen und Tempoverschleppungen zum Trotz – „auf dem Weg zu einer Musikmetropole".

Der Hannoveraner Schöngeist Peter Becker – ein Vierteljahrhundert Leiter der dortigen Schulmusikabteilung, findiger Spurensucher im Beziehungsfeld von Musik, Literatur und Malerei – spürt den Tönen und der Stille nach, die der *Apokalypse-Zyklus* des Expressionisten Max Beckmann in dem Komponisten Nicolaus A. Huber auslöste (*Die Leber des Prometheus*, 2005).

Der herausgebende Institutsleiter selbst betrachtet die 700jährige Kunst- und Kulturgeschichte seit der Renaissance unter dem dialektischen Blickwinkel kultureller Neuerungsschübe und Gegenbewegungen, wobei er zwischen den Begriffen ‚closed innovation' (der Neuen Wiener Schule) und ‚open innovation' (der Popmusik) unterscheidet. Mit den verschiedenen Existenzformen von Musik (vom Einfall über die notierte Gestalt bis zur Berichts- oder Zitatform), Kybernetik und Fuzzy Logic („fusselige", ausgefranste Logik) setzt sich der Musikwissenschaftler Hanns-Werner Heister auseinander. Der Komponist und Phänomenologe Elmar Lampson, der seit 2004 im Kielwasser seines Amtsvorgängers Hermann Rauhe einen eigenen Kurs steuert, widmet sich dem abendländischen Tonsystem, das „in der endlichen Anzahl von zwölf Tönen die Unendlichkeit der Tonbeziehungen zur Erscheinung bringen kann."

Als Direktor des Instituts für Kultur- und Medienmanagement an der Hamburger *Hochschule für Musik und Theater* ortet Friedrich Loock den Studien- und Weiterbildungsbereich Kulturmanagement in der Reibezone zwischen Tradition und Moderne. Marktwirtschaft und Kultur – für „nicht wenige" Kulturschaffende sei diese Verknüpfung bis heute ein Widerspruch. „Nun müssen sie umdenken", mahnt der gelernte Betriebswirt und Publizist. Kultureinrichtungen würden sich allerdings mehr und mehr bewusst, „wie sehr sie sich in einem engen Geflecht von Politik, Wissenschaft, Wirtschaft, Medien und Gesellschaft befinden." Auch wenn es manche als „Utopieverlust" empfänden, „wenn beim Sponsoring mit Kunst und Kultur Geschäfte gemacht werden."

Am Beispiel des von ihm geführten *Schleswig-Holstein Musikfestivals* (SHMF) erörtert Rolf Beck die Herausforderungen des 21. Jahrhunderts an die Kulturvermittler. Den Besucher ernst zu nehmen mit seinen Bedürfnissen, ihn abzuholen und neugierig zu machen, sei der einzige Weg, um „bereits verloren geglaubte Zielgruppen" für klassische Musik begeistern zu können, resümiert der Bereichsleiter Orchester und Chor des NDR. Seine Hauptsorge gilt dem Publikum von morgen: „Der Nachwuchs fehlt." Dahin die Zeiten, da Aboreihen in der Familie vererbt wurden. „Das klassische Konzertpublikum ist überaltert."

Eben darum seien die pädagogischen Einrichtungen des SHMF zum „Markenzeichen der Festivalarbeit" entwickelt worden. Festivalorchester, Festivalchor und Meisterkurse führen alljährlich junge Instrumentalisten und Sänger aus aller Welt für mehrere Arbeitsphasen zusammen. Proben und Unterricht sind öffentlich und ziehen Hunderte Hörlustiger an, eben auch viele junge. Ohne Jugend keine Zukunft!

Wer selber im Kulturmanagement tätig ist, dem bieten die neun diesbezüglichen Aufsätze – u. a. zur Idee eines Weltkulturgipfels, zur unternehmerischen Kulturförderung, zum Stiftungswesen und zum Konzerthausmanagement – anregende Einblicke ins Denken und Handeln benachbarter Arbeitsgebiete. Studierenden sei der Band quasi als Vergrößerungsglas empfohlen, unter dem sich die unendliche Vielfalt innovativer kultureller Wertschöpfung und -vermittlung offenbart.

Lutz Lesle

Andrea HAUSMANN: Kunst- und Kulturmanagement.
Kompaktwissen für Studium und Praxis.
Wiesbaden (VS) 2011, 138 Seiten.

Dieses Buch ist als Lehrbuch angelegt mit dem Ziel, Studierende in ein ihnen noch kaum bekanntes Fachgebiet einzuführen. Daher werden im ersten Kapitel elementare Begriffserklärungen angeboten – etwa über Kulturbegriff, Kultursparten, Typen von Kulturbetrieben, politische und rechtliche Rahmenbedingungen für Kulturbetriebe, Kulturmanagement. Die weiteren vier Kapitel befassen sich mit Kulturmarketing, Personalmanagement, Kulturfinanzierung sowie Kulturtourismus. Kulturmarketing wird differenziert nach Zielen und Konzeption, Funktionen, verschiedenen operativen Anwendungsebenen dargelegt. Am Ende des Kapitels wird kurz die Implementierungsproblematik angesprochen. Der Umgang mit den Personalressourcen wird unter der Berücksichtigung der beruflichen und funktionellen Vielfalt der Mitarbeiter/-innen von Kulturorganisationen thematisiert. Die typischen Handlungsfelder im Personalmanagement (Wahl der Mitarbeiter/-innen, Führung, Personalentwicklung und Freisetzung) stellen die zentralen Inhalte dieses Kapitels dar. Die Finanzierung von Kulturbetrieben hängt bekanntlich von ihrer Ausrichtung ab. Daher werden die unterschiedlichen Finanzierungsquellen und Strategien (öffentliche und private Förderung, eigene Einnahmen, Sponsoring oder sonstige Kooperationen) erläutert. Dabei liegt der Fokus auf größere Kulturbetriebe und weniger auf einmalige Projekte oder kleinere Initiativen bzw. Vereine. Das letzte Kapitel fokussiert einen bestimmten Anwendungsbereich des Kulturmanagements, der mit der Fachspezialisierung der Autorin zu tun hat: die Entwicklung neuer Märkte am Beispiel des Kulturtourismus. Die wirtschaftspolitische Relevanz dieses Themas, aber nicht seine Wahl als Kapitel in einem kompakten Lehrbuch ist plausibel. Ich meine, es wäre für ein Lehrbuch ebenso zu überlegen, diese letzten 23 Seiten für andere, zentrale Themen des Kulturmanagements zu nützen, die keinen Raum in diesem Buch fanden – etwa die inhaltliche Dimension der Kulturarbeit sowie soziale Bedeutung von Kulturgütern –, weil die Kenntnisse und Auseinandersetzung mit der symbolischen Dimension kultureller Leistungen in der Regel als eine Grundvoraussetzung und Grundqualifikation für Kulturmanagement angesehen wird. Gewiss, aus einer fachlichen Sicht repräsentiert die Auswahl und Gestaltung der Lehrinhalte eine elaborierte Anwendung der klassischen Betriebswirtschaftslehre auf den Kulturbetrieb. Elaboriert ist diese Übertragung nicht nur, weil sie die Besonderheiten von Kulturorganisationen und Kulturmärkten berücksichtigt, sondern auch weil sie durch eine Vielzahl von grafisch gut aufbereiteten tabellarischen Darstellungen und in grau unterlegten Feldern eingefügte Praxisbeispiele eine sinnvolle Anschaulichkeit erreicht. In diesem Sinne handelt es sich um ein methodisch vorbildlich strukturiertes Buch.

Die Anforderungen an Lehrbücher sind komplex und beschränken sich nicht auf das Wie, also die Methodik. Ebenso wichtig ist das Was, die Didaktik. Andrea Hausmanns Entscheidung, primär betriebswirtschaftliche Inhalte als zentrale kulturmanageriale Themen auszuwählen, könnte, wie oben bereits erwähnt, kritisiert werden, zum Beispiel wenn Kulturrecht und Kulturpolitik, beides wichtige Fachbereiche des Kulturmanagements wortwörtlich kompakt unter „Merkmale und Rahmenbedingungen" auf wenigen Seiten behandelt werden. Selbstverständlich muss man aber auch jeder Autorin zugestehen, dass sie in einer Tradition verwurzelt ist, die sie durch ihre wissenschaftliche Sozialisation und berufliche Erfahrungen einverleibt hat. Und übrigens gibt es kein Fach, das sich nicht durch Heterogenität und fachinterne Differenzen auszeichnet.

Es gibt allerdings einen Kritikpunkt, der sich auf eine bestimmte Tendenz oder einen bestimmten Denkstil bezieht, der einer Auslegung bedarf. Auf S. 37 steht exemplarisch folgender Satz: [Es ist zu verdeutlichen], „dass Kulturmarketing mehr ist als die Anwendung von Einzelmaßnahmen und dass ein *richtiges Verständnis* dieses Konzeptes weder die originären Aufgaben der Einrichtungen negativ tangiert noch die künstlerischen Ansprüche oder wissenschaftlichen Standards gefährdet" (Herv. i. Orig.). Die Autorin verweist hier wie auch an anderen Stellen auf die innewohnende Rationalität der betriebswirtschaftlichen bzw. Marketinginstrumente, als ob diese Rationalität zugleich eine Versicherungsgarantie für die praktische Wirksamkeit der Methoden und Instrumenten abgebe. Diese implizierte Rationalität postuliert eine logische Notwendigkeit, die zugleich ein normativer Imperativ ist: Jeder halbwegs vernünftige Mensch, der ein pragmatisches Verständnis seiner wirtschaftlichen Umwelt hat, muss doch einsehen, dass der Einsatz von kulturmanagerialem Wissen nicht nur existentiell unabdingbar, sondern sogar kreativ-förderlich für den Werdegang eines Kulturunternehmens ist. Die Kristallisation dieses Gedankens findet sich in der Begriffsdefinition wieder: „Kulturmarketing ist ein Führungskonzept, bei dem die marktbezogenen Aktivitäten und die dafür erforderlichen internen Voraussetzungen eines Kulturbetriebs so ausgestaltet sind, dass dauerhaft sowohl die Organisationsziele erreicht als auch die Bedürfnisse der

Nachfrager erfüllt werden." (40) Es liegt mir keinesfalls nahe die Bedeutung des Marketings in Frage zu stellen und ich will meine Kritik nicht daran festmachen, dass die Marktforschung auf die Ambiguität von Marktsituationen und somit auf die regelmäßige Fehlerhaftigkeit von Marktforschungsergebnissen verweist, so z. B. Richard Caves. Über diesen Diskurs ist die Autorin bestens informiert. Nein, das Problem liegt tiefer oder besser auf einer anderen Ebene: Wenn Studierende lesen, dass sie „auf den Grundlagen wissenschaftlicher Methoden systematisch entscheidungsrelevante Informationen für das Marketing gewinnen können" (43) und durch die Plausibilität der rhetorischen Darlegung von der innewohnenden Rationalität dieser etablierten Praktiken überzeugt werden, entwickeln sie Berufsvorstellungen, die meines Erachtens den realen beruflichen Herausforderungen nicht gerecht werden. Der so genannte ‚Praxisschock', den Hochschulabsolvent/-innen regelmäßig erleben, entspringt der Erwartung, dass die Idealität von Situationen (etwa Informationsvollständigkeit über die Nachfrage, die Produkte, die Konkurrenz; Vorgesetzte, die bereitwillig, die gewünschten Ressourcen für die Implementierung von kombinierten Maßnahmen zur Verfügung stellen usw.), die Lehrbücher in ihren Modellen und Beispielen behandeln, auch im Berufsalltag tatsächlich existiert. Darüber hinaus möchte ich die ambivalenten Auswirkungen des kanonischen Wissens ansprechen: Je stärker der Glaube der Studierenden an die Richtigkeit der Lehren ist – und folglich auch ihre Bereitschaft entsprechende Prozeduren anzuwenden –, desto stärker nimmt ihre Fähigkeit ab, die Selbstevidenz dieser kulturmanagerialen Lehren kritisch zu reflektieren. Kritik ist kein Selbstzweck, aber sie kann den Keim für kreative Entwicklungen säen. Aus der Kritik und dem Zweifel schöpfen sowohl die Wissenschaft als auch die Kultur ihren Brennstoff. Auch wenn die Studierenden in der Regel nicht Wissenschafter/-innen, sondern Praktiker/-innen im Kulturmanagement werden, so gilt diese Anforderung auch für sie. Sie müssen ihre Praxis weiterentwickeln, weil das Kulturmanagement ‚kulturelles Handeln' ist, das die Menschen (Künstler/-innen, Mitarbeiter/-innen, aktuelle und potentielle Besucher/-innen) inspirieren und ihre Neugier und Begeisterung für die Sache entzünden soll. Hier liegt das Dilemma jedes Lehrbuchs. Wissensvermittlung aus dem etablierten Fundus ist ein Ziel, die Infragestellung dieses Wissens und die Reflexion des Feldes ein weiteres. In welchem Verhältnis diese unterschiedlichen Ziele zueinander stehen sollten, das ist fast eine Gretchenfrage.

Trotz dieser Einwände ist das Buch für alle Studierenden zu empfehlen. Die Leistung von Andrea Hausmann besteht in der gelungenen

Strukturierung und Aufbereitung der Lehrinhalte, die durch viele Beispiele anschaulich präsentiert werden. Was ein wenig fehlt ist der Mut, die geordneten Bahnen des fachwissenschaftlichen Kanons zeitweise zu verlassen und den Leser/-innen mehr Reflexionsvermögen zuzumuten, um sie mit der Lektüre mehr zum Nachdenken herauszufordern. Dies könnte etwa durch die Einfügung von 5-6-seitigen Nachbetrachtungen am Ende jedes Kapitels erreicht werden – trotz des selbstformulierten Zieles, kulturmanageriales Wissen in komprimierter Form zu vermitteln.

Tasos Zembylas

Meg BRINDLE, Constance DEVEREAUX (Hgg.): The Arts Management Handbook. New Directions for Students and Practitioners. Armonk/NY, London (M. E. Sharpe) 2011, 368 Seiten.

Shakespeare, Michelangelo, William Blake oder Charlie Chaplin – Kulturmanager allesamt, lange bevor das Wort geläufig wurde, denn sie schufen nicht nur Kunst, sondern organisierten auch die Produktions- und Vertriebsbedingungen. Die Trennung zwischen den Sphären der Künstler und der Manager sei eine junge Erscheinung und eigentlich irreführend, liest man in der Einleitung zu *The Arts Management Handbook* weiter.

Jedenfalls nehmen die Herausgeberinnen, beide Dozentinnen für Kulturmanagement an amerikanischen Universitäten, eine andere Perspektive ein: Sie gehen von der Setzung aus, dass Kunst und Management nicht gegensätzliche Konzepte seien, und der Terminus ‚Kultur-Management' kein Widerspruch in sich selbst. Vielmehr soll das Buch Studierenden zeigen, „how [...] to oversee, and to handle the complexities of creating, producing, and presenting great art" (4). Obwohl Kulturmanagement als akademische Disziplin erst seit dem späten 20. Jahrhundert die Aufmerksamkeit von Forschung und formalisierter Lehre erhalten habe, könnten sich heute angehende Kulturmanager/-innen doch schon auf einige etablierte Prinzipien und Praktiken stützen. Um der Leserschaft solide, berufsfeldbezogene Informationen zu vermitteln, reflektiere das Handbuch das anhaltende Wechsel- und Zusammenspiel dieser akzeptierten Prinzipien und historischen Erkenntnisse mit neuen Trends und künftig denkbaren Anforderungen ans Kulturmanagement, womit es sich an Studierende, Lehrende und Forschende sowie Praktiker zugleich richte.

Alle Kapitel sind nach einem einheitlichen, leserfreundlichen und praxisgerechten Muster aufgebaut, das seine Vorzüge insbesondere bei schwierigen Gegenständen wie etwa der Evaluation im Kulturbetrieb zeigt: Aus einem einleitenden Fallbeispiel – einem fiktiven Szenario –, in dem das konkrete Thema des Kapitels illustrativ ausgebreitet wird, leiten sich die relevanten Fragestellungen aus Sicht der jeweils definierten Rolle – stage manager, artistic director usw. – ab (etwa „Failing to delegate duties" oder „Failing to plan adequately" im Kapitel *Theater Production Management Guidebook*), also die Aspekte, welche die besondere Aufmerksamkeit der Kulturmanager verlangen, wenn diese effektiv arbeiten wollen.

Den Schluss der Kapitel bildet didaktisches Material, typischerweise aus einer Auflösung des Fallbeispiels, einschlägigen Fragen zum Stoff, Checklisten, Schlüsselbegriffen sowie weiterführenden Literaturhinweisen bestehend.

Unter dem Dutzend Autorinnen und Autoren finden sich sowohl Wissenschaftler als auch Praktiker/-innen. Sie decken ein breites inhaltliches Spektrum ab, können aber natürlich Kulturmanagement nicht in seiner ganzen Vielschichtigkeit gerecht werden. Immerhin werden von den Anforderungen an Theaterproduktionen oder Kunstperformances über Festival- und Galeriemanagement bis zu Methoden der Mittelbeschaffung und grundsätzlichen Fragen der Kulturpolitik eine ganze Reihe zentraler Themen vertieft behandelt. Dazu kommen Grundlagenkapitel wie dasjenige über einen Businessplan für den Aufbau einer Nonprofitorganisation oder eines zu kultureller Bildung (Bildung durch, mit und in Kunst, sagt der Titel). Stark ist, wie bereits angedeutet, der letzte Beitrag, zum komplexen Problemfeld der Evaluation im Kulturbereich, das hier einmal auf äußerst anschauliche Weise dargelegt wird, ohne dabei den nötigen theoretischen Hintergrund zu vernachlässigen. In konziser und leicht nachvollziehbarer Art setzt der Autor die essentiellen Elemente dieses notorisch stiefmütterlich behandelten Teils von Kulturmanagement auseinander.

Einzelne Kapitel sind naturgemäß recht spezifisch auf US-amerikanische Verhältnisse ausgerichtet: So ist etwa die Wirkungsweise der dortigen Gewerkschaften gewiss nicht eins zu eins auf einen europäischen Kontext übertragbar. Und auch etliche Bemerkungen zur Kulturpolitik sind angesichts des doch in mancher Hinsicht grundlegend anderen Funktionierens der ‚Systeme' von eingeschränkter Gültigkeit für hiesige

Gegebenheiten. Allerdings kann gerade dieses Kapitel dort ohne weiteres breite Gültigkeit beanspruchen, wo es thematisch ausholt und sich auch auf weltweit relevante politische Theorien abstützt (Locke, Hobbes, Rousseau werden herangezogen). Und dort, wo grundsätzlich die Gegenstände von Kulturpolitik ausgebreitet werden, wo die Bedeutung guter Vertrautheit mit kulturpolitischen Rahmenbedingungen für erfolgreiches Kulturmanagement allgemeingültig zur Darstellung gelangt, wo es um Wertfragen und ethische Überlegungen geht oder um politische Entscheidungsmechanismen, überall da sind die Ausführungen auch für hiesige Gegebenheiten durchaus aufschlussreich.

Schließlich können fürs Kulturmanagement wichtige Teilgebiete wie exemplarische Projektbudgets, Anleitungen zur Formulierung eines Mission Statements oder handfeste Tipps zur Zeitplanung in einer umfangreicheren Produktion ohne weiteres Modellcharakter beanspruchen, unabhängig von der Natur der Institution, vom geografischen Ort, vom politischen System oder von der Dimension eines konkreten Projekts.

Auch wenn die in der Einleitung in Aussicht gestellten „new trends" und „realities of tomorrow" (4) nicht überall klar ersichtlich werden, so erfüllt der Band insgesamt bestens die Funktionen eines Lehrbuchs, das sowohl Studierenden wie Unterrichtenden sachdienliche Instrumente und viel Material für die theoretische ‚und' praktische Auseinandersetzung mit der Thematik an die Hand gibt – und dieses Fazit gilt, adäquate Englischkenntnisse vorausgesetzt, fraglos auch fürs europäische bzw. deutschsprachige Kulturmanagement.

Rolf Keller

Armin KLEIN (Hg.): Kompendium Kulturmarketing. Handbuch für Studium und Praxis. München (Vahlen) 2011, 421 Seiten.

„Wie haben sich doch die Zeiten geändert!", stellt Armin Klein zur Einführung in dem von ihm herausgegebenen Sammelband fest. War man in der Kulturszene lange Zeit der Ansicht, dass Marketing „Quatsch" sei, so habe sich der Stellenwert von Marketing in der Kultur, also dem „Kulturmarketing", in den letzten Jahren dramatisch verändert, so der Autor. Er selbst muss es wissen, ist Klein doch seit 1994 Professor für Kulturmanagement und Kulturwissenschaft am *Institut für Kulturmanagement* der *Pädagogischen Hochschule Ludwigsburg* und Vorstandsmitglied der *Kulturpolitischen Gesellschaft*. Sein Name ist spätestens seit der diesjährigen Veröffentlichung der Polemik *Der Kulturinfarkt*, die er zusammen mit drei anderen renommierten Kulturexperten geschrieben hat, ein fester Begriff in ganz Deutschland. Das von Klein zusammengestellte *Kompendium Kultur. Handbuch für Studium und Praxis* wendet sich insbesondere an Lehrende, Studierende und Praktiker.

Ein kompaktes Handbuch sei notwendig, um die kaum noch überschaubare Fülle von Publikationen zum sich im Zuge neuester Entwicklungen (wachsende Besucherorientierung, Web 2.0) immer weiter ausdifferenzierenden Bereich des Kulturmarketings in einem Übersichtswerk zu bündeln, so Armin Klein. Das Buch ist in zwei überschaubare Teile untergliedert. Während sich die ersten zehn Autorinnen und Autoren in Teil eins des Buches an die theoretischen Grundlagen des Kulturmarketings wagen, stellen die übrigen neun Beiträge im zweiten Teil des Buches konkrete Anwendungsbereiche von Kulturmarketing vor – neben ‚gängigen' (Hoch-)Kulturbereichen wie dem Theater oder dem Museum finden die Leserin und der Leser hier u. a. auch Beiträge zu Medienmarketing, Marketing in der Soziokultur oder Kulturtourismusmarketing. Für seinen Sammelband hat Armin Klein Autorinnen und Autoren gewinnen können, die selber in der Kulturpraxis tätig sind und gleichzeitig über einen wissenschaftlichen Background verfügen – ideal, um auf die Wissensbedürfnisse von Studierenden und Praktikern gleichermaßen eingehen zu können. Dabei fällt auf, dass ein Großteil der Autorenschaft einen direkten Bezug zur *Pädagogischen Hochschule Ludwigsburg* aufweist. Außer Rainer Glaap und Birgit Mandel rekrutieren sich alle Autorinnen und Autoren des ersten, theoretischen Teils des Buches aus dem Bezugsfeld Ludwigsburgs.

Nach einer kurzen Einleitung stellt Armin Klein im zweiten Kapitel die *Grundlagen des Kulturmarketing* vor. Einen Schwerpunkt legt er auf das Verhältnis des Angebots und der Nachfrage von Kulturprodukten und Kulturdienstleistungen. Des Weiteren stellt er die verschiedenen Arten von Kulturnutzern vor und erklärt, weshalb eine Segmentierung von divergenten Anspruchsgruppen für das Kulturmarketing unabdingbar ist. Dabei bezieht der Autor sich mehrfach auf die Gedanken des Italieners Umberto Eco, nach dessen Einschätzung der Kulturrezipient derjenige sei, der im Prozess der Rezeption und Interpretation ein Werk erst als Kunstwerk vollende. Klein unterstellt, dass die Kulturproduktion angebotsorientiert agiere und sich nicht den Bedürfnissen der Nutzer und vor allem nicht auf die Bedürfnisse von sog. Nichtnutzern (die laut einer bundesweiten Befragung 45-50 % der Bevölkerung ausmachen) eingehe. Kulturmarketing sei insofern ein notwendiges Instrument, um für angebotene Kulturprodukte und -dienstleistungen die jeweils passenden „Abnehmer" zu finden. Ziel sei es, ein künstlerisch-ästhetisches Produkt einem größtmöglichen Kreis von Interessenten nahe zu bringen. Entsprechend definiert Klein Kulturmarketing als einen für Künstler und Kulturschaffenden sowie Nachfrager beiderseitig nützlichen Austausch von Gütern und Dienstleistungen und verweist auf die Beeinflussung dieses Prozesses. Dieses Verständnis von Kulturmarketing bildet die Grundlage für die Ausführungen in den nachfolgenden Beiträgen.

Die Autoren der einführenden Kapitel widmen sich entsprechend den potenziellen Interessenten von Kultureinrichtungen und -events, nämlich den Besuchern. In seinem Beitrag *Das Kulturpublikum* verdeutlicht Patrick Föhl die Notwendigkeit einer empirischen Publikumsforschung. Dabei kommt er zu dem Schluss, dass Kulturmarketing Kultureinrichtungen helfen kann, besucherorientierter zu arbeiten, ohne künstlerische und kulturelle Inhalte zur Disposition stellen zu müssen. Patrick Glogner-Pilz öffnet für die Leser/-innen den Methodenkoffer, um zu zeigen, welche verschiedenen Instrumente der Besucherforschung hierfür zur Verfügung stehen. Markus Lutz zeigt schließlich die verschiedenen Phasen eines erfolgreichen Besuchermanagements auf. Die Autoren sind sich darin einig, dass eine entschieden durchgesetzte Besucherorientierung und -bindung in einer Zeit des Umbruchs neue Türen öffnen kann, um die Existenz von Kultureinrichtungen zu sichern.

Zum besseren Verständnis der übrigen Kapitel des Sammelbandes hakt Armin Klein im sechsten Kapitel erneut ein und klärt die Leser/-innen über Sinn und Aufgabe eines strategischen Kulturmarketing-Managementprozesses auf. „Kultur für alle" sei zwar eine lobenswerte Forderung, so Klein, jedoch sei es wenig sinnvoll, den gesamten Markt, also alle in Frage kommenden Besucher, mit nur einer einzigen Marketingstrategie zu bearbeiten. Implizit unterstellt er dabei, dass die „Message" vom langfristigen und strategischen Planungsdenken bei Kulturmanagern noch nicht angekommen ist.

In den übrigen Beiträgen des ersten Teils des Buches werden verschiedene für das Verständnis von Kulturmarketing relevante Anwendungsfelder vorgestellt. Ekkehard Jürgens präsentiert die klassischen Instrumente der Öffentlichkeitsarbeit anhand eines konkreten Leitfadenkonzepts. Simon Frank geht davon aus, dass das Onlinemarketing langfristig die zentrale Rolle im Marketing übernehmen wird und empfiehlt Kulturmanagern, sich deshalb frühzeitig mit den Chancen und Risiken, die Web 2.0 und Web 3.0 bergen, auseinanderzusetzen. Rainer Glaap ist seit 2005 bei der Firma *eventim* tätig und schreibt in seinem Beitrag über die ungeahnten Schätze, die für Kultureinrichtungen in der richtigen Nutzung eines Ticketingsystems lägen. Die Eintrittskarte direkt aufs Smartphone – das käme dem heutigen „Spontan-Besucher" sehr entgegen! Im Folgebeitrag *Evaluation im Kulturmarketing* argumentiert Nora Wegner, dass sich die kurzfristigen Kosten einer Evaluation lohnen würden, um langfristige Folgekosten zu vermeiden. Der Theorieteil schließt ab mit einem sehr erfrischenden Beitrag von Birgit Mandel, die sich den Funktionen und Zielen des *Audience Developments* zuwendet. Dabei überträgt sie die empirischen Befunde aus der Besucherforschung auf den konkreten Handlungsansatz der Kulturvermittlung.

Im zweiten Teil des Kompendiums finden sich Beiträge zum Kulturmarketing in einzelnen Sparten inklusive derzeit beliebter „Best-Practice-Beispiele". Den Aufschlag macht Andrea Hausmann mit ihrem Beitrag zum *Theatermarketing*. Ähnlich wie zuvor Armin Klein kommt die Autorin wieder auf die kulturpolitische Ebene und damit auf die Regulation der Eintrittspreise zurück. Eine kulturpolitisch motivierte Festlegung von Preisen („Kultur für alle") sollte sich nur auf die Kernleistung von Theatern beschränken, damit noch Spielraum in der übrigen Preisgestaltung bleibe und die Finanzsituation des Theaters durch Eigeneinnahmen verbessert werden könne, so Hausmann. Ganz anders die Situation in den ausschließlich privat betriebenen Musicals, wie Bettina Rothaermel eindrucksvoll veranschaulicht; hier läuft alles über die Preis- und Rabattpolitik. Mehr mit den Besucherzahlen zu kämpfen als das Musical hat das Orchester. Thomas Schmidt-Ott sieht hier einen deutlichen Zusammenhang zwischen dem zunehmenden Besucherrückgang und einem bislang eher intuitiven, unsystematischen und mitunter widerstrebenden Umgang mit Marketing. Kristiane Janeke nimmt in ihrem Beitrag zum *Museumsmarketing* stärker die Mitarbeiter in den Blick und begreift Marketing als eine der gesamten Arbeit zugrunde liegende Einstellung, ein Art Commitment.

Etwas ‚exotischer' und bunter durcheinandergewürfelt wird es auf den letzten knapp hundert Seiten des Buches – hier reihen sich Beiträge zu Bibliotheks- und Medienmarketing sowie zu Marketing an Volkshochschulen, in der Soziokultur wie auch im Kulturtourismus aneinander. Hannelore Vogt ist sich sicher: technologischer Wandel und Globalisierung führen Bibliotheken in ein neues Zeitalter. So würden E-Books, Videospiele, digitale Fernleihe, Facebook und Twitter längst zum standardmäßigen Angebotsportfolio einer Bibliothek gehören. Besorgter über die Zukunft seines Kultursegments zeigt sich Thomas Breyer-Mayländer,

der im Raubkopieren eine nicht zu unterschätzende Gefahr für die Medienbranche sieht. Was alle Autorinnen und Autoren des Sammelbands eint: Sie übertragen die klassischen „Marketing-Mix"-Strategien aus der Wirtschaft auf den Kulturbereich und passen die allgemeingültigen Marketingregeln den spezifischen Anforderungen der jeweiligen Kultursparte an. Im Falle der Volkshochschulen versteht Wilhelm Franz Lang die verschiedenen zur Verfügung stehenden Marketinginstrumente als Möglichkeiten der Wirtschaftlichkeit, Partizipation, Kundenorientierung und Gemeinwohlorientierung. Stephan Bock und Cornelia Lüddemann eröffnen der Leserin und dem Leser etwas schadenfroh, dass die privaten Träger in der Regel effektiver und wirtschaftlicher zu arbeiten gelernt hätten als die öffentliche Kulturverwaltung. Marketing sei demnach für soziokulturelle Projekte schon immer ein überlebensnotwendiges „Must-do" gewesen, während höheranteilig subventionierte Einrichtungen erst jetzt aus der Not eine Tugend machen würden. Das Buch schließt ab mit einem Beitrag von Yvonne Pröbstle, die sich dem Kulturtourismusmarketing widmet. Ob Kulturtourismus als „Add-On" für eine Einrichtung relevant sei, das müsse jede Institution für sich selbst herausfinden. Dabei käme dem kooperativen Marketing im Rahmen eines effizienten Kulturtourismusmarketings eine besondere Rolle zu, die sich so in den anderen Kultursparten nicht finden lasse.

Insgesamt kann festgehalten werden, dass eine gründliche Lektüre des Buches *Kompendium Kulturmarketing. Handbuch für Studium und Praxis* sehr lohnend und empfehlenswert ist. Nicht nur Studierende und Praktiker können aus dem Buch ihre Schlüsse ziehen, sondern auch schon weiter fortgeschrittene Akademiker sowie Laien finden in dem Sammelband für sich nützliche Informationen. Dabei weiß vor allem die große Variation der einzelnen Beiträge aus dem zweiten Teil des Buches zu gefallen. Es lässt sich auch konstatieren, dass die zu Beginn des Bandes von Armin Klein formulierte Definition des Kulturmarketings in nahezu allen Beiträgen Anwendung findet. Zu kritisieren ist lediglich eines: Die Leserin und der Leser vermissen eingangs zu Beginn eine grundsätzliche Definition des Kulturbegriffs. Hier scheint auch in den folgenden Kapiteln Uneinigkeit zu herrschen. Armin Klein differenziert lediglich zwischen profit- und non-profit-Einrichtungen. Rainer Glaap hingegen unterscheidet in Theater, Opern- und Konzerthäuser sowie Museen. In den nachfolgenden Beiträgen finden die Leserin und der Leser dann auch die Bibliothek oder die Volkshochschule unter dem Begriff der Kultureinrichtung. Und wie steht es mit Kino, Sport oder Massenspektakel? Kann man hier auch von Kultur sprechen? Und sind dann, wie es einige Besucherforschungen nahelegen, tatsächlich knapp die Hälfte der deutschen Bevölkerung kulturelle Nichtnutzer? Wäre vielleicht auch eine Unterscheidung in vom Staat subventionierte und privat geführte Einrichtungen denkbar? Einige Fragen bleiben offen, was aber nichts an der fachlichen und praxisnahen Energie ändert, die das Buch auf seinen vierhundert Seiten entfaltet.

Robert Peper

Shannon JACKSON: Social Works: Performing Art, Supporting Publics. New York (Routledge) 2011, 299 Seiten.

Social Works widmet sich der Analyse künstlerischer Praxen, die sich um gesellschaftliche Relevanz bemühen und sich zugleich der ‚performativen Wende' in der Kunst verpflichtet sehen. Diese Praxen entwickeln sich an den Schnittstellen unterschiedlicher künstlerischer Disziplinen, in intermedialer Form und im Spannungsfeld zwischen Kunst und Gesellschaft, bzw. zwischen Kunst und ihrem Kontext. Die dafür nötigen Grenzüberschreitungen sind zugleich Grundbedingungen der Arbeiten und Thema ihrer Reflexionen.

Die Autorin ist Direktorin des *Arts Research Center* an der *University of California* in Berkeley und Professorin für Rhetorik und Theater, Tanz und Performance Studies. Ihr persönliches Interesse an den Fragen, die sie in ihrer Studie aufwirft, verortet sie in ihrer langjährigen Beschäftigung mit Performance Studies, einem Feld, das nach ihrer eigenen Beschreibung Theater, Tanz und experimentelle Performances verbindet und sich theoretisch an Soziologie, Anthropologie und Rhetorik orientiert.

Diese Kombination aus konkreten künstlerischen Praxen, theoretischen Zugängen und Analysemodellen bestimmt auch die vorliegende Studie. Sie wirft zahlreiche grundlegende Fragen auf und beschreibt Spannungsfelder und Risiken, denen sich künstlerische Arbeiten in diesen Zwischenbereichen stellen müssen. Sie verzichtet aber andererseits auf allumfassende Antworten zugunsten von sehr präzisen Beschreibungen und Analysen von Fallstudien.

Die Auswahl dieser Fallstudien ist notwendigerweise eklektisch, doch gelingt es der Autorin, mehrere rote Fäden durch die Analysen zu ziehen – etwa in Hinblick auf die Interdisziplinarität von „post-dramatischem

Theater" und von „post-studio art", auf intermediale Experimente und auf die Möglichkeiten und Beschränkungen, die die bewusste Einbeziehung des gesellschaftlichen Kontexts für künstlerische Arbeit bedeuten.

Diese unterschiedlichen und überlappenden Bemühungen um Innovation stellen spezifische Anforderungen an künstlerische Arbeit wie deren Rezeption: Bildende Kunst in diesem Bereich wendet sich von statischen Objekten ab und führt die zeitliche Strukturierung der Performance in Galerien ein. Theatermacher/-innen andererseits lösen die strenge zeitliche Struktur ihrer Disziplin zugunsten von Gleichzeitigkeit und Nebeneinander auf und setzen dabei häufig unterschiedliche Medien ein. Diese Intermedialität führt u. a. zu Überschreitungen der Grenzen zwischen Kunst und Nichtkunst und zur Abkehr eines transzendentalen Verständnisses von Kunst zugunsten einer Betonung von Medienspezifik. Die innovativen Effekte dieser Arbeiten beruhen somit wesentlich auf der Störung von Wahrnehmungsmustern des Publikums.

Grenzüberschreitungen zwischen Kunst und Kontext oder Kunst und Gesellschaft führen zu anderen Spannungsfeldern und Irritationen, die stark politisch-normativ geprägt sind. Jackson interessiert hier insbesondere der Widerspruch zwischen radikalem Antiinstitutionalismus und dem Anspruch, Institutionen zu verbessern. In einer ausführlichen Auseinandersetzung mit den Arbeiten der Kunsttheoretikerin Claire Bishop beschreibt sie einerseits das Risiko einer politischen Indienstnahme gesellschaftskritischer Kunst, die bis zur Zensur führen kann, andererseits aber auch (in Widerspruch zu Bishop und auf der Grundlage von Boltanski/Chiapello und Holmes) die Nähe eines anti-autoritären Kunstverständnisses zur unbedingten Flexibilität im Spätkapitalismus.

Inhalt und Form künstlerischer Interventionen werden stark durch diese Spannung definiert: Wenn Kunst sich um die Schaffung eines Raums möglichst friktionsfreier Begegnungen bemüht, riskiert sie die Neutralisierung der Möglichkeit kritischer Reflexion. Künstlerische Provokation, die sich diesem Risiko entziehen will, wird aber gleichfalls folgenlos vereinnahmt, wenn sie als bloße Opposition und nicht als Antagonismus verstanden wird. Letztendlich führt dies zu der Frage, in welchen Fällen und aufgrund welcher Bedingungen ästhetische und gesellschaftliche Provokation zusammenfallen können – eine Frage, die selbstverständlich unauflösbar mit normativen Vorstellungen von Kunst und Gesellschaft verbunden ist.

Diese Fragen stellen den roten Faden zwischen den von Jackson gewählten Fallstudien her und werden auch anhand aller Beispiele diskutiert. Diese Vorgangweise ist wichtig für ein umfassenderes Verständnis der Leser/-innen, sie führt allerdings andererseits zu Redundanzen, die aber wohl unvermeidlich und auch nicht sehr störend sind. Denn zugleich behandelt die Autorin jede Fallstudie ausführlich in Hinblick auf ihre individuellen Besonderheiten, verankert die künstlerischen Projekte in den Biographien der Künstler/-innen wie auch in aktuellen politischen Rahmenbedingungen und widmet den theoretischen Reflexionen der Künstler/-innen über ihre eigene Arbeit breiten Raum. Von besonderem Interesse ist hier auch der sehr präzise Umgang mit materiellen und infrastrukturellen Bedingungen der Projekte – individuellen Lebensbedingungen, technischen Anforderungen und Problemen, Konflikten und Kongruenzen der Arbeiten mit den Aufführungs-/Ausstellungsräumen sowie verwaltungstechnischen Bedingungen. Damit stellt sich die Analyse einer zentralen Anforderung der Projekte, die sie beschreibt: der Sichtbarmachung von gesellschaftlichen Systemen, die normalerweise im Hintergrund unserer Erfahrungen bleiben.

Daneben bemüht sich die Autorin auch um Einordnungen der Projekte aus der Sicht der Kunstgeschichte und der politischen Theorie. Während die eklektische Auswahl der Fallstudien unvermeidlich und wichtig ist, um jeden Anschein einer unmöglichen Repräsentativität der Studie zu vermeiden, würde eine Erweiterung der kunsthistorischen und theoretischen Perspektiven den Mehrwert für die Leser/-innen erhöhen: Weder ist es wirklich einleuchtend, dass sich Überlegungen zur Theatergeschichte fast ausschließlich auf Brechts Theatertheorie stützen, noch wird der starke Fokus auf Laclau/Mouffe im Bereich der politischen Theorie wirklich plausibel.

Insgesamt bietet „Social Works" vielfältige Perspektiven auf interdisziplinäre und gesellschaftskritische Kunstproduktion, ihre Ansprüche, Bedingungen und Möglichkeiten. Wenn Tom Finkelpearl vom *Queens Museum of Art* in einem Zitat am Einband von einem „game-changer" spricht, ist das allerdings wohl ein wenig übertrieben – dafür müssten doch auf die zahlreichen wichtigen Fragen einige mindestens tentative Antworten folgen. Doch genau dieser explorative Zugang der Studie stellt auch ihren größten Vorteil dar.

Monika Mokre

Nina SIMON: The Participatory Museum. Santa Cruz/CA (Museum 2.0) 2010, 388 Seiten.

Wie Museen partizipativ werden können, das beschreibt die als Consultant und Entwicklerin von Spielen und interaktiven Anwendungen für Kultureinrichtungen im Social Web tätige Autorin anschaulich und mit einer Vielfalt praktischer Beispiele aus der Museumsarbeit. Auf insgesamt 388 Seiten in 11 Kapiteln überträgt die in Kalifornien ansässige Autorin Grundprinzipien des Social Web wie „personalisierte und differenzierte Interaktions- und Erfahrungsmöglichkeiten", User-Generated Content, „Dialogische Kommunikation von Nutzern untereinander" auf die partizipative Arbeit in Museen.

In ihrem Vorwort verdeutlicht sie, dass mit dem Social Web nicht nur ein neues Kommunikationsmedium entstanden ist, sondern dass damit bei Menschen zunehmend auch andere Erwartungen an Teilhabe entwickelt werden, die sie auch an Kultureinrichtungen stellen:

> The social web has ushered in a dizzying set of tools and design pattern that make participation more accessible than ever. Visitors expect access to a broad spectrum of information sources and cultural perspectives. They expect the ability to discuss, share and remix what they consume. When people can actively participate with cultural institutions, those places become central to cultural and community life.

Die Autorin definiert eine partizipative Kultureinrichtung als einen Ort „where visitors can create, share and connect with each other around content." (ii, Vorwort) Neben dem Wert, den das für den Erfahrungshorizont und kulturelle Bildungsprozesse der Besucher haben kann, betont sie immer wieder auch den Wert für die Kulturinstitutionen, die vom Input ihrer Nutzer viel lernen könnten, wenn sie denn bereit seien, diesen ernst zu nehmen.

Wie kann es Museen gelingen, Besucher aktiv in eine Ausstellung und darüber hinaus in die Museumsarbeit zu involvieren, wie macht man aus tendenziell passiven Museumskonsumenten engagierte Teilhaber?, so die zentrale Frage, auf die das Buch eine Vielfalt an praxiserprobten Antworten hat, die die Autorin u. a. in folgenden Komplexen behandelt:

- Wie man individuelle Interessen von Besuchern berücksichtigen kann;
- wie man Ausstellungsobjekte zu sozialen und interaktiven Objekten macht;
- wie man aktivierende Fragen stellt und wie man die Antworten ernst nimmt;

- wie man Besucher untereinander über die Objekte und Themen der Ausstellung in anregende Gespräche bringt;
- wie man Partizipation in seinem Mission Statement verankert und nachhaltig implementiert;
- wie sich evaluieren lässt, ob Partizipation geglückt ist aus Sicht der Besucher.

Vielfältige Möglichkeiten werden aufgezeigt, um die Beteiligung von Besuchern anzuregen, sowohl online wie real in den Museen, angefangen von sehr niedrigschwelligen Partizipationsformen wie der Feedback-Box mit Wahlmöglichkeit des eigenen Lieblingsobjekts am Ausgang einer Ausstellung, über interaktive Objekte, die den Dialog mit anderen Besuchern herausfordern, bis zum Gestalten eigener Ausstellungsobjekte und der Mitgestaltung beim Kuratieren von Ausstellungen durch Besucher und Nutzer.

Kein theoretisches Werk und auch keine systematische empirische Forschung zu Ansätzen partizipativer Museumsarbeit, aber ein sehr kluges, von reichem Erfahrungswissen geerdetes Buch[1] darüber, wie Kultureinrichtungen für Besucher relevant werden, weil sie diese als Nutzer ernst nehmen.

Birgit Mandel

Wolfgang SCHNEIDER (Hg.): Theater und Migration. Herausforderungen für Kulturpolitik und Theaterpraxis. Bielefeld (transcript) 2011, 232 Seiten.

Der Tagungsband verweist, ausgehend von gesamtgesellschaftlichen Veränderungen sozialer und demographischer Art, auf Herausforderungen für das zeitgenössische Theatersystem in Deutschland. Gemeint sind damit vor allem Verschiebungen innerhalb von Publikumsschichten und deren Rezeptions- und Kulturkonsumgewohnheiten. Die durchaus gravierenden demographischen Veränderungen sind nicht ohne Einflüsse auch auf kulturpolitische Diskurse und Handlungsmuster, werden in ihnen doch gewohnte Vorstellungen von Kultur und damit verbundene Fragen von Identität und Alterität, von Eigenem und Fremdem neu verhandelt. Nun waren kulturelle Aneignungen immer schon Kennzei-

---

[1] Zum Buch gibt es eine Website: <http://www.particpatorymuseum.org>.

chen von kreativen Prozessen gerade auf dem Theater, entsteht doch das Neue – bezogen auf die Produktion von Kunst und Kultur – immer in der Auseinandersetzung mit unterschiedlichen Traditionen, Konzeptionen und normativen Positionen, womit zugleich der Rahmen abgesteckt ist, in dem theaterpolitische Konzepte zur Initiierung und Austausch von Kulturen untersucht werden mit dem Ziel, kulturelle Vielfalt in einer multiethnischen und multikulturellen Gesellschaft zu reflektieren. In fünf Sektionen, Theater als Bühne der kulturelle Identitäten, Theater als Auseinandersetzung mit dem Fremden, Theater als Ort gesellschaftlicher Partizipation, Theater als Angebot interkultureller Spielpläne und Theater und Migration als Auftrag der Kultur- und Bildungspolitik, setzt sich der Band mit der Problematik auseinander.

Dass der größte Teil der Beiträge eher deskriptiv vorgeht und auf persönlichen, zum Teil nicht allzu reflektierten Erfahrungen basiert, muss in diesem Fall kein Nachteil sein, wird dem Leser doch ein Tableaux von Positionen und Konzepten vorgestellt, aus denen sich ein höchst facettenreiches Bild aktuellen Theaterschaffens ergibt. Beiträge wie der von Susanne Keuchel (*Kulturelle Identitäten in Deutschland. Untersuchungen zur Rolle von Kunst, Kultur und Migration*; 21-33) sorgen für die notwendige Kontextualisierung, werden doch darin Forschungstand und Forschungsdesiderate, vor allem fehlende Grundlagenforschung, genauso markiert wie aktuelle Identitätskonzepte inklusive der Rolle des Nationalen in kulturellen Konzepten (kulturelle Identität als Komplex symbolisch vermittelter Gemeinsamkeit) sowie die Rolle von Kunst als Brücke interkultureller Verständigung. Keuchels Forderung nach mehr Forschung in diesem Bereich ist uneingeschränkt zuzustimmen, eröffnet sich hier doch ein Feld, welches im Kulturmanagement bisher eher am Rande Berücksichtigung fand.

Die Brückenfunktion von Theater bzw. Kunst insgesamt betont auch Birgit Mandel, die sich in ihren Arbeiten seit langem für den Abbau von Barrieren im Kulturbereich einsetzt. In ihrem Beitrag *Interkulturelles Audience Development? Barrieren der Nutzung öffentlicher Kulturangebote und Strategien für kulturelle Teilhabe und kulturelle Vielfalt* (111-122) wird mit durchaus programmatischem Anspruch postuliert:

Kunst hat das Potential, Dialoge in besonderer Weise zu eröffnen. Kunst kann über Sprachgrenzen hinweg verbinden, Kunst ist per se mehrdeutig und ergebnisoffen. In der Kunst lassen sich verschiedene Stile verschiedener Kulturkreise zusammenbringen, Kunst ist offen für die unterschiedlichsten Perspektiven auf die Welt. (112)

Barrieren der Kulturnutzung, so Mandels berechtigter Hinweis, seien eben nicht ethnisch, sondern selbstverständlich sozial determiniert, ein Aspekt, der in der medialen Debatte um Migration häufig nicht ausreichend erkannt wird.

Dennoch sei vor einer latenten Ideologisierung gewarnt, bei der Fragen des kulturellen Erbes und damit der eigenen kulturellen Tradition leichtfertig für obsolet erklärt werden. „Neue gemeinsame Geschichten entwickeln statt Klassiker abspielen", so wird bei Mandel der Leiter der Neuköllner Oper zitiert, weist auf eine zumindest in Ansätzen erkennbare Tendenz in der Kulturpolitik, die letztlich eine sozialintegrative Instrumentalisierung von Kultur intendiert. Ohne damit die Bedeutung von Kunst und Kultur für gesellschaftliche Steuerungsprozesse in Abrede stellen zu wollen, sollte man Kunst und damit auch die Darstellende, also das Theater, nicht ausschließlich unter sozialintegrativen Aspekten betrachten. Lösungsvorschläge und Maßnahmen, wie sie offenbar in Großbritannien praktiziert werden wie eine „bevorzugte Einstellung von Kulturschaffenden mit Migrationshintergrund in Teams von öffentlich geförderten Kultureinrichtungen" (117) können theoretisch auch auf massive Beschränkungen des Kunstfreiheitsprinzips hinauslaufen. Zumindest erscheinen in diesem Zusammenhang weitere kontrastive Untersuchungen notwendig, indem man z. B. einen Blick auf die Politik der Affirmative Action richtet, die in den USA sehr kontrovers diskutiert wird.

Der vorliegende Band eröffnet ein wichtiges Feld, in dem gleichwohl noch Grundlagenforschung zu leisten ist. Will man eine Perspektive künftiger Forschung entwickeln, dann sollten vorliegende Arbeiten zur interkulturellen Kommunikation stärker Berücksichtigung finden. So werden z. B. in Bezug auf das Fremde bzw. dessen Konstitution die einschlägigen Texte von Georg Simmel, Alfred Schütz oder Bernhard Waldenfels ebenso wenig berücksichtigt wie die aktuelle Forschung zu Fremdheitserfahrungen. Zitiert wird höchstens der essayistische Text von Mark Terkessides, der allerdings keinen wissenschaftlichen Anspruch erhebt. Merkwürdigerweise finden auch keine Reflexionen auf ältere Theatertraditionen im Hinblick auf die Migrationsthematik statt, z. B. auf Rainer Werner Fassbindes *Katzelmacher*. Und letztlich werden Konzepte von Kultur in nicht wenigen Beiträgen essentialistisch verwendet (Kultur als Container; was sollen z. B. autochthone Deutsche sein?), nicht aber hinsichtlich hybrider Formen aktualisiert. Es bleibt also noch viel zu tun, um die bestehende Kultur- und Theaterpolitik und die Theaterpraktik neuen demographischen Entwicklungen anzupassen, wobei mit dem Band von Schneider ein erster wichtiger Baustein gesetzt wurde, auf dem weitere Studien aufbauen können.

Steffen Höhne

Florian BECK: Transformation und Strategieentwicklung im Musikmarkt. Musik und Gemeinschaft in der digitalen Mediamorphose. Frankfurt/M. (Lang) 2011, 100 Seiten.

> As such, the music industry has been radically reconfigured in the context of the so-called network society. However, it is not enough simply to say that the relationship between audiences and artists, and the position of record companies has changed as a result of network affordances. (DAVID 2010: 161)

Diskussionen über die digitalen sozialen Medien, die eine „Emergenz digitaler Öffentlichkeiten" erzeugen können (MÜNKER 2009), verdeutlichen die Relevanz eines soziokulturellen Zugangs in der Betrachtung des World Wide Web. Dies gilt auch für die Musikwirtschaftsforschung, die in stetig wachsendem Maße die durch die digitale Revolution hervorgerufenen Veränderungen in den Fokus nimmt.

Mit Florian Becks *Transformation und Strategieentwicklung im Musikmarkt. Musik und Gemeinschaft in der digitalen Mediamorphose* legt der in der Musikwirtschaftsforschung ohnehin recht aktive *Peter Lang*-Verlag den ersten Band einer neu angelegten Schriftenreihe vor.

Bei dieser Publikation handelt es sich um die Diplomarbeit des Autors. Die rund 70 Seiten reiner Fließtext untergliedern sich dabei in 5 Kapitel. Nach einer Einleitung werden zunächst die Wandlungsprozesse der Musikwirtschaft (17-27) vorgestellt, um dann über *Virtuelle Gemeinschaften als Marketinginstrumente* (29-43) die sozialen Dimensionen der Musikrezeption zu thematisieren (45-54). Hieran schließt sich eine Betrachtung des *Konsumenten als Produzenten* (55-72) an, um abschließend *Die Klassikcommunity* als eine Art Fallstudie und Zusammenführung der vorangegangenen Erkenntnisse vorzulegen (73-82). Fazit und Bibliografie runden den Band ab; ein Register gibt es nicht.

Bereits in der Einleitung (und auch schon durch den Titel des Buches) werden beim Leser vielversprechende Erwartungen geweckt, sollen doch „die grundsätzlichen Bedingungen des Musikkonsums beschrieben" und in Relation zum Internet gesetzt werden; ferner verspricht die Arbeit eine Darstellung der Auswirkungen auf und Reaktionen der Musikwirtschaft („welche Strategien sie bisher wählt und welche Strategien erfolgversprechend sind"; 15). ‚Musikwirtschaft' wird allerdings nicht definiert, dem Leser wird erst im 2. Kapitel klar, dass die Arbeit in erster Linie von der Tonträgerindustrie handelt. Eine Analyse von konkreten Strategien in der Musikwirtschaft findet somit im Grunde nicht statt, obwohl hier bereits einige Arbeiten vorliegen (s. hierzu DOLATA 2008; FÖLLMER 2009; KAISER/RINGLSTETTER 2008).

Nach einem knappen Überblick über die Entwicklungen im Musikmarkt nach der Jahrtausendwende, an welchem sich die nachvollziehbare These anschließt, dass das digitale Musikangebot idealerweise in der Produktion von Erlebniswelten und deren Verknüpfung mit „Reallife-Begebenheiten" liegen sollte (26), folgen im darauffolgenden Kapitel Erörterungen zur Bildung von Gemeinschaften. Hier werden ausführlich die konstitutiven Bedingungen von Gemeinschaften diskutiert. Allerdings kommen die kommunikativen Eigenheiten und Logiken im WWW deutlich zu kurz (Stichwort: Hyperlinks und enthierarchisierte Wissensgenerierung), abgesehen von der unsauberen Bezeichnung heterogener Onlinegemeinschaften als Marketinginstrument in der Kapitelüberschrift.

Die sozialen Zusammenhänge werden anhand von musikalischer Sozialisation und deren Bedeutung erörtert und durch eine aufschlussreiche Thesendiskussion zur „Bedeutung des Teilens" (Sharing) im 4. Kapitel abgehandelt. Das Kapitel *Konsumenten als Produzenten* überträgt hauptsächlich eine anhand von Fangemeinschaften entwickelte Klassifikation von John Fiske auf den Musikmarkt. Hiernach kann sich der Umgang mit musikindustriellen Produkten in „semiotic", „enunciative" und „textual productivity" niederschlagen.

Die diese Erörterungen abschließende Fallstudie zur „Klassikcommunity" ist m. E. durch eine die gesamte Arbeit durchziehende bewusste Vermeidung der Trennung von Online/Offline-Lebenswelten und deren jeweiligen Besonderheiten aufschlussreich, fällt dennoch zu einseitig aus. Der Onlinebereich wird zu allgemein abgehandelt, indem zwar aufschlussreiche Thesen aufgestellt, diese wiederum nicht mit empirischen Daten belegt oder abgeglichen werden. Hier wird eine Kluft zwischen einer tendenziell oberflächlichen Herangehensweise und hohem Anspruch deutlich, wenn in einem Unterkapitel gar *Die Zukunft des Klassikmarktes* diskutiert werden soll, der Verfasser aber beispielsweise überhaupt nicht auf die Bedeutung und Rolle des Tonträgers für Klassikhörer eingeht (MEYER 2011). Für digitale Gemeinschaften kennzeichnend sind u. a. eine Kommunikation und Wissensproduktion auf Basis von Verlinkungen (BUCHER 2009: 143f.; THIEDEKE 2008: 62). Hier hätte u. a. das Verhältnis von Klassikhörern zur kommunikativen Praxis der Verlinkung, und das heißt z. B. auch zur Verlinkung digitaler Tondokumente, in die Betrachtungen einfließen müssen.

Im Fazit heißt es schließlich, dass „Musikdienstleister die Vermarktung, Entwicklung und Integration von Communitymodellen forcieren" sollten (85). Eine solche allgemeine Erkenntnis hilft allerdings nicht weiter, sondern verlangt eine Differenzierung angesichts der Vielzahl von Akteuren in der Musikwirtschaft und der Ausdifferenzierung von Möglichkeitsräumen im WWW, die durch Web-2.0-Anwendungen vielfältiger geworden sind (MECKEL/STANOEVSKA-SLABEVA 2008; EBERSBACH/GLASER/HEIGL 2011).

Der durchaus originelle Ansatz, aus weitgehend kulturwissenschaftlicher Perspektive die Ursachen und Dimensionen von Vergemeinschaftungsprozessen im Internet zu hinterfragen, um sie dann für musikwirtschaftlich relevante Fragestellungen wie etwa die Ausgestaltung des Marketingprozesses zu kontextualisieren, scheint vielversprechend; auch wenn in dieser Arbeit die Frage nach den tatsächlichen gegenwärtigen Vergemeinschaftungsprozessen und strategischen Optionen im Internet zu kurz kommt.

Die Arbeit von Florian Beck ist als Qualifikationsarbeit in diesem Rahmen sehr ambitioniert und streckenweise auch gelungen – wird aber den Bewertungskriterien einer wissenschaftlichen Publikation nicht gerecht. Ein Defizit, dem wir in der Musikwirtschaftsforschung offenbar öfter begegnen (BELDA 2010). Die enorme Dynamik soziotechnischer, ökonomischer und sozialer Entwicklungen in der Musikwirtschaft sollte nicht dazu verleiten, alle auch nur irgendwie erarbeiteten Erkenntnisse auf dem schnellstmöglichen Wege an die Öffentlichkeit zu bringen.

Literatur

BELDA, Stefan (2010): Rezension zu: Georg Hübner (2009): „Musikindustrie und Web 2.0. Die Veränderung der Rezeption und Distribution von Musik durch das Aufkommen von ‚Web 2.0'". Frankfurt/Main: Lang. – In: *Samples* 9/2010. <http://aspm.ni.lo-net2.de/samples/Samples9/rezbelda.pdf> (Zugriff am 22.08.2012).

BUCHER, Hans-Jürgen (2009): Das Internet als Netzwerk des Wissens. – In: Fangerau, Heiner/Halling, Thorsten (Hgg.), *Netzwerke. Allgemeine Theorie oder Universal-*

metapher in den Wissenschaften? Ein transdisziplinärer Überblick. Bielefeld: transcipt, 133-171.

DAVID, Matthew (2010): *Peer to Peer and the Music Industry. The Criminalization of Sharing*. London: Sage.

DOLATA, Ulrich (2008): Das Internet und die Transformation der Musikindustrie. Rekonstruktion und Erklärung eines unkontrollierten Wandels. – In: *Berliner Journal für Soziologie* 18/2008, 344-369.

EBERSBACH, Anja/GLASER, Markus/HEIGL, Richard (²2011): *Social Web*. Konstanz: UVK (UTB).

FÖLLMER, Golo (2009): Musik und Internet. – In: Schramm, Holger (Hg.), *Handbuch Musik und Medien*. Konstanz: UVK, 235-276.

KAISER, Stephan/RINGLSTETTER, Max (2008): Die Krise der Musikindustrie: Diskussion bisheriger und potenzieller Handlungsoptionen. – In: Weinacht, Stefan/Scherer, Helmut (Hgg.), *Wissenschaftliche Perspektiven auf Musik und Medien* (= Reihe Musik und Medien, 1). Wiesbaden: VS, 39-56.

MECKEL, Miriam/STANOEVSKA-SLABEVA, Katarina (2008): *Web 2.0. Die nächste Generation Internet* (= Kommunikation und Management, 1). Baden-Baden: Nomos.

MEYER, Thomas (2011): Klassik – Alles beim Alten? – In: Graber, Hedy et al. (Hgg.), *Kultur digital. Begriffe – Hintergründe – Beispiele*. Basel: Christoph Merian, 184-189

MÜNKER, Stefan (2009): *Emergenz digitaler Öffentlichkeiten. Die Sozialen Medien im Web 2.0*. Frankfurt/M.: Suhrkamp.

THIEDEKE, Udo (2008): Die Gemeinschaften der Eigensinnigen. Interaktionsmediale Kommunikationsbedingungen und virtuelle Gemeinschaften. – In: Gross, Friederike v./Marotzki, Winfried/Sander, Uwe (Hgg.), *Internet – Bildung – Gemeinschaft* (= Medienbildung und Gesellschaft, 1). Wiesbaden: VS, 45-74.

Wolf-Georg Zaddach

Pierre-Michel MENGER: Le travail créateur – S'accomplir dans l'incertain. Paris (Seuil/Gallimard), 2009, 670 Seiten.
Laila HUBER: Kunst der Intervention – Die Rolle Kunstschaffender im gesellschaftlichen Wandel. Marburg (Tectum) 2009, 214 Seiten.

Die Kunstsoziologie tut sich schwer mit ihrem Gegenstand. Die beiden dominanten Figuren des Fachs, Pierre Bourdieu und Niklas Luhmann, haben entweder das Kunstwerk selbst zum distinktiven Mittel degradiert anstatt es zu erklären oder seine Materialität ausgeklammert, womit es bereits seiner historischen Verbundenheit und situativen Einmaligkeit beraubt war. Neuere Ansätze stützen sich noch oft auf die beiden – Nina Tessa Zahner auf Bourdieu, Sabine Kampmann auf Luhmann – oder verstricken sich in hybriden Kompromissen, wie der flämische Kunstsoziologe Pascal Gielen, der die Actor-Network-Theory anwendet, in der das Kunstwerk zwar zentral steht (als Akteur seiner Bedingungen und wie diese zu organisieren sind), aber gleichfalls entmaterialisiert wird, zugunsten eben der Kommunikativität. Adorno war vielleicht der letzte Kunsttheoretiker und Soziologe, der gerade die nonkommunikative, widerständige Qualität des Materials vor Augen hatte. So kommt es, dass die Kunstsoziologie heute hervorragend Mechanismen des Kunstbetriebs zu analysieren weiß, aber vor dem Gegenstand selbst doch immer wieder scheitert. Der Löwener Soziologe Rudi Laermans sprach denn auch mit Blick auf die Kunst von einer ‚black box' in seinem Fach.

Pierre-Michel Menger, ein Pariser Kunstsoziologe, der vor allem der Grande Dame seines Fachs Raymonde Moulin nahesteht, hat sich entschieden dieser ‚black box' nun angenommen, in seinem Buch *Le travail créateur – S'accomplir dans l'incertain*. Die Feldmetapher Bourdieus erfährt hier eine Verschiebung zugunsten der Zeitlichkeit von Prozessen in der Kunst, solchen des Betriebs wie solchen der künstlerischen Arbeit selbst. Diese Prozesse lassen sich nicht schlichtweg zielgerichtet verstehen, da sie gerade von der Ungewissheit, das Angestrebte überhaupt erreichen zu können, bestimmt werden. Das gilt für den Künstler im Atelier ebenso wie für den Ausstellungsmacher. Kunst ist die Ausnahme, die es zu organisieren gilt – das ist die paradoxe Aufgabe für beide. Wirtschaftlich hat sie zunächst größtmögliche Entkoppelungen zur Folge: Die Produktion kann nicht auf zielgerichteter Effizienz basieren, sondern bedarf der Verschwendung, Verstreuung, Überproduktion. Es ist kein Zufall, dass Menger sich in diesem Zusammenhang an neoliberale Überlegungen des Human Capitalism anlehnt, denn auch im neoliberalen Wirtschaftsdenken geht es nicht – wie Colin Crouch (2011) hervorragend dargelegt hat – um Effizienz (etwa lokaler Strukturen), sondern um Exklusivität (der Marktposition eines Unternehmens). Für den Kunstbetrieb beschreibt Menger dieses Verhältnis mit Blick auf die Global Player, man denke nur an das Galeriennetz *Gagosian*. Dabei versucht Menger nicht in der engen Sicht eines solitären, rationalen Homo oeconomicus hängen zu bleiben. Er gleicht diese Sicht deshalb mit spieltheoretischen Überlegungen ab, die ihm sogleich ein Modell für ein pluralistisches, kommunikatives Geschehen bieten. Die zeitliche Offenheit/Ungewissheit wird so auch räumlich behauptet, in spieltheoretischen Ansätzen von Hervé Moulin (1981), Roger Myerson (1991) sowie Martin Osborne und Ariel Rubinstein (1994). Dennoch gerät auch Menger hier in eine Zwickmühle: Er selbst möchte den Künstler und seine Arbeit mit in den Blick nehmen, da strukturell Analogien und Vernetzungen mit dem Galeristen und seiner Arbeit bestehen (in der Organisation einer Tätigkeit mit ungewissem Ausgang). Es geht also nicht nur darum, die Werke in den Mittelpunkt zu stellen, sondern auch den Künstler als Einzigen, der ‚weitere' Werke hiervon ausgehend antizipieren kann. Auch die Person erreicht einen ‚kumulativen' Vor- oder Nachteil, als Bezugspunkt dieser Antizipation. Genau davon sprach nun der Human Capitalism, und Menger braucht ihn an dieser Stelle zur Erklärung. Das ist an sich kein Problem. Aber wie reimt sich sein partielles Einsetzen dieser Theorie mit der – weithin bekannten – Feststellung in dem Buch, dass gerade mit Blick auf die Glorifizierung einzelner Künstler und ihrer äußerst vorteilhaften, exklusiven ‚Kumulation' eine auf dem Arbeitsmarkt fast beispiellose soziale Ungerechtigkeit unter ihresgleichen einhergeht?[2] Darauf gibt Menger keine Antwort. Insofern ist es interessant, hier ein zweites Buch genauer in den Blick zu nehmen, *Kunst der Intervention* von Laila Huber. Sie ist Kulturanthropologin und Kulturmanagerin und hat über mehrere Jahre künstlerische Initiativen im Spannungsfeld von Neoliberalismus, Politik und Sozialarbeit verfolgt. Dabei eröffnen sich erhellende Perspektiven auf die schleichende Funktionalisierung der Kunst im Dienste neoliberaler Prämissen. Huber widmet sich dabei der ersten Etappe dieser Funktionalisierung: Der Rückzug des Staates aus dem sozialen Sektor und die forcierte Privatisierung im Rahmen des New-Public-Management haben dazu geführt, der Kunst eine Funktion als sozialer Dienstleistung geben zu wollen. In *Kunst der Intervention* werden dazu mehrere Fallbeispiele besprochen. Fundamental stellt sich hierbei die Frage, ob die Bestimmung der Kunst als Dienstleistung nicht dem verfassungsrechtlichen Grundsatz der ‚Freiheit der Kunst' widerspricht. Weiterhin zeigt sich, dass die Einbindung künstlerischer Projekte in den sozialen Bereich weder zu einer Professionalisierung der Sozialarbeitsstruktur beiträgt (es sei denn im Sinne ihrer visuellen Kom-

2 Menger schreibt selbst: „Les enquêtes sur les diverses populations de créateurs nous apprennent qu'un règle générale, moins de 10 % des artistes de chaque catégorie sont, au moment de l'enquête, en situation de vivre exclusivement de leur art. C'est suggerer que pour l'immense majorité de ceux qui n'occupent pas d'emplois stables dans des organisations artistiques où l'exercice de leur métier est rémunéré comme tel, le recours à d'autres ressources et à un emploi ou à une série d'autres emplois stables, intermittents ou temporaire, est une obligation économique qui cohabite plus ou moins aisément avec la pratique du travail artistique (...). Observons que la gestion de ce placement ne peut pas être la même selon que le bénéficiaire est homme ou femme. L'investissement dans le mariage ou la vie de couple accroît, ici comme en règle générale (voir François de Singly, *Fortune et infortune de la femme mariée*, Paris, PUF, 1987) les probabilités de réussite de l'homme, et pénalise la carrière de la femme artiste." (213ff.)

munikation), noch den Künstlerinnen und Künstlern über eine prekäre Arbeitssituation hinaushilft. Die zweite Etappe, die man im Zuge der Bologna-Reform auch für die Kunstausbildungen implementiert sieht, ist, Kunst als Forschung zu funktionalisieren und damit in die sogenannte Wissensökonomie einzuschleusen. Kunst darf auf die Art seriös und wissenschaftlich sein, aber nicht clownesk und absurd – dafür stehen dann keine Fördergelder zur Verfügung. Auch dies rührt unmittelbar an die ‚Freiheit der Kunst'. Von dieser zweiten Etappe handelt Hubers Buch noch nicht. Aber mit ihm zeigt sich die sukzessive Logik dieser Funktionalisierungen der Kunst. Und das ist ein viel gravierenderes Problem als ideologische Bestimmungsversuche der Kunst, etwa als ‚politisch'. Denn ob Kunst politisch ist oder nicht, ist ein Thema, über das sich lange streiten lässt, es rührt jedoch nicht unmittelbar an seine ‚Produktionsbedingungen', die zuallererst, wie Marx sagte, ökonomisch sind. Hubers Analyse bietet also einen detaillierten Einblick in die erste Phase dieser strukturellen Veränderung, mit der sich die zweite heute deutlicher abzeichnet. Es bleibt abzuwarten, wie weit diese Logik reicht.

Die wechselseitige Lektüre von Mengers neuem kunstsoziologischen Konzept und Hubers Fokussierung auf die Engstelle von Neoliberalismus, Politik und Kunst führt auf die Art sowohl methodologisch als auch empirisch, anhand der Fallbeispiele, in den Brennpunkt der heutigen Debatte zur Funktionalisierung der Kunst – und ihrer Freiheit.

Literatur

CROUCH, Colin (2011): *The Strange Non-Death of Neoliberalism*. Cambridge: Polity Pr.
MOULIN, Hervé (1981): *Théorie des jeux pour l'économie et la politique*. Paris: Hermann.
MYERSON, Roger (1991): *Game Theory. Analysis of Conflict*. Cambridge/MA: Harvard UP.
OSBORNE, Martin/RUBINSTEIN, Ariel (1994): *A Course in Game Theory*. Cambridge/MA: Harvard UP.

Volkmar Mühleis

Andreas RECKWITZ: Die Erfindung der Kreativität. Zum Prozess gesellschaftlicher Ästhetisierung. Berlin (Suhrkamp) 2012, 408 Seiten.

Ausgehend von der Leitthese, der Herausbildung und Existenz eines heterogenen und wirkungsmächtigen Kreativitätsdispositivs, verfolgt Andreas Reckwitz, Kultursoziologe an der *Viadrina* in Frankfurt (Oder), die Genealogie des Kreativitätsimperativs. Dieser Imperativ, auch Kreativitätskomplex genannt, bildet mit seinen Praktiken und Diskursen eine „historisch außergewöhnliche Erscheinung des letzten Drittels des 20. Jahrhunderts" (16). Reckwitz, der sich auch in früheren Arbeiten mit dieser Thematik auseinandergesetzt hat (s. zuletzt *Unscharfe Grenzen. Perspektiven der Kultursoziologie*, 2008) geht es somit um den historisch situierten Kreativitätskomplex, dessen Ursprünge in den Bereichen der Künste bis in das 18. Jahrhundert zurückverfolgt werden können. Semantisch umfasst Kreativität sowohl ein subjektives Begehren als auch eine soziale Erwartung, eben den Kreativitätsimperativ. Dieses handlungsleitende Modell, welches das Neue, das Abweichende, das Andere präferiert und das an das Modell des künstlerisch Schöpferischen und die Figur des Künstlers in der Moderne anknüpft, dringt nicht nur in die Arbeits- und Organisationswelt ein, sondern auch in die kulturelle Logik der privaten Lebensführung, von der ebenfalls permanente ästhetische Selbsterneuerung erwartet wird. Die vormalige Auseinandersetzung mit der kapitalistischen Entfremdung, man denke nur an die wirkungsmächtige Kritik der *Kulturindustrie. Aufklärung als Massenbetrug*, ist längst vom neuen *Geist des Kapitalismus* mit seinen projektbasierten netzwerkförmigen Organisationsmodellen nebst allgegenwärtigen flachen Hierarchien inkorporiert und entschärft worden. Ideen und Praktiken ehemaliger Gegen- und Subkulturen sind längst Teil der kreativen Ideologie. Am Ende, so Reckwitz, ist die in der künstlerischen und sozialen Moderne „elitäre und oppositionelle Orientierung am Kreativen allgemein erstrebenswert und zugleich für alle verbindlich geworden." (15)

Reckwitz folgt nun der Herausbildung eines rationalen Weltbearbeitungsmodus, dessen Antonym ein Welterfahrungs- und -verarbeitungsmodus des selbstreferentiellen Erlebens in ästhetischen Praktiken darstellt, eine, wie der Verfasser betont, idealtypische Gegenüberstellung von zweckrationalem Handeln und ästhetischem Wahrnehmen. D. h., neben einer Entästhetisierung durch Industrialisierung, Kapitalisierung, rationale Versachlichung, funktionale Differenzierung und strikte Separierung von Menschenwelt und Dingwelt – Reckwitz spricht von einer Entästhetisierungsmaschine (32) –, treten fünf Ästhetisierungsagenten auf: ein Expansionismus der Kunst, die Medienrevolution, die Kapitalisierung (Ästhetik der Warenwelt), eine Objektexpansion und eine Subjektzentrierung. Bei dieser parallelen Entwicklung entsteht durch das Kreativitätsdispositiv als Schnittfläche zwischen Ästhetisierungsprozess und gesellschaftlichem Regime des Neuen die Institutionalisierung eines besonderen sozialen Aufmerksamkeitsregimes. Für diesen Prozess konstatiert Reckwitz vier Phasen: eine der Vorbereitung (Ende 18. – Ende 19. Jh.) im Feld der Kunst; die verstreute Formierung (Arts-and-Crafts-Bewegung, Creative Industries von Mode, Design, Werbung); die krisenhafte Verdichtung in den 1960ern und 70ern (Formierung von Jugendkulturen und kritischen Protestbewegungen); die Hegemonialisierung in den 1980ern durch die kulturelle Prägekraft der Creative Industries. Wird man auch der starren Phaseneinteilung aus historischer Perspektive nicht unbedingt zustimmen, man denke nur an Vorläuferbewegungen der Jugend- und Protestkulturen im 19. Jahrhundert von den Burschenschaften bis zum Wandervogel u. a., so erscheint im generellen Trend, Reckwitz zufolge charakterisiert durch einen endlosen Zyklus des sinnlich-affektiven Neuen, das moderne Kunstfeld als Ästhetisierungsnukleus.

In Form von Fallstudien folgt Reckwitz dann den Wirkungen des Kreativitätsdispositivs im Bereich der Selbstentgrenzung der Kunstpraktiken, wie sie in der modernen Kunst, insbesondere in der historischen Avantgarde ab 1900 und der postmodernen Kunst ab 1960 mit neuen Formen der Prozeduralisierung des Kunstmachens, der „Umdefinition von künstlerischer Kreativität in eine Appropriation des Gegebenen" (98), der Reorientierung vom Werk auf das Kunstereignis sowie einer Entkanonisierung zu erkennen sind.

In weiteren Fallstudien werden der Aufstieg der ästhetischen Ökonomie, geprägt von permanenter Innovation, Creative Industries und Designökonomie; die Psychologisierung der Kreativität vom pathologischen Genie zur Normalisierung des Ressourcen-Selbst; die Genese des Starsystems als massenmediale Konstruktion expressiver Individualität bei gleichzeitiger Erosion des Künstlermythos in der engen Fassung der Geniereligion sowie die Kulturalisierung der Stadt in Form von Creative Cities untersucht. Ausgehend von der Dominanz der funktionalen Stadt bis in die 1970er (als Antwort auf die bürgerliche Stadt) bildet sich eine kulturelle Stadt durch einen kritisch-gegenkulturellen Urbanismusdiskurs und eine kulturorientierte Stadtplanung heraus, erkennbar an einer Verdichtung der symbolischen Qualitäten des Stadtraumes, einer reflexiven Historisierung und einer Ästhetisierung jenseits praktischer Nutzung zur sinnlichen und emotionalen Befriedigung.

Im letzten Kapitel entwirft Reckwitz die Perspektiven einer Ästhetisierungsgesellschaft, in der das Kunstfeld eine Schlüsselfunktion einnimmt. Dessen Ästhetik orientiert sich am Ideal des Neuen und bindet dies an die Doppelstruktur von kreativen Produzenten und rezipierendem Publikum als „Impuls für die *Entstehung* einer sozialen Praxis, die an ästhetischen Wahrnehmungen, Erlebnissen und Selbstgestaltungen ausgerichtet ist." (320; Herv. i. O.) Das Kreativitätsdispositiv fungiert dabei als eine Affektkultur der besonderen Art, die ausschließlich auf positive Affektivität setzt (i. G. zu Affektkartographie des bürgerlichen Kunstfeldes, das zwischen Geniereligion und Geniepathologisierung, zwischen ästhetischer Utopie und Geschmacksdisziplinierung differenzierte). Die Aufmerksamkeitskultur des Neuen ist dabei kurzfristig auf das neue, interessante, originell perzipierte Ereignis, langfristig auf die Valorisierung des ästhetisch Neuen als kulturell wertvoll orientiert (331). Als strukturelle Rahmenbedingungen nennt Reckwitz Ökonomisierung, Medialisierung und Rationalisierung, wobei die Ästhetisierung als motivationaler Treibstoff fungiert, die technische Medialisierung Aufmerksamkeit für ästhetische Ereignisse produziert, massenhaft Zeichenkomplexe unter ästhetischen Aspekten generiert und die Übertragung der ästhetischen Haltung der Nutzer auf weitere Medienangebote forciert und somit zu einer Ästhetisierung auch des Kognitiven führt. Dass dabei Dissonanzen kreativer Lebensführung auftauchen, wird an vier Strukturproblemen einer an Kreativität orientierten Kultur deutlich: der Leistungs- und Steigerungszwang der Kreativität führt zu Unzulänglichkeitserkrankungen (Depression, Suchtkrankheiten, Burn-out etc.); die Diskrepanz zwischen kreativer Leistung und Erfolg verstärkt sich durch die Unberechenbarkeit des Publikums als Zertifizierungsinstanz; Formen der Aufmerksamkeitszerstreuung als Störung der Balance zwischen Zerstreuung und Konzentration führen zur Verkürzung von Aufmerksamkeitsspannen und zur Entwertung der Präsenz der Gegenwart zugunsten künftiger Ereignisse sowie schließlich die Ästhetisierungsüberdehnungen durch Kolonialisierung des Nichtästhetischen.

Etwas knapp bleiben dann allerdings die Lösungsvorschläge, die sich auf eine mehr oder weniger vage Künstler- und Sozialkritik, ein heroisches Modell profaner Kritik als lokale, situative Praxis der Improvisation, des Experiments, der hermeneutischen Netze – also eine Demokratisierung des Kreativen – und auf eine Entdynamisierung des Ästhetischen setzen. Eine Lösung wird somit letztlich in einer Politisierung des Ästhetischen und in Strategien zu dessen Begrenzung gesehen, womit Reckwitz an sein Postulat aus den *Unscharfen Grenzen*, die Weiterentwicklung der Kultursoziologie zu einem politischen Projekt, anknüpft.

Insgesamt betrachtet hat Andreas Reckwitz mit der *Erfindung der Kreativität* eine wichtige und fundierte Analyse vorgelegt, die einer häufig an Oberflächenphänomenen interessierten und orientierten Debatte um Kreativität (insbesondere Kreativwirtschaft) eine nützliche und zugleich notwendige Tiefenschärfe verleiht.

Steffen Höhne

Patrick S. FÖHL, Patrick GLOGNER-PILZ, Markus LUTZ, Yvonne PRÖBSTLE (Hgg.): Nachhaltige Entwicklung in Kulturmanagement und Kulturpolitik. Wiesbaden (VS) 2011, 289 Seiten.

Nachhaltigkeit hat sich zu einem inflationär verwendeten Modebegriff entwickelt, der in unterschiedlichen Kontexten und teilweise beliebig benutzt wird. Ausgangspunkt seiner Popularität war die Ölkrise in den 70er-Jahren und ein erstarkendes Bewusstsein für die durch den rasanten Bevölkerungszuwachs bei gleichbleibendem Ressourcenverbrauch drohenden Konsequenzen für das ökologische und ökonomische Gleichgewicht. In der Kulturpolitik und dem Kulturmanagement ist Nachhaltigkeit ein vergleichsweise neues Thema, erst seit der Jahrtausendwende stehen Ansätze einer „nachhaltigen Entwicklung" stärker im Blickpunkt.

Noch wird konträr über die Rolle der Kultur im Kontext nachhaltiger Entwicklung diskutiert und es mangelt an einer strategischen und inhaltlichen Positionierung in der Kulturpolitik und im Kulturmanagement. In diesen Diskurs passt sehr gut ein Sammelband, der anlässlich des 60. Geburtstags von Armin Klein erscheint und in dem sich Kollegen, „Weggefährten" und Doktoranden in vierzehn Beiträgen mit diesem Themenschwerpunkt auseinandersetzen.

Ausgehend von den richtungsweisenden Äußerungen Kleins 2005 zur „Nachhaltigkeit als Ziel von Kulturpolitik und Kulturmanagement" werden mit der vorliegenden Publikation zwei seiner grundlegenden Ansätze weitergeführt: Zum einen die Folgelasten und -kosten für zukünftige Kulturnutzergenerationen, zum anderen Maßnahmen zur Entwicklung und Erweiterung zukünftiger Nutzergruppen von Kunst und Kultur.

Nach einer umfassenden Einführung von Patrick S. Föhl, die unter dem Leitmotiv *Grundorientierung Zukunft* einen Überblick zu gesellschaftlichen Hintergründen, Entwicklungen und Positionen der Nachhaltigkeit in Kulturmanagement und Kulturpolitik gibt, werden im ersten Hauptteil der Publikation Kleins Ansätze auf spezifische Themen- und Anwendungsfelder heruntergebrochen und Anforderungen und Lösungswege an eine nachhaltige Entwicklung im Management von Kulturbetrieben formuliert, so zum Kulturtourismus (Yvonne Pröbstle), zum Verhältnis von kulturellem Angebot und Nachfrage (Patrick Glogner-Pilz), zum Besuchermanagement (Markus Lutz), zum Preismanagement (Tom Schößler), zur Besucherforschung (Nora Wegner) zur Kulturwirtschaft (Katharina Harres) und zur Nachhaltigkeit als „regulative" Idee (Simon A. Frank).

Patrick Glogner-Pilz widmet sich in seinem Beitrag dem Thema Nachhaltigkeit und inter- bzw. intragenerationeller Gerechtigkeit im Hinblick auf Partizipationsmöglichkeiten lebender und zukünftiger Generationen an der Kultur. Er zeichnet die Veränderungen in den Kulturvorstellungen und -präferenzen der in den Jahren zwischen 1950 und 1980 Geborenen auf und weist auf die Notwendigkeit von zusätzlichen finanziellen Gestaltungsspielräumen für zukünftige Generationen hin, die über die vorhandene kulturelle Infrastruktur hinausgehen.

Maßnahmen zur Besuchergewinnung und -pflege stellt Markus Lutz in seinem Aufsatz zum Thema Besuchermanagement vor. In einer Professionalisierung der Besucherakquise mit der Zusammenführung einzelner Bereiche wie der Besucherorientierung und -bindung und der Publikumsforschung zu einem schlüssigen Gesamtkonzept, sieht er Möglichkeiten zur Generierung zusätzlicher finanzieller Ressourcen für die Kulturbetriebe sowie für eine zukünftige umfassendere Teilhabe kulturferner Gruppen an der Kultur.

Nachhaltige Entwicklung wird von beiden Autoren als Strategie betrachtet, um Ressourcenproblemen entgegenzuwirken. Einzelne Themenfelder im Kulturmanagement sollen zu einem ganzheitlichen Konzept zusammengeführt und dadurch Synergien erschlossen werden. Voraussetzung für ein nachhaltiges Kulturmanagement ist allerdings eine Neue Kulturpolitik, die sich „den Bedürfnissen künftiger Generationen und deren kulturpolitischer Handlungsfähigkeit verbunden fühlt". Es bedarf, so Lutz, „einer Verankerung des Konzepts" der Nachhaltigkeit als „aktiver Bestandteil" der Kulturpolitik, um Handlungsspielräume im kulturmanagerialen Kontext zu öffnen.

Nachhaltigkeit beschränkt sich nicht nur auf den vorausschauenden Umgang mit den Ressourcen der Gegenwart für zukünftige Generationen. Sie basiert vielmehr auf einer systemübergreifenden Berücksichtigung von ökologischen, ökonomischen und sozialen Dimensionen. Yvonne Pröbstle stellt in ihrem Beitrag zur nachhaltigen Entwicklung im Kulturtourismus unterschiedliche Konzepte dieser mehrdimensionalen Nachhaltigkeit vor. Am Beispiel des *Guggenheim Museums* in

Bilbao und am Massentourismus zeigt sie Wechselwirkungen zwischen wirtschaftlichem Aufschwung und sozialem und ökologischem Niedergang auf. Erst mit einem systemübergreifenden Blick auf die drei Nachhaltigkeitsdimensionen – so Pröbstle – kommen Kulturbetriebe ihrer gesamtgesellschaftlichen Verantwortung nach.

Ein zentraler Ansatz innerhalb der Nachhaltigkeitsdebatte ist die Ergänzung des Dreidimensionenmodells um eine vierte kulturelle Dimension. Die Befürworter dieses Modells gehen davon aus, dass ökologische, ökonomische und soziale Nachhaltigkeit auf dem Überdenken von Werten, Verhaltensprinzipien und Einstellungen innerhalb einer Kultur basieren. Erst eine Veränderung kultureller Verhaltensmuster führt demnach zu Veränderungen der drei anderen Nachhaltigkeitsdimensionen. Klein selbst steht diesem, auf einem weiten Kulturbegriff fußenden Nachhaltigkeitsmodell, mit Skepsis gegenüber. Er hat es 2005 als zu vage kritisiert und dem aus seiner Sicht Mangel an Operationalisierbarkeit ein auf Ressourcenerhalt und Besuchermaximierung orientiertes Modell gegenübergestellt.

Im zweiten Hauptteil des Bandes, bestehend aus einer thematisch loseren Verknüpfung von Beiträgen, widmen sich die Autoren weiteren Aspekten nachhaltiger Entwicklung im Kulturbereich: Kulturhype versus Nachhaltigkeit (Rolf Keller), der Kulturvermittlung (Birgit Mandel), der nachhaltigen Kulturförderung (Stephan Opitz), dem Kulturunternehmertum (Dieter Haselbach) sowie der Nachhaltigkeit von Büchern (Wolfgang Ferchl). Hingewiesen sei auf den Beitrag von Rolf Keller, der mit dem nachhaltigen Kulturmanagement eine Gegenkraft zum aktuell boomenden Kulturhype und dessen substanzloser Eventanhäufung entwickelt.

Grundorientierung Zukunft lautet das Leitmotiv der Herausgeber, die mit ihrem Band eine Diskussion darüber anstoßen wollen, wie realisierungsfähige Konzepte zur Nachhaltigkeit aussehen können. Gerade der erste Hauptteil des Bandes ist eine Weiterentwicklung von Armin Kleins Ansatz zur Nachhaltigkeit und eine Konkretisierung einer zu häufig im Begrifflich-Theoretischen verhafteten Diskussion zur Nachhaltigkeit in Kulturpolitik und Kulturmanagement zugleich.

Gänzlich neu ist die Auseinandersetzung mit dem Thema Nachhaltigkeit aus der Sicht des Kulturbetriebs in Bezug auf dessen Aufgabenfelder in der Zukunft. Hier werden Herausforderungen und Lösungsstrategien im Hinblick auf eine nachhaltige Entwicklung im Kleinschen Sinne aufgezeigt, die zu Handlungsempfehlungen verdichtet werden könnten.

Richtungsweisend kann die im Band angestoßene Diskussion sein, „inwieweit das Leitbild Nachhaltigkeit zukünftig als ein integrativer Ansatz und Rahmen für ein zeitgemäßes Kulturmanagement dienen könnte. Werden einzelne interdependente Aufgabenfelder unter einem funktionsübergreifenden Ziel der Nachhaltigkeit zusammengeführt, dann könnte eine klare Vorstellung von dem entwickelt werden, was, so Patrick Föhl, die noch junge Disziplin „Kulturmanagement leisten kann und soll."

Deutlich wird in den Beiträgen die Notwendigkeit einer grundsätzlich neuen Ausrichtung der Kulturpolitik, die mit der Konzeption und Etablierung eines entsprechenden Nachhaltigkeitskonzeptes einhergehen sollte. Nachhaltiges Kulturmanagement kann nur dann zum Tragen kommen, wenn hierfür die entsprechenden kulturpolitischen Voraussetzungen geschaffen werden.

Das Nachhaltigkeitskonzept ist zweifelsohne eine mögliche Lösung gegenüber den von der Kulturpolitik geförderten hypertrophen Auswüchsen ständig wachsender Kulturangebote. Es bietet nach dem New-Public-Management-Modell und neben dem Governance-Ansatz eine Alternative zu den bisherigen Aussitzversuchen und konzeptlosen Sparansätzen der Kulturpolitik.

Die Herausgeber haben sich zum Ziel gesetzt, „konkrete Lösungsstrategien für ausgewählte Herausforderungen im Kulturbetrieb aufzuzeigen und Reflexionen zu verschiedenen Gebieten der Kulturpolitik und des Kulturmanagements im Kontext nachhaltiger Entwicklung vorzulegen". Das ist ihnen in Bezug auf die Entwicklung von strategischen Perspektiven und Lösungen für einen zukunftsfähigen Kulturbetrieb besonders gelungen.

Martina Dillmann

Gesa BIRNKRAUT: Evaluationen im Kulturbetrieb. Wiesbaden (VS) 2011, 128 Seiten.

Obwohl das Thema seit etwa 10 Jahren auch den deutschen Kulturbetrieb beschäftigt, gibt es recht wenig Publikationen, welche die Besonderheiten von Evaluationen in Kulturpolitik und Kulturmanagement beleuchten. Gesa Birnkrauts Buch „Evaluationen im Kulturbetrieb" ist deshalb von besonderem Interesse für Forschung und Praxis; zumal die Autorin als Geschäftsführerin eines Beratungsunternehmens für Kulturbetriebe über jahrelange Evaluationspraxis im Kulturbetrieb verfügt und seit 2011 als Professorin für Strategisches Management in Nonprofitorganisationen an der Hochschule Osnabrück lehrt. Entsprechend ist es ihr Anliegen, mit diesem Buch Kulturschaffenden die Bedenken gegenüber Evaluationen zu nehmen, Potenziale aufzuzeigen und praxisnahe Instrumente und Methoden vorzustellen (7).

Im ersten Kapitel *Definition des Wortes Evaluation* werden in Anlehnung an diskursprägende Autoren wie beispielsweise Reinhard Stockmann Begriffe und Ziele von Evaluationen als angewandte Sozialforschung vorgestellt und jene zum quantitativ-kennzahlenbasierten Controlling und qualitativ-prozessorientierten Monitoring abgegrenzt. Es folgt das für einen praxisorientierten Ratgeber vielleicht überraschende Kapitel *Evaluation in verschiedenen Ländern*. Publikationen dieser Art laufen aufgrund der Fixierung auf ihre Anwendbarkeit oft Gefahr, größere Diskurse – wie beispielsweise die politischen Rahmenbedingungen als Einflussfaktoren auf kulturmanageriale Instrumente – zu vernachlässigen. Mit der Beschreibung und Analyse der Kulturpolitik, Kulturförderung und damit verbundenen Evaluationspraxis in England, den Niederlanden und der Schweiz bereichert Brinkraut aber den theoretischen Diskurs über das Thema und macht damit insbesondere die Potenziale von Evaluationen im Kulturbetrieb deutlich, wenn diese offensiv als Instrument kulturpolitischer Entscheidungen genutzt werden. Anschließend verdeutlicht die Autorin mit dem Blick auf *Evaluation und Kulturpolitik in Deutschland*, wo „keine einheitliche Regelungen zur Evaluation von institutioneller Förderung" (32) existieren, den hiesigen kulturpolitischen Stellenwert von Evaluationen, welcher im europäischen Vergleich eher ausbaufähig ist.

In den folgenden Kapiteln über *Formen der Evaluation* und *Kennzahlen und Indikatoren* thematisiert die Autorin die Problematik der Bewertung künstlerischer Qualität als Besonderheit von Evaluationen im Kulturbetrieb. Diese ist methodisch insbesondere mit quantitativen Erhebungsinstrumenten nicht wirklich messbar und entsprechend werden Vorbehalte von Kulturschaffenden gegenüber dem Thema an sich konstatiert. Als praktische Lösungsmöglichkeit benennt Birnkraut Expertenevaluationen, also die subjektive Bewertung der künstlerischen Qualität durch eine Jury oder eine Konzentration der Evaluationen auf die Qualität des Managements von Kulturinstitutionen und den damit verbundenen messbaren Kennzahlen.

Im Anschluss an diese eher systematischen Vorüberlegungen stellt Birnkaut dann im Kapitel *Ablauf der Evaluation* die einzelnen Phasen einer Evaluation vor und erklärt diese, angereichert mit ihrem eigenen Erfahrungswissen. So nennt sie beispielsweise Kennzahlen zum erwartbaren Rücklauf bei schriftlichen Befragungen u. ä. An diesen Stellen wird auch Birnkrauts Umgang mit den Grenzen der Wissenschaftlichkeit von Evaluationen deutlich: Obgleich diese auf den Grundlagen der empirischen Sozialforschung fußen, gesteht sie ihnen in der praktischen Umsetzung auch eine Tendenz zur Abweichung von den damit verbundenen Gütekriterien zu, beispielsweise bei der Frage nach der Repräsentativität der Teilauswahl in Bezug auf die Grundgesamtheit (59). Insbesondere beim Einsatz objektiver empirischer Datenerhebungsmethoden und bei der Ergebnisbewertung „mithilfe systematisch vergleichender Verfahren" (16) erlaubt die Autorin „in der Praxis leichte Abweichungen zu den Ansprüchen der wissenschaftlichen Methoden und Verfahren" (17). Wie genau diese Abweichungen ausschauen, und in welchem Ausmaß sie akzeptiert werden können, wird jedoch nicht weiter erläutert.

Das abschließende Kapitel über *Instrumente* beginnt mit dem Fragebogen als gängiger Erhebungsform und führt zahlreiche Beispiele und Praxistipps auf; etwa zum vertretbaren Umfang eines standardisierten Fragebogens. Zudem wird die Beobachtungen als Datenerhebungsform mit den Beispielen der stationären Beobachtung am Objekt, Verlaufsbeobachtungen der Besucher oder der Blueprint-Methode illustriert. Verhältnismäßig viel Raum innerhalb des Buchs nimmt die Balanced-Score-Card als Steuerungsinstrument ein. Die Autorin stellt einen von ihr für die Senatsverwaltung in Berlin entwickelten Evaluationsbaukasten mit den vier Bausteinen *Leistung und Wirkung, Interne Potenziale, Strategische Steuerung und Ziele* und *Wirtschaftliche Steuerung* (88) vor. Zudem werden Chancen – wie die Einsetzbarkeit des Baukastensystems in verschiedenen Genres – und Risiken – wie eine damit verbundene nicht sachgemäße Auswertung der Fragebögen durch Verwaltungen – dieses Instruments für die Selbsteinschätzung von Institutionen erörtert.

Das Buch endet mit einigen kulturpolitischen Handlungsempfehlungen, einem nicht weiter überraschenden Plädoyer für den Einsatz von Evaluationen und hilfreichen Kapiteln für Praktiker. Hier finden sich eine Auflistung und persönliche Kommentierung verschiedener kostenlos zum Download bereitstehender Handbücher und eine kleine Sammlung von „kleinen Helfern" (99) für die Praxis. Dazu zählen sofort einsetzbare Instrumente wie die Landkarte der Emotionen, Zielscheiben zur Abfrage von Zufriedenheit oder SWOT-Analysen.

Die Publikation besticht vor allem durch die komprimierte Einführung ins Thema und die zahlreichen Praxisbeispiele. Diese werden ergänzt durch hilfreiches Wissen, das aus der Berufserfahrung der Autorin stammt. Birnkraut richtet sich also in erster Linie an Praktiker in Kulturbetrieben, welche mit dem Thema Evaluation konfrontiert werden und die Möglichkeiten und Grenzen dieser Instrumente kennenlernen wollen oder müssen. Allein die Lektüre mag diese Leser jedoch noch nicht zur Durchführung eigener interner Evaluationen qualifizieren. Dafür fehlen gewisse empirische Grundlagen, beispielsweise quantitative und qualitative Datenauswertungsverfahren.

Für den an der Kulturmanagementforschung interessierten Leser, welcher jedoch nicht unbedingt Birnkrauts erster Adressat ist, sind neben der gut fundierten Analyse von Evaluationen und Kulturpolitik in verschiedenen Ländern, vor allem eben diese vielen auf Erfahrungswissen basierenden – und somit noch nicht weiter systematisierten oder theoretisch diskutierten – kleinen aber gewichtigen Probleme von Evaluationen im Kulturbetrieb interessant: Zum Beispiel auf Ebene der Methodik die angeführten und noch nicht gelösten Schwierigkeiten bei der Bewertung der künstlerischen Qualität oder auf Ebene der Durchführung die Vorbehalte des Kulturbetriebs gegenüber Evaluationen an sich. Hier stellt die Publikation einen ersten Fundus für eine sicherlich anstehende systematische Auseinandersetzung der Kulturmanagementforschung mit Evaluationen im Kulturbetrieb dar.

Thomas Renz

Verzeichnis der Adressen

Prof. Dr. Carsten Baumgarth	HWR Berlin – School of Economics and Law Badensche Straße 52 D-10825 Berlin carsten.baumgarth@hwr-berlin.de
Prof. Dr. Sigrid Bekmeier-Feuerhahn	Leuphana Universität Lüneburg Institut für Unternehmensentwicklung Institut für Kulturtheorie, Kulturforschung und Künste Gebiet Kommunikation und Public Relations Scharnhorststr. 1 D-21335 Lüneburg bekmeier@leuphana.de
Prof. Dr. Karen van den Berg	Zeppelin University Kulturmanagement und inszenatorische Praxis Am Seemooser Horn 20 D-88045 Friedrichshafen kvandenberg@zeppelin-university.de
Nicola Bünsch	Hochschule für Musik FRANZ LISZT Weimar Institut für Musikwissenschaft Weimar-Jena Studiengang Kulturmanagement Platz der Demokratie 2/3 D-99423 Weimar nicolabuensch@web.de
Michaela Conen	Stiftung Jüdisches Museum Berlin Lindenstraße 9-14 D-10969 Berlin m.conen@jmberlin.de
Dr. Martina Dillmann	Netzwerk für Kulturberatung Bachstraße 126 D-31157 Sarstedt dillmann@netzwerk-kulturberatung.de
Prof. Dr. Dieter Haselbach	Berlin dieter.haselbach@integratedconsulting.de

Prof. Dr. Steffen Höhne	Hochschule für Musik Franz Liszt Weimar Friedrich-Schiller-Universität Jena Institut für Musikwissenschaft Weimar-Jena Kulturmanagement Platz der Demokratie 2 D-99423 Weimar steffen.hoehne@hfm-weimar.de
Marina Kaluza	HWR Berlin – School of Economics and Law Badensche Straße 52 D-10825 Berlin marina.kaluza@hwr-berlin.de
Helge Kaul	School of Management and Law Zentrum für Kulturmanagement Stadthausstrasse 14 CH-8400 Winterthur kaul@zhaw.ch
Dr. Rolf Keller	SKM – Studienzentrum Kulturmanagement Universität Basel Rheinsprung 9 CH-4051 Basel rolf.keller@unibas.ch
Prof. Dr. Volker Kirchberg	Leuphana Universität Lüneburg Fakultät Kulturwissenschaften Scharnhorststr. 1 D-21335 Lüneburg vkirchbe@uni.leuphana.de
Robin Kuchar	Leuphana Universität Lüneburg Fakultät Kulturwissenschaften Scharnhorststr. 1 D-21335 Lüneburg kuchar@uni.leuphana.de
Astrid Kurzeja-Christinck	markt.forschung.kultur Johanne-Kippenberg-Weg 12 D-28213 Bremen info@markt-forschung-kultur.de

Andreas Lange	Gubener Straße 37 D-10243 Berlin lange.andreas@gmx.de
Prof. Dr. Lutz Lesle	Musikhochschule Lübeck Große Petersgrube 21 D-23552 Lübeck
Prof. Dr. Birgit Mandel	Institut für Kulturpolitik Universität Hildesheim Marienburger Platz 22 D-31141 Hildesheim Birgit.Mandel@gmx.de
PD Dr. Monika Mokre	Österreichische Akademie der Wissenschaften Institut für Kulturwissenschaften und Theatergeschichte Postgasse 7/4 A-1010 Wien Monika.Mokre@oeaw.ac.at
Dr. Volkmar Mühleis	Sint-Lucas Beeldende Kunst Zwartezustersstraat 34 B-9000 Gent volkmar.muhleis@luca-arts.be
Robert Peper	Leuphana Universität Lüneburg Institut für Kulturtheorie, Kulturforschung und Künste Scharnhorststr. 1 D-21335 Lüneburg robert.peper@leuphana.de
Thomas Renz	Universität Hildesheim Institut für Kulturpolitik Marienburger Platz 22 D-31134 Hildesheim renz@uni-hildesheim.de
Prof. Dr. Karl-Heinz Reuband	Heinrich-Heine-Universität Düsseldorf Sozialwissenschaftliches Institut Universitätsstr. 1 D-40225 Düsseldorf reuband@phil-fak.uni-duesseldorf.de

Jutta Schmidt	markt.forschung.kultur Johanne-Kippenberg-Weg 12 D-28213 Bremen info@markt-forschung-kultur.de
Prof. Dr. Peter Schmidt	markt.forschung.kultur Johanne-Kippenberg-Weg 12 D-28213 Bremen info@markt-forschung-kultur.de
Dr. Vanessa Schröder	Besucherforschung und Kulturevaluation Leopoldstr. 26 D-76133 Karlsruhe post@vanessaschroeder.de
Prof. (FH) Dr. Verena Teissl	Fachhochschule Kufstein Tirol Bildungs GmbH Andreas Hofer-Straße 7 A-6330 Kufstein Verena.Teissl@fh-kufstein.ac.at
Dr. Michael Theede	Institut für kulturelle Innovationsforschung Hochschule für Musik und Theater Hamburg Harvestehuder Weg 12 D-20148 Hamburg michael.theede@hfmt-hamburg.de
Prof. Dr. Martin Tröndle	Zeppelin Universität Junior-Prof. für Kulturbetriebslehre und Kunstforschung Am Seemooser Horn 20 D-88045 Friedrichshafen martin.troendle@zu.de
Prof. Dr. Wolfgang Tschacher	Department of Psychotherapy University Hospital of Psychiatry Laupenstrasse 49 CH-3010 Bern tschacher@spk.unibe.ch
Dr. Corinna Vosse	Berlin comonsite@hotmail.com

Roland Wäspe	Kunstmuseum St. Gallen Museumstrasse 32 CH-9000 St.Gallen info@kunstmuseumsg.ch
Dr. Stéphanie Wintzerith	Jahnstr. 1 D-76133 Karlsruhe swi@wintzerith.de
Prof. Dr. Gernot Wolfram	Macromedia GmbH M33 Höfe Mehringdamm 33 D-10961 Berlin g.wolfram@macromedia.de
Wolf-Georg Zaddach	Hochschule für Musik FRANZ LISZT Weimar Institut für Musikwissenschaft Studiengang Kulturmanagement Platz der Demokratie 2/3 D-99423 Weimar wolf-georg.zaddach@hfm-weimar.de
Prof. Dr. Tasos Zembylas	Institut für Musiksoziologie Universität für Musik und Darstellende Kunst Wien Bayerngasse 3/6 A-10130 Wien zembylas@mdw.ac.at

CfP: Beiträge für das Jahrbuch 2013

Das Jahrbuch lädt Autoren und Autorinnen ein, Originalbeiträge in deutscher oder englischer Sprache zu einschlägigen Fragestellungen einzureichen. Neben dem jeweiligen Rahmenthema, das auf der Jahrestagung des Fachverbands für Kulturmanagement behandelt wird, besteht die Möglichkeit, sich mit Texten zu weiteren relevanten Themen, mit Arbeits- und Tagungsberichten sowie Rezensionen zu beteiligen. Wissenschaftliche Beiträge sollten zwischen 4.000 und 10.000 Wörtern umfassen, Rezensionen und Tagungsberichte nicht länger als 800 Wörter sein.

Das Schwerpunktthema des nächsten Jahrbuches lautet **Die Kunst des Möglichen – Management mit Kunst**.

Das Selbstverständnis des Kulturmanagements hat in den letzten Jahren bemerkenswerte Erweiterungen erfahren. Die betriebswirtschaftlich unterlegte Ermöglichung und Unterstützung künstlerischer Prozesse bleibt ein wesentliches Element und wird noch verstärkt durch die Inanspruchnahme kulturell geprägter Produkte für ökonomische Wachstumsstrategien (Kreativwirtschaft).

Parallel und teilweise im Spannungsverhältnis dazu verknüpft sich Kulturmanagement immer mehr mit den ästhetischen und inhaltlichen Fragen. Diese Prozesse und ihre Perspektiven sollen im nächsten Jahrbuch vorgestellt und diskutiert werden. Sie betreffen sowohl die Ausbildung und Forschungsschwerpunkte in den Studiengängen, wie auch die kulturpolitischen Ausrichtungen.

Wir möchten Sie einladen, sich an dieser Diskussion zu beteiligen und ein Papier einzureichen.

Dabei sind folgende Aspekte für uns wesentlich:

- Verhältnis Künstler und Manager: Wie verändert sich das Rollenverständnis und -praxis zwischen Kulturmanagern und Künstlern?
- Innovationsbedingungen und Kreativzwänge: Welche institutionellen und projektiven Möglichkeitsräume entstehen zwischen Management und Kunst?
- Politik und Bewegungen: Werden die politischen und ethischen Auseinandersetzungen zu Verbindern zwischen dem „Nützlichen und dem Schönen"?

- Kunstproduktion und Kontexte: Wie verändern sich die Produktionslogiken in und um die Kunst?
- Wissenschaft und Kunst: Kann das Kulturmanagement aus der Zwitterstellung zwischen Kunstpraxis und akademischen Ansprüchen tanzdisziplinären Gewinn erzielen?

Beiträge aus allen geistes-, kultur-, sozial- und wirtschaftswissenschaftlichen Fächern und den Künsten sind willkommen.

Autoren und Autorinnen wenden sich per Email an den geschäftsführenden Herausgeber Steffen Höhne (steffen.hoehne@hfm-weimar.de) oder im Falle von Rezensionen an Karen van den Berg (kvandenberg@zeppelin-university.de) und Rolf Keller (rolf.keller@unibas.ch).

Abgabe der Manuskripte: In der Regel **spätestens zum 30. April des lfd. Jahres.**

Peer-Review-Verfahren

Im Rahmen der Qualitätssicherung werden alle Beiträge einem anonymisierten Begutachtungsverfahren (double-blind peer-review) unterzogen.

Alle eingereichten Manuskripte werden von dem geschäftsführenden Herausgeber geprüft. Sollte ein Beitrag nicht den formalen oder wissenschaftlichen Standards entsprechen oder das Manuskript in seiner thematischen Ausrichtung eindeutig nicht zu dem Jahrbuch passen, kann es vorkommen, dass das Manuskript nicht begutachtet, sondern umgehend abgelehnt wird. Eine Nachricht hierüber kommt den Autoren und Autorinnen ca. 2 Wochen nach Einreichung des Manuskriptes zu.

Manuskripte werden mindestens von zwei Gutachtern beurteilt. Die Gutachter werden jeweils passend zu der thematischen und methodischen Ausrichtung des Manuskriptes ausgewählt. Nach der Begutachtung erhalten die Autoren und Autorinnen die Gutachterberichte und bei Annahme des Manuskriptes ggf. die Aufforderung einer Überarbeitung. Dieser Prozess kann bis zu vier Monaten dauern.

Die überarbeitete Fassung des Manuskriptes wird abermals den Gutachtern zugestellt. Die zweite Begutachtung sollte nach spätestens vier Wochen abgeschlossen sein. Die Entscheidung über die Annahme wird den Autoren und Autorinnen mitgeteilt, ggf. werden kleinere Änderungen eingefordert.

Kriterien der Begutachtung sind:

- konzeptionelle Qualität des Manuskriptes;
- methodische Qualität des Manuskriptes;
- Klarheit der Zielsetzung des Manuskriptes;
- wissenschaftliche Bedeutung des Themas;
- Signifikanz des Forschungsansatzes;
- praktische Relevanz;
- Lesbarkeit (Gliederung, sprachliche Form).

Technisches

Das *Jahrbuch für Kulturmanagement* wird möglichst zum jeweiligen Wintersemester vorliegen. Neben jährlich wechselnden Schwerpunkten, die auf der jeweiligen Kulturmanagement-Jahrestagung präsentiert werden, sollen weitere Beiträge aus dem Fach eine Möglichkeit zur Veröffentlichung haben. Der entsprechende CfP wird im vorausgehenden Sommer veröffentlicht, Beiträge können jeweils bis spätestens 1. Oktober des Jahres angemeldet werden. Die Beiträge, die ein anonymes Peer-Review-Verfahren durchlaufen, müssen bis zum 1. Februar der Redaktion in Weimar vorliegen.

Rezensionen und Berichte können, nach vorheriger Anfrage an die Redaktion in Weimar, bis zum 31. März vorgelegt werden. Endgültiger Redaktionsschluss ist jeweils der 1. Juni des Jahres.

Formale Gestaltung der Beiträge (Ausdruck + Word-Datei, *.rtf oder *.doc)

Seite
Seiteneinrichtung: oben, links, rechts 2,5; unten 2

Überschriften
Titel Beitrag: 16er Times New Roman
Unter Beitragstitel: Vorname und Name des Verfassers in 14er Times New Roman
Zwischentitel: 14er Times New Roman **Fett**, arabische Zahlen, ggf. Untergliederung, z. B. 1.2.
Überschriften werden generell nummeriert.

Text
Zugrunde gelegt wird die neue deutsche Rechtschreibung.
Laufender Text ohne Einrückungen, 14er Times New Roman, Zeilenabstand: 1,5zg.

Kürzere Zitate im laufenden Text: Anführungszeichen.
Längere Zitate: kein Einzug, Abstand vor und nach Zitatblock: 6pt; Zeilenabstand: einfach; 12er Times New Roman ohne Anführungszeichen.

Kurzzitation im laufenden Text und in den Fußnoten: „Zeitungen und Zeitschriften" (MÜLLER 2008: 25).

Sonstige Markierungen im laufenden Text: Titel von Zeitschriften/ Periodika, Bezeichnungen von Institutionen, Titel von Büchern etc.: *Kursiv*; Zitationen: „doppelte Anführungszeichen"; einfache Markierungen/Hervorhebungen: ‚einfache Anführungszeichen'.
Auslassungen in Zitaten in eckigen Klammern: „Die Berliner Philharmoniker [...] waren"
Kurzitation bei indirekten Zitaten generell ohne vgl.
Keine Silbentrennung

Fußnoten
Fußnoten, keine Endnoten. Nach Fußnotenzeichen: ein Tabulatur, nicht hängend; 12er Times New Roman; Abstand nach jeder Fußnote: 6pt.

Bibliographie
a) bei Monographien, Sammelbände:

BEYME, Klaus von (1998): *Die Kunst der Macht und die Gegenmacht der Kunst. Studien zum Spannungsverhältnis von Kunst und Politik*. Frankfurt/M.: Suhrkamp.

BRINKEMPER, Peter V./DADELSEN, Bernhard v./SENG, Thomas (Hgg.) (1994): *World Media Park. Globale Kulturvermarktung heute*. Berlin: Aufbau.

b) bei Artikeln:

KAMMEN, Michael (1993): The Problem of American Exceptionalism: A Reconsideration. – In: *American Quarterly* 45. New York: Oxford UP, 1-43.

GÖSCHEL, Albrecht (1997): Kulturpolitik im konservativ-liberalen Staat: Das Modell Deutschland. – In: Wagner, Bernd/Zimmer, Annette (Hgg.), *Krise des Wohlfahrtsstaates – Zukunft der Kulturpolitik* (= Edition Umbruch, 11). Essen: Klartext, 241-264.

Abstand: 1zg. + 6pt.

Monographien, Sammelbände und Artikel sind nicht in getrennten Literaturverzeichnissen aufzuführen.

Am Ende des Textes bitte Angabe von Namen mit Titel, Dienstadresse und E-Mail.

Jahrbuch für Kulturmanagement

SIGRID BEKMEIER-FEUERHAHN,
KAREN VAN DEN BERG, STEFFEN HÖHNE,
ROLF KELLER, ANGELA KOCH, BIRGIT MANDEL,
MARTIN TRÖNDLE, TASOS ZEMBYLAS (HG.)
Forschen im Kulturmanagement
Jahrbuch für Kulturmanagement 2009
(hg. im Auftrag des Fachverbandes
für Kulturmanagement)

2009, 264 Seiten, kart., 24,80 €,
ISBN 978-3-8376-1252-3

SIGRID BEKMEIER-FEUERHAHN,
KAREN VAN DEN BERG, STEFFEN HÖHNE,
ROLF KELLER, ANGELA KOCH, BIRGIT MANDEL,
MARTIN TRÖNDLE, TASOS ZEMBYLAS (HG.)
Theorien für den Kultursektor
Jahrbuch für Kulturmanagement 2010

2010, 376 Seiten, kart., 32,80 €,
ISBN 978-3-8376-1641-5

SIGRID BEKMEIER-FEUERHAHN,
KAREN VAN DEN BERG, STEFFEN HÖHNE,
ROLF KELLER, ANGELA KOCH, BIRGIT MANDEL,
MARTIN TRÖNDLE, TASOS ZEMBYLAS (HG.)
Kulturmanagement und Kulturpolitik
Jahrbuch für Kulturmanagement 2011

2011, 404 Seiten, kart., 33,80 €,
ISBN 978-3-8376-1963-8

**Leseproben, weitere Informationen und Bestellmöglichkeiten
finden Sie unter www.transcript-verlag.de**

Schriften zum Kultur- und Museumsmanagement

BARBARA ALDER, BARBARA DEN BROK
Die perfekte Ausstellung
Ein Praxisleitfaden zum Projektmanagement von Ausstellungen

August 2012, 264 Seiten, kart., zahlr. Abb., 25,80 €,
ISBN 978-3-8376-1489-3

PATRICK S. FÖHL, PATRICK GLOGNER
Kulturmanagement als Wissenschaft
Überblick – Methoden – Arbeitsweisen.
Einführung für Studium und Praxis

Juni 2013, ca. 150 Seiten, kart., ca. 13,80 €,
ISBN 978-3-8376-1164-9

ANDREA HAUSMANN (Hg.)
Handbuch Kunstmarkt
Akteure, Management und Vermittlung

Februar 2014, ca. 450 Seiten, kart., ca. 29,80 €,
ISBN 978-3-8376-2297-3

Leseproben, weitere Informationen und Bestellmöglichkeiten
finden Sie unter www.transcript-verlag.de

Schriften zum Kultur- und Museumsmanagement

CARL CHRISTIAN MÜLLER,
MICHAEL TRUCKENBRODT
Handbuch Urheberrecht im Museum
Praxiswissen für Museen, Ausstellungen,
Sammlungen und Archive

März 2013, ca. 200 Seiten, kart., ca. 25,80 €,
ISBN 978-3-8376-1291-2

INA ROSS
Wie überlebe ich als Künstler?
Eine Werkzeugkiste für alle,
die sich selbst vermarkten wollen

September 2013, ca. 150 Seiten, kart., zahlr. Abb., ca. 19,80 €,
ISBN 978-3-8376-2304-8

CHRISTIANE SCHRÜBBERS (Hg.)
Moderieren im Museum
Ein Leitfaden für dialogische Besucherführungen

März 2013, ca. 250 Seiten, kart., ca. 26,80 €,
ISBN 978-3-8376-2161-7

Leseproben, weitere Informationen und Bestellmöglichkeiten
finden Sie unter www.transcript-verlag.de